觉晓法考

法考题库系列·客观严选 题集

刑事诉讼法
客观·严选好题

觉晓法考组　编著

中国政法大学出版社

2024·北京

图书在版编目（CIP）数据

客观严选 4000 好题. 刑事诉讼法客观·严选好题 / 觉晓法考组编著. -- 北京 : 中国政法大学出版社，2024. 12. -- （法考题库系列）. -- ISBN 978-7-5764-1690-9

Ⅰ. D920. 4

中国国家版本馆 CIP 数据核字第 202479HJ80 号

出 版 者　　中国政法大学出版社

地　　址　　北京市海淀区西土城路 25 号

邮寄地址　　北京 100088 信箱 8034 分箱　邮编 100088

网　　址　　http://www.cuplpress.com（网络实名：中国政法大学出版社）

电　　话　　010-58908285(总编室) 58908433 （编辑部） 58908334(邮购部)

承　　印　　重庆天旭印务有限责任公司

开　　本　　787mm×1092mm　1/16

印　　张　　15.5

字　　数　　436 千字

版　　次　　2024 年 12 月第 1 版

印　　次　　2024 年 12 月第 1 次印刷

定　　价　　55.00 元（全两册）

CSER 高效学习模型

觉晓坚持每年组建"名师 + 高分学霸"教学团队，按照 Comprehend（讲考点→理解）→ System（搭体系→不散）→ Exercise（刷够题→会用）→ Review（多轮背→记住）学习模型设计教学产品，让你不断提高学习效果。

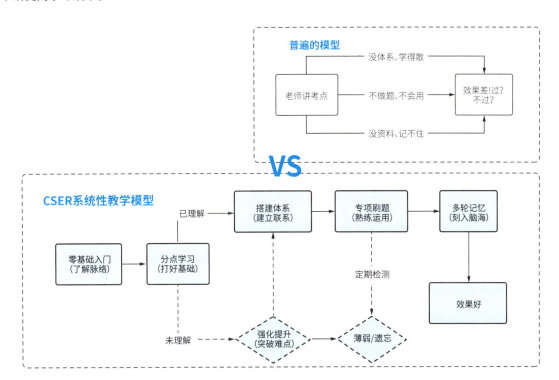

前面理解阶段跟名师，但后面记忆应试阶段，"高分学霸"更擅长，这样搭配既能保证理解，又能应试；时间少的在职考生可以直接跟"学霸"学习高效应试。

同时，知识要成体系，后期才能记住，否则学完就忘！因此，觉晓有推理背诵图（推背图）、诉讼流程图等产品，辅助你建立知识框架体系，后期可以高效复习！

坚持数据化学习

"觉晓法考"APP 已经实现"学→练→测→背→评"全程线上化学习。在学习期间，觉晓会进行数据记录，自 2018 年 APP 上线，觉晓已经积累了上百万条数据，并有几十万真实考生的精准学习数据。

觉晓有来自百度、腾讯、京东等大厂的 AI 算法团队，建模分析过线考生与没过线考生的数据差异，建立"过考模型"，指导学员到底要听多少课，做多少题，正确率达到多少才能飘过或者稳过。

过考模型的应用层包括：

1. 完整的过考方案和规划：内部班的过考规划和阶段目标，均按照过考模型稳过或过考标准制定；让学员花更少地时间，更稳得过线。

2. 精准的过考数据指标：让你知道过线每日需要消耗的"热量、卡路里"，有标准，过线才稳！

3. 客观题知识图谱：按往年 180 分、200 分学员学习数据，细化到每个知识点的星级达标标准，并根据考频和考查难度，趋势等维度，将知识点划分为 ABCDE 类。还能筛选"未达标"针对提分。

知识类型	考频	难度	学习说明
A	高	简单	必须掌握
B	高	难	必须掌握（主＋客）
C	中	简单	必须掌握
D	中	难	时间不够可放弃（主＋客）
E	考频低或者很难、偏		直接放弃

4. 根据过考模型＋知识图谱分级教学：BD 类主客观都要考，主客融合一起学，E 类对过考影响不大，可直接放弃，AC 性价比高，简化背诵总结更能应试拿分，一些对过线影响不大的科目就减少知识点，重要的就加强；课时控制，留够做题时间，因为中后期做题比听课更重要！

5. AI 智能推送查缺补漏包：根据你学习的达标情况，精准且有效地推送知识点课程和题目，查漏补缺，让你的时间花得更有价值！

6. 精准预测过考概率（预估分）：实时检测你的数据，对比往年相似考生数据模型，让你知道，你这样学下去，最后会考多少分！明确自己距离过线还差多少分，从而及时调整自己的学习状态。

注：觉晓每年都会分析当年考生数据，出具一份完整的过考模型数据分析报告，包括"客观题版""主客一体版""主观题二战版"，可以下载觉晓 APP 领取。

总 论

第一章
刑事诉讼法概述

一、历年真题 *

（一）刑诉法基本理念与范畴

【单选】

1 1702022

关于我国刑事诉讼构造，下列哪一选项是正确的？（ ）

A. 自诉案件审理程序适用当事人主义诉讼构造

B. 被告人认罪案件审理程序中不存在控辩对抗

C. 侦查程序已形成控辩审三方构造

D. 审查起诉程序中只存在控辩关系

2 1602022

《中共中央关于全面深化改革若干重大问题的决定》提出"让审理者裁判、由裁判者负责"。结合刑事诉讼基本原理，关于这一表述的理解，下列哪一选项是正确的？（ ）

A. 体现了我国刑事诉讼职能的进一步细化与完善

B. 体现了刑事诉讼直接原则的要求

C. 体现了刑事审判的程序性特征

D. 体现了刑事审判控辩式庭审方式改革的方向

3 1502022

关于刑事诉讼价值的理解，下列哪一选项是错误的？（ ）

A. 公正在刑事诉讼价值中居于核心的地位

B. 通过刑事程序规范国家刑事司法权的行使，是秩序价值的重要内容

C. 效益价值属刑事诉讼法的工具价值，而不属刑事诉讼法的独立价值

D. 适用强制措施遵循比例原则是公正价值的应有之义

4 1402024

关于刑事诉讼构造，下列哪一选项是正确的？（ ）

A. 刑事诉讼价值观决定了刑事诉讼构造

B. 日本采取的混合式诉讼构造是当事人主义吸收职权主义的因素形成的

C. 职权主义诉讼构造适用于实体真实的诉讼目的

D. 当事人主义诉讼构造与控制犯罪是矛盾的

5 1402022

社会主义法治公平正义的实现，应当高度重视程序的约束作用，避免法治活动的任意性和随意化。据此，下列哪一说法是正确的？（ ）

A. 程序公正是实体公正的保障，只要程序公正就能实现实体公正

B. 刑事程序的公开与透明有助于发挥程序的约束作用

C. 为实现程序的约束作用，违反法定程序收集的证据均应予以排除

D. 对复杂程度不同的案件进行程序上的繁简分流会限制程序的约束作用

【多选】

6 2001071

以下哪些选项体现了控审分离的要求？（ ）

A. 甲危险驾驶案，检察院经过羁押必要性审查，向法院提出变更强制措施的建议

B. 乙盗窃案，法院审理时，发现乙盗窃时为毁灭证据当场使用暴力，建议检察院变更罪名为抢劫罪

C. 丙故意伤害案，检察院起诉至法院，法院经审理认为丙系不负刑事责任的精神病人，法院在判决丙不负刑事责任后对丙作出强制医疗决定

D. 丁减刑案，检察院以丁不符合"确有悔改表现"为由向法院作出的减刑裁定提出纠正意见

【不定项】

7 1901140

效率是刑事诉讼的基本理念之一，下列表述体现

---

* 注：下列题号对应觉晓 APP 的题号规则。本书中以 18~24 开头的题号均为 2018 年~2024 年的仿真题。

效率的有？（　）

A. 对于未成年人，适用附条件不起诉

B. 对于交通肇事的行为，适用刑拘直诉制度，即拘留后不逮捕直接诉讼

C. 对于一起涉黑案件，为了保证证人安全，法庭在庭前核实了证人身份，在庭审中说明了这一情况

D. 第一审宣判前，法庭发现案件量刑部分争议太大，在宣判之前重新开庭就量刑部分组织辩论

（二）刑事诉讼法与刑法的关系

【多选】

8 2401061

下列关于刑事诉讼法独立价值的说法，哪些选项是正确的？

A. 对未成年人作出附条件不起诉决定体现了刑事诉讼法影响刑事实体法实现的功能

B. 非法证据排除规则体现了刑事诉讼法妨碍刑事实体法实现的功能

C. 自诉中和解、撤诉体现了刑事诉讼法"创制"刑事实体法的功能

D. 追诉时效制度体现了刑事诉讼法影响刑事实体法实现的功能

9 1602064

刑事诉讼法的独立价值之一是具有影响刑事实体法实现的功能。下列哪些选项体现了这一功能？（　）

A. 被告人与被害人达成刑事和解而被法院量刑时从轻处理

B. 因排除犯罪嫌疑人的口供，检察院作出证据不足不起诉的决定

C. 侦查机关对于已超过追诉期限的案件不予立案

D. 只有被告人一方上诉的案件，二审法院判决时不得对被告人判处重于原判的刑罚

二、模拟训练

10 2203001

刑事诉讼法在保障公正优先的前提下尽量提高办理刑事案件的效率。下列关于刑事诉讼中的做法有哪些体现效率原则？（　）（不定项）

A. 集中审理原则

B. 速裁程序

C. 庭前会议

D. 网上远程视频开庭

11 2203002

关于我国刑事诉讼构造，下列哪一选项是正确的？（　）（不定项）

A. 我国实行职权主义诉讼构造，法官可以依职权主动追究犯罪

B. 自诉案件审理程序适用当事人主义诉讼构造

C. 我国实行职权主义诉讼构造是由我国所坚持的公正价值所决定的

D. 审查起诉程序中只存在控辩关系

12 2203004

关于刑事诉讼价值的理解，下列哪些说法是正确的？（　）（不定项）

A. 公正价值包括程序公正和实体公正两方面的内容，在刑事诉讼价值中居于核心的地位

B. 要求追究犯罪的活动有条不紊地进行是秩序价值的重要内容

C. 效益价值属刑事诉讼法的工具价值，而不属刑事诉讼法的独立价值

D. 对认罪认罚的案件适用速裁程序是效益价值的应有之义

参考答案

[1]D　　[2]B　　[3]C　　[4]C　　[5]B
[6]BC　[7]ABC　[8]AB　[9]ABD　[10]ABCD
[11]D　[12]ABD

解析页码　003—005

第二章
刑事诉讼法的基本原则

一、历年真题

(一)刑事诉讼基本原则的概念与特征

【多选】

1 1402065

关于刑事诉讼基本原则,下列哪些说法是正确的?
( )

A. 体现刑事诉讼基本规律,有着深厚的法律理论基础和丰富的思想内涵

B. 既可由法律条文明确表述,也可体现于刑事诉讼法的指导思想、目的、任务、具体制度和程序之中

C. 既包括一般性原则,也包括独有原则

D. 与规定具体制度、程序的规范不同,基本原则不具有法律约束力,只具有倡导性、指引性

(二)严格遵守法律程序原则

【多选】

2 1502064

关于程序法定,下列哪些说法是正确的? ( )

A. 程序法定要求法律预先规定刑事诉讼程序

B. 程序法定是大陆法系国家法定原则的重要内容之一

C. 英美国家实行判例制度而不实行程序法定

D. 以法律为准绳意味着我国实行程序法定

(三)人民检察院依法对刑事诉讼实行法律监督

【多选】

3 1702064

某市发生一起社会影响较大的绑架杀人案。在侦查阶段,因案情重大复杂,市检察院提前介入侦查工作。检察官在开展勘验、检查等侦查措施时在场,并将如何进一步收集、固定和完善证据以及适用法律向公安机关提出了意见,对已发现的侦查活动中的违法行为提出了纠正意见。关于检察院提

前介入侦查,下列哪些选项是正确的? ( )

A. 侵犯了公安机关的侦查权,违反了侦查权、检察权、审判权由专门机关依法行使的原则

B. 体现了分工负责,互相配合,互相制约的原则

C. 体现了检察院依法对刑事诉讼实行法律监督的原则

D. 有助于严格遵守法律程序原则的实现

(四)未经人民法院依法判决,对任何人都不得确定有罪

【多选】

4 1302064

社会主义法治的公平正义,要通过法治的一系列基本原则加以体现。"未经法院依法判决,对任何人都不得确定有罪"是《刑事诉讼法》确立的一项基本原则。关于这一原则,下列哪些说法是正确的? ( )

A. 明确了定罪权的专属性,法院以外任何机关、团体和个人都无权行使这一权力

B. 确定被告人有罪需要严格依照法定程序进行

C. 表明我国刑事诉讼法已经全面认同和确立无罪推定原则

D. 按照该规定,可以得出疑罪从无的结论

(五)认罪认罚从宽原则

【单选】

5 2201037

常某和郑某交往期间骗取郑某8万元,后常某涉嫌诈骗罪被公安机关立案侦查。案件侦查终结移送审查起诉。在审查起诉阶段,常某认罪认罚,积极退还部分款项并取得郑某谅解。检察院向法院提起公诉并建议适用速裁程序。法院用速裁程序审理。在审理中,常某辩称欺骗郑某感情为真,但并非诈骗,该款项为民间借贷,并在积极退赔中,因此不接受司法机关的认定意见。关于本案,下列说法正确的是?

A. 法院当庭将量刑从重处罚

B. 常某的辩称影响"认罚",但不影响"认罪"

C. 法院可以将速裁程序转为简易程序继续审理

D. 法院仍可按照积极退赔从宽量刑

解析页码
005—007

6 2001067

甲乙因共同抢劫被某县公安机关立案侦查，侦查终结后移送某县检察院审查起诉。审查起诉时，甲刚满 18 周岁，乙 17 周岁。下列表述正确的是？（　　）

A. 若甲乙审查起诉时拒不认罪认罚，在审判时对二人仍可适用认罪认罚从宽制度

B. 某县检察院审查起诉时应当听取甲乙法定代理人的意见

C. 如果甲没有聘请辩护人，某县检察院应当通知法援机构为其指派辩护人

D. 若甲在审判阶段认罪认罚，乙拒绝认罪认罚，对甲乙均不可适用认罪认罚从宽制度

【多选】

7 2001074

下列关于认罪认罚从宽制度，理解正确的有？（　　）

A. 甲 17 岁，因涉嫌盗窃被移送审查起诉，甲认罪认罚，其父亲对认罪认罚有异议，甲无需签署认罪认罚具结书，但对甲仍可适用认罪认罚从宽制度

B. 乙杀害妻子的情人丙，乙在诉讼程序中认罪认罚，但并不后悔杀丙，对乙不能适用认罪认罚制度

C. 在一起交通肇事案中，被告人丁表示认罪认罚，但认为被害人也有过错不同意全额赔偿，对丁不能适用认罪认罚从宽制度

D. 被告人戊认罪认罚的，应当适用速裁程序审理

8 2001073

关于我国认罪认罚从宽原则与分工负责、互相配合、互相制约原则的关系，下列表述正确的有？（　　）

A. 公安机关在侦查阶段没有适用认罪认罚从宽制度，检察院在审查起诉阶段适用认罪认罚从宽制度是公安机关与检察院互相配合的体现

B. 法院没有按照检察院的量刑建议判处刑罚是法院与检察院互相制约的体现

C. 法律援助机构向看守所派驻值班律师是公安机关、检察院、法院分工负责的体现

D. 认罪认罚从宽原则贯穿刑事诉讼全过程，是公安机关、检察院、法院分工负责的体现

9 2001072

关于认罪认罚从宽原则，下列表述正确的有？（　　）

A. 甲犯数罪，但只认其中一罪，对其全案不得适用认罪认罚从宽原则，法院也不得对其从宽处罚

B. 对于穷凶极恶的杀人犯，即使其认罪认罚并且积极赔偿并取得了被害人亲属谅解，也可对其不从宽处罚

C. 认罪认罚从宽原则只能适用某一诉讼阶段

D. 在审查起诉时认罪认罚，到了审判阶段不认罪认罚的，不能适用认罪认罚从宽原则

10 2001105

关于适用认罪认罚从宽制度，下列哪些说法是正确的？（　　）

A. 涉嫌交通肇事罪的犯罪嫌疑人认罪认罚，但无力赔偿且未获得被害人家属的谅解，因此不能对其适用认罪认罚从宽制度

B. 犯罪嫌疑人犯侵犯著作权罪，自愿认罪认罚但要求案件适用普通程序进行审理，因此不能对其适用认罪认罚从宽制度

C. 犯罪嫌疑人涉嫌贪污罪与滥用职权罪，虽然对贪污罪认罪，但因其对滥用职权罪不认罪，因而全案不能适用认罪认罚从宽制度

D. 犯罪嫌疑人犯故意杀人罪，其杀人手段残忍社会影响恶劣，因此即使其认罪认罚也可对其不从宽处罚

（六）具有法定情形不予追究刑事责任

【单选】

11 1402023

社会主义法治要通过法治的一系列原则加以体现。具有法定情形不予追究刑事责任是《刑事诉讼法》确立的一项基本原则，下列哪一案件的处理体现了这一原则？（　　）

A. 甲涉嫌盗窃，立案后发现涉案金额 400 余元，公安机关决定撤销案件

B. 乙涉嫌抢夺，检察院审查起诉后认为犯罪情节轻微，不需要判处刑罚，决定不起诉

C. 丙涉嫌诈骗，法院审理后认为其主观上不具有非法占有他人财物的目的，作出无罪判决

D. 丁涉嫌抢劫，检察院审查起诉后认为证据不

解析页码
008—010

足，决定不起诉

二、模拟训练

12 `2203006`

关于侦查阶段犯罪嫌疑人认罪认罚案件的处理，下列选项正确的是？（　　）（不定项）

A. 胡某涉嫌杀害妻子的情人，到案后如实供述故意杀人罪，自愿认罪并接受司法机关处罚，但表示其并不是在晚上杀的，公安机关认为其不认罪，对其不适用认罪认罚从宽制度

B. 谢某涉嫌抢劫罪和盗窃罪，到案后如实供述盗窃事实，拒不承认实施了抢劫行为，公安机关认定谢某认罪，对其适用认罪认罚从宽制度

C. 金某涉嫌盗窃罪，到案后认罪认罚并符合速裁程序的适用条件，公安机关在起诉意见书中建议检察院适用速裁程序

D. 齐某涉嫌故意伤害罪，到案后认罪认罚并与被害人达成和解协议，公安机关撤销案件

13 `2203007`

下列关于认罪认罚从宽原则的理解，说法正确的有？（　　）（不定项）

A. 侦查阶段，犯罪嫌疑人自愿如实供述涉嫌犯罪的事实，有重大立功或者案件涉及国家重大利益的，经最高人民检察院核准，公安机关应当撤销案件

B. 犯罪嫌疑人认罪认罚的，人民检察院可以听取犯罪嫌疑人、辩护人或者值班律师、被害人及其诉讼代理人对涉嫌的犯罪事实、罪名及适用的法律规定等的意见

C. 对于认罪认罚案件，人民法院依法作出判决时，应当采纳人民检察院指控的罪名和量刑建议

D. 犯罪嫌疑人自愿认罪，同意量刑建议和程序适用的，应当在辩护人或者值班律师在场的情况下签署认罪认罚具结书

14 `2203008`

具有法定情形不予追究刑事责任是《刑事诉讼法》确立的一项基本原则，下列案件的处理体现了这一原则的有？（　　）（不定项）

A. 张三涉嫌盗窃，立案后张三自愿如实供述涉嫌

犯罪的事实，因有重大立功，经最高人民检察院核准，公安机关决定撤销案件

B. 李四涉嫌徇私枉法，立案后发现情节显著轻微，危害不大，检察院决定撤销案件

C. 王五涉嫌抢夺，检察院审查起诉后认为犯罪情节轻微，不需要判处刑罚，决定不起诉

D. 刘六涉嫌诈骗，法院审理后认为证据不足，作出无罪判决

参考答案

[1] ABC	[2] ABD	[3] BCD	[4] AB	[5] D
[6] A	[7] ABC	[8] BD	[9] BD	[10] CD
[11] A	[12] C	[13] D	[14] B	

第三章
刑事诉讼中的专门机关和诉讼参与人

一、历年真题

（一）专门机关

【多选】

1 `2001101`

关于人民检察院的组织体系，下列哪些说法是正确的？（　　）

A. 上级检察院可以调用辖区内下一级检察院的检察人员出庭支持公诉

B. 检察院内设业务机构负责人对本部门的办案活动进行监督管理

C. 检察院办理刑事案件，应当由 2 名以上检察官组成办案组办理

D. 检察官在检察长领导下开展工作，重大办案事项由检察委员会决定

2 `1702065`

某案件经中级法院一审判决后引起社会的广泛关注。为回应社会关注和保证办案质量，在案件由

高级法院作出二审判决前，基于我国法院和检察院的组织体系与上下级关系，最高人民法院和最高人民检察院可采取下列哪些措施？（　　）

A. 最高人民法院可听取高级法院对该案的汇报并就如何审理提出意见

B. 最高人民法院可召开审判业务会议对该案的实体和程序问题进行讨论

C. 最高人民检察院可听取省检察院的汇报并对案件事实、证据进行审查

D. 最高人民检察院可决定检察机关在二审程序中如何发表意见

③　1502065

关于公检法机关的组织体系及其在刑事诉讼中的职权，下列哪些选项是正确的？（　　）

A. 公安机关统一领导、分级管理，对超出自己管辖的地区发布通缉令，应报有权的上级公安机关发布

B. 基于检察一体化，检察院独立行使职权是指检察系统整体独立行使职权

C. 检察院上下级之间是领导关系，上级检察院认为下级检察院二审抗诉不当的，可直接向同级法院撤回抗诉

D. 法院上下级之间是监督指导关系，上级法院如认为下级法院审理更适宜，可将自己管辖的案件交由下级法院审理

（二）诉讼参与人（除专门机关以外的人）

【单选】

④　2001058

长河公司因涉嫌生产假药被立案侦查，法定代表人曹某逃至国外，下列哪一项是正确的？（　　）

A. 经最高人民检察院核准，检察院对曹某可以提起公诉，由法院进行缺席审判

B. 在审理期间，长河公司进入破产程序，法庭应当裁定终止审理

C. 在审理期间，法院可以要求长河公司提供担保

D. 如长河公司经理方某被指控为单位犯罪直接责任人员，方某可以作为诉讼代表人

⑤　1901099

控诉、辩护和审判是刑事诉讼活动的三大诉讼职能，下列选项中关于诉讼职能的表述，正确的是？（　　）

A. 被害人在公诉和自诉案件中都承担着控诉的职能

B. 检察院适用非法证据排除规则排除了侦查机关通过刑讯逼供方式获取的证据属于控诉职能的表现

C. 证人出庭作证陈述了对被告人有利的证言属于行使辩护职能

D. 检察院提出对被告人有利的量刑证据属于行使控诉职能

【多选】

⑥　2401060

下列选项中，具有控诉职能的诉讼参与人是？

A. 检察机关

B. 控方证人

C. 自诉人

D. 被害人的法定代理人

⑦　1702066

在袁某涉嫌故意杀害范某的案件中，下列哪些人员属于诉讼参与人？（　　）

A. 侦查阶段为袁某提供少数民族语言翻译的翻译人员

B. 公安机关负责死因鉴定的法医

C. 就证据收集合法性出庭说明情况的侦查人员

D. 法庭调查阶段就范某死因鉴定意见出庭发表意见的有专门知识的人

⑧　1702067

犯罪嫌疑人、被告人在刑事诉讼中享有的诉讼权利可分为防御性权利和救济性权利。下列哪些选项属于犯罪嫌疑人、被告人享有的救济性权利？（　　）

A. 侦查机关讯问时，犯罪嫌疑人有申辩自己无罪的权利

B. 对办案人员人身侮辱的行为，犯罪嫌疑人有提出控告的权利

解析页码

012—014

C. 对办案机关应退还取保候审保证金而不退还
   的，犯罪嫌疑人有申诉的权利

D. 被告人认为一审判决量刑畸重，有提出上诉的
   权利

⑨ `1502066`

关于刑事诉讼当事人中的被害人的诉讼权利，下
列哪些选项是正确的？（　）

A. 撤回起诉、申请回避

B. 委托诉讼代理人、提起自诉

C. 申请复议、提起上诉

D. 申请抗诉、提出申诉

⑩ `1402069`

某地法院审理齐某组织、领导、参加黑社会性质
组织罪，关于对作证人员的保护，下列哪些选项
是正确的？（　）

A. 可指派专人对被害人甲的人身和住宅进行保护

B. 证人乙可申请不公开真实姓名、住址等个人信息

C. 法院通知侦查人员丙出庭说明讯问的合法性，
   为防止黑社会组织报复，对其采取不向被告人
   暴露外貌、真实声音的措施

D. 为保护警方卧底丁的人身安全，丁可不出庭作
   证，由审判人员在庭外核实丁的证言

二、模拟训练

⑪ `2203010`

某市中级法院审理李某涉黑社会性质组织犯罪案
件，关于对作证人员的保护，下列说法正确的是？
（　）（不定项）

A. 法院指派专人对被害人张某的人身和住宅进行
   保护

B. 法院通知侦查人员王某出庭说明证据收集的
   合法性，为防止打击报复，对其采取不暴露外
   貌、真实声音的措施

C. 证人陈某可以申请禁止特定的人接触其本人

D. 鉴定人汪某因为作证导致人身面临危险，法院
   指派专人对其人身进行保护

⑫ `2203011`

在关某涉嫌强奸的案件中，下列哪些人员属于诉
讼参与人？（　）（不定项）

A. 在审查起诉阶段接受被害人聘请的律师洪某

B. 公安机关负责 DNA 鉴定的法医王某

C. 就侦查阶段是否有非法取证而出庭的侦查人员
   陈某

D. 侦查阶段参与勘验、检查的有专业知识的范某

⑬ `2203012`

下列关于公诉案件中被害人的诉讼权利说法正确
的是？（　）（不定项）

A. 对于检察院不起诉决定可以向作出不起诉决定
   的检察院申诉

B. 自案件立案之日起有权委托诉讼代理人

C. 对因作证而支出的交通、住宿、就餐等费用，
   有权获得补助

D. 对因作证而导致人身面临危险的，有权获得公
   安和司法机关提供的人身保护

参考答案

[1] AB [2] CD [3] AB [4] C [5] A

[6] CD [7] AB [8] BCD [9] BD [10] ABD

[11] ACD [12] AB [13] D

第四章
管辖

一、历年真题

（一）立案管辖

【单选】

① `1901101`

甲涉嫌贩毒被 A 省 B 市公安局立案侦查，律师乙
接受委托担任甲的辩护人。侦查过程中，公安机
关发现乙也可能涉嫌犯罪，关于对乙涉嫌犯罪的
立案侦查，正确的是？（　）

A. 如乙涉嫌在 B 市 D 区逃税，可由 B 市公安局
   下属 D 区公安分局立案侦查

B. 如乙涉嫌协助甲转移赃款，可由 B 市公安局立

案侦查

C. 如乙涉嫌在 B 市 D 区伪造甲案证据，可由 B 市公安局下辖 D 区公安分局立案侦查

D. 如乙涉嫌在 A 省 C 市向甲案办案人员行贿，可由 C 市公安局立案侦查

② 1602024

某市副市长涉嫌受贿 2000 万元。关于本案的监察管辖，下列哪一选项是错误的？（　）

A. 若监察机关之间对该案监察事项有争议的，由其共同的上级监察机关确定

B. 上级监察机关可以将其所管辖的监察事项指定下级监察机关管辖

C. 监察机关认为所管辖的监察事项重大、复杂，应当报请上级监察机关管辖

D. 上级监察机关可以将下级监察机关有管辖权的监察事项指定给其他监察机关管辖

【多选】

③ 2301033

甲乙丙丁四人为使其网络赌博网站盈利，从境外向境内一浏览器植入木马病毒，暗中提高庄家胜率，通过网站进行诈骗活动，后被发现，甲乙丙被公安机关抓获，丁逃往境外，后甲乙丙被起诉。下列说法正确的是？

A. 对丁通缉一年仍未抓捕归案，检察院可以向法院提出没收犯罪所得的申请

B. 公安部可以商最高人民检察院和最高人民法院指定侦查管辖

C. 电子数据类的证据材料因客观条件限制无法逐一收集，应当按照一定比例或者数量选取证据，并对选取情况作出说明和论证

D. 因甲对检察院提出的量刑建议有异议，乙丙认罪认罚可以不签署具结书

④ 1901114

甲居住在 A 市，并在 B 市租用了服务器，网络服务提供者在 C 市。甲通过所租用的服务器在网上散布 D 市某地铁站将发生恐怖袭击的不实信息，引起 D 市民众巨大恐慌。关于本案的管辖，下列说法正确的是？（　）

A. 本案可由 A 市公安机关立案侦查

B. 本案可由 B 市公安机关立案侦查

C. 本案可由 C 市公安机关立案侦查

D. 本案可由 D 市公安机关立案侦查

⑤ 1901113

检察院侦查一起司法工作人员孙某的非法搜查罪过程中，发现其还触犯了贪污罪和暴力取证罪，关于本案的管辖，说法正确的是？（　）

A. 贪污罪应当由监察委员会调查

B. 暴力取证罪可由检察院立案侦查

C. 经检察院和监察委员会协商，认为由检察院侦查更为合适的，可全案由检察院立案侦查

D. 经检察院与监察委员会沟通，本案可以全案由监察委员一并调查

⑥ 1502067

孙某系甲省乙市海关科长，与走私集团通谋，利用职权走私国家禁止出口的文物，情节特别严重。关于本案管辖，下列哪些选项是正确的？（　）

A. 可由公安机关立案侦查

B. 经甲省检察院决定，可由检察院立案侦查

C. 甲省检察院决定立案侦查后可根据案件情况自行侦查

D. 甲省检察院决定立案侦查后可根据案件情况指定甲省丙市检察院侦查

（二）审判管辖

【单选】

⑦ 2201036

家住 A 市的高某，在开往 B 市的火车运行途中扒窃（途经甲站时行窃），得手后在下一站乙站下车回家，返回居住地 A 市后被抓获。下列有管辖权的法院是哪一个？

A. 抓获地 A 市法院

B. 乙站所在地负责审判铁路运输刑事案件的法院

C. 甲站所在地负责审判铁路运输刑事案件的法院

D. 该列车乘务的铁路公安机关对应的审判铁路运输刑事案件的法院

解析页码

016—018

8 2001059

苏某以 S 市某公司名义，未经批准在 H 市 L 区设立办事处，非法吸收公众存款 490 余万元后潜逃海外，半年后，苏某在越南被抓获并经 P 市押解入境，下列哪一选项是正确的？（ ）

A. 经指定管辖，H 市检察院可向 L 区法院提起公诉

B. S 市中级法院可以审理苏某非法吸收公众存款案件

C. P 市的法院不可以审理苏某非法吸收公众存款案件

D. 在侦查过程中，经层报最高人民检察院，可请越南相关部门协助移送涉案财物

9 1901094

1998 年 3 月，甲乙丙三人将王某杀死后畏罪潜逃，一直未归案。2016 年 5 月，甲在某地因犯抢劫罪被判无期徒刑，在某地监狱服刑。在服刑中被发现甲乙丙三人犯有故意杀人罪，将乙丙捉拿归案，并把甲乙丙三人移送起诉。以下说法正确的是？（ ）

A. 对乙应作法定不起诉

B. 对丙应作法定不起诉

C. 对甲应由关押地法院管辖

D. 对甲应由中级法院管辖

10 1801035

甲、乙为中国人，居住在 A 市，两人一同前往日本留学。在留学期间，甲伙同外国人丙绑架了乙，并以此要挟乙的家属支付赎金。案发后，甲和丙在中国 B 市进入中国国境，并居住于 C 市。乙从 D 市入境。本案中，对甲和该外国人的犯罪行为，哪一法院没有管辖权？（ ）

A. A 市法院

B. B 市法院

C. C 市法院

D. D 市法院

【多选】

11 2101053

我国某省居民甲从大江市乘船到大河市（内水领域），在渡船途经大海市的时候在渡船卫生间拍摄了淫秽视频，后在大河市登陆上岸，后乘公交车去到大川市的宾馆上传淫秽视频，公安机关对其以传播淫秽物品罪立案，问哪些法院有管辖权？（ ）

A. 大江市法院

B. 大河市法院

C. 大海市法院

D. 大川市法院

12 2001076

中国人甲在公海的一艘巴拿马籍邮轮上，将与其素有嫌隙的另一名中国乘客乙杀害，关于本案的审判管辖，下列表述正确的有？（ ）

A. 本案可由甲登陆地的法院管辖

B. 本案可由甲入境地的法院管辖

C. 本案可由乙离境前居住地的法院管辖

D. 本案可由甲离境前居住地的法院管辖

13 2001103

黄某为甲市居民，杨某为乙市居民，两人均在巴拿马籍货轮"瞭望号"上工作。货轮在航行至公海时，黄某将杨某推入海中致其死亡。该船从丙市入境并停泊，黄某上岸后逃匿至丁市居住后被抓获。关于该案，下列哪些法院有管辖权？（ ）

A. 甲市法院

B. 乙市法院

C. 丙市法院

D. 丁市法院

14 1402066

某县破获一抢劫团伙，涉嫌多次入户抢劫，该县法院审理后认为，该团伙中只有主犯赵某可能被判处无期徒刑。关于该案的移送管辖，下列哪些选项是正确的？（ ）

A. 应当将赵某移送中级法院审理，其余被告人继续在县法院审理

B. 团伙中的未成年被告人应当一并移送中级法院审理

C. 中级法院审查后认为赵某不可能被判处无期徒刑，可不同意移送

D. 中级法院同意移送的，应当书面通知其同级检察院

解析页码
018—019

【不定项】

⑮ 1602092

甲、乙（户籍地均为 M 省 A 市）共同运营一条登记注册于 A 市的远洋渔船。某次在公海捕鱼时，甲乙二人共谋杀害了与他们素有嫌隙的水手丙。该船回国后首泊于 M 省 B 市港口以作休整，然后再航行至 A 市。从 B 市起航后，在途经 M 省 C 市航行至 A 市过程中，甲因害怕乙投案自首一直将乙捆绑拘禁于船舱。该船于 A 市靠岸后案发。关于本案管辖，下列选项正确的是？（　　）

A. 故意杀人案和非法拘禁案应分别由中级法院和基层法院审理

B. A 市和 C 市法院对非法拘禁案有管辖权

C. B 市中级法院对故意杀人案有管辖权

D. A 市中级法院对故意杀人案有管辖权

二、模拟训练

⑯ 2203013

检察院在查办侦查人员刘某刑讯逼供案件中，发现刘某还涉嫌贪污贿赂。关于本案犯罪的处理，下列选项正确的是？（　　）（不定项）

A. 检察院应当及时与同级监察委员会沟通，应当由监察委员会为主调查，检察院予以协助

B. 检察院与同级监察委员会经沟通，可以将刘某涉嫌的两个罪由检察院一并侦查

C. 检察院应当及时与同级监察委员会沟通。经沟通，认为全案由监察委员会管辖更为适宜的，应当将刘某涉嫌的两个罪一并移送监察委员会

D. 检察院应当与同级监察委员会沟通，经沟通，认为分别管辖更为适宜的，检察院应当将刘某的贪污贿赂犯罪线索移送监察委员会，对刘某刑讯逼供案继续侦查

⑰ 2203014

王某涉嫌侵犯知识产权罪被起诉至甲市 A 区法院，A 区法院认为甲市 B 区法院办理侵犯知识产权案件经验丰富，由 B 区法院审理更为适宜，以下说法正确的是？（　　）（不定项）

A. A 区法院可以与 B 区法院协商，协商后直接将案件移送 B 区法院管辖

B. 本案可以由甲市中级法院指定 B 区法院管辖

C. 如甲市中级法院指定 B 区法院管辖的，A 区法院应当将本案案卷材料移送至 B 区法院

D. 如甲市中级法院指定 B 区法院管辖的，A 区法院应当将本案案卷材料退回 A 区检察院

⑱ 2103049

甲因涉嫌故意伤害被 A 市 B 县人民检察院起诉至人民法院，B 县人民法院在审理该案过程中，发现甲还在 B 县实施了一起盗窃案。关于甲的案件，下列说法正确的是？（　　）（单选）

A. 若甲的盗窃案已经被 B 县人民检察院提起公诉，B 县人民法院应当并案审理

B. 若甲的盗窃案正在被 B 县人民检察院审查起诉，B 县人民法院可以与 B 县人民检察院协商处理，但可能造成审判过分迟延的除外

C. 若甲的盗窃案正在被 B 县人民检察院审查起诉，B 县人民法院应当裁定中止审理甲故意伤害一案，待人民检察院对甲的盗窃案起诉后一并审理

D. 若是甲的故意伤害案件已经进入二审程序，二审法院在审理过程中发现甲的盗窃案还未判决的，应当将两案合并审理，并依法作出判决

⑲ 1809036

根据《刑事诉讼法》第 21 条的规定，下列案件中，属于中级法院管辖的第一审刑事案件是？（　　）（单选）

A. 张某长期为境外组织提供我国军事基地情报

B. 外国人汤姆在我国境内盗窃杰瑞珠宝店的珠宝，涉案数额巨大

C. 洪某贪污公款，数额巨大

D. 王某以拼接方式伪造美元，数额巨大

参考答案

[1] A　　[2] C　　[3] ABC　　[4] ABCD　　[5] ABD

[6] ABCD　[7] D　　[8] C　　[9] D　　[10] D

[11] BCD　[12] ABCD　[13] ABCD　[14] CD　　[15] BCD

[16] CD　　[17] BD　　[18] B　　[19] A

解析页码

第五章
回避

一、历年真题

【单选】

1 `2401057`

张某因医疗纠纷杀害医生，恰好被 A 区法院院长左某目睹。本案由 A 区法院法官王某担任审判长依法开庭审理，被告人张某以公诉人态度恶劣为由提出公诉人回避。法院审理过程中发现张某可能符合强制医疗条件，下面选项正确的是？

A. 若左某为证人，需要回避

B. 王某是本案审判长，不可以再参与强制医疗的案件审判

C. 若书记员是被告人的辩护人的胞妹，需要回避

D. 开庭审理后，因被告人提出关于公诉人的回避申请，法院决定休庭，并通知人民检察院尽快作出决定

2 `1901100`

沈某为 A 省 B 市 C 区法院副院长，后调任 B 市中级法院任 B 市中级法院审判委员会专职委员。沈某因故意伤害邻居杨某被 C 区公安机关立案侦查，后由 C 区检察院向 C 区法院提起公诉，下列表述正确的是？（ ）

A. 沈某应当在 C 区法院受审

B. 杨某可以申请 C 区法院所有法官回避

C. C 区法院和 B 市中级法院应将案件层报 A 省高级法院指定管辖

D. B 市中级法院应指定 C 区法院以外的法院管辖

3 `1702024`

齐某在 A 市 B 区利用网络捏造和散布虚假事实，宣称刘某系当地黑社会组织"大哥"，A 市中级法院院长王某为其"保护伞"。刘某以齐某诽谤为由，向 B 区法院提起自诉。关于本案处理，下列哪一选项是正确的？（ ）

A. B 区法院可以该案涉及王某为由裁定不予受理

B. B 区法院受理该案后应请求上级法院指定管辖

C. B 区法院受理该案后，王某应自行回避

D. 齐某可申请 A 市中级法院及其下辖的所有基层法院法官整体回避

4 `1302028`

法院审理过程中，被告人赵某在最后陈述时，以审判长数次打断其发言为理由申请更换审判长。对于这一申请，下列哪一说法是正确的？（ ）

A. 赵某的申请理由不符合法律规定，法庭应当当庭驳回申请

B. 赵某在法庭调查前没有申请回避，法院院长应当驳回申请

C. 如法院作出驳回申请的决定，赵某可以在决定作出后五日内向上级法院提出上诉

D. 如法院作出驳回申请的决定，赵某可以向上级法院申请复议一次

【多选】

5 `2201038`

下列关于回避的说法，错误的是？

A. 甲一审被某区法院判有期徒刑三年，不服提出上诉，二审法院发回重审，该区法院应当另行组成合议庭，再次上诉后，二审法院也应当另行组成合议庭进行审理

B. 被告人以法官张某是本案被害人的小舅子为由提出回避申请，院长决定张法官回避后，张法官可以复议一次

C. 最高法院复核死刑立即执行案件时，复核期间出现新的影响定罪量刑的事实、证据的，应当发回重审，重审法院应当另行组成合议庭

D. 法官王某参加陈某被判处死刑的案件的合议庭进行死刑复核，合议庭复核后发现事实不清证据不足，于是发回重审。重审法院应当另行组成合议庭，原审法院又判决陈某死刑立即执行，最高法院再次复核时，王某不得再参与该案的复核工作

6 `1502068`

未成年人小付涉嫌故意伤害袁某，袁某向法院提起自诉。小付的父亲委托律师黄某担任辩护人，

袁某委托其在法学院上学的儿子担任诉讼代理人。本案中，下列哪些人有权要求审判人员回避？（ ）

A．黄某

B．袁某

C．袁某的儿子

D．小付的父亲

7 1402067

林某盗版销售著名作家黄某的小说涉嫌侵犯著作权罪，经一审和二审后，二审法院裁定撤销原判，发回原审法院重新审判。关于该案的回避，下列哪些选项是正确的？（ ）

A．一审法院审判委员会委员甲系林某辩护人妻子的弟弟，黄某的代理律师可申请其回避

B．一审书记员乙系林某的表弟而未回避，二审法院可以此为由裁定发回原审法院重审

C．一审合议庭审判长丙系黄某的忠实读者，应当回避

D．丁系二审合议庭成员，如果林某对一审法院重新审判作出的裁判不服再次上诉至二审法院，丁应当自行回避

二、模拟训练

8 2203015

下列关于回避的说法，错误的是？（ ）（不定项）

A．甲一审被某区法院判有期徒刑 3 年，不服提出上诉，二审法院发回重审。该区法院应当另行组成合议庭，再次上诉后，二审法院也应当另行组成合议庭进行审理

B．被告人以法官张某是本案被害人的小舅子为由提出回避申请，院长决定张法官回避后，张法官可以复议一次

C．最高人民法院复核死刑立即执行案件时，复核期间出现新的影响定罪量刑的事实、证据的，应当发回重审，重审法院应当另行组成合议庭

D．最高人民法院在复核章某死刑案件后，发现事实不清证据不足，于是发回重审。重审法院应当另行组成合议庭，重审法院又判决章某死刑立即执行，最高人民法院再次复核时，应当另行组成合议庭

9 2203016

张某 17 周岁，涉嫌故意伤害罪，在审判中，张某发现本案的法官王某与本案被害人是好朋友，可能影响公正审判，欲申请其回避，关于本案的回避说法不正确的是？（ ）（不定项）

A．本案张某及其父亲有权申请王某回避

B．本案王某回避应当由审判长决定

C．本案王某被申请回避无需立即停止工作

D．本案合议庭当庭驳回回避申请并不得复议

10 1903150

根据《刑事诉讼法》和相关司法解释，关于回避制度的说法，正确的是？（ ）（不定项）

A．法院的司法警察不是回避的对象

B．被告人对书记员提出回避申请的，由法院院长作出决定

C．专门机关回避决定既可以采用口头形式，也可以采用书面形式

D．对侦查人员提出回避申请，侦查人员不停止侦查。如果符合回避的事由，其侦查行为效力由检察长或者检委会决定

参考答案

[1]C   [2]C   [3]B   [4]A   [5]ABCD

[6]ABCD [7]AB [8]ABCD [9]BCD [10]ABC

第六章 辩护与代理

一、历年真题

（一）有效辩护原则

【多选】

1 1502069

关于有效辩护原则，下列哪些理解是正确的？（ ）

A．有效辩护原则的确立有助于实现控辩平等对抗

解析页码

B. 有效辩护是一项主要适用于审判阶段的原则，但侦查、审查起诉阶段对辩护人权利的保障是审判阶段实现有效辩护的前提

C. 根据有效辩护原则的要求，法庭审理过程中一般不应限制被告人及其辩护人发言的时间

D. 指派没有刑事辩护经验的律师为可能被判处无期徒刑、死刑的被告人提供法律援助，有违有效辩护原则

（二）辩护人的范围

【单选】

2 `1602025`

法官齐某从 A 县法院辞职后，在其妻洪某开办的律师事务所从业。关于齐某与洪某的辩护人资格，下列哪一选项是正确的？（ ）

A. 齐某不得担任 A 县法院审理案件的辩护人

B. 齐某和洪某不得分别担任同案犯罪嫌疑人的辩护人

C. 齐某和洪某不得同时担任同一犯罪嫌疑人的辩护人

D. 洪某可以律师身份担任 A 县法院审理案件的辩护人

（三）辩护人的诉讼权利

【单选】

3 `2001061`

王某因涉嫌盗窃罪被立案侦查。其委托张律师为其辩护律师。下列关于辩护律师的做法，哪项是正确的？（ ）

A. 拘留期间，辩护律师向侦查机关提出申请后可到看守所会见犯罪嫌疑人

B. 侦查终结时，辩护律师向公安机关申请阅卷

C. 移送起诉后，辩护律师发现公安机关已收集的证明犯罪嫌疑人罪轻的证据没有提交，向检察院申请调取

D. 审判阶段，辩护律师带 1 名助理出席庭审的，助理有权与辩护律师一起发表辩护意见

4 `1801043`

关于辩护律师在刑事诉讼中享有的诉讼权利，下

列哪一说法是正确的？（ ）

A. 在侦查阶段，辩护律师可以向犯罪嫌疑人核实证据

B. 在案件侦查终结前，辩护律师可以查阅侦查机关的起诉意见书

C. 辩护律师认为在侦查期间公安机关收集的证明犯罪嫌疑人无罪或者罪轻的证据材料未随案移送的，可以向检察院申请调取

D. 法院在开庭前 7 日给辩护律师送达起诉书副本，辩护律师可以以此为理由拒绝出庭辩护

5 `1801045`

张某涉嫌诈骗罪被甲县公安局立案侦查。侦查人员在 3 日内讯问了张某两次，但只在第二次讯问时才告知其有权委托律师、亲友等人担任辩护人。张某遂委托了王律师担任其辩护人。王律师向甲县公安局提出了会见张某以及了解案件有关情况的请求。关于本案，下列哪一说法是正确的？（ ）

A. 甲县公安局在第二次讯问张某时告知其有权委托辩护人，符合《刑事诉讼法》的规定

B. 对于王律师的会见请求，甲县公安局批准其会见张某并派员在场，是依法保障律师执业权利的表现

C. 甲县公安局告知张某有权委托亲友担任辩护人，充分保障了张某的辩护权

D. 若甲县公安局以妨碍侦查为由拒绝告知王律师本案的有关情况，则侵犯了王律师的诉讼权利

6 `1602026`

郭某涉嫌参加恐怖组织罪被逮捕，随后委托律师姜某担任辩护人。关于姜某履行辩护职责，下列哪一选项是正确的？（ ）

A. 姜某到看守所会见郭某时，可带 1–2 名律师助理协助会见

B. 看守所可对姜某与郭某的往来信件进行必要的检查，但不得截留、复制

C. 姜某申请法院收集、调取证据而法院不同意的，法院应书面说明不同意的理由

D. 法庭审理中姜某作无罪辩护的，也可当庭对郭某从轻量刑的问题发表辩护意见

觉晓法考　法考题库系列·客观严选4000好题——刑事诉讼法客观·严选好题（题集）

【多选】

7 1801114

张三因涉嫌盗窃被某县公安机关立案侦查，张三委托了律师李四作为辩护人，李四开展的下列哪些辩护活动违反了刑事诉讼法的相关规定？（　）

A. 某县公安机关经过侦查，将案件报请某县检察院审查批捕，李四有权申请某县检察院调取某县公安机关已收集但未提交的对张三有利的证据

B. 某县公安机关将张三刑事拘留，李四有权会见张三并向其核实案件证据

C. 在侦查阶段，李四有权向当时现场的目击证人王五收集证据

D. 案件侦查终结后，李四有权赴某县公安机关查阅起诉意见书及相关证据材料

（四）辩护人的义务

【单选】

8 1602027

根据《刑事诉讼法》的规定，辩护律师收集到的下列哪一证据应及时告知公安机关、检察院？（　）

A. 强奸案中被害人系精神病人的证据

B. 故意伤害案中犯罪嫌疑人系正当防卫的证据

C. 投放危险物质案中犯罪嫌疑人案发时在外地出差的证据

D. 制造毒品案中犯罪嫌疑人犯罪时刚满16周岁的证据

（五）值班律师制度

【单选】

9 2001060

下列关于值班律师的表述，正确的是？（　）

A. 值班律师依法享有会见权、阅卷权以及提出建议权

B. 值班律师为犯罪嫌疑人、被告人提供法律咨询是辩护权的体现

C. 值班律师可以出庭为被告人发表对案件的看法

D. 犯罪嫌疑人、被告人拒绝认罪认罚的案件不适用值班律师制度

【多选】

10 1901116

下列关于值班律师的表述，正确的有？（　）

A. 被害人有权申请值班律师提供法律帮助

B. 在审判阶段，值班律师可以出庭进行辩论

C. 值班律师提供程序选择建议主要是针对犯罪嫌疑人认罪认罚、适用速裁程序等方面

D. 在认罪认罚案件中，值班律师可以对检察院提出的量刑建议提出意见

11 1901115

下列关于刑事诉讼中值班律师职责的表述，正确的是？（　）

A. 值班律师是法律援助的新发展，值班律师与辩护律师的权利义务一致

B. 值班律师有权提出量刑意见

C. 值班律师有权为犯罪嫌疑人提供出庭辩护服务

D. 值班律师有权对犯罪嫌疑人、被告人提出程序适用建议

【不定项】

12 1901141

王某、李某因聚众斗殴被某县公安机关立案侦查并被逮捕羁押于某县看守所，后移送某县检察院审查起诉。王某、李某没有委托辩护人，法律援助机构也没有为他们指派律师，某县看守所告知王某、李某有权约见值班律师。下列选项正确的是？（　）

A. 同1名值班律师为王某提供法律帮助后，不可以再为李某提供法律帮助

B. 在审查起诉阶段，王某在值班律师在场的情况下签署认罪认罚具结书，值班律师要求阅卷的，检察院应当允许

C. 在审判阶段，如果王某委托了辩护律师，王某之前在值班律师在场的情况下签署的认罪认罚具结书归于无效

D. 值班律师可以帮王某申请取保候审

解析页码 028—030

（六）辩护的种类

【单选】

13 `1901105`

张三系退伍军人，因涉嫌抢劫、杀人被某市公安机关立案侦查，张三没有委托辩护人。某市公安局认为张三可能被判处死刑，便通知法律援助机构为张三提供法律援助。案件随后由某市检察院向某市中级法院提起公诉。下列表述正确的有？（　　）

A. 某市退役军人事务局的公职律师李四，接受法律援助中心的指派可以为张三提供法律援助

B. 在侦查阶段，李四提出了口头辩护意见，侦查机关要求李四必须出具书面辩护意见

C. 庭审中，李四因违反法庭纪律被法警强制带出法庭，法庭应当决定延期审理

D. 庭审中，李四因违反法庭纪律被法警强制带出法庭，法庭应当为张三重新提供法律援助

（七）拒绝辩护

【单选】

14 `1302038`

在法庭审判中，被告人翻供，否认犯罪，并当庭拒绝律师为其进行有罪辩护。合议庭对此问题的处理，下列哪一选项是正确的？（　　）

A. 被告人有权拒绝辩护人辩护，合议庭应当准许

B. 辩护律师独立辩护，不受当事人意思表示的约束，合议庭不应当准许拒绝辩护

C. 属于应当提供法律援助的情形的，合议庭不应当准许拒绝辩护

D. 有多名被告人的案件，部分被告人拒绝辩护人辩护的，合议庭不应当准许

（八）刑事诉讼代理

【单选】

15 `1102022`

关于法定代理人对法院一审判决、裁定的上诉权，下列哪一说法是错误的？（　　）

A. 自诉人高某的法定代理人有独立上诉权

B. 被告人李某的法定代理人有独立上诉权

C. 被害人方某的法定代理人有独立上诉权

D. 附带民事诉讼当事人吴某的法定代理人对附带民事部分有独立上诉权

【多选】

16 `1801118`

李某（17岁），某县高三一班学生，因琐事将同学王某（16岁）打伤，王某的父亲向某县法院对李某提起自诉并附带民事诉讼要求赔偿2万元医疗费。下列表述正确的有？（　　）

A. 法院经过审查认为本案可以适用简易程序审理，若王某的父亲不同意适用，则不能适用简易程序审理

B. 一审宣判后，王某的父亲可以不经王某同意而口头提出上诉

C. 李某的父亲是律师，可以担任李某的辩护人

D. 李某的父亲可以另行为李某委托诉讼代理人

二、模拟训练

17 `2203017`

关于辩护人的资格，下列说法正确的是？（　　）（不定项）

A. 李某涉嫌抢劫，其哥哥原系工商局职工但因违纪被开除公职，其哥哥在审查起诉阶段可以担任李某的辩护人

B. 陈某与范某共同犯罪，范某在逃。王律师为陈某担任辩护人。案件判决生效2年后，范某被抓获并被起诉，王律师可以担任范某辩护人

C. 田某涉嫌抢劫案，辩护律师张某因严重扰乱法庭秩序被责令退出法庭，不得继续担任本案的辩护人

D. 法官卢某从B县法院辞职后，不得担任B县法院所办理案件的辩护人

18 `2203018`

甲涉嫌黑社会性质组织犯罪，律师乙接受甲委托担任其辩护人。关于乙的辩护活动，下列哪些选项是不正确的是？（　　）（不定项）

A. 审查起诉期间，经被害人同意，乙可向被害人收集证言

B. 甲在侦查阶段被拘留后，乙到看守所会见甲须

经侦查机关批准

C. 侦查人员讯问甲时，乙有权在场

D. 乙认为侦查期间公安机关收集的某项能证明甲无罪的证据未提交，可申请检察院予以调取

19 `2203021`

下列关于法律援助辩护说法正确的是？（　　）（不定项）

A. 张某涉嫌盗窃案，因经济困难没有委托辩护人，法律援助机构应当指派律师为其提供辩护

B. 未成年人小李涉嫌抢夺，案件移送审查起诉时小李刚满 18 周岁，检察院应当通知法律援助机构指派律师为其提供辩护

C. 陈某涉嫌贪污，潜逃到境外，法院对其适用缺席审判程序。由于陈某及其近亲属没有委托辩护人，法院应当通知法律援助机构指派律师为其提供辩护

D. 共同犯罪案件中，被告人田某没有委托辩护人，但其他被告人已经委托辩护人，应当通知法律援助机构指派律师为其提供辩护

参考答案

[1]ACD	[2]D	[3]C	[4]C	[5]D
[6]D	[7]BCD	[8]C	[9]A	[10]CD
[11]BD	[12]BD	[13]A	[14]A	[15]C
[16]BCD	[17]A	[18]ABC	[19]C	

第七章
刑事证据

一、历年真题

（一）证据的基本范畴

【单选】

1 `1602030`

关于《刑事诉讼法》规定的证明责任分担，下列哪一选项是正确的？（　　）

A. 公诉案件中检察院负有证明被告人有罪的责

任，证明被告人无罪的责任由被告方承担

B. 自诉案件的证明责任分配依据"谁主张，谁举证"的法则确定

C. 巨额财产来源不明案中，被告人承担说服责任

D. 非法持有枪支案中，被告人负有提出证据的责任

2 `1502026`

下列哪一选项属于传闻证据？（　　）

A. 甲作为专家辅助人在法庭上就一起伤害案的鉴定意见提出的意见

B. 乙了解案件情况但因重病无法出庭，法官自行前往调查核实的证人证言

C. 丙作为技术人员"就证明讯问过程合法性的同步录音录像是否经过剪辑"在法庭上所作的说明

D. 丁曾路过发生杀人案的院子，其开庭审理时所作的"当时看到一个人从那里走出来，好像喝了许多酒"的证言

3 `1502025`

甲涉嫌盗窃室友乙存放在储物柜中的笔记本电脑一台并转卖他人，但甲辩称该电脑系其本人所有，只是暂存于乙处。下列哪一选项既属于原始证据，又属于直接证据？（　　）

A. 侦查人员在乙储物柜的把手上提取的甲的一枚指纹

B. 侦查人员在室友丙手机中直接提取的视频，内容为丙偶然拍下的甲打开储物柜取走电脑的过程

C. 室友丁的证言，内容是曾看到甲将一台相同的笔记本电脑交给乙保管

D. 甲转卖电脑时出具的现金收条

4 `1502023`

关于证人证言与鉴定意见，下列哪一选项是正确的？（　　）

A. 证人证言只能由自然人提供，鉴定意见可由单位出具

B. 生理上、精神上有缺陷的人有时可以提供证人证言，但不能出具鉴定意见

C. 如控辩双方对证人证言和鉴定意见有异议的，相应证人和鉴定人均应出庭

D. 证人应出庭而不出庭的，其庭前证言仍可能作为证据；鉴定人应出庭而不出庭的，鉴定意见不得作为定案根据

5 `1402027`

关于证据的关联性，下列哪一选项是正确的？（　　）

A. 关联性仅指证据事实与案件事实之间具有因果关系

B. 具有关联性的证据即具有可采性

C. 证据与待证事实的关联度决定证据证明力的大小

D. 类似行为一般具有关联性

【多选】

6 `2401062`

甲因车上的茶叶盒放有 300g 冰毒，涉嫌贩卖毒品被公安机关立案侦查，经侦查发现了以下证据，其中属于间接证据的有哪些？

A. 甲辩称自己不知道茶叶盒里装的是毒品，茶叶盒是朋友杨某放在自己车上的

B. 茶叶盒中的 300g 冰毒

C. 茶叶盒上提取到的甲的指纹

D. 甲与朋友杨某的 29 次通话记录

7 `2101050`

乙有一批限量黑胶片被盗，经查将犯罪嫌疑人甲抓获，从甲处缴获该被盗胶片。下列有关证据的说法，哪些是正确的？（　　）

A. 防盗门的划痕是原始证据

B. 丢失的胶片清单是实物证据

C. 丢失的胶片是间接证据

D. 监控记录的嫌疑人作案，是传来证据

8 `2001077`

甲用手机约失足妇女乙去酒店，甲穿着假警服扮成警察，用带有警察字样的钱包冒充人民警察证，拿着电棍吓唬乙并索要了 2000 元钱。后甲被公安机关以招摇撞骗罪立案侦查，下列表述正确的有？（　　）

A. 甲所穿假警服是本案物证

B. 因乙系失足妇女，做的本就是非法生意，可因此对甲从宽处罚

C. 带有警察字样的钱包是本案的书证

D. 甲与乙手机上的聊天记录属于电子数据

9 `1702069`

甲涉嫌利用木马程序盗取 Q 币并转卖他人，公安机关搜查其住处时，发现一个 U 盘内存储了用于盗取账号密码的木马程序。关于该 U 盘的处理，下列哪些选项是正确的？（　　）

A. 应扣押 U 盘并制作笔录

B. 检查 U 盘内的电子数据时，应将 U 盘拆封过程进行录像

C. 公安机关移送审查起诉时，对 U 盘内提取的木马程序，应附有该木马程序如何盗取账号密码的说明

D. 如 U 盘未予封存，且不能补正或作出合理解释的，U 盘内提取的木马程序不得作为定案的根据

10 `1602067`

甲驾车将昏迷的乙送往医院，并垫付了医疗费用。随后赶来的乙的家属报警称甲驾车撞倒乙。急救中，乙曾短暂清醒并告诉医生自己系被车辆撞倒。医生将此话告知警察，并称从甲送乙入院时的神态看，甲应该就是肇事者。关于本案证据，下列哪些选项是正确的？（　　）

A. 甲垫付医疗费的行为与交通肇事不具有关联性

B. 乙告知医生"自己系被车辆撞倒"属于直接证据

C. 医生基于之前乙的陈述，告知警察乙系被车辆撞倒，属于传来证据

D. 医生认为甲是肇事者的证词属于符合一般生活经验的推断性证言，可作为定案依据

11 `1602069`

下列哪些选项属于刑事诉讼中的证明对象？（　　）

A. 行贿案中，被告人知晓其谋取的系不正当利益的事实

B. 盗窃案中，被告人的亲友代为退赃的事实

C. 强奸案中，用于鉴定的体液检材是否被污染的事实

D. 侵占案中，自诉人申请期间恢复而提出的其突遭车祸的事实，且被告人和法官均无异议

【不定项】

12 2401067

李某与荣某于网上结识，相约酒吧，荣某醉酒昏迷，醒来后发现自己的支付宝账户被转走 4 万元，于是向公安机关报案。经检测发现荣某体内含有致昏药剂成分。后检察院以李某涉嫌抢劫罪提起公诉。以下证据中，哪些证据可以作为证明李某构成抢劫罪的证据？

A. 监控记录显示，李某曾在荣某去洗手间时投撒某粉末并摇晃荣某的酒杯

B. 李某的朋友作证，李某曾吹嘘自己 2 年前给网友下药并发生关系

C. 李某的电脑中有其搜索迷药、致幻剂的成分的记录

D. 聊天记录显示，李某曾反复劝说荣某将其支付方式改为指纹支付

13 1702092

甲、乙二人系药材公司仓库保管员，涉嫌 5 次共同盗窃其保管的名贵药材，涉案金额 40 余万元。一审开庭审理时，药材公司法定代表人丙参加庭审。经审理，法院认定了其中 4 起盗窃事实，另一起因证据不足未予认定，甲和乙以职务侵占罪分别被判处有期徒刑 3 年和 1 年。关于本案证据，下列选项正确的是？（　）

A. 侦查机关制作的失窃药材清单是书证

B. 为查实销赃情况而从通信公司调取的通话记录清单是书证

C. 甲将部分销赃所得 10 万元存入某银行的存折是物证

D. 因部分失窃药材不宜保存而在法庭上出示的药材照片是物证

（二）非法证据排除规则

【多选】

14 2001078

关于对非法证据排除规则中"非法"的理解，下列表述正确的有？（　）

A. 侦查人员询问女证人，以公开其隐私相威胁，证人因担心隐私被公开造成家庭矛盾被迫提供

的证言

B. 侦查人员首次讯问犯罪嫌疑人时通过暴力方式获取了供述，第二次讯问时没有采用暴力方式，犯罪嫌疑人作出了同样的供述

C. 侦查人员对犯罪嫌疑人连续讯问 22 小时，但期间保持其正常饮食

D. 侦查人员威胁犯罪嫌疑人不如实供述就让他正在准备法考的儿子作为证人接受询问，犯罪嫌疑人担心影响其儿子考试作出的供述

15 1901117

甲因涉嫌组织、领导黑社会性质组织罪被某县公安机关立案侦查并被拘留羁押于某县看守所。在刑事拘留期间，甲受到侦查人员的刑讯逼供，申请排除非法证据，下列表述正确的是？（　）

A. 在拘留期间，甲只能向某县公安机关申请排除非法证据

B. 甲只能说清遭受殴打的时间，但无法说清侦查人员的姓名，甲属于提供了相关的线索

C. 甲被殴打后作出了有罪供述，甲有权申请排除因遭受殴打出于恐惧作出的与该有罪供述相同的后续供述

D. 若甲在审判阶段申请排除非法证据，法庭开展调查，检察院若不能证明取证合法性，应当排除相关证据

16 1801076

张某涉嫌抢劫罪被甲地公安机关立案侦查。在侦查阶段收集到以下证据，其中应当予以排除，不得作为定案依据的证据有哪些？（　）

A. 侦查人员陈某与李某对张某采用强光持续照射眼睛的方式进行讯问，获取了张某的供述之后。二人再次对张某进行合法讯问，张某作出了与第一次供述相同的供述

B. 侦查人员在讯问时威胁张某，称若不如实供述，就将张某逃税漏税的事实向有关机关告发，张某遂作出了承认抢劫的供述

C. 侦查人员在凌晨抓获张某后对其连夜审讯至天亮而获得的张某的供述

D. 侦查人员对张某非法拘禁，张某因害怕而作出

的有罪供述

17 `1302068`

在法庭审理过程中，被告人屠某、沈某和证人朱某提出在侦查期间遭到非法取证，要求确认其审前供述或证言不具备证据能力。下列哪些情形下应当根据法律规定排除上述证据？（　　）

A. 将屠某大字型吊铐在窗户的铁栏杆上，双脚离地

B. 对沈某进行引诱，说"讲了就可以回去"

C. 对沈某进行威胁，说"不讲就把你女儿抓起来打"

D. 对朱某进行威胁，说"不配合我们的工作就把你关进来"

（三）其他证据规则

【单选】

18 `1702026`

下列哪一证据规则属于调整证据证明力的规则？（　　）

A. 传闻证据规则

B. 非法证据排除规则

C. 关联性规则

D. 意见证据规则

19 `1402028`

下列哪一选项所列举的证据属于补强证据？（　　）

A. 证明讯问过程合法的同步录像材料

B. 证明获取被告人口供过程合法，经侦查人员签名并加盖公章的书面说明材料

C. 根据被告人供述提取到的隐蔽性极强、并能与被告人供述和其他证据相印证的物证

D. 对与被告人有利害冲突的证人所作的不利被告人的证言的真实性进行佐证的书证

20 `1202028`

下列哪一选项表明我国基本确立了自白任意性规则？（　　）

A. 侦查人员在讯问犯罪嫌疑人的时候，可以对讯问过程进行录音或者录像

B. 不得强迫任何人证实自己有罪

C. 逮捕后应当立即将被逮捕人送交看守所羁押

D. 不得以连续拘传的方式变相拘禁犯罪嫌疑人、被告人

【不定项】

21 `2301035`

杨某涉嫌强奸 8 岁女孩，公安机关调取的证据显示杨某已年满 14 周岁，但杨某父母表示年龄在上户时调大了，杨某实际并未满 14 周岁，以下哪种意见证据可以作为证据使用？

A. 鉴定人出具的鉴定意见表示骨龄鉴定有 2 年误差

B. 村民甲说当年出生的男孩子很多，杨某也是当年出生的孩子之一

C. 户籍民警说，有人要求更改年龄，可能存在登记簿登记错误的情形

D. 人口普查员表示，户籍卡上出生日期有涂改的字迹，有可能系事后涂改的

（四）证据的审查判断

【单选】

22 `2401055`

韩某涉嫌电信诈骗被提起公诉，法院发现扣押的电脑没有制作笔录清单，犯罪数额不清，鉴定意见只有机构盖章，没有鉴定人签字。法院审查后认为该案有自首情形，韩某提交了过去表现良好的材料，下列说法正确的是？

A. 过去表现良好的材料可以作为定案根据

B. 鉴定意见可经过补证后作为定案依据

C. 电脑不得作为定案依据

D. 法院要求韩某提供自首证明材料

23 `1901102`

下列关于刑事证据审查判断的说法，正确的有？（　　）

A. 戴某因涉嫌逃税罪在某县法院受审，税务稽查部门在查办戴某逃税时制作的证人证言可以直接作为定案根据

B. 赵某因涉嫌盗窃罪被某县公安机关立案侦查，侦查人员询问证人吴某时，忘了让吴某在证言笔录上核对签名，待案件进入审判阶段时，侦

查人员让吴某在证言笔录上补充签名，该证人证言可以作为定案根据

C. 李某因涉嫌抢夺罪在某县法院受审，法官发现侦查人员收集被抢财物时没有制作笔录和清单，无法证明财物来源，遂要求侦查人员对相关证据进行补正或者作出合理解释

D. 韩某因涉嫌破坏计算机信息系统罪在某县法院受审，法官发现侦查人员提取的韩某编制的计算机病毒有被篡改的痕迹，遂将该电子数据依法排除

24 `1602029`

公安机关发现一具被焚烧过的尸体，因地处偏僻且天气恶劣，无法找到见证人，于是对勘验过程进行了全程录像，并在笔录中注明原因。法庭审理时，辩护人以勘验时没有见证人在场为由，申请排除勘验现场收集的物证。关于本案证据，下列哪一选项是正确的？（　　）

A. 因违反取证程序的一般规定，应当排除

B. 应予以补正或者作出合理解释，否则予以排除

C. 不仅物证应当排除，对物证的鉴定意见等衍生证据也应排除

D. 有勘验过程全程录像并在笔录中已注明理由，不予排除

【多选】

25 `2301034`

某软件公司利用网络侵犯多人敏感信息被立案侦查，被害人数量众多，且陈述基本一致。下列做法正确的是？

A. 犯罪嫌疑人的律师申请排除重复信息，法院可以拒绝

B. 检察机关必须逐条核对被侵犯信息人的数量

C. 侦查机关必须逐条核对所有电子数据

D. 法院审查证据后，不能排除合理怀疑的，应作出有利于被告人的认定

26 `2301036`

王某酒后驾驶，在地下商场撞损 4 辆汽车后逃逸，被保安发现报警，警察何某赶赴现场将其抓获。在现场进行讯问时，王某说自己喝了 4 两白酒，经酒

精测试仪测试为 191mg/100ml。之后再次讯问时，王某又说只喝了一瓶啤酒，白酒是在逃逸后喝的。检察机关以王某犯危险驾驶罪提起公诉，以下哪些证据经转化，查证属实后可作为定案依据？

A. 何某抓获王某时的情况说明

B. 何某关于现场讯问的讯问笔录

C. 王某车上的行车记录仪视频

D. 关于王某醉酒驾车的鉴定意见

27 `1901107`

甲一直行为古怪，甲父大甲带甲在某省人民医院进行检查，经过检查，诊断为处于发病期的精神分裂症。一周后，甲在路上持刀将乙捅伤。某县公安机关以故意伤害罪对甲立案侦查，随后案件由某县检察院向某县法院提起公诉。某县法院依法开庭审理，法院聘请专家丁进行鉴定，鉴定意见显示甲具有刑事责任能力，下列表述正确的有？（　　）

A. 在案发前一星期某省人民医院所做精神病诊断证明属于鉴定意见

B. 在案发前一星期某省人民医院所做精神病诊断证明不得作为证据使用

C. 大甲对法院的鉴定意见有异议，聘请了有专门知识的人丙，若法院认为有必要，可以通知丙出庭对鉴定意见发表意见

D. 法院通知鉴定人丁出庭说明情况，若丁无正当理由拒不出庭，其鉴定意见不得作为定案根据

28 `1801077`

某幼儿园老师甲因 4 岁的小朋友小杨午休期间吵闹而用针扎了他。同是 4 岁的小刘目睹了小杨被针扎的过程。小刘放学后把小杨被老师针扎的事情告诉了自己妈妈。小刘妈妈随即报警。甲因涉嫌犯罪被公安机关立案侦查。关于本案，下列说法正确的是？（　　）

A. 因小刘对所证事实具有辨别能力，符合其智力水平，其证言可以作为定案的依据

B. 4 岁的小杨作为被害人可以对犯罪嫌疑人甲进行辨认

C. 由于小杨的辨认笔录没有见证人的签名，该辨认笔录不能作为定案的依据

解析页码
041—043

D. 小杨的母亲与案件有利害关系，其证言不可以作为定案的依据

29 `1602068`

辩护律师在庭审中对控方证据提出异议，主张这些证据不得作为定案依据。对下列哪些证据的异议，法院应当予以支持？（ ）

A. 因证人拒不到庭而无法当庭询问的证人证言

B. 被告人提供了有关刑讯逼供的线索及材料，但公诉人不能证明讯问合法的被告人庭前供述

C. 工商行政管理部门关于查处被告人非法交易行为时的询问笔录

D. 侦查人员在办案场所以外的地点询问被害人所获得的被害人陈述

【不定项】

30 `1702096`

某小学发生一起猥亵儿童案件，三年级女生甲向校长许某报称被老师杨某猥亵。许某报案后，侦查人员通过询问许某了解了甲向其陈述的被杨某猥亵的经过。侦查人员还通过询问甲了解到，另外2名女生乙和丙也可能被杨某猥亵，乙曾和甲谈到被杨某猥亵的经过，甲曾目睹杨某在课间猥亵丙。讯问杨某时，杨某否认实施猥亵行为，并表示他曾举报许某贪污，许某报案是对他的打击报复。关于本案证据，下列选项正确的是？（ ）

A. 甲向公安机关反映的情况，既是被害人陈述，也是证人证言

B. 关于甲被猥亵的经过，许某的证言可作为甲陈述的补强证据

C. 关于乙被猥亵的经过，甲的证言属于传闻证据，不得作为定案的依据

D. 甲、乙、丙因年幼，其陈述或证言必须有其他证据印证才能采信

31 `1602095`

甲女与乙男在某社交软件互加好友，手机网络聊天过程中，甲女多次向乙男发送暧昧言语和色情图片，表示可以提供有偿性服务。二人于酒店内见面后因价钱谈不拢而争吵，乙男强行将甲女留在房间内，并采用胁迫手段与其发生性关系。后甲女向公安机关报案，乙男则辩称双方系自愿发生性关系。乙男提供了二人之前的网络聊天记录。关于这一网络聊天记录，下列选项正确的是？（ ）

A. 属电子数据的一种

B. 必须随原始的聊天时使用的手机移送才能作为定案的依据

C. 只有经甲女核实认可后才能作为定案的依据

D. 因不具有关联性而不得作为本案定罪量刑的依据

（五）证明责任

【单选】

32 `1901118`

下列关于刑事证明责任分配理论的表述，正确的有？（ ）

A. 检察院指控被告人犯强奸罪，辩护人发现案发时被告人在外地的证据，应当向法庭承担被告人不在犯罪现场的证明责任

B. 被告人申请法庭排除自己的供述，声称遭受刑讯逼供并向法庭提供了被打掉牙的X光片，检察院应当向法庭承担侦查机关没有对被告人实施刑讯逼供的证明责任

C. 被告人申请法庭排除自己的供述，声称在羁押期间，侦查人员将自己带出看守所进行讯问并实施了刑讯逼供，被告人应当向法庭承担自己遭受刑讯逼供的证明责任

D. 自诉人向法院起诉被告人犯侵占罪，被告人提出被侵占的财产属于自己所有，被告人应当向法庭承担财产归自己所有的证明责任

（六）证明主体和证明对象

【单选】

33 `2001062`

下列关于刑事证据的表述，哪一选项是正确的？（ ）

A. 李某涉嫌猥亵儿童，侦查人员在他手机里发现许多儿童色情图片，这些图片与本案无关联性

B. 赵某涉嫌危险驾驶，坐在后排座位的证人称："我估计他当时的时速得有100千米/小时。"

该证言可以作为证据使用

C. 宋某涉嫌交通肇事逃逸，宋某称自己向被害人赔了 2000 元才离开现场的，宋某应对其辩解承担举证责任

D. 孙某涉嫌盗窃，认罪认罚，法院审查其认罪认罚的自愿性属于需要证明的程序法事实

【多选】

34 `1901119`

下列在刑事诉讼活动中需要承担证明责任的主体有？（　）

A. 公诉人

B. 自诉人

C. 自诉案件中提起反诉的被告人

D. 附带民事诉讼原告人

【不定项】

35 `2401065`

李某盗窃王某现金 3000 元后王某报案，为了多退赃款，王某谎称失窃 3 万元，并指使赵某作伪证。公安机关查证后，发现赵某系作伪证，遂对赵某和王某分别立案，根据本案，下列选项正确的是？

A. 在李某盗窃案中，王某的被害人陈述系非法证据，应予以排除

B. 在王某妨害作证和赵某伪证案中，如李某的犯罪已被生效判决认定，在开庭审理中检察院则不必质证

C. 在赵某伪证案中，李某否认盗窃 3 万元系被害人陈述

D. 在王某妨害作证罪案中，赵某先前所作虚假证言违背自白任意性规则

二、模拟训练

36 `2203022`

张某涉嫌故意伤害李某。下列为侦查人员收集到的证据，哪一选项既属于原始证据，又属于直接证据？（　）（不定项）

A. 侦查人员在张某储物柜的把手上提取的张某的一枚指纹

B. 侦查人员在被害人李某小区保安室收集到的小

区监控录像，内容为张某进入被害人李某小区的经过

C. 证人王某的证言，内容是其曾听汪某讲过张某故意伤害被害人李某

D. 被害人李某的陈述，内容是其被张某打伤的经过

37 `1803033`

关于胡某涉嫌强奸案件的证据中，下列哪些材料不具备证据的相关性特征？（　）（多选）

A. 胡某写给被害人的情书

B. 胡某在 15 岁时曾采用过与本案相同的手段实施过强奸行为

C. 胡某道德品质恶劣的证据

D. 胡某的朋友证明，在本案的作案时间内，胡某曾与其一起在网吧打游戏

38 `2203024`

犯罪嫌疑人王某涉嫌绑架并杀害人质一案，侦查人员收集到的下列证人证言，不得作为定案依据的是？（　）（不定项）

A. 证人笔录没有经证人核对确认的

B. 询问目击证人听障人士黄某而制作的询问笔录，但询问过程中未提供通晓听障人士手势的人做翻译

C. 询问证人陈某时没有个别进行的

D. 询问未成年证人小田，其法定代理人或者合适成年人不在场的

39 `2203025`

王某涉嫌抢劫被立案侦查。侦查人员对此案组织了辨认。下列关于辨认程序不符合有关规定，不得作为定案依据是？（　）（不定项）

A. 被害人张某在辨认前见到了辨认对象王某

B. 侦查人员将王某混杂在 7 名具有类似特征的人员中，由被害人张某进行辨认

C. 侦查人员组织证人贾某与罗某同时对犯罪嫌疑人王某进行辨认

D. 案卷中只有辨认笔录，没有被辨认对象的照片、录像等资料，无法获悉辨认的真实情况的

解析页码
045—046

40 `2203026`

在法庭审理过程中，被告人董某、小于（未成年人）提出在侦查期间遭到非法取证，要求确认其审前供述或证言不具备证据能力。下列哪些情形下根据法律规定应当予以排除？（　）（不定项）

A. 把董某放至零下 20 度的冰库，董某无法忍受冷冻而作出的有罪供述

B. 对董某进行威胁，说："不讲就将你吊起来毒打。"董某越想越痛苦最终违背意愿作出的供述

C. 对小于刑讯逼供，小于作出供述，之后原来的侦查人员再次合法讯问小于，小于因受前述刑讯逼供行为影响而作出的与该供述相同的重复性供述

D. 讯问小于，其法定代理人或者合适成年人不在场而取得的小于的供述

参考答案

[1] D	[2] B	[3] C	[4] D	[5] C
[6] BCD	[7] ABC	[8] AD	[9] ABCD	[10] AC
[11] AB	[12] ACD	[13] BD	[14] ABC	[15] BCD
[16] AD	[17] ACD	[18] C	[19] D	[20] B
[21] A	[22] C	[23] D	[24] D	[25] AD
[26] CD	[27] CD	[28] AB	[29] BC	[30] A
[31] A	[32] B	[33] D	[34] ABCD	[35] BC
[36] D	[37] BC	[38] ABC	[39] AC	[40] ABCD

第八章
强制措施

一、历年真题

（一）强制措施的概述和特征

【多选】

1 `1901120`

下列关于强制措施的性质，表述正确的有？（　）

A. 对证据不足的犯罪嫌疑人不予逮捕，体现了强制措施的法定性原则

B. 对在住处监视居住的犯罪嫌疑人，发现可能妨

碍侦查而采取指定居所监视居住，体现了比例原则

C. 侦查阶段认为被逮捕的犯罪嫌疑人社会危险性降低，决定释放犯罪嫌疑人体现了变更性原则

D. 检察院为了更方便讯问犯罪嫌疑人而批准逮捕违反了必要性原则

（二）拘传

【多选】

2 `1202066`

关于拘传，下列哪些说法是正确的？（　）

A. 对在现场发现的犯罪嫌疑人，经出示工作证件可以口头拘传，并在笔录中注明

B. 拘传持续的时间不得超过 12 小时

C. 案情特别重大、复杂，需要采取拘留、逮捕措施的，拘传持续的时间不得超过 24 小时

D. 对于被拘传的犯罪嫌疑人，可以连续讯问 24 小时

（三）取保候审

【单选】

3 `2301037`

胡某（2004 年出生）住在 H 市，2022 年 12 月在 G 市旅行期间殴打吕某致其轻伤，2023 年 1 月该案被 G 市公安机关立案侦查并将胡某取保候审，关于胡某的取保候审，下列选项正确的是？

A. 如公安机关对胡某撤销案件，则取保候审自动解除

B. 胡某的取保候审应当在 G 市执行

C. 公安机关应当对胡某优先适用保证人保证

D. 公安机关可以要求胡某不得向吕某发送短信

4 `2001098`

甲被决定取保候审并交纳保证金 1 万元，但其在取保候审期间内多次出差未报告。对此，公安机关可以采取下列哪一措施？（　）

A. 从已交纳的 1 万元保证金中没收 8 千元

B. 责令其再提出一保证人

C. 暂扣甲的驾驶证

D. 暂扣甲的身份证

解析页码
047—048

5 1602031

甲与邻居乙发生冲突致乙轻伤，甲被刑事拘留期间，甲的父亲代为与乙达成和解，公安机关决定对甲取保候审。关于甲在取保候审期间应遵守的义务，下列哪一项是正确的？（　）

A. 将驾驶证件交执行机关保存

B. 不得与乙接触

C. 工作单位调动的，在 24 小时内报告执行机关

D. 未经公安机关批准，不得进入特定的娱乐场所

6 1502027

检察院在对诉讼活动实行法律监督过程中，发现司法工作人员郭某利用职权非法拘禁上诉人蒋某，侦查机关因郭某可能毁灭证据将其拘留。在拘留期限即将届满时，因逮捕郭某的证据尚不充足，侦查机关责令其交纳 2 万元保证金取保候审。关于本案处理，下列哪一项是正确的？（　）

A. 取保候审由检察机关执行

B. 如郭某表示无力全额交纳保证金，可降低保证金数额，同时责令其提出保证人

C. 可要求郭某在取保候审期间不得进入蒋某居住的小区

D. 应要求郭某在取保候审期间不得变更住址

7 1402030

未成年人郭某涉嫌犯罪被检察院批准逮捕。在审查起诉中，经羁押必要性审查，拟变更为取保候审并适用保证人保证。关于保证人，下列哪一项是正确的？（　）

A. 可由郭某的父亲担任保证人，并由其交纳 1000 元保证金

B. 可要求郭某的父亲和母亲同时担任保证人

C. 如果保证人协助郭某逃匿，应当依法追究保证人的刑事责任，并要求其承担相应的民事连带赔偿责任

D. 保证人未履行保证义务应处罚款的，由检察院决定

【多选】

8 2001079

王某因盗窃被某县公安机关立案侦查并采取取保

候审，王某交了 10000 元保证金。在取保候审期间，王某未经批准多次去外地旅游，下列表述正确的有？（　）

A. 某县公安机关可视情况决定没收王某交纳的 10000 元保证金并责令其重新交纳 8000 元保证金

B. 某县公安机关责令王某重新交纳保证金的，取保候审期间累计计算

C. 某县公安机关可在决定王某重新交纳保证金的同时要求其提供保证人

D. 王某在取保候审期间应当将驾驶证交某县公安机关保管

9 1702071

我国强制措施的适用应遵循变更性原则。下列哪些情形符合变更性原则的要求？（　）

A. 拘传期间因在身边发现犯罪证据而直接予以拘留

B. 犯罪嫌疑人在取保候审期间被发现另有其他罪行，要求其相应地增加保证金的数额

C. 犯罪嫌疑人在取保候审期间违反规定后对其先行拘留

D. 犯罪嫌疑人被羁押的案件，不能在法律规定的侦查羁押期限内办结的，予以释放

（四）监视居住

【多选】

10 1202068

在符合逮捕条件时，对下列哪些人员可以适用监视居住措施？（　）

A. 甲患有严重疾病、生活不能自理

B. 乙正在哺乳自己婴儿

C. 丙系生活不能自理的人的唯一扶养人

D. 丁系聋哑人

【不定项】

11 1901142

张三系某恐怖组织成员，意图在 A 区某商场放火，张三联络家住 A 区的李四协助实施，李四在为张三购买汽油等放火工具时被 A 区公安局抓获。A

解析页码
049—051

区公安机关经过侦查发现，李四犯罪情节轻微，属于从犯，虽然符合逮捕条件，但因为案件的特殊情况没有必要逮捕。下列表述正确的有？（　）

A. 由于案件的特殊情况，A 区公安机关可以对李四采取监视居住措施

B. A 区公安机关若认为在李四家中监视居住，可能会导致张三逃跑，有碍侦查，经上一级公安机关批准，可以在指定居所对李四监视居住

C. 由于李四在 A 区有固定住处，对李四不可以在指定居所监视居住

D. 如果李四是在家中监视居住，则其监视居住的时间可以折抵刑期

（五）拘留

【单选】

12 1502028

章某涉嫌故意伤害致人死亡，因犯罪后企图逃跑被公安机关先行拘留。关于本案程序，下列哪一选项是正确的？（　）

A. 拘留章某时，紧急情况下，应当将其口头传唤至公安机关后立即审查

B. 拘留章某后，应在 12 小时内将其送看守所羁押

C. 拘留后对章某的所有讯问都必须在看守所内进行

D. 因怀疑章某携带管制刀具，拘留时公安机关无需搜查证即可搜查其身体

（六）逮捕

【单选】

13 1901123

徐某因涉嫌贪污被某县监察委员会立案调查，某县监察委员会对徐某采取留置措施。调查终结后移送某县检察院审查起诉，下列表述正确的有？（　）

A. 某县检察院应当对徐某先行拘留，并解除留置措施

B. 某县检察院先行拘留后，要在 10 日内作出是否逮捕、取保候审或者监视居住的决定，特殊情况下，决定的时间可以延长 1～4 日。检察院决定采取强制措施的期间计入审查起诉期

限。

C. 某县检察院经过审查若认为有证据证明徐某实施了贪污行为且可能被判处 10 年以上有期徒刑，有权径行决定逮捕徐某

D. 在 C 中，某县检察院有权对徐某执行逮捕

【多选】

14 2001081

检察院在审查批捕时，下列哪些属于应当批准逮捕的社会危险性因素？（　）

A. 涉嫌多次盗窃的犯罪嫌疑人没有正当生活来源

B. 涉嫌抢劫罪的犯罪嫌疑人在被拘留时以暴力抗拒抓捕

C. 涉嫌赌博罪的犯罪嫌疑人有吸毒史

D. 涉嫌敲诈勒索罪的犯罪嫌疑人有能力提供数额较高的保证金

15 2001104

下列哪些情形是逮捕时的社会危险性因素？（　）

A. 甲拒捕

B. 乙实施诈骗前生活困难

C. 丙聚众赌博前经常吸毒

D. 丁以盗窃作为主要生活来源

16 1702072

甲、乙涉嫌非法拘禁罪被取保候审。本案提起公诉后，法院认为对甲可继续适用取保候审，乙因有伪造证据的行为而应予逮捕。对于法院适用强制措施，下列哪些选项是正确的？（　）

A. 对甲可变更为保证人保证

B. 决定逮捕之前可先行拘留乙

C. 逮捕乙后应在 24 小时内讯问

D. 逮捕乙后，同级检察院可主动启动对乙的羁押必要性审查

17 1302067

检察机关审查批准逮捕，下列哪些情形存在时应当讯问犯罪嫌疑人？（　）

A. 犯罪嫌疑人的供述前后反复且与其他证据矛盾

B. 犯罪嫌疑人要求向检察机关当面陈述

C. 侦查机关拘留犯罪嫌疑人 36 小时以后将其送

交看守所羁押

D. 犯罪嫌疑人是聋哑人

【不定项】

18 1602093

甲、乙（户籍地均为 M 省 A 市）共同运营一条登记注册于 A 市的远洋渔船。某次在公海捕鱼时，甲乙二人共谋杀害了与他们素有嫌隙的水手丙。该船回国后首泊于 M 省 B 市港口以作休整，然后再航行至 A 市。从 B 市起航后，在途经 M 省 C 市航行至 A 市过程中，甲因害怕乙投案自首一直将乙捆绑拘禁于船舱。该船在 A 市靠岸后案发。关于本案强制措施的适用，下列选项正确的是？（　）

A. 拘留甲后，应在送看守所羁押后 24 小时以内通知甲的家属

B. 如有证据证明甲参与了故意杀害丙，应逮捕甲

C. 拘留乙后，应在 24 小时内进行讯问

D. 如乙因捆绑拘禁时间过长致身体极度虚弱而生活无法自理的，可在拘留后转为监视居住

（七）羁押必要性审查

【单选】

19 1702027

甲涉嫌盗窃罪被逮捕。在侦查阶段，甲父向检察院申请进行羁押必要性审查。关于羁押必要性审查的程序，下列哪一选项是正确的？（　）

A. 由检察院侦查监督部门负责

B. 审查应不公开进行

C. 检察院可向公安机关了解本案侦查取证的进展情况

D. 如对甲父的申请决定不予立案，应由检察长批准

20 1602032

甲乙二人涉嫌猥亵儿童，甲被批准逮捕，乙被取保候审。案件起诉到法院后，乙被法院决定逮捕。关于本案羁押必要性审查，下列哪个选项是正确的？（　）

A. 在审查起诉阶段对甲进行审查，由检察院公诉部门办理

B. 对甲可进行公开审查并听取被害儿童法定代理

人的意见

C. 检察院可依职权对乙进行审查

D. 经审查发现乙系从犯、具有悔罪表现且可能宣告缓刑，不予羁押不致发生社会危险性的，检察院应要求法院变更强制措施

21 1502029

王某涉嫌在多个市县连续组织淫秽表演，2019 年 9 月 15 日被刑事拘留，随即聘请律师担任辩护人，10 月 17 日被检察院批准逮捕，12 月 5 日被移送检察院审查起诉。关于律师提请检察院进行羁押必要性审查，下列哪一选项是正确的？（　）

A. 10 月 14 日提出申请，检察院应受理

B. 11 月 18 日提出申请，检察院应告知其先向侦查机关申请变更强制措施

C. 12 月 3 日提出申请，由检察院承担监所检察工作的部门负责审查

D. 12 月 10 日提出申请，由检察院捕诉部门负责审查

22 1402031

关于犯罪嫌疑人的审前羁押，下列哪一选项是错误的？（　）

A. 基于强制措施适用的必要性原则，应当尽量减少审前羁押

B. 审前羁押是临时性的状态，可根据案件进展和犯罪嫌疑人的个人情况予以变更

C. 经羁押必要性审查认为不需要继续羁押的，检察院应及时释放或变更为其他非羁押强制措施

D. 案件不能在法定办案期限内办结的，应当解除羁押

（八）强制措施的变更、解除

【单选】

23 1801107

甲、乙、丙、丁以涉嫌共同实施诈骗被起诉，甲和乙被依法逮捕，丙被取保候审，丁被监视居住。某县法院经审理判处甲有期徒刑 3 年，判处乙有期徒刑 1 年缓刑 1 年，丙免于刑事处罚，丁被宣告无罪。判决宣告后，甲不服提出上诉，关于一审

解析页码

054—056

宣判后强制措施变更，下列表述正确的是？（　　）

A. 对甲应当变更为监视居住

B. 对乙应当释放，必要时可以变更强制措施

C. 对丙应当予以释放

D. 对丁应当变更强制措施

【多选】

24　2001080

检察院依法开展羁押必要性审查，发现下列哪些情节可以建议变更强制措施？（　　）

A. 被告人年满 65 周岁，体弱

B. 犯罪嫌疑人已自愿认罪认罚

C. 被告人与被害方达成和解协议，约定解除羁押后予以履行

D. 犯罪嫌疑人身患严重传染病，且生活不能自理

25　1801074

赵某、钱某、孙某与李某四人涉嫌共同抢劫被立案侦查。侦查期间，赵某和钱某被逮捕，孙某被监视居住，对李某未采取强制措施。案件起诉到法院后，法院判处赵某有期徒刑 5 年，钱某有期徒刑 2 年缓刑 3 年，孙某免予刑事处罚，李某无罪。一审判决下来之后，检察院对本案提起抗诉。法院对他们四人强制措施的变更，正确的是？（　　）

A. 对赵某应当变更为取保候审

B. 原则上应将钱某释放，必要时才可变更强制措施

C. 对孙某变更为取保候审或释放

D. 对李某应当予以释放

26　1602070

下列哪些情形，法院应当释放，必要时可变更强制措施？

A. 甲涉嫌绑架被逮捕，案件起诉至法院时发现甲怀有身孕

B. 乙涉嫌非法拘禁被逮捕，被法院判处有期徒刑 2 年，缓期 2 年执行，判决尚未发生法律效力

C. 丙涉嫌妨害公务被逮捕，在审理过程中突发严重疾病

D. 丁涉嫌故意伤害被逮捕，因对被害人伤情有异议而多次进行鉴定，致使该案无法在法律规定的一审期限内审结

二、模拟训练【不定项】

27　2203029

关于刑事诉讼强制措施的适用机关及其对象，下列说法不正确的是？（　　）

A. 法院对尚未羁押的犯罪嫌疑人和被告人可以进行拘传

B. 陈某提起的自诉案件中，需要逮捕被告人王某的，应当由法院来决定

C. 张某抢劫案中，张某有自杀、逃跑、在逃情形的，法院可决定对被告人采取刑事拘留

D. 某单位犯罪案件中，法定代表人作为诉讼代表人无正当理由拒不到庭的，法院可拘传其到庭

28　2203030

关于拘传，下列哪些说法是正确的？（　　）

A. 对在现场发现的犯罪嫌疑人，经出示工作证件可以口头拘传，并在笔录中注明

B. 拘传应当在被拘传人所在市县进行，超出辖区的，应当通知当地相对应的机关协助

C. 一次拘传持续的时间不得超过 12 小时；案情特别重大、复杂，需要采取拘留、逮捕措施的，拘传持续的时间不得超过 24 小时

D. 对于被拘传的犯罪嫌疑人，可以连续讯问 24 小时

29　2203034

陈某涉嫌盗窃被立案侦查。侦查期间被采取监视居住。关于本案监视居住的说法，正确的是？（　　）

A. 陈某未经本案侦查机关批准，不得离开执行监视居住的处所

B. 陈某违反监视居住义务，情节严重的，可以予以逮捕，但不得先行拘留

C. 如陈某没有固定住处，可以在指定的居所执行监视居住

D. 若陈某被指定居所监视居住，则指定居所监视居住的期间可以折抵刑期

30　2203035

李某涉嫌刑讯逼供，因犯罪后企图逃跑被侦查机关先行拘留。关于本案程序，下列说法正确的

是？（　　）

A．拘留李某时，应当由本案侦查机关执行拘留

B．拘留李某后，应在 12 小时内将其送看守所羁押

C．拘留李某后，侦查机关应当在 24 小时内通知李某的家属

D．拘留李某后，侦查机关对李某所有讯问都必须在看守所内进行

31 `2203036`

检察院审查批准逮捕时，遇有下列哪些情形依法应当讯问犯罪嫌疑人？（　　）

A．侦查机关拘留犯罪嫌疑人 36 小时以后将其送交看守所羁押

B．犯罪嫌疑人要求向检察人员当面陈述的

C．犯罪嫌疑人认罪认罚的

D．共同犯罪的

参考答案

[1] ACD　[2] BC　[3] D　[4] A　[5] C
[6] C　[7] B　[8] AB　[9] ACD　[10] ABC
[11] AB　[12] D　[13] C　[14] ABC　[15] CD
[16] ACD　[17] ABCD　[18] BCD　[19] C　[20] C
[21] D　[22] C　[23] B　[24] BCD　[25] BD
[26] BD　[27] ACD　[28] BC　[29] ACD　[30] C
[31] ABC

第九章
附带民事诉讼

一、历年真题

（一）附带民事诉讼成立条件

【单选】

1 `1702028`

甲系某地交通运输管理所工作人员，在巡查执法时致一辆出租车发生重大交通事故，司机乙重伤，乘客丙当场死亡，出租车严重受损。甲以滥用职权罪被提起公诉。关于本案处理，下列哪一选项

是正确的？（　　）

A．乙可成为附带民事诉讼原告人

B．交通运输管理所可成为附带民事诉讼被告人

C．丙的妻子提起附带民事诉讼的，法院应裁定不予受理

D．乙和丙的近亲属可与甲达成刑事和解

2 `1502030`

法院可以受理被害人提起的下列哪一附带民事诉讼案件？（　　）

A．抢夺案，要求被告人赔偿被夺走并变卖的手机

B．寻衅滋事案，要求被告人赔偿所造成的物质损失

C．虐待被监管人案，要求被告人赔偿因体罚虐待致身体损害所产生的医疗费

D．非法搜查案，要求被告人赔偿因非法搜查所导致的物质损失

【多选】

3 `1602071`

甲、乙殴打丙，致丙长期昏迷，乙在案发后潜逃，检察院以故意伤害罪对甲提起公诉。关于本案，下列哪些选项是正确的？（　　）

A．丙的妻子、儿子和弟弟都可成为附带民事诉讼原告人

B．甲、乙可作为附带民事诉讼共同被告人，对故意伤害丙造成的物质损失承担连带赔偿责任

C．丙因昏迷无法继续履行与某公司签订的合同造成的财产损失不属于附带民事诉讼的赔偿范围

D．如甲的朋友愿意代为赔偿，法院应当准许并可作为酌定量刑情节考虑

（二）附带民事诉讼程序

【单选】

4 `1402032`

韩某和苏某共同殴打他人，致被害人李某死亡、吴某轻伤，韩某还抢走吴某的手机。后韩某被抓获，苏某在逃。关于本案的附带民事诉讼，下列哪一选项是正确的？（　　）

解析页码

058—060

A. 李某的父母和祖父母都有权提起附带民事诉讼

B. 韩某和苏某应一并列为附带民事诉讼的被告人

C. 吴某可通过附带民事诉讼要求韩某赔偿手机

D. 吴某在侦查阶段与韩某就民事赔偿达成调解协议，在韩某全部履行后又提起附带民事诉讼，法院一般不予受理

⑤ 1302032

王某被姜某打伤致残，在开庭审判前向法院提起附带民事诉讼，并提出财产保全的申请。法院对于该申请的处理，下列哪一选项是正确的？（　）

A. 不予受理

B. 可以采取查封、扣押或者冻结被告人财产的措施

C. 只有在王某提供担保后，法院才予以财产保全

D. 移送财产所在地的法院采取保全措施

【多选】

⑥ 1502075

甲因琐事与乙发生口角进而厮打，推搡之间，不慎致乙死亡。检察院以甲涉嫌过失致人死亡提起公诉，乙母丙向法院提起附带民事诉讼。关于本案处理，下列哪些选项是正确的？（　）

A. 法院可对附带民事部分进行调解

B. 如甲与丙经法院调解达成协议，调解协议中约定的赔偿损失内容可分期履行

C. 如甲提出申请，法院可组织甲与丙协商以达成和解

D. 如甲与丙达成刑事和解，其约定的赔偿损失内容可分期履行

【不定项】

⑦ 1302096

张一、李二、王三因口角与赵四发生斗殴，赵四因伤势过重死亡。其中张一系未成年人，王三情节轻微未被起诉，李二在一审开庭前意外死亡。在一审过程中，如果发生附带民事诉讼原、被告当事人不到庭情形，法院的下列做法正确的是？（　）

A. 赵四父母经传唤，无正当理由不到庭，法庭应当择期审理

B. 赵四父母到庭后未经法庭许可中途退庭，法庭

应当按撤诉处理

C. 王三经传唤，无正当理由不到庭，法庭应当采取强制手段强制其到庭

D. 李二父母未经法庭许可中途退庭，就附带民事诉讼部分，法庭应当缺席判决

二、模拟训练

⑧ 2203040

李某和陈某共同殴打张某、王某，致张某死亡、王某轻伤。李某还抢走了王某的华为 P40 手机。案发后李某被抓获，陈某在逃。检察院对李某提起公诉。关于本案的附带民事诉讼，下列说法正确的是？（　）（不定项）

A. 张某的父母、子女、弟弟都有权提起附带民事诉讼

B. 李某和陈某应当作为附带民事诉讼共同被告人

C. 王某可通过附带民事诉讼要求李某赔偿华为 P40 手机

D. 如张某的父母提起附带民事诉讼，法院可以根据自愿、合法原则进行调解

⑨ 2203041

甲系某地工商局工作人员，在行政执法时与一商铺老板乙发生争执，甲将老板乙打至重伤，商铺商品严重受损。甲以滥用职权罪被提起公诉。关于本案处理，下列哪一选项是正确的？（　）（单选）

A. 乙可通过附带民事诉讼要求甲赔偿医疗费

B. 工商局可成为附带民事诉讼被告人

C. 乙提起附带民事诉讼的，法院应裁定不予受理

D. 乙可与甲达成刑事和解

⑩ 2203085

被害人提起的下列附带民事诉讼案件，法院可以受理的是？（　）（不定项）

A. 张某抢夺案，要求被告人张某赔偿被夺走并变卖的笔记本电脑

B. 交通运输管理所李某滥用职权案，要求被告人李某赔偿因巡查执法时发生交通事故而致被害人重伤所产生的医疗费

C. 田某强奸案，要求被告人田某赔偿的精神损失赔偿金

D. 陈某故意伤害案，要求被告人陈某赔偿因将被害人打成重伤而无法继续履行与某公司签订的合同造成的财产损失

11 1803059

李小与其同事张大素来不和，某日在单位聚餐之后，李小趁醉酒殴打张大造成张大轻伤。下列提起附带民事诉讼的情形，哪些不符合刑事诉讼法及相关司法解释的规定？（　）（多选）

A. 张大应于刑事判决生效后提起附带民事诉讼

B. 张大在立案侦查阶段已与李小就赔偿达成协议并全部履行，张大又提起附带民事诉讼，人民法院一律不再受理

C. 张大可以就其所遭受的精神损害提起附带民事诉讼，人民法院应当受理

D. 张大一审未提起附带民事诉讼，在二审期间提起的，二审法院应告知其另行提起民事诉讼

参考答案

[1] C　　[2] B　　[3] AC　　[4] D　　[5] B
[6] ABC　[7] B　　[8] AD　　[9] C　　[10] C
[11] ABCD

第十章
期间与送达

一、历年真题

（一）期间的一般计算

【单选】

1 1502038

黄某倒卖文物案于 2014 年 5 月 28 日一审终结。6 月 9 日（星期一），法庭宣判黄某犯倒卖文物罪，判处有期徒刑 4 年并立即送达了判决书，黄某当即提起上诉，但于 6 月 13 日经法院准许撤回上诉；检察院以量刑畸轻为由于 6 月 12 日提起抗诉，上

级检察院认为抗诉不当，于 6 月 17 日向同级法院撤回了抗诉。关于一审判决生效的时间，下列哪一选项是正确的？（　）

A. 6 月 9 日
B. 6 月 17 日
C. 6 月 19 日
D. 6 月 20 日

（二）期间的特殊计算

【单选】

2 1502031

关于办案期限重新计算的说法，下列哪一选项是正确的？（　）

A. 甲盗窃汽车案，在侦查过程中发现其还涉嫌盗窃 1 辆普通自行车，重新计算侦查羁押期限

B. 乙受贿案，检察院审查起诉时发现一笔受贿款项证据不足，退回补充调查后再次移送审查起诉时，重新计算审查起诉期限

C. 丙聚众斗殴案，在处理完丙提出的有关检察院书记员应当回避的申请后，重新计算一审审理期限

D. 丁贩卖毒品案，二审法院决定开庭审理并通知同级检察院阅卷，检察院阅卷结束后，重新计算二审审理期限

3 1402033

关于期间的计算，下列哪一选项是正确的？（　）

A. 重新计算期限包括公检法的办案期限和当事人行使诉讼权利的期限两种情况

B. 上诉状或其他法律文书在期满前已交邮的不算过期，已交邮是指在期间届满前将上诉状或其他法律文书递交邮局或投入邮筒内

C. 法定期间不包括路途上的时间，比如有关诉讼文书材料在公检法之间传递的时间应当从法定期间内扣除

D. 犯罪嫌疑人、被告人在押的案件，在羁押场所以外对患有严重疾病的犯罪嫌疑人、被告人进行医治的时间，应当从法定羁押期间内扣除

解析页码　063—064

二、模拟训练

④ 2203043

陈某敲诈勒索案于 2019 年 4 月 16 日一审宣判，并于 4 月 21 日送达判决书。陈某于 4 月 30 日将上诉书交给看守所监管人员李某。但李某因忙于个人事务一直没有寄出。五一假期放假 4 日（从 1 日至 4 日）。李某在 5 月 5 日上班时才把陈某的上诉书寄出去，上诉书于 5 月 8 日寄到法院。关于一审判决的生效，下列说法正确的是？（　）（不定项）

A. 一审判决于 4 月 30 日生效

B. 上诉书寄到法院时一审判决尚未生效

C. 因李某耽误上诉期间，陈某将上诉书交予李某时，上诉期间中止

D. 因李某过失耽误上诉期间，陈某可申请期间恢复

⑤ 2103035

下列关于刑事诉讼期间的表述，错误的是？（　）（不定项）

A. 自诉案件的一审审限是 6 个月

B. 速裁案件的审限是 10 天

C. 公诉二审案件的审限是 6 个月

D. 死刑复核程序的审限是 6 个月

⑥ 1801074

根据《刑事诉讼法》及有关司法解释的规定，以下选项办案期限应当重新计算的是？（　）（多选）

A. 发现犯罪嫌疑人另有重要罪行后的侦查羁押期限

B. 审查起诉阶段检察院退回公安机关补充侦查，补充侦查完毕后的审查起诉期限

C. 上诉期内因不可抗拒的原因耽误期限，当事人提出补救申请后的上诉期

D. 二审发回重审的原审法院审理期限

参考答案

[1] C　　[2] B　　[3] C　　[4] B　　[5] ABCD
[6] ABD

分　论

第十一章
立案

一、历年真题

（一）立案的材料来源与条件

【单选】

① 1702030

环卫工人马某在垃圾桶内发现 1 名刚出生的婴儿后向公安机关报案，公安机关紧急将婴儿送医院成功抢救后未予立案。关于本案的立案程序，下列哪一选项是正确的？（　）

A. 确定遗弃婴儿的原因后才能立案

B. 马某对公安机关不予立案的决定可申请复议

C. 了解婴儿被谁遗弃的知情人可向检察院控告

D. 检察院可向公安机关发出要求说明不立案理由通知书

（二）立案的程序

【单选】

② 1901143

甲酒后驾车被某县交警拦截盘查，经过检测，甲每百毫升血液中酒精含量为 120 毫克，属于醉酒驾车。面对交警的盘问，甲承认喝了半瓶白酒。三日后，交警将甲移送某县公安局刑警大队以危险驾驶罪立案侦查，甲拒不认罪，侦查人员对甲进行了殴打，甲对犯罪事实供认不讳。案件随后由某县检察院向某县法院提起公诉，甲的妻子认为侦查人员存在刑讯逼供行为，向法院提起附带民事诉讼要求赔偿物质损失。下列表述正确的是？（　）

A. 甲的妻子有权提起附带民事诉讼

B. 某县法院对甲妻的附带民事诉讼请求裁定不予受理

C. 公诉人提出甲对交警认罪的讯问笔录，可以直

接作为本案的定案根据

D. 若某县检察院发现侦查人员确实存在刑讯逼供行为且符合立案标准，有权立案侦查

3 1901103

黄某涉嫌贩毒，而且居无定所，经常流窜作案。一次黄某在 A 区某宾馆进行毒品交易时，被宾馆服务员小花看见，小花偷偷用手机拍下黄某长相后向公安机关报案，下列表述正确的有？（　　）

A. 公安机关在初查时，经过公安局局长批准，可以对黄某采取技术侦查措施

B. 公安机关在初查时，可以对黄某实施监听

C. 公安机关在初查时，可以对宾馆地形进行勘验

D. 公安机关在初查时，可以扣押小花的手机提取其中的黄某照片

【多选】

4 2401064

以下哪些诉讼阶段可以开展讯问工作？

A. 侦查阶段

B. 立案阶段

C. 审查起诉阶段

D. 审判阶段

5 1602072

公安机关获知有多年吸毒史的王某近期可能从事毒品制售活动，遂对其展开初步调查工作。关于这一阶段公安机关可以采取的措施，下列哪些选项是正确的？（　　）

A. 监听

B. 查询王某的银行存款

C. 询问王某

D. 通缉

（三）立案监督

【单选】

6 1801034

张某发现甲企业在生产有毒有害食品，于是向 A 县质量监督局举报。A 县质量监督局受理后，经过调查发现甲企业已经构成生产有毒有害食品罪，遂将案件移送给 A 县公安局立案侦查。A 县公安局审

查后作出不予立案的决定。关于张某与 A 县质量监督局的诉讼权利，下列哪一选项是正确的？（　　）

A. 张某可以向作出不予立案决定的公安机关申请复议

B. 张某可以向作出不予立案决定的公安机关的上一级公安机关申请复核

C. A 县质量监督局可以向作出不予立案决定的公安机关申请复议

D. A 县质量监督局可以向作出不予立案决定的公安机关的上一级公安机关申请复核

7 1602033

甲乙二人在餐厅吃饭时言语不合进而互相推搡，乙突然倒地死亡，县公安局以甲涉嫌过失致人死亡立案侦查。经鉴定乙系特殊体质，其死亡属意外事件，县公安局随即撤销案件。关于乙的近亲属的诉讼权利，下列哪一选项是正确的？（　　）

A. 就撤销案件向县公安局申请复议

B. 就撤销案件向县公安局的上一级公安机关申请复核

C. 向检察院侦查监督部门申请立案监督

D. 直接向法院对甲提起刑事附带民事诉讼

8 1502032

甲公司以虚构工程及伪造文件的方式，骗取乙工程保证金 400 余万元。公安机关接到乙控告后，以尚无明确证据证明甲涉嫌犯罪为由不予立案。关于本案，下列哪一选项是正确的？（　　）

A. 乙应先申请公安机关复议，只有不服复议决定的才能请求检察院立案监督

B. 乙请求立案监督，检察院审查后认为公安机关应立案的，可通知公安机关立案

C. 公安机关接到检察院立案通知后仍不立案的，经省级检察院决定，检察院可自行立案侦查

D. 乙可直接向法院提起自诉

二、模拟训练

9 2203044

王某公司以伪造文件及虚构工程的方式，骗取陈某合同保证金 300 余万元。公安机关接到陈某控

解析页码
066—068

告后，以尚无明确证据证明王某涉嫌犯罪为由不予立案。关于本案，下列选项正确的是？（　　）（不定项）

A. 陈某应先申请公安机关复议，只有不服复议决定的才能请求检察院立案监督

B. 陈某请求立案监督，检察院审查后认为公安机关应立案的，应通知公安机关立案

C. 公安机关接到检察院立案通知后，应当在15日内决定立案

D. 陈某可直接向法院提起刑事附带民事诉讼

⑩ 1803070 （多选）

李某坠楼身亡，公安机关因李某的父母不能提供凶手姓名，不予立案，下列说法错误的是？（　　）

A. 公安机关不立案理由正确

B. 李某的父母对公安机关不予立案，可以直接找上一级公安机关复核

C. 李某的父母到公安机关、检察院、法院报案都应当被接受

D. 检察院对符合立案条件的，且认为公安机关不立案理由不能成立的，应当建议公安机关立案

⑪ 1803014

某小区物业管理人员刘某怀疑某业主在家中组织传销活动，遂向公安机关报案。下列哪些说法是错误的？（　　）（多选）

A. 公安机关接到报案后可以传唤该业主到公安机关接受讯问

B. 公安机关审查后认为不符合立案条件的，应当将"不予立案通知书"送达刘某

C. 刘某认为公安机关不立案的决定有误的，可以向原公安机关申请复议

D. 刘某认为侦查人员可能存在包庇纵容犯罪的，可以向检察机关举报

参考答案

[1] D	[2] B	[3] C	[4] ACD	[5] BC
[6] C	[7] D	[8] D	[9] C	[10] ABD
[11] ABC				

第十二章
侦查

一、历年真题

（一）侦查行为

【单选】

① 2001092

下面关于技术侦查的说法，正确的有？（　　）

A. 实施技术侦查需要经过省级公安机关批准

B. 在经过批准已经实施监听措施的前提下，实施跟踪措施无需再报请批准

C. 通过技术侦查获得的涉及国家秘密的证据不得在审判中使用

D. 对于重大的毒品案件，对贩毒者和买毒者均可实施技术侦查

② 2001097

某县公安机关办理一起贩毒案，决定采取监听和控制下交付。对此，下列哪一说法是正确的？（　　）

A. 须报上一级公安机关审批

B. 可对涉嫌贩毒和购买毒品的人进行监听

C. 对于在监听中获知的犯罪嫌疑人的其他违法行为，应将材料移送行政机关处理

D. 对于在监听中获知的商业秘密不得作为证据使用

③ 1901104

下列关于技术侦查的表述，正确的是？（　　）

A. 检察院可以对利用职权实施的严重侵犯公民人身权利的重大犯罪案件实施技术侦查

B. 为了追捕被通缉或者批准逮捕的在逃的犯罪嫌疑人，经过批准，公安机关可以采取追捕所必需的技术侦查措施

C. 公安机关只能对危害国家安全犯罪、恐怖活动犯罪、黑社会性质的组织犯罪、重大毒品犯罪实施技术侦查

D. 侦查人员对采取技术侦查措施获取的与案件无

觉晓法考 KEEP AWAKE 第十二章 侦查

关的材料，应当保密

4 `1801036`

赵某在甲省乙市贩卖毒品，张某为自己吸食而从赵某处购买毒品。赵某涉嫌重大毒品犯罪被乙市公安局立案侦查。关于本案侦查，下列选项错误的是？（　）

A. 乙市公安局经批准可对张某实施通信监控的侦查措施

B. 乙市公安局经批准对赵某实施通信监控的侦查措施，实施后 3 个月内发现须将技术侦查措施变更为行动监控的技术侦查措施，需要重新办理批准手续

C. 由于本案案情复杂、疑难，对赵某实施的通信监控期限届满后需要继续延长 3 个月，需要经过批准手续

D. 若本案需要隐匿真实身份实施侦查，应报甲省公安厅负责人批准

5 `1801108`

甲涉嫌贩卖毒品罪被立案侦查，关于侦查机关对甲适用的技术侦查手段，下列表述正确的是？（　）

A. 对于有可能向甲购买毒品的人，不能进行跟踪

B. 采取监听等侦查手段均需报省公安机关批准

C. 侦查人员对甲实施监听后，发现内容涉及国家秘密的，该证据在审判时不得采用

D. 如对甲采取监听措施，在实施到第二个月时，侦查人员打算改为对甲跟踪，需要重新办理审批手续

6 `1702031`

关于侦查辨认，下列哪一选项是正确的？（　）

A. 强制猥亵案，让犯罪嫌疑人对被害人进行辨认

B. 盗窃案，让犯罪嫌疑人到现场辨认藏匿赃物的房屋

C. 故意伤害案，让犯罪嫌疑人和被害人一起对凶器进行辨认

D. 刑讯逼供案，让被害人在 4 张照片中辨认犯罪嫌疑人

7 `1602034`

某地发生一起以爆炸手段故意杀人致多人伤亡的

案件。公安机关立案侦查后，王某被确定为犯罪嫌疑人。关于本案辨认，下列哪一选项是正确的？（　）

A. 证人甲辨认制造爆炸物的工具时，混杂了另外 4 套同类工具

B. 证人乙辨认犯罪嫌疑人时未同步录音或录像，辨认笔录不得作为定案的依据

C. 证人丙辨认犯罪现场时没有见证人在场，辨认笔录不得作为定案的依据

D. 王某作为辨认人时，陪衬物不受数量的限制

8 `1402034`

关于勘验、检查，下列哪一选项是正确的？（　）

A. 为保证侦查活动的规范性与合法性，只有侦查人员可进行勘验、检查

B. 侦查人员进行勘验、检查，必须持有侦查机关的证明文件

C. 检查妇女的身体，应当由女工作人员或者女医师进行

D. 勘验、检查应当有见证人在场，勘验、检查笔录上没有见证人签名的，不得作为定案的根据

【多选】

9 `2001083`

甲打伤乙，致乙轻伤，某县公安机关对甲立案侦查，甲在逃跑中被当场抓获。下列表述正确的有？（　）

A. 若侦查机关对甲采取取保候审措施，为了核实案情，侦查人员可以将甲传唤到本县公安机关执法办案场所进行讯问

B. 若侦查机关对甲拘留并羁押于某县看守所，侦查人员应当在看守所讯问甲

C. 在对乙的伤情鉴定意见出来前，某县公安机关不得对甲采取拘留措施

D. 若某县公安机关撤销案件，乙向法院提自诉，他可以委托在检察院工作的母亲担任诉讼代理人

10 `2001084`

2019 年 9 月 11 日，黄某唆使翟某将 2000 克甲基苯

解析页码　071—073

丙胺出售给甲县多个村的村民，次日翟某被公安机关拘留，黄某闻讯而逃。下列表述正确的有？（　　）

A. 因条件不允许，侦查人员讯问翟某时可不录音录像

B. 公安机关抓获翟某时，若情况紧急，可以在案发现场进行讯问

C. 经过严格的批准手续，公安机关可以对黄某手机进行监听

D. 2019 年 10 月 10 日，公安机关报请检察院审查批准逮捕翟某

⑪ 2001082

儿科医生宋某在接诊时发现 8 岁女童身上有被长期虐打的伤痕，女童父亲郭某闪烁其词，称这些伤痕是孩子玩耍时不慎从高处摔下来所致，宋某认为从高处摔下来不可能产生这些伤痕，遂报警。公安机关决定立案侦查。关于本案处理，下列表述正确的有？（　　）

A. 侦查人员到医院后，紧急情况下可以现场讯问郭某

B. 因郭某有故意伤害女童的重大嫌疑，侦查人员到医院后可以就身体伤痕情况单独询问女童

C. 侦查人员可以在现场询问宋某

D. 宋某的报警行为属于控告

⑫ 2001100

某市监察委在调查一起贪污案件的过程中，拟对被调查人黄某采取留置措施，黄某脱逃。对此，下列哪些说法是正确的？（　　）

A. 市监察委如继续调查，应当经过省级监察机关的批准

B. 市监察委可以通过检察机关向法院提出没收违法所得的申请

C. 如欲对黄某进行全国通缉，应当由国家监察机关决定，由公安部发布通缉令

D. 为防止黄某逃匿境外，市监察委可以采取限制出境的措施

⑬ 1901122

张三系出租车司机，吸毒，为了满足需要便以贩养吸，经常贩卖少量毒品。某县公安机关侦查员李四伪装成买毒品的人与张三接触，表示希望购

买毒品。经过约定，张三开着出租车在指定地点与李四见面进行交易。在交易时，张三被公安机关抓获。下列表述正确的是？（　　）

A. 李四隐匿身份与张三交易，属于诱人犯罪的不合法技术侦查措施

B. 某县公安机关在张三、李四交易时，可以实施控制下交付

C. 某县公安机关在张三、李四交易时，若实施控制下交付，应当经过某县公安机关局长决定

D. 某县公安机关在交易现场先行拘留张三时，若认为其出租车内可能还藏有毒品，没有搜查证可以对其出租车实施搜查

⑭ 1901121

严某以零食夹藏毒品的方式将 100 克甲基苯丙胺自 A 区邮寄至李某在 B 区的住所。由李某卖给吸食人宋某，交易中宋某与李某被公安机关抓捕。关于本案的侦查，正确的是？（　　）

A. B 区公安机关赴 A 区抓捕严某时应当通知 A 区公安机关协助抓捕严某

B. B 区公安机关在没有取得拘留证的情况下对李某先行拘留，2 日后书面通知其家属

C. B 区公安机关在李某身上发现毒品，在没有扣押证的情况下扣押了毒品

D. 即使李某有固定住处，B 区公安机关仍然可以对李某适用指定居所监视居住措施

⑮ 1702073

在朱某危险驾驶案的辩护过程中，辩护律师查看了侦查机关录制的讯问同步录像。同步录像中的下列哪些行为违反法律规定？（　　）

A. 后续讯问的侦查人员与首次讯问的侦查人员完全不同

B. 朱某请求自行书写供述，侦查人员予以拒绝

C. 首次讯问时未告知朱某可聘请律师

D. 其中一次讯问持续了 14 个小时

⑯ 1402070

关于讯问犯罪嫌疑人，下列哪些选项是正确的？（　　）

A. 在拘留犯罪嫌疑人之前，一律不得对其进行讯问

B. 在拘留犯罪嫌疑人之后，可在送看守所羁押前进行讯问

C. 犯罪嫌疑人被拘留送看守所之后，讯问应当在看守所内进行

D. 对于被指定居所监视居住的犯罪嫌疑人，应当在指定的居所进行讯问

【不定项】

17 `2301038`

小明（5 岁）在幼儿园被徐老师猥亵，后徐老师因涉嫌猥亵儿童被立案侦查。下列做法正确的是？

A. 侦查人员在小明家中一次性完成询问

B. 为确定案件事实，经过小明及其父母的同意后，侦查人员对小明进行身体检查

C. 侦查人员给小明看了徐老师的个人照，小明确认后制作辨认笔录

D. 对徐老师决定拘留后，公安机关为了防止证据灭失，可以在拘留后三天通知其家属

18 `2001096`

李某的女儿李小某（16 岁）因涉嫌盗窃被公安机关立案侦查，在侦查过程中，下列表述正确的有？（ ）

A. 侦查人员讯问李小某时应当通知李某到场

B. 在 A 中，若李某无法到场，也可以通知李某的女朋友韩某到场

C. 侦查人员讯问李小某时，应当有女性工作人员在场

D. 侦查人员讯问李小某时，应当以一次为原则，避免反复讯问

19 `1702095`

某小学发生一起猥亵儿童案件，三年级女生甲向校长许某报称被老师杨某猥亵。许某报案后，侦查人员通过询问许某了解了甲向其陈述的被杨某猥亵的经过。侦查人员还通过询问甲了解到，另外 2 名女生乙和丙也可能被杨某猥亵，乙曾和甲谈到被杨某猥亵的经过，甲曾目睹杨某在课间猥亵丙。讯问杨某时，杨某否认实施猥亵行为，并表示他曾举报许某贪污，许某报案是对他的打击报复。关于本案侦查措施，下列选项正确的是？（ ）

A. 经出示工作证件，侦查人员可在学校询问甲

B. 询问乙时，可由学校的其他老师在场并代行乙的诉讼权利

C. 可通过侦查实验确定甲能否在其所描述的时间、地点看到杨某猥亵丙

D. 搜查杨某在学校内的宿舍时，可由许某在场担任见证人

20 `1602094`

甲、乙（户籍地均为 M 省 A 市）共同运营一条登记注册于 A 市的远洋渔船。某次在公海捕鱼时，甲、乙二人共谋杀害了与他们素有嫌隙的水手丙。该船回国后首泊于 M 省 B 市港口以作休整，然后再航行至 A 市。从 B 市起航后，在途经 M 省 C 市航行至 A 市过程中，甲因害怕乙投案自首一直将乙捆绑拘禁于船舱。该船于 A 市靠岸后案发。本案公安机关开展侦查。关于侦查措施，下列选项正确的是？（ ）

A. 讯问甲的过程应当同步录音或录像

B. 可在讯问乙的过程中一并收集乙作为非法拘禁案的被害人的陈述

C. 在该船只上进行犯罪现场勘查时，应邀请与案件无关的公民作为见证人

D. 可查封该船只进一步收集证据

21 `1502094`

鲁某与关某涉嫌贩卖冰毒 500 余克，B 省 A 市中级法院开庭审理后，以鲁某犯贩卖毒品罪，判处死刑立即执行，关某犯贩卖毒品罪，判处死刑缓期 2 年执行。一审宣判后，关某以量刑过重为由向 B 省高级法院提起上诉，鲁某未上诉，检察院也未提起抗诉。关于本案侦查，下列选项正确的是？（ ）

A. 本案经批准可采用控制下交付的侦查措施

B. 对鲁某采取技术侦查的期限不得超过 9 个月

C. 侦查机关只有在对鲁某与关某立案后，才能派遣侦查人员隐匿身份实施侦查

D. 通过技术侦查措施收集到的证据材料可作为定案的依据，但须经法庭调查程序查证属实或由审判人员在庭外予以核实

22 `1402093`

赵某、石某抢劫杀害李某，被路过的王某、张某

看见并报案。赵某、石某被抓获后，2 名侦查人员负责组织辨认。关于辨认笔录的审查与认定，下列选项正确的是？（　　）

A. 如对尸体的辨认过程没有录像，则辨认结果不得作为定案证据

B. 如侦查人员组织辨认时没有见证人在场，则辨认结果不得作为定案的根据

C. 如在辨认前没有详细向辨认人询问被辨认对象的具体特征，则辨认结果不得作为定案证据

D. 如对赵某的辨认只有笔录，没有赵某的照片，无法获悉辨认真实情况的，也可补正或进行合理解释

㉓ 1402092

赵某、石某抢劫杀害李某，被路过的王某、张某看见并报案。赵某、石某被抓获后，2 名侦查人员负责组织辨认。关于辨认的程序，下列选项正确的是？（　　）

A. 在辨认尸体时，只将李某尸体与另一尸体作为辨认对象

B. 在 2 名侦查人员的主持下，将赵某混杂在 9 名具有类似特征的人员中，由王某、张某个别进行辨认

C. 在对石某进行辨认时，9 名被辨认人员中的 4 名民警因紧急任务离开，在 2 名侦查人员的主持下，将石某混杂在 5 名人员中，由王某、张某个别进行辨认

D. 根据王某、张某的要求，辨认在不暴露他们身份的情况下进行

（二）侦查终结

【单选】

㉔ 1202039

关于侦查程序中的辩护权保障和情况告知，下列哪一选项是正确的？（　　）

A. 辩护律师提出要求的，侦查机关可以听取辩护律师的意见，并记录在案

B. 辩护律师提出书面意见的，可以附卷

C. 侦查终结移送审查起诉时，将案件移送情况告知犯罪嫌疑人或者其辩护律师

D. 侦查终结移送审查起诉时，将案件移送情况告

知犯罪嫌疑人及其辩护律师

（三）补充侦查和补充调查

【单选】

㉕ 1602035

甲、乙共同实施抢劫，该案经两次退回补充侦查后，检察院发现甲在 2 年前曾实施诈骗。关于本案，下列哪一选项是正确的？（　　）

A. 应将全案退回公安机关依法处理

B. 对新发现的犯罪自行侦查，查清犯罪事实后一并提起公诉

C. 将新发现的犯罪移送公安机关侦查，待公安机关查明事实移送审查起诉后一并提起公诉

D. 将新发现的犯罪移送公安机关立案侦查，对已查清的犯罪事实提起公诉

【多选】

㉖ 1502070

关于补充侦查，下列哪些选项是正确的？（　　）

A. 审查批捕阶段，只有不批准逮捕的，才能通知公安机关补充侦查

B. 审查起诉阶段退回补充侦查以两次为限

C. 审判阶段检察院应自行侦查，不得退回公安机关补充侦查

D. 审判阶段法院不得建议检察院补充侦查

二、模拟训练【不定项】

㉗ 2203045

李某因涉嫌盗窃罪而被公安机关立案侦查，侦查人员拟对其进行讯问，下列说法正确的是？（　　）

A. 如果在现场发现的李某，经出示工作证件，可以口头拘传，但应当在讯问笔录中注明

B. 如果李某被拘留，应当在拘留后 24 小时内对其进行讯问

C. 如果李某被羁押，应当在看守所内进行讯问

D. 如果拘留李某，拘留后可在送看守所羁押前进行讯问

解析页码
079—081

㉘ 2203046

黄某和刘某是夫妻，其中刘某是哑巴，他们日常生活中用哑语进行交流。一天晚上，他们夫妻二人目睹了犯罪嫌疑人抢劫邻居的全过程。侦查机关对他们进行询问，下列有关询问方式的说法中哪些是错误的？（　）

A. 应当单独询问刘某，但可以请黄某在现场对其哑语进行翻译

B. 可以在现场对二人同时进行询问

C. 可以到侦查人员指定的黄某和刘某他们家附近的咖啡厅进行询问

D. 必要时，可以传唤两人到公安机关接受询问

㉙ 2203047

关于勘验、检查，下列哪些说法是错误的？（　）

A. 为保证侦查活动的规范性与合法性，只有侦查人员可进行勘验、检查

B. 在进行人身检查时，被检查对象如果拒绝检查，可以强制检查

C. 检查妇女的身体，应当由女性工作人员进行

D. 勘验、检查应当有见证人在场，勘验、检查笔录上没有见证人签名的，不得作为定案的根据

㉚ 2203048

搜查是指侦查人员对犯罪嫌疑人以及可能隐藏罪犯或者罪证的人的身体、物品、住处和其他有关的地方进行搜索、检查的一种侦查行为，下列关于搜查的说法正确的是？（　）

A. 搜查只能由公、检、法专门机关进行，其他任何机关、单位和个人都无权对公民人身和住宅进行搜查

B. 搜查妇女的身体，应当由女性工作人员或者医师进行

C. 搜查的时候，应当有被搜查人及他的家属、邻居还有见证人同时在场

D. 搜查时，必须向被搜查人出示搜查证，但是侦查人员在执行逮捕、拘留的时候，遇有紧急情况，不另用搜查证也可以进行搜查

㉛ 2203049

何某因涉嫌暴力取证被立案侦查。侦查中，侦查机关欲对本案组织辨认。关于本案的辨认，下列

说法正确的是？（　）

A. 可组织何某对本案的被害人进行辨认

B. 在辨认前，侦查人员应当向辨认人详细询问被辨认人的具体特征

C. 辨认时将何某混杂在 5 个具有类似特征的对象中进行辨认

D. 几名辨认人对何某进行辨认时，应当由每名辨认人单独进行

㉜ 2203050

A 区公安分局在侦查一起贩卖毒品案时，先后采取通信监控和控制下交付措施，关于本案处理正确的是？（　）

A. 可以同时监控涉嫌贩卖毒品的犯罪嫌疑人及购买者的通信

B. 不得将通信监控所发现的商业秘密作为本案证据使用

C. 可以将通信监控中发现的犯罪嫌疑人其他违法信息交由相关行政部门处理

D. 公安机关根据侦查需要，可以依规定对本案证据实施控制下交付

㉝ 2203051

王某涉嫌刑讯逼供被立案侦查，并采取技术侦查措施。关于本案的技术侦查，下列选项错误的是？（　）

A. 技术侦查措施只能由检察院决定和执行

B. 本案经批准可采用秘密侦查的侦查措施

C. 对王某采取技术侦查的期限不得超过 3 个月

D. 通过技术侦查措施收集到的证据材料，在法庭调查后可作为定案的依据，但须经过转化才能作为定案的依据

参考答案

[1]D	[2]B	[3]B	[4]D	[5]D
[6]B	[7]A	[8]B	[9]ABD	[10]BCD
[11]AC	[12]AC	[13]BCD	[14]AC	[15]BCD
[16]BC	[17]AB	[18]AC	[19]AC	[20]AD
[21]ACD	[22]D	[23]ABD	[24]D	[25]D
[26]ABC	[27]BCD	[28]ABCD	[29]ABCD	[30]D
[31]BD	[32]AD	[33]ABCD		

解析页码

081—082

第十三章 起诉

一、历年真题

(一) 起诉制度概述

【单选】

1 1302036

只要有足够证据证明犯罪嫌疑人构成犯罪，检察机关就必须提起公诉。关于这一制度的法理基础，下列哪一选项是正确的？（　）

A. 起诉便宜主义

B. 起诉法定主义

C. 公诉垄断主义

D. 私人诉追主义

(二) 审查起诉

【单选】

2 2001063

张某以牟利为目的，非法获取上万张居民身份证信息，通过使用软件将相关公民头像照片制作成3D头像，通过支付宝人脸识别认证，并使用上述公民个人信息注册支付宝账户。张某通过这种方式来获取支付宝提供的邀请注册新支付宝用户的相应红包奖励，获利2万余元。支付宝公司发现后向某县公安机关报案，并提供了相关注册信息及红包奖励等证据材料，某县公安机关对本案立案侦查，案件随后由某县检察院向某县法院提起公诉，下列表述正确的有？（　）

A. 侦查人员抓获张某时在现场发现了用于存储作案信息的 U 盘，应当依法扣押并随案移送

B. 支付宝公司可以对张某提起刑事附带民事诉讼要求张某返还非法获利2万余元

C. 支付宝公司向侦查机关提供的证据材料需在立案后由公安机关重新提取才能作为定案依据

D. 张某行为涉嫌侵犯公民个人信息和诈骗罪，应择一重罪处罚

3 1702023

1996年11月，某市发生一起故意杀人案。2017年3月，当地公安机关根据案发时现场物证中提取的 DNA 抓获犯罪嫌疑人陆某。2017年7月，最高人民检察院对陆某涉嫌故意杀人案核准追诉。在最高人民检察院核准前，关于本案处理，下列哪一选项是正确的？（　）

A. 不得侦查本案

B. 可对陆某先行拘留

C. 不得对陆某批准逮捕

D. 可对陆某提起公诉

4 1702032

叶某涉嫌飞车抢夺行人财物被立案侦查。移送审查起诉后，检察院认为实施该抢夺行为的另有其人。关于本案处理，下列哪一选项是正确的？（　）

A. 检察院可将案卷材料退回公安机关并建议公安机关撤销案件

B. 在两次退回公安机关补充侦查后，检察院应作出证据不足不起诉的决定

C. 检察院作出不起诉决定后，被害人不服向法院提起自诉，法院受理后，不起诉决定视为自动撤销

D. 如最高人民检察院认为对叶某的不起诉决定确有错误的，可直接撤销不起诉决定

(三) 不起诉

【单选】

5 2001064

周某17岁，未申报盐务行业备案购买工业盐出售给当地农户，获利20余万元。公安机关以周某涉嫌非法经营立案侦查，侦查终结后移送检察院审查起诉，关于检察院对本案的处理，正确的是哪一项？（　）

A. 工业盐不属于国家限制买卖物品，应当对周某法定不起诉

B. 如周某有重大立功，应当不起诉

C. 如周某积极退赃，且周某是未成年人，可以附条件不起诉

解析页码
083—084

D. 如周某犯罪情节轻微，可以酌定不起诉

6 1901124

甲因涉嫌盗窃乙 800 元现金被某县公安机关立案侦查并被逮捕羁押某县看守所，侦查终结后移送某县检察院审查起诉。此时最高司法机关发布了新的司法解释，将盗窃罪追究刑事责任的犯罪数额调整至 1000 元以上。检察院遂对甲作出不起诉决定。下列表述正确的有？（　　）

A. 某县检察院对甲所作不起诉属于酌定不起诉

B. 若乙不服某县检察院的不起诉决定，可以向某县法院提起自诉

C. 若甲不服某县检察院的不起诉决定，可以向某县检察院申诉

D. 若检察院发现了新的犯罪事实，认为符合起诉条件的，可以向某县法院提起公诉

7 1502033

甲、乙、丙、丁四人涉嫌多次结伙盗窃，公安机关侦查终结移送审查起诉后，甲突然死亡。检察院审查后发现，甲和乙共同盗窃 1 次，数额未达刑事立案标准；乙和丙共同盗窃 1 次，数额刚达刑事立案标准；甲、丙、丁三人共同盗窃 1 次，数额巨大，但经两次退回公安机关补充侦查后仍证据不足；乙对其参与的 2 起盗窃有自首情节。关于本案，下列哪一选项是正确的？（　　）

A. 对甲可作出酌定不起诉决定

B. 对乙可作出法定不起诉决定

C. 对丙应作出证据不足不起诉决定

D. 对丁应作出证据不足不起诉决定

8 1402035

检察院对孙某敲诈勒索案审查起诉后认为，作为此案关键证据的孙某口供系刑讯所获，依法应予排除。在排除该口供后，其他证据显然不足以支持起诉，因而作出不起诉决定。关于该案处理，下列哪一选项是错误的？（　　）

A. 检察院的不起诉属于存疑不起诉

B. 检察院未经退回补充侦查即作出不起诉决定违反《刑事诉讼法》的规定

C. 检察院排除刑讯获得的口供，体现了法律监督机关的属性

D. 检察院不起诉后，又发现新的证据，符合起诉条件时，可提起公诉

【多选】

9 2001106

赵某为制止李某实施盗窃，将李某打伤。A 省 B 市 C 区检察院认为赵某防卫过当，决定不起诉。对此，下列说法正确的是？（　　）

A. C 区检察院向李某送达不起诉决定书时，应当告知李某有权向法院提起自诉

B. 赵某对决定不服，可向 B 市检察院提出申诉

C. B 市检察院认为该决定不当的，可指令 C 区检察院纠正

D. A 省检察院认为该决定不当的，可指令 C 区检察院纠正

【不定项】

10 2201040

甲醉酒后骑乘电动自行车与行人乙相撞，被公安机关以危险驾驶罪移送检察院审查起诉。下列选项中，检察院应当作出存疑不起诉决定的是？

A. 甲辩称知道醉酒不能开车但是不知道不能骑电动自行车

B. 甲的血液样本被污染

C. 能证明甲骑车时路段人稀少，检察院可以侦查后决定

D. 能证明甲骑的电动车属于非机动车

11 2001093

赵某为制止李某伤害他人而致李某重伤，A 省 B 市 C 区检察院在认定赵某防卫超过必要限度的基础上，对赵某故意伤害李某一案作出不起诉决定，下列正确的有？（　　）

A. 赵某对不起诉决定不服提出申诉的，应当由 B 市检察院处理

B. C 区检察院向李某送达不起诉决定书时应当告知其可以向法院自诉

C. A 省检察院可以指令 B 市检察院对本案不起诉决定是否正确进行审查

D. 若 B 市检察院在监督工作中发现本案赵某的

解析页码

084—086

行为没有超出防卫限度，可以指令 C 区检察院撤销原不起诉决定，并重新作出不起诉决定

（四）监委会与检察院的衔接

【多选】

12 `1901125`

甲因涉嫌贪污罪被某市监察委员会立案调查，甲闻风而逃，不知所踪。下列表述正确的是？（　　）

A. 若需要在全国范围内通缉甲，应报国家监察委决定发布通缉令

B. 某市监察委员会可以直接限制甲从该市国际机场出境

C. 若某市监察委员会将案件调查终结移送某市检察院审查起诉，应当将涉案财物一并移送某市检察院

D. 若某市检察院对甲不起诉，某市监察委员会不服，有权向上一级检察院提请复议

13 `1901095`

以下关于监察机关与检察院衔接机制的说法，正确的是？（　　）

A. 需要全国范围通缉，必须报国监委批准

B. 监委可以直接限制出境

C. 监察机关要把查封扣押的违法财产随案移送给检察院

D. 监察委对检察院的不起诉，可向上一级检察院提请复议

14 `1801075`

张某因涉嫌受贿罪被 F 市监察委员会立案调查。在调查过程中，F 市监察委员会对张某采取了留置措施。案件调查终结后，F 市监察委员会将案件移送 F 市人民检察院审查起诉。关于本案的处理，下列说法正确的是？（　　）

A. 由于 F 市监察委员会在调查过程中对张某采取了留置措施，案件移送人民检察院审查起诉后，人民检察院应当对张某采取刑事强制措施

B. F 市监察委员会在《监察法》生效前对张某留置 6 个月，在《监察法》生效后被调查人被判处有期徒刑 3 年。该留置的 6 个月折抵刑期 6 个月

C. 对于经过两次退回监察委员会补充调查的案件，F 市人民检察院在审查起诉中认为仍然事实不清，证据不足，可以直接作出不起诉的决定

D. F 市监察委员会认为人民检察院不起诉决定有错误的，有权向 F 市人民检察院提请复议

15 `1702068`

A 省 B 市监察委对蔡某涉嫌特别重大贿赂犯罪立案调查，关于监察权限，下列哪些选项是正确的？（　　）

A. 调查人员进行讯问时，应当对全过程进行录音录像，留存备查

B. 如监察机关经调查，确实没有证据证明蔡某有违法犯罪行为的，应当撤销案件

C. 监察机关应当对蔡某全面进行调查，不限于蔡某涉嫌的贿赂犯罪

D. 对蔡某涉嫌犯罪取得的财物，应当随案移送人民检察院

【不定项】

16 `1502092`

李某（女）家住甲市，系该市某国有公司会计，涉嫌贪污公款 500 余万元，被甲市监察委立案调查，经过调查，甲市监察委向甲市人民检察院移送审查起诉，后甲市人民检察院作出起诉决定，甲市中级法院受理该案后，李某脱逃，下落不明。关于李某脱逃前的程序，下列选项正确的是？（　　）

A. 甲市监察机关在调查期间，可根据案件特殊情形，将李某留置在特定场所

B. 甲市监察机关冻结的李某财产经审查后认定与案件无关，应当立刻解除冻结

C. 监察机关搜查李某身体时，应当有女性工作人员在场

D. 调查人员每次讯问李某时，应对讯问过程实行全程录音录像

二、模拟训练【不定项】

17 `2203053`

张某涉嫌故意杀人犯罪，公安机关经二次补充侦

查后将案件移送检察机关，检察机关审查发现张某可能还实施了另一起抢劫犯罪。检察机关关于此案的处理，下列哪一选项是正确的？（　　）

A. 应将全案退回公安机关依法处理

B. 对新发现的抢劫犯罪自行侦查，查清犯罪事实后一并提起公诉

C. 再次退回公安机关补充侦查，并要求在 1 个月内补充侦查完毕

D. 将新发现抢劫犯罪移送公安机关另行立案侦查，对已经查清的故意杀人犯罪提起公诉

18 2203054

检察院在审查起诉时可能会遇到很多新情况、新问题，同时，检察院也可以根据具体案情作出不起诉决定。下列说法正确的是？（　　）

A. 检察院在审查起诉时发现没有管辖权的，应当连同案卷材料移送有管辖权的检察院，同时通知公安机关

B. 检察院在审查起诉时排除了非法证据之后，作出存疑不起诉不以补充侦查为前提

C. 被害人针对检察院不起诉决定不服的，可以向作出不起诉决定的检察院提出申诉

D. 酌定不起诉的被不起诉人提出申诉的，人民检察院应当作出起诉决定

19 2203055

某县人民检察院审查狱警王某虐待罪犯李某一案，由于该案证据明显不足，于是作出不起诉决定，关于该决定，下列说法错误的是？（　　）

A. 公安机关认为不起诉的决定有错误的时候，可以要求复议，如果意见不被接受，可以向上一级检察院提请复核

B. 李某如果不服，可以自收到决定书后向原人民检察院申诉

C. 王某如果不服，可以向作出决定的人民检察院申诉

D. 该县检察院可以不经补充侦查对王某不起诉

20 2203056

有关单位或个人对于检察院作出不起诉决定不服有权要求救济。下列关于不同单位或个人的救济，表述正确的是？（　　）

A. 公安机关针对自己移送检察院审查起诉的案件而检察院作出不起诉决定的，可以向作出决定的检察院申请复议

B. 公安机关对复议结果不服的，可以向作出不起诉决定检察院的上一级检察院申请复核

C. 监察机关针对其移送给检察院起诉的案件而检察院作出不起诉决定的，可以向作出决定的检察院申请复议

D. 监察机关对复议结果不服的，可以向作出不起诉决定检察院的上一级检察院申请复核

21 2203057

王某涉嫌盗窃罪被立案侦查。侦查终结后移送检察院审查起诉。因为王某认罪认罚，且案件情节轻微，按照刑法规定不需要判处刑罚，因此检察院对王某作出酌定不起诉的决定。在作出不起诉决定后，王某不积极履行赔礼道歉、赔偿损失等义务，下列关于检察院审查后的处理，说法正确的是？（　　）

A. 检察院审查后如发现王某的情节显著轻微，危害不大，不认为是犯罪，应撤销原不起诉决定，依法重新作出不起诉决定

B. 检察院审查后如发现王某没有犯罪事实，应当撤销原不起诉决定，并将案卷材料退回侦查机关，建议其撤销案件

C. 检察院审查后认为案件仍然属于犯罪情节轻微，依照刑法规定不需要判处刑罚或者免除刑罚的，应当维持原不起诉决定

D. 排除认罪认罚因素后，符合起诉条件的，应当根据案件具体情况撤销原不起诉决定，依法对王某提起公诉

参考答案

[1]B	[2]A	[3]B	[4]D	[5]A
[6]B	[7]D	[8]B	[9]ACD	[10]B
[11]BCD	[12]ACD	[13]BD	[14]AB	[15]ABD
[16]AD	[17]D	[18]AB	[19]ABC	[20]AB
[21]AD				

解析页码

089—090

第十四章
审判概述

一、历年真题

（一）刑事审判原则

【单选】

1 `1801044`

《关于推进以审判为中心的刑事诉讼制度改革的意见》第十四条规定："完善当庭宣判制度，确保裁判结果形成在法庭。适用速裁程序审理的案件，除附带民事诉讼的案件以外，一律当庭宣判；适用简易程序审理的案件一般应当当庭宣判；适用普通程序审理的案件逐步提高当庭宣判率。规范定期宣判制度。"下列关于该规定的理解，错误的是？（　）

A. 法庭当庭宣判体现了集中审理原则的要求

B. 法庭当庭宣判能够保障被告人的迅速审判权

C. 法庭当庭宣判有助于提高诉讼效率

D. 法庭当庭宣判是审判公开性和终局性的体现

2 `1302037`

开庭审判过程中，1名陪审员离开法庭处理个人事务，辩护律师提出异议并要求休庭，审判长予以拒绝，40分钟后陪审员返回法庭继续参与审理。陪审员长时间离开法庭的行为违背下列哪一审判原则？（　）

A. 职权主义原则

B. 证据裁判规则

C. 直接言词原则

D. 集中审理原则

【多选】

3 `2101048`

庭审结束后，评议前因特殊原因合议庭部分成员不能继续履职，需要重新开庭，以下说法正确的是？（　）

A. 体现了集中审理原则

B. 合议庭成员全部更换

C. 体现直接原则

D. 应该重新审判

4 `1702074`

《关于推进以审判为中心的刑事诉讼制度改革的意见》第十三条要求完善法庭辩论规则，确保控辩意见发表在法庭。法庭应当充分听取控辩双方意见，依法保障被告人及其辩护人的辩论辩护权。关于这一规定的理解，下列哪些选项是正确的？（　）

A. 符合我国刑事审判模式逐步弱化职权主义色彩的发展方向

B. 确保控辩意见发表在法庭，核心在于保障被告人和辩护人能充分发表意见

C. 体现了刑事审判的公开性

D. 被告人认罪的案件的法庭辩论，主要围绕量刑进行

（二）审判组织

【单选】

5 `2301040`

下列关于发回重审后的审判组织，说法正确的是？

A. 发回重审后原一审法官应当回避

B. 发回重审后可以适用独任制，但是原一审法官可以回避

C. 发回重审后，原一审法官应回避，原一审人民陪审员可以参与

D. 发回重审后应由三名法官和四名陪审员组成七人合议庭审理

6 `2401063`

周某与女友韩某同居，因争吵，韩某将周某与前妻的女儿推下楼，致其死亡，韩某认罪认罚，被检察院以故意杀人罪提起公诉，移送中级人民法院审理。下列说法正确的是？

A. 一审法院可组成三人或七人合议庭进行审理

B. 证人李某出庭作证后可以旁听

C. 如合议庭评议认为韩某应当被判处死刑，应当提请院长决定提交审判委员会讨论决定

D. 一审宣判后，若韩某对量刑不服，可提出上诉

解析页码
090—092

【不定项】

7 2201180

张某因涉嫌故意杀人在某市中级人民法院一审，法院由三名法官、四名人民陪审员组成七人合议庭审理，庭审结束后，合议庭提请院长决定提交审判委员会讨论。下列表述不正确的有：

A. 人民陪审员不能对案件的事实认定发表意见

B. 人民陪审员不能对案件的法律适用发表意见

C. 审判委员会讨论决定案件和事项时，审判长最后发表意见

D. 审判委员会讨论决定案件和事项时，审判委员会全体成员均应出席

8 2001094

陈某是某国企董事长，因涉嫌一起影响重大的贪污犯罪被某市监察委员会立案调查，后由某市检察院起诉至某市中级法院，陈某委托了辩护律师王某。下列表述正确的有？（　　）

A. 法院由 1 名审判员、2 名陪审员组成合议庭审理

B. 经过审理，若法庭认为对陈某可能判处死刑缓期 2 年执行，在作出判决前应当提请院长决定提交审判委员会讨论

C. 开庭后，王某没有出庭，法庭在询问陈某意见后继续审理

D. 陈某提出新的立功线索，法院可以建议检察院补充侦查

（三）人民陪审员制度

【单选】

9 1502035

罗某作为人民陪审员参与 D 市中级法院的案件审理工作。关于罗某的下列哪一说法是正确的？（　　）

A. 担任人民陪审员，必须经 D 市人大常委会任命

B. 同法官享有同等权利，也能担任合议庭审判长

C. 可参与中级法院二审案件审理，并对事实认定、法律适用独立行使表决权

D. 可要求合议庭将案件提请院长决定是否提交审委会讨论决定

【不定项】

10 2001099

关于人民陪审员，下列说法正确的是？（　　）

A. 7 人合议庭可以由 2 名法官和 5 名人民陪审员组成

B. 在由 2 名法官和 1 名人民陪审员组成的合议庭中，人民陪审员只能就事实认定行使表决权

C. 人民陪审员由法院院长任命

D. 人民陪审员在自诉案件审理过程中可以对被告人和被害人进行调解

二、模拟训练【不定项】

11 2203058

下列关于公开审判原则的表述正确的是？（　　）

A. 人民法院审判案件，除法律另有规定的以外，一律公开进行

B. 犯罪时未满 18 周岁的案件，一律不公开审理

C. 涉及国家秘密的案件，经过申请可以不公开

D. 涉及个人隐私的案件，需要公开宣判

12 2203059

关于人民陪审员制度，下列说法正确的是？（　　）

A. 甲省高级法院审判案件由人民陪审员参加合议庭审判的，在其所在地的基层人民法院的人民陪审员名单中随机抽取确定

B. 乙市中级法院审理张三可能判死刑的案件，且有重大社会影响的，有人民陪审员参加的，可以组成 3 人合议庭，也可以由法官 3 人与人民陪审员 4 人组成 7 人合议庭

C. 丙区基层法院审理李四盗窃一案，由人民陪审员与法官组成 3 人合议庭进行审理，人民陪审员对事实认定、法律适用，独立发表意见，行使表决权

D. 丁市中级法院审理一起死刑案件，由人民陪审员与法官共 7 人组成合议庭，人民陪审员对事实认定、法律适用，独立发表意见，行使表决权

参考答案

[1] D　　[2] C　　[3] AD　　[4] ABD　　[5] A

[6] ACD　[7] ABCD [8] BD　　[9] D　　　[10] D

[11] AD　[12] C

解析页码
092—094

第十五章
第一审程序

一、历年真题

（一）对公诉案件的庭前审查

【多选】

1 `1002071`

法院对检察院提起公诉的案件进行庭前审查，下列哪些做法是正确的？（ ）

A. 发现被告人张某在起诉前已从看守所脱逃的，退回检察院

B. 法院裁定准许撤诉的抢劫案，检察院因被害人范某不断上访重新起诉的，退回检察院

C. 起诉时提供的 1 名外地证人石某没有列明住址和联系方式，通知检察院补送

D. 某被告人被抓获后始终一言不发，也没有任何有关姓名、年龄、住址、单位等方面的信息或线索的，不予受理

（二）庭前准备

【多选】

2 `1801113`

某民营公司涉嫌走私犯罪，由于单位法人李某需要被追究刑事责任，现由公司董事长秘书韩某担任公司诉讼代表人，某县检察院以走私罪向某县法院依法提起公诉，某民营公司委托了律师齐某担任辩护人，某县法院在开庭前 7 日给齐某送达了起诉书副本，下列表述正确的有？（ ）

A. 齐某认为法院在开庭前 7 日才送达起诉书副本违法，因此拒绝出庭辩护，齐某的做法符合刑事诉讼法规定

B. 若该民营公司因破产清算无钱聘请律师，韩某有权向某县司法局申请法律援助

C. 韩某有权申请某县法院排除侦查机关对李某通过刑讯逼供方式获取的供述

D. 若韩某突然病故无法出庭，某县法院应当为某民营公司另行确定诉讼代表人

3 `1502072`

高某利用职务便利多次收受贿赂，还雇凶将举报他的下属王某打成重伤。关于本案庭前会议，下列哪些选项是正确的？（ ）

A. 高某可就案件管辖提出异议

B. 王某提起附带民事诉讼的，可调解

C. 高某提出其口供系刑讯所得，法官可在审查讯问时同步录像的基础上决定是否排除口供

D. 庭前会议上出示过的证据，庭审时举证、质证可简化

4 `1402071`

关于庭前会议，下列哪些选项是正确的？（ ）

A. 被告人有参加庭前会议的权利

B. 被害人提起附带民事诉讼的，审判人员可在庭前会议中进行调解

C. 辩护人申请排除非法证据的，可在庭前会议中就是否排除作出决定

D. 控辩双方可在庭前会议中就出庭作证的证人名单进行讨论

（三）法庭审判

【单选】

5 `1901108`

下列关于刑事第一审程序的表述，正确的有？（ ）

A. 审判长对于公诉人向被告人的不当讯问，可以制止

B. 审判长应当保持中立，对于公诉人向被告人的讯问，不应当打断

C. 若公诉人与法官对案件认定的罪名存在争议，可以召开庭前会议讨论并确定罪名

D. 法院对严重扰乱法庭秩序的人，若认为可能构成犯罪，可以先行拘留

6 `1901106`

李某因涉嫌投放危险物质罪被某市人民检察院向某市中级法院提起公诉，法院在开庭审理前召开了庭前会议，李某申请法庭排除其供述。三天后，某市中级法院公开开庭审理本案。在法庭调查阶段，请对以下程序进行排序：①公诉人讯问李某；

解析页码
094—096

②公诉人宣读起诉书；③李某辨认公诉人提出的毒药并进行质证；④被告人申请证人出庭作证；⑤法庭宣布庭前会议中申请排除非法证据的审查情况。（　）

A. ②①⑤③④
B. ②⑤①③④
C. ⑤②①④③
D. ②⑤①④③

7 1801042

某建设工程公司总经理王某涉嫌工程重大安全事故罪被立案侦查。侦查机关聘请某省工程质量监督检测中心进行检验，检验人张某出具的检验报告认为，该建设工程公司违反国家规定，降低工程质量标准是造成重大安全事故的主要原因。关于本案，下列说法正确的是？（　）

A. 张某在本案中不是鉴定人，不属于应当回避的对象
B. 经法院通知，张某需出庭作证
C. 张某出具的检验报告不可以作为证据使用
D. 张某所进行的检验属于勘验、检查的一种形式

8 1602036

法院在审理胡某持有毒品案时发现，胡某不仅持有毒品数量较大，而且向他人出售毒品，构成贩卖毒品罪。关于本案，下列哪一选项是正确的？（　）

A. 如胡某承认出售毒品，法院可直接改判
B. 法院可在听取控辩双方意见基础上直接改判
C. 法院应当通知检察院
D. 法院可建议检察院退回补充侦查

9 1602028

王某系听障人士，因涉嫌盗窃罪被提起公诉。关于本案，下列哪一选项是正确的？（　）

A. 讯问王某时，如有必要可通知通晓听障人士手势的人参加
B. 王某没有委托辩护人，应通知法律援助机构指派律师为其提供辩护
C. 辩护人经通知未到庭，经王某同意，法院决定开庭审理
D. 因事实清楚且王某认罪，实行独任审判

10 1502036

关于我国刑事诉讼中起诉与审判的关系，下列哪一选项是正确的？（　）

A. 自诉人提起自诉后，在法院宣判前，可随时撤回自诉，法院应准许
B. 法院只能就起诉的罪名是否成立作出裁判
C. 在法庭审理过程中，必要时法院应通知检察院补充、变更起诉
D. 对检察院提起公诉的案件，法院判决无罪后，检察院不能再次起诉

11 1502037

某国有银行涉嫌违法发放贷款造成重大损失，该行行长因系直接负责的主管人员也被追究刑事责任，信贷科科长齐某因较为熟悉银行贷款业务被确定为单位的诉讼代表人。关于本案审理程序，下列哪一选项是正确的？（　）

A. 如该案在开庭审理前召开庭前会议，应通知齐某参加
B. 齐某无正当理由拒不出庭的，可拘传其到庭
C. 齐某可当庭拒绝银行委托的辩护律师为该行辩护
D. 齐某没有最后陈述的权利

12 1402029

关于鉴定人与鉴定意见，下列哪一选项是正确的？（　）

A. 经法院通知，鉴定人无正当理由拒不出庭的，可由院长签发强制令强制其出庭
B. 鉴定人有正当理由无法出庭的，法院可中止审理，另行聘请鉴定人重新鉴定
C. 经辩护人申请而出庭的具有专门知识的人，可向鉴定人发问
D. 对鉴定意见的审查和认定，受到意见证据规则的规制

【多选】

13 2101047

关于刑事诉讼中的证人出庭作证，下列说法正确的是？（　）

A. 丁某对法院因其拒不出庭作证的拘留处罚决定提出复议，拘留处罚暂缓执行

B. 法院认为证人刘某有篡改证言的可能性，将强制出庭令交公安机关执行

C. 江某因身处国外短期无法回国而通过视频作证

D. 被害人的配偶于某经法院通知无正当理由拒不出庭作证，法院强制其到庭作证

14 `2001085`

赵某涉嫌非法持有枪支被提起公诉，庭审期间，赵某提出涉案枪支被改造过，已不具杀伤力。下列表述正确的有？（　　）

A. 审判长可以要求赵某对枪支改造方法作出说明

B. 法庭可以要求公诉机关对枪支杀伤力进一步补充证据并决定终止审理

C. 非经公诉人申请，法庭通知专家辅助人孙某出庭与赵某就枪支改造方法进行相互询问

D. 法庭可以赵某在审前阶段从未提及枪支改造问题为由，对其辩解不予采信

15 `1901129`

黄某、张某在 A 省 B 市组建"P2P"网贷公司进行非法集资，B 市公安局立案侦查，经过群众举报，侦查人员将黄某抓获，张某逃窜至 C 省 D 市躲藏。下列表述正确的是？（　　）

A. 若需要通缉张某，B 市公安局应当报请公安部发布通缉令

B. B 市公安局将黄某侦查终结后移送 B 市检察院审查起诉，由于本案系共同犯罪案件，B 市检察院需要等张某到案后一并审查起诉

C. B 市公安局将黄某侦查终结后移送 B 市检察院审查起诉，B 市检察院可以将黄某、张某组建的"P2P"网贷公司列为单位犯罪嫌疑人

D. 若 B 市检察院对黄某向 B 市中级法院提起公诉，在审理过程中张某到案，B 市检察院对张某追加起诉需要经过 B 市中级法院同意

16 `1901130`

张三涉嫌盗窃、抢夺被某县公安机关立案侦查，张三委托了辩护人李四。案件侦查终结后移送某县检察院审查起诉，下列表述正确的有？（　　）

A. 在侦查阶段，张三的妻子王五向某县公安机关

控告张三对其长期虐待，某县公安机关应当接受

B. 在 A 项中，某县公安机关经过审查决定不立案，王五又向某县法院起诉，某县法院要求公安机关调取王五遭受虐待的证据

C. 某县检察院审查起诉时发现张三盗窃罪事实清楚，但抢夺罪事实不清，某县检察院应当将抢夺事实查清后再一并向某县法院提起公诉

D. 某县法院审理张三盗窃罪过程中，李四申请某县法院调取一份书证，某县法院同意调取的，可以在调取时通知李四到场

17 `1901128`

某钢厂长期将废水排入河流，严重污染环境，某县公安机关以污染环境罪开展立案侦查，将某钢厂负责人秦某抓获，指派鉴定人黄某对污水进行鉴定，秦某委托了辩护律师张某。案件随后由某县检察院向某县法院提起公诉，某县法院依法公开开庭审理，下列表述正确的有？（　　）

A. 若某县法院发现鉴定意见中没有写明鉴定的水的来源，该鉴定意见不得作为定案根据

B. 若某县法院认为有必要，通知黄某出庭，黄某无正当理由拒不出庭的，该鉴定意见不得作为定案根据

C. 张某不认同该鉴定意见，可以向法庭申请 3 名有专门知识的人出庭对鉴定意见提出意见

D. 若法庭同意有专门知识的人出庭，有专门知识的人发表的意见属于鉴定意见

18 `1901127`

大西洋公司总经理甲涉嫌走私普通货物、物品，由某县检察院向某县法院提起公诉。法院经过审理认为本案是单位犯罪，建议某县检察院追加起诉，某县检察院后将大西洋公司法定代表人乙追加公诉，下列选项正确的是？（　　）

A. 某县法院审理过程中，公诉人讯问甲时，乙不得在场

B. 某县检察院认为需要补充侦查向法院提出延期审理建议，若某县法院同意，延期审理的期限不计入审理期限

解析页码
099—101

047

C. 乙可以委托辩护人为其辩护

D. 法庭辩论结束后，乙有权做最后陈述

19 `1901126`

《关于推进以审判为中心的刑事诉讼制度改革的意见》第十一条规定：规范法庭调查程序，确保诉讼证据出示在法庭、案件事实查明在法庭。对此，下列哪些理解是错误的？（　　）

A. 证明被告人有罪或者无罪、罪轻或者罪重的证据，都应在法庭上出示

B. 对定罪量刑的证据，控辩双方存在争议的，应单独质证

C. 对庭前会议中控辩双方没有异议的证据庭审中可不再举示

D. 对庭前会议中控辩双方没有出示的证据庭审中不得举示

【不定项】

20 `1602096`

甲女与乙男在某社交软件互加好友，手机网络聊天过程中，甲女多次向乙男发送暧昧言语和色情图片，表示可以提供有偿性服务。二人于酒店内见面后因价钱谈不拢而争吵，乙男强行将甲女留在房间内，并采用胁迫手段与其发生性关系。后甲女向公安机关报案，乙男则辩称双方系自愿发生性关系。本案后起诉至法院，关于本案审理程序，下列选项正确的是？（　　）

A. 应当不公开审理

B. 甲女因出庭作证而支出的交通、住宿的费用，法院应给予补助

C. 甲女可向法院提起附带民事诉讼要求乙男赔偿因受侵害而支出的医疗费

D. 公诉人讯问乙男后，经审判长许可甲女可就强奸的犯罪事实向乙男发问

（四）一审中特殊问题的处理

【单选】

21 `2001057`

检察院向法院起诉甲盗窃罪，但法院在审理的过程中发现甲的犯罪行为属于侵占罪，关于法院的处理，下列表述正确的是？（　　）

A. 法院应当裁定终止审理

B. 法院应当建议检察院变更起诉

C. 法院应当建议检察院补充侦查

D. 法院应当继续审理并作出判决

【多选】

22 `2001086`

在新冠肺炎疫情期间，对刑诉法适用正确的有？（　　）

A. 为保障办案人员的安全，对被逮捕的犯罪嫌疑人延长羁押2个月

B. 因被告人感染新冠肺炎，法院决定延期审理

C. 检察人员通过视频方式讯问犯罪嫌疑人

D. 因被告人感染新冠肺炎，法院裁定中止审理

23 `1901133`

赵某因涉嫌盗窃800元现金被某县公安机关立案侦查，后由某县检察院向某县法院提起公诉。某县法院对赵某采取取保候审措施。赵某未经许可赴外地打工，下落不明，某县法院裁定中止审理。2年后，赵某回到某县家中。某县检察院发现根据新出台的司法解释规定，盗窃1000元以上才构成犯罪，遂向某县法院撤回起诉。下列表述正确的是？（　　）

A. 检察院撤回起诉后对赵某应当作出酌定不起诉决定

B. 检察院有权撤回起诉

C. 法院应当准许检察院撤回起诉

D. 若法院裁定准许检察院撤回起诉，赵某认为自己没有实施盗窃行为，可以对该裁定上诉

（五）法庭秩序

【多选】

24 `1202070`

关于对法庭审理中违反法庭秩序的人员可采取的措施，下列哪些选项是正确的？（　　）

A. 警告制止

B. 强行带出法庭

C. 只能在1000元以下处以罚款

解析页码

101—103

D. 只能在 10 日以下处以拘留

（六）自诉案件第一审程序

【单选】

㉕ `2201170`

司某晚上下班开车回家进入地下车库，在拐弯处将醉酒卧地的边某碾压致死，公安机关对司某以过失致人死亡罪立案侦查。经查，碾压边某的地方属于司机的视野盲区，公安机关认为该案属于意外事件，于是撤销案件。下列说法不正确的是

A. 边某的近亲属可以向法院提起自诉

B. 公安机关撤销案件符合《中华人民共和国刑事诉讼法》第 16 条的宗旨和目的

C. 侦查机关可以进行侦查实验，应当对实验过程录音录像

D. 侦查机关应当将撤销案件的决定告知边某近亲属

㉖ `1901109`

甲在网络上发表诋毁乙的言论，乙与之理论，甲却把乙打伤，乙向公安机关提出控告，下列表述正确的是？（　　）

A. 公安机关只对打人的事实进行审查

B. 经过审查，公安机关应当告知乙向法院起诉

C. 只有在公安机关作出不立案决定后，乙才能向法院起诉

D. 法院受理后，通知公安机关移送材料，公安机关应当移送

㉗ `1801041`

赵某（16 周岁，高中学生）在游乐园游玩时因琐事与李某（15 周岁，高中学生）发生争执，赵某殴打李某致其轻伤。李某向法院提起自诉，要求追究赵某的刑事责任。关于本案，说法错误的是？（　　）

A. 法院受理李某的自诉案件后，李某自愿撤诉，2 个月后，李某又以同一事实对赵某提起自诉，法院应当受理

B. 赵某的父亲是 1 名律师，其可以担任赵某的辩护人

C. 李某的母亲可以为李某委托诉讼代理人

D. 法院在审理本案时，可以进行调解

㉘ `1402037`

关于自诉案件的程序，下列哪一选项是正确的？（　　）

A. 不论被告人是否羁押，自诉案件与普通公诉案件的审理期限都相同

B. 不论在第一审程序还是在第二审程序中，在宣告判决前，当事人都可和解

C. 不论当事人在第一审还是在第二审审理中提出反诉的，法院都应当受理

D. 在第二审程序中调解结案的，应当裁定撤销第一审裁判

【多选】

㉙ `2101056`

赵某和陈某共同在网上侮辱周某，对周某名誉造成较大损害。周某向法院提起了针对赵某一人的自诉。下列有关自诉的说法正确的是？（　　）

A. 若周某经法院两次传唤无正当理由拒不到庭，则视为撤诉

B. 若周某无法收集自己在网上被侮辱的证据，法院可以要求公安机关协助收集

C. 若法院在案件审理过程中发现赵某还涉嫌诈骗周某，则两案应当一并处理

D. 若周某自愿放弃对陈某的自诉，则法院可责令陈某为第三人

㉚ `1801116`

小宋（女）与单位同事小赵自由恋爱，但小宋的父亲老宋一直嫌弃小赵家贫而横加干涉，并多次殴打小赵逼迫小赵离开小宋，小宋一气之下到某县法院对老宋以暴力干涉婚姻自由罪提起自诉，法院立案后，在开庭审理前，小宋突然要求撤回起诉。下列表述不正确的有？（　　）

A. 小宋请求撤回起诉，某县法院应当裁定准许

B. 小宋请求撤回起诉，某县法院应当裁定驳回起诉

C. 若某县法院发现小宋证据不足，又提不出补充证据，应当说服小宋撤诉，小宋拒不撤诉的，

应当裁定驳回起诉

D. 若某县法院发现小宋证据不足，又提不出补充证据，应当说服小宋撤诉或者裁定驳回起诉

31　`1402072`

方某涉嫌在公众场合侮辱高某和任某，高某向法院提起自诉。关于本案的审理，下列哪些选项是正确的？（　　）

A. 如果任某担心影响不好不愿起诉，任某的父亲可代为起诉

B. 法院通知任某参加诉讼并告知其不参加的法律后果，任某仍未到庭，视为放弃告诉，该案宣判后，任某不得再行自诉

C. 方某的弟弟系该案关键目击证人，经法院通知其无正当理由不出庭作证的，法院可强制其到庭

D. 本案应当适用简易程序审理

（七）简易程序

【单选】

32　`1702034`

下列哪一案件可适用简易程序审理？（　　）

A. 甲为境外非法提供国家秘密案，情节较轻，可能判处 3 年以下有期徒刑

B. 乙抢劫案，可能判处 10 年以上有期徒刑，检察院未建议适用简易程序

C. 丙传播淫秽物品案，经审查认为，情节显著轻微，可能不构成犯罪

D. 丁暴力取证案，可能被判处拘役，丁的辩护人作无罪辩护

33　`1602037`

甲犯抢夺罪，法院经审查决定适用简易程序审理。关于本案，下列哪一选项是正确的？（　　）

A. 适用简易程序必须由检察院提出建议

B. 如被告人已提交承认指控犯罪事实的书面材料，则无需再当庭询问其对指控的意见

C. 不需要调查证据，直接围绕罪名确定和量刑问题进行审理

D. 如无特殊情况，应当庭宣判

【多选】

34　`1801117`

朱某因涉嫌抢劫，被某县公安机关立案侦查，后由某县检察院向某县法院提起公诉，朱某自愿认罪认罚，某县检察院向某县法院建议适用简易程序进行审理，朱某聘请了律师方某作为辩护人，下列表述不正确的有？（　　）

A. 经过某县法院审查，朱某承认检察院指控的犯罪事实，但认为自己应当构成抢夺罪，不该构成抢劫罪，某县法院不能对朱某适用简易程序审理

B. 某县法院若适用简易程序审理本案，朱某在庭审中无权申请证人出庭

C. 鉴于某县检察院建议某县法院适用简易程序进行审理，某县法院应当适用简易程序审理本案

D. 某县法院作出判决后，通过短信通知方某来法院领取判决书，方某来到法院后，法官将判决书直接送达给方某，无需方某签署送达回证

【不定项】

35　`1801098`

甲犯合同诈骗罪，法院经审查决定适用简易程序审理。关于本案，下列说法正确的是？（　　）

A. 本案开庭审理时，检察院应当派员出席法庭

B. 法院若认为本案可能判处 3 年以下有期徒刑，可由审判员一人独任审判

C. 在法庭审理中，被告人对被指控的犯罪事实无异议，但认为本案构成诈骗罪，而非合同诈骗罪，法院于是转为普通程序重新审理

D. 法院于 2018 年 9 月 10 日对本案开庭审判，于 2018 年 10 月 12 日判决甲有期徒刑 5 年，则本案已超过法定审判期限

（八）速裁程序

【多选】

36　`2101049`

当事人因为诽谤提起自诉，法院立案受理。因为案情重大，危害社会公共秩序，检察院以涉嫌诽谤罪

解析页码

106—108

提起公诉。关于本案，下列说法正确的是？（ ）

A. 自诉案件，认罪认罚且同意适用速裁程序，用速裁程序

B. 自诉案件，应和公诉案件一并审理

C. 公诉案件，认罪认罚且同意适用速裁程序，可用速裁程序

D. 不论公诉还是自诉案件，均可以和解

37 `1901134`

陈某因涉嫌抢夺罪被某县检察院向某县法院提起公诉，某县法院适用速裁程序进行审理，下列表述正确的是？

A. 若某县法院经过审理认为陈某构成抢劫罪，则不能适用速裁程序进行审理

B. 若某县法院经过审理认为案件复杂，可以在庭后听取控辩双方意见后定期宣判

C. 若某县法院作出一审判决后陈某不服，有权上诉

D. 若某县法院作出一审判决后陈某不服，有权上诉，某县检察院可以在陈某上诉的同时提出抗诉

38 `1901131`

张三因醉酒驾车涉嫌危险驾驶罪在某县法院受审，法院决定用速裁程序进行审理，下列关于速裁程序说法错误的是？（ ）

A. 法官经过审理认为案情复杂，决定择日宣判

B. 指派值班律师帮助张三进行辩护

C. 法官经过审理认为案件不符合速裁程序适用条件，决定改用合议庭继续审理

D. 若张三构成危险驾驶罪，本案审理期限应当是10日

39 `1901132`

甲醉酒驾车，将经过路口的乙撞伤（轻伤），自己冲撞上路边隔离带致半身瘫痪。某县公安机关对甲以危险驾驶罪立案侦查，甲对犯罪行为供认不讳，案件随后由某县检察院向某县法院提起公诉，某县法院适用速裁程序进行审理，判处甲危险驾驶罪，拘役6个月。下列表述不正确的有？（ ）

A. 本案的审理期限可以延长至法院受理案件后15天

B. 由于甲已经半身瘫痪，行动不便，法官可以采

取远程视频方式进行讯问

C. 由于甲已经半身瘫痪，甲在审查起诉阶段无需签署认罪认罚具结书

D. 若乙对甲提起附带民事诉讼且拒绝调解，法院不得适用速裁程序进行审理

【不定项】

40 `2401066`

苏某因醉酒驾驶涉嫌危险驾驶罪，被提起公诉。苏某认罪认罚，法院适用速裁程序，下列选项的做法正确的是？

A. 若审判过程中发现苏某可能不构成犯罪，应当转换为简易程序

B. 检察院没有派员出庭参加公诉

C. 审判中未开展法庭调查和法庭辩论

D. 若苏某以量刑不当为由提起上诉，二审法院审理后认为确实量刑不当，应当裁定撤销原判发回重审

（九）判决、裁定与决定

【单选】

41 `1302040`

法院就被告人"钱某"盗窃案作出一审判决，判决生效后检察院发现"钱某"并不姓钱，于是在确认其真实身份后向法院提出其冒用他人身份，但该案认定事实和适用法律正确。关于法院对此案的处理，下列哪一选项是正确的？（ ）

A. 可以建议检察院提出抗诉，通过审判监督程序加以改判

B. 可以自行启动审判监督程序加以改判

C. 可以撤销原判并建议检察机关重新起诉

D. 可以用裁定对判决书加以更正

二、模拟训练

42 `2203060`

某县法院对检察院提起公诉的案件进行庭前审查，下列哪些做法是正确的？（ ）（不定项）

A. 发现案件已过追诉时效，遂将案件退回检察院

B. 发现被告人有可能被判死刑，遂将案件移送给

中级法院

C. 起诉时提供的 1 名外地证人石某没有列明住址和通信处的，通知检察院补送

D. 因被告人案发时不可能在场宣告被告人无罪后，人民检察院根据新的事实、证据重新起诉的，可以受理

43 2203062

关于证人出庭作证，下列哪些说法是正确的？（　　）（不定项）

A. 需要出庭作证的警察就其执行职务时目击的犯罪情况出庭作证，适用证人作证的规定

B. 证人因出庭作证导致的住宿费、餐费、交通费和误工费，法院应当予以补偿

C. 凡是了解案件情况的人，无正当理由拒不到庭的，可以强制到庭作证

D. 证人没有正当理由拒绝出庭作证的，情节严重的，经院长决定，可以处以拘留或者罚款

44 2203064

检察院以盗窃罪向法院提起公诉，法院经审理后查明被告人构成诈骗罪。关于法院的做法，下列哪一选项是正确的？（　　）（不定项）

A. 应当建议检察院改变起诉罪名，不能直接以诈骗罪定罪

B. 可以直接以诈骗罪定罪，不必建议检察院改变起诉罪名

C. 只能判决无罪，检察院应以诈骗罪另行起诉

D. 应当驳回起诉，检察院应以诈骗罪另行起诉

45 2203065

张三涉嫌故意伤害一案，检察院作出了不起诉决定，被害人不服，向人民法院提起了刑事自诉，关于本案的审理程序，下列说法正确的是？（　　）（不定项）

A. 自诉人起诉后，经两次传唤无正当理由拒不到庭的，或者未经法庭许可中途退庭的，按撤诉处理

B. 本案被告人在一审程序中对被害人提起反诉

C. 本案自诉人因客观原因不能取得的证据，可以申请法院调取，申请时应当说明理由，并提供相关线索或材料

D. 本案可以适用简易程序

46 2203066

张一犯抢夺罪，法院经审查决定适用简易程序审理。关于本案，下列选项正确的是？（　　）（单选）

A. 适用简易程序必须由检察院提出建议

B. 由于本案可能判处有期徒刑 2 年，法院只能由法官独任审判

C. 由于本案适用简易程序，检察院可以不派员出庭

D. 如无特殊情况，一般应当当庭宣判

47 2203067

下列哪一案件可适用速裁程序审理？（　　）（不定项）

A. 张一盗窃案，可能判处 3 年有期徒刑以下刑罚，检察院未建议适用速裁程序

B. 王二为境外非法提供国家秘密案，情节较轻，可能判处 3 年以下有期徒刑

C. 李三抢劫案，李某为 17 周岁的未成年人

D. 田四故意伤害案，被告人与被害人没有就附带民事诉讼赔偿等事项达成调解或者和解协议的

参考答案

[1] ABC　[2] BC　[3] AB　[4] BD　[5] A

[6] B　[7] B　[8] C　[9] B　[10] C

[11] C　[12] C　[13] CD　[14] AC　[15] AC

[16] AD　[17] AB　[18] ABCD　[19] CD　[20] ACD

[21] A　[22] CD　[23] BD　[24] ABC　[25] B

[26] D　[27] A　[28] B　[29] AB　[30] ABC

[31] BC　[32] B　[33] D　[34] ABCD　[35] AB

[36] CD　[37] CD　[38] ABC　[39] AC　[40] C

[41] D　[42] ABC　[43] A　[44] B　[45] ACD

[46] D　[47] A

解析页码

110—111

第十六章
第二审程序

一、历年真题

（一）二审程序提起的形式与途径

【多选】

1 `1901135`

甲驾车在路口等红灯时被乙驾驶的汽车追尾，遂发生争执，乙用车中携带的棒球棒击打甲，甲转身回车中拿出一把匕首刺中乙腹部，致乙重伤。某市公安局对甲立案侦查，某市检察院向某市中级法院以故意伤害罪提起公诉。某市中级法院经过审理判处甲无期徒刑。甲不服上诉，某省高级法院进行二审。下列表述不正确的有？（　）

A. 在二审过程中，某市检察院认为本案认定故意伤害罪正确，但有新证据能够证明甲属于防卫过当，可以提出补充抗诉

B. 某市检察院若认为某市中级法院的第一审判决确有错误，应当向某市中级法院抗诉

C. 某省高级法院开庭进行二审时，某市检察院和某省检察院都应当派员出庭

D. 若某市检察院抗诉，最高人民检察院发现本案系疑难案件，可以派员出席某市检察院抗诉的二审审理程序

（二）二审程序提起的期限与效力

【单选】

2 `1702029`

卢某妨害公务案于 2016 年 9 月 21 日一审宣判，并当庭送达判决书。卢某于 9 月 30 日将上诉书交给看守所监管人员黄某，但黄某因忙于个人事务直至 10 月 8 日上班时才寄出，上诉书于 10 月 10 日寄到法院。关于一审判决生效，下列哪一选项是正确的？（　）

A. 一审判决于 9 月 30 日生效

B. 因黄某耽误上诉期间，卢某将上诉书交予黄某时，上诉期间中止

C. 因黄某过失耽误上诉期间，卢某可申请期间恢复

D. 上诉书寄到法院时一审判决尚未生效

（三）二审审判的原则

【单选】

3 `1602038`

龚某因生产不符合安全标准的食品罪被一审法院判处有期徒刑 5 年，并被禁止在刑罚执行完毕之日起 3 年内从事食品加工行业。龚某以量刑畸重为由上诉，检察院未抗诉。关于本案二审，下列哪一选项是正确的？（　）

A. 应开庭审理

B. 可维持有期徒刑 5 年的判决，并将职业禁止的期限变更为 4 年

C. 如认为原判认定罪名不当，二审法院可在维持原判刑罚不变的情况下改判为生产有害食品罪

D. 发回重审后，如检察院变更起诉罪名为生产有害食品罪，一审法院可改判并加重龚某的刑罚

【不定项】

4 `2201039`

甲因涉嫌诈骗罪与盗窃罪被 A 市 B 区检察院提起公诉。A 市 B 区法院开庭审理后，以甲犯诈骗罪判处有期徒刑 5 年，犯盗窃罪判处有期徒刑 5 年，数罪并罚决定执行有期徒刑 8 年。一审宣判后，甲以量刑过重为由向 A 市中级法院提起上诉，检察院未提起抗诉。A 市中级法院审理后以事实不清、证据不足为由撤销原判，发回 B 区法院重新审判。B 区法院重新审理后以甲犯诈骗罪判处有期徒刑 6 年，对盗窃罪不予认定。检察院对该判决不服提起抗诉。关于本案，正确的做法是？（　）

A. 对于检察院抗诉的二审，A 市中级法院不得改判为重于诈骗罪 6 年有期徒刑的刑罚

B. 对于检察院抗诉的二审，A 市中级法院对盗窃罪不得改判为高于 5 年有期徒刑的刑罚

C. 对于检察院抗诉的二审，A 市中级法院对甲最终判处的刑罚不得高于有期徒刑 8 年

D. 对于检察院抗诉的二审，A 市中级法院发现事实不清、证据不足，可以撤销原判，发回重审

5 `1702094`

甲、乙二人系药材公司仓库保管员，涉嫌 5 次共同盗窃其保管的名贵药材，涉案金额 40 余万元。一审开庭审理时，药材公司法定代表人丙参加庭审。经审理，法院认定了其中 4 起盗窃事实，另一起因证据不足未予认定，甲和乙以职务侵占罪分别被判处有期徒刑 3 年和 1 年。一审判决作出后，乙以量刑过重为由提出上诉，甲未上诉，检察院未抗诉。关于本案二审程序，下列选项正确的是？（　）

A. 二审法院受理案件后应通知同级检察院查阅案卷

B. 二审法院可审理并认定一审法院未予认定的一起盗窃事实

C. 二审法院审理后认为乙符合适用缓刑的条件，将乙改判为有期徒刑 2 年，缓刑 2 年

D. 二审期间，甲可另行委托辩护人为其辩护

（四）二审审理的方式与程序

【单选】

6 `1402036`

刑事审判具有亲历性特征。下列哪一选项不符合亲历性要求？（　）

A. 证人因路途遥远无法出庭，采用远程作证方式在庭审过程中作证

B. 首次开庭并对出庭证人的证言质证后，某合议庭成员因病无法参与审理，由另一人民陪审员担任合议庭成员继续审理并作出判决

C. 某案件独任审判员在公诉人和辩护人共同参与下对部分证据进行庭外调查核实

D. 第二审法院对决定不开庭审理的案件，通过讯问被告人，听取被害人、辩护人和诉讼代理人的意见进行审理

【多选】

7 `1801079`

某市中级法院对甲被指控故意杀人一案进行了第一审审理，判处甲无期徒刑。检察院认为量刑过

轻，提出抗诉。关于本案的第二审程序，下列说法正确的是？（　）

A. 如果甲不服一审判决，可以口头方式提起上诉

B. 二审法院可以不开庭审理

C. 二审法院仅就甲的量刑问题进行审查

D. 第二审法院经审查，认为原判事实不清、证据不足，需要发回重新审判的，可以撤销原判，发回重审

【不定项】

8 `1502095`

鲁某与关某涉嫌贩卖冰毒 500 余克，B 省 A 市中级法院开庭审理后，以鲁某犯贩卖毒品罪，判处死刑立即执行，关某犯贩卖毒品罪，判处死刑缓期 2 年执行。一审宣判后，关某以量刑过重为由向 B 省高级法院提起上诉，鲁某未上诉，检察院也未提起抗诉。如 B 省高级法院审理后认为，本案事实清楚、证据确实、充分，对鲁某的量刑适当，但对关某应判处死刑缓期 2 年执行同时限制减刑，则对本案正确的做法是？（　）

A. 二审应开庭审理

B. 由于未提起抗诉，同级检察院可不派员出席法庭

C. 高级法院可将全案发回 A 市中级法院重新审判

D. 高级法院可维持对鲁某的判决，并改判关某死刑缓期 2 年执行同时限制减刑

（五）二审的审理结果

【多选】

9 `2401059`

甲因涉嫌非法集资诈骗被人民法院一审判决为集资诈骗罪，判处有期徒刑 12 年，甲不服上诉，二审法院以事实不清裁定发回重审；一审法院重审后改判为非法吸收公众存款罪，判处有期徒刑 3 年，检察院以罪名不当提起抗诉。二审法院下列做法正确的是？

A. 二审期间，检察院撤回抗诉，二审法院予以准许

解析页码
113—115

B. 检察院抗诉后，二审法院可以事实不清将案件再次发回重审

C. 检察院抗诉后，二审法院以甲犯集资诈骗罪判处有期徒刑 13 年

D. 检察院未派员出庭也未做说明，二审法院按撤回抗诉处理

⑩ 1901093

马某因贩卖毒品被逮捕并提起公诉，但始终辩称在其车中查获的毒品系被栽赃陷害，一审法院以不能排除合理怀疑为由宣告马某无罪。检察机关提起抗诉并在二审开庭前取得毒品来源的关键性证据，关于本案处理，下列哪些选项是正确的？（ ）

A. 因本案出现新证据，二审法院审理后认为原判事实不清楚证据不足的，应当发回一审法院重新审理

B. 检察院取得的新证据应当由法院通知辩方查阅、摘抄或复制

C. 一审法院作出无罪判决并不违反全面贯彻证据裁判规则的要求

D. 一审宣判后应当立马释放马某，检察机关可以对其另行适用取保候审

⑪ 1602073

某基层法院就郭某敲诈勒索案一审适用简易程序，判处郭某有期徒刑 4 年。对于一审中的下列哪些情形，二审法院应以程序违法为由，撤销原判发回重审？（ ）

A. 未在开庭 10 日前向郭某送达起诉书副本

B. 由 1 名审判员独任审理

C. 公诉人没有对被告人进行发问

D. 应公开审理但未公开审理

【不定项】

⑫ 2001069

A 市 B 区检察院对唐某贩卖毒品案提起公诉，一审开庭后检察院申请撤诉，B 区法院裁定准许撤诉，唐某认为当前证据根本无法证明自己有罪，B 区法院应当判决自己无罪，于是向 A 市中级法院提起上诉，A 市中级法院应如何处理？（ ）

A. 以唐某无权就准许撤回起诉的裁定提起上诉为

由，驳回唐某上诉

B. 若认为一审裁定没有错误，审理后应当裁定予以维持

C. 应当开庭审理

D. 若认为一审裁定确有错误，应当裁定撤销原裁定并让原审法院继续审理，该裁定为终审裁定

（六）特殊案件的二审程序

【单选】

⑬ 1402038

甲、乙、丙三人共同实施故意杀人，一审法院判处甲死刑立即执行、乙无期徒刑、丙有期徒刑 10 年。丙以量刑过重为由上诉，甲和乙未上诉，检察院未抗诉。关于本案的第二审程序，下列哪一选项是正确的？（ ）

A. 可不开庭审理

B. 认为没有必要的，甲可不再到庭

C. 由于乙没有上诉，其不得另行委托辩护人为其辩护

D. 审理后认为原判事实不清且对丙的量刑过轻，发回一审法院重审，一审法院重审后可加重丙的刑罚

【多选】

⑭ 2101051

为勒索钱财，左某绑架王某之女并将其杀害，一审法院判处左某死刑缓期 2 年执行，并赔偿附带民事诉讼原告人王某人民币 35 万元。检察院未提出抗诉，左某和王某对附带民事部分提起上诉。关于本案的审理，下列说法正确的有哪些？（ ）

A. 二审法院应将刑事部分和附带民事部分一并审理

B. 二审审结前可暂缓将左某送监执行

C. 若二审期间王某提出独立的诉讼请求，二审法院调解不成的，可以告知王某另行起诉

D. 二审法院不得增加左某的赔偿数额

⑮ 1901136

赵某因琐事故意伤害李某，李某向某县法院对赵

某提起自诉，同时提起附带民事诉讼。某县法院经过审理判处赵某有期徒刑 1 年，附带民事诉讼赔偿李某 3 万元，赵某不服，认为判处 1 年有期徒刑过重，提出上诉。下列表述不正确的是？（　　）

A. 某县法院立案后，发现李某缺乏罪证，某县法院应当说服李某撤回起诉

B. 在一审程序中，李某要求撤回自诉，某县法院应当准许

C. 在二审程序中，李某对刑事部分提出反诉，法院可以进行调解

D. 李某对刑事部分不服上诉，案件进入二审程序后，附带民事部分也不生效

⑯ 1801078

关于刑事诉讼中查封、扣押、冻结的在案财物的处理，下列哪些做法是正确的？（　　）

A. 张一盗窃案，公安机关在侦查过程中将盗窃的电视机返还被害人陈某

B. 王二贩卖毒品案，本案关键证据海洛因应当随案移送当庭出示质证

C. 李三受贿金条案，金条未随案移送。法院作出生效判决后，有关机关将该金条上缴国库

D. 黄四受贿案，黄四在审查起诉期间自杀身亡，检察机关应当通知银行将冻结的黄四的存款、汇款上缴国库

二、模拟训练

⑰ 2203068

戴某涉嫌绑架，甲省乙市中级法院开庭审理后，以戴某犯绑架罪，判处死刑缓期 2 年执行。一审宣判后，戴某以量刑过重为由向甲省高级法院提起上诉，检察院未抗诉。如甲省高级法院审理后认为，本案事实清楚、证据确实充分，但对戴某应当判处死刑立即执行，则对本案正确的做法是？（　　）（不定项）

A. 二审应开庭审理

B. 应当及时通知检察院查阅案卷，检察院应当在 1 个月以内查阅完毕

C. 甲省高级法院可将案件发回乙市中级法院重新审判

D. 甲省高级法院应当维持对戴某的判决

⑱ 2203069

王某因持有毒品罪被一审法院判处有期徒刑 5 年，王某以一审法院认定的事实、证据不正确，可能影响定罪量刑为由上诉，检察院未抗诉。关于本案二审，下列说法正确的是？（　　）（不定项）

A. 应开庭审理

B. 如果认为原判量刑错误，可将案件发回重审

C. 如认为原判认定罪名不当，二审法院可在维持原判刑罚不变的情况下改判为贩卖毒品罪

D. 发回重审后，如检察院发现王某不仅持有毒品数量较大，而且向他人出售毒品，可变更起诉罪名为贩卖毒品罪，一审法院可改判并加重王某的刑罚

⑲ 2103063

甲、乙因故意伤害罪被一审法院分别判处有期徒刑 5 年，甲、乙以一审法院认定事实不清、证据不足为由提起上诉，检察院未抗诉。关于本案，下列说法正确的是？（　　）（单选）

A. 若二审法院经审理后认为一审法院对甲的犯罪事实认定不清、证据不足的，应当将与甲相关部分的案件发回重审

B. 若二审法院将甲相关部分的案件发回重审，原审人民法院依法作出判决后，检察院提出抗诉的，二审法院可以将该案与未审结的乙相关部分的案件并案审理

C. 若该案被起诉时，被害人丙同时提起附带民事诉讼，在对甲、乙的刑事判决生效后，丙对民事部分提出上诉，二审法院经审理发现刑事部分有错，应当将全案发回重审

D. 若该案作出一审判决后，检察院提起抗诉，但抗诉期满后又要求撤回抗诉，二审法院应当裁定不予准许

⑳ 2103107

刘某、曾某涉嫌故意伤害罪，Y 市 S 县法院作出一审判决后（判处 5 年有期徒刑），刘某认为量刑过重提出上诉，Y 市中级法院依法审理了此案，下列哪一说法正确？（　　）（单选）

A. Y 市中级法院只需审理与刘某有关的部分

B. 刘某因突患疾病死亡，Y市中级法院应当终止审理本案

C. Y市中级法院可不开庭审理

D. Y市中级法院裁定发回S县法院重审，发现有新的犯罪事实的，S县法院可加重被告人的刑罚

参考答案

[1]ABC	[2]D	[3]C	[4]C	[5]D
[6]B	[7]AD	[8]A	[9]AD	[10]BC
[11]BD	[12]B	[13]B	[14]ABC	[15]ABCD
[16]AC	[17]ABD	[18]ACD	[19]B	[20]C

第十七章
死刑复核程序

一、历年真题

（一）死刑立即执行的核准

【单选】

1 `2001065`

张三因故意杀人被某市中级法院一审判处死刑立即执行，张三不服上诉，认为一审合议庭中甲法官系被害人亲属而没有回避。某省高级法院由乙、丙、丁3名法官组成合议庭进行二审，经过审理认为甲与被害人不存在亲属关系，无需回避。但是本案一审事实不清、证据不足，遂裁定将案件撤销原判，发回重审。下列表述正确的有？（　　）

A. 发回重审后，甲可继续作为合议庭成员审理本案

B. 发回重审后，某市中级法院认为本案事实不清、证据不足，应当将案件退回检察院补充侦查

C. 发回重审后，某市中级法院经过审理发现新的事实证明张三不是故意杀人而是过失致人死亡，也无需判处其无期徒刑或者死刑，某市中级法院可以指令下级法院进行一审

D. 发回重审后，某市中级法院作出一审判决，若

张三不服再上诉，某省高级法院仍可由乙、丙、丁3名法官组成合议庭

2 `1801038`

甲因犯故意杀人罪被H省S市中级法院判处死刑立即执行，甲未上诉，检察机关也未抗诉。最高人民法院经复核后认为，原判认定事实清楚，证据确实充分，但量刑过重，依法不应当判处死刑，不予核准，发回重审。关于本案的诉讼程序，下列说法错误的是？（　　）

A. S市中级法院判处死刑立即执行后，应当先报请H省高级法院复核后再报请最高人民法院核准

B. 最高人民法院发回S市中级法院重新审判的，S市中级法院应当另行组成合议庭审理

C. 最高人民法院发回S市中级法院重新审判的，S市中级法院应当开庭审理

D. S市中级法院重新审判后，甲如果不服判决结果的，可以上诉

3 `1702036`

段某因贩卖毒品罪被市中级法院判处死刑立即执行，段某上诉后省高级法院维持了一审判决。最高人民法院复核后认为，原判认定事实清楚，但量刑过重，依法不应当判处死刑，不予核准，发回省高级法院重新审判。关于省高级法院重新审判，下列哪一选项是正确的？（　　）

A. 应另行组成合议庭

B. 应由审判员5人组成合议庭

C. 应开庭审理

D. 可直接改判死刑缓期2年执行，该判决为终审判决

4 `1602039`

甲和乙因故意杀人被中级法院分别判处死刑立即执行和无期徒刑。甲、乙上诉后，高级法院裁定维持原判。关于本案，下列哪一选项是正确的？（　　）

A. 高级法院裁定维持原判后，对乙的判决即已生效

B. 高级法院应先复核再报请最高人民法院核准

C. 最高人民法院如认为原判决对乙的犯罪事实未查清，可查清后对乙改判并核准甲的死刑

解析页码
120—122

D. 最高人民法院如认为甲的犯罪事实不清、证据不足，不予核准死刑的，只能使用裁定

⑤ 1402039

甲和乙共同实施拐卖妇女、儿童罪，均被判处死刑立即执行。最高人民法院复核后认为全案判决认定事实正确，甲系主犯应当判处死刑立即执行，但对乙不应当判处死刑。关于最高人民法院对此案的处理，下列哪一选项是正确的？（　）

A. 将乙改判为死缓，并裁定核准甲死刑

B. 如认为必要，可以对乙依法改判

C. 只能对全案裁定不予核准，撤销原判，发回重审

D. 只能裁定核准甲死刑，撤销对乙的判决，发回重审

【多选】

⑥ 2301042

甲被某中级人民法院判处死刑，同案犯乙因其他罪另案处理，关于本案中最高人民法院死刑复核程序，下列说法正确的是？（　）

A. 提交到最高人民法院的报告应包含同案犯乙的处理情况

B. 最高人民法院审查认为不应当判处死刑立即执行的，可以直接改判

C. 甲的辩护律师可将辩护意见直接寄送最高人民法院

D. 如死刑复核期间最高人民检察院提出意见，最高人民法院应当面听取并制作笔录

⑦ 1801119

张三系某市某局局长，因贪污巨额公款被某市监察委员会立案调查，对张三留置 6 个月后调查终结，移送某市检察院审查起诉，某市检察院依法向某市中级法院提起公诉，某市中级法院经过审理，一审以贪污罪判处张三 15 年有期徒刑，某市检察院提出抗诉，某省高级法院改判张三死刑立即执行，案件报最高人民法院进行死刑复核。下列表述正确的有？（　）

A. 对某市检察院的抗诉，若某省高级法院经过审查发现案件事实不清、证据不足，可以撤销原判，发回重审

B. 最高人民法院经过死刑复核若发现张三贪污事实存在，但不应当判处死刑立即执行，只能将案件发回某省高级法院重审

C. 最高人民法院经过死刑复核若发现张三贪污事实存在，但不应当判处死刑立即执行，将案件发回某市中级法院重审，某市中级法院可以不开庭审理

D. 若对张三最终判决 15 年有期徒刑，之前对张三留置的 6 个月应当折抵刑期

【不定项】

⑧ 2001070

甲和乙因故意杀人在某市中级法院受审，经过审理，一审判处甲死刑立即执行，乙死刑缓期 2 年执行，甲、乙没有上诉，检察院没有抗诉，案件层报最高人民法院核准，下列表述正确的有？（　）

A. 最高人民法院复核案件时，应当开庭审理

B. 最高人民法院复核案件时，应当听取辩护律师的意见

C. 案件由高级法院报最高人民法院复核，乙的裁判部分已经生效，应当及时交付监狱执行

D. 甲在被执行死刑前，有权申请见他的妻子

（二）死缓的复核

【不定项】

⑨ 1502096

鲁某与关某涉嫌贩卖冰毒 500 余克，B 省 A 市中级法院开庭审理后，以鲁某犯贩卖毒品罪，判处死刑立即执行，关某犯贩卖毒品罪，判处死刑缓期 2 年执行。一审宣判后，关某以量刑过重为由向 B 省高级法院提起上诉，鲁某未上诉，检察院也未提起抗诉。如 B 省高级法院审理后认为，一审判决认定事实和适用法律正确、量刑适当，裁定驳回关某的上诉，维持原判，则对本案进行死刑复核的正确程序是？（　）

A. 对关某的死刑缓期 2 年执行判决，B 省高级法院不再另行复核

B. 最高人民法院复核鲁某的死刑立即执行判决，应由审判员三人组成合议庭进行

C. 如鲁某在死刑复核阶段委托律师担任辩护人的，死刑复核合议庭应在办公场所当面听取律师意见

D. 最高人民法院裁定不予核准鲁某死刑的，可发回 A 市中级法院或 B 省高级法院重新审理

二、模拟训练

10 `2203071`

甲因犯绑架罪被中级法院判处死刑立即执行，甲以量刑过重为由上诉，检察院未抗诉。高级法院裁定维持原判。关于本案的死刑复核程序，下列说法正确的是？（　　）（不定项）

A. 高级法院应先复核再报请最高人民法院核准

B. 最高人民法院复核本案的死刑立即执行判决，应当由审判员三人组成合议庭进行

C. 最高人民法院如认为原判决对甲的犯罪事实不清，证据不足，可以查清后核准死刑，也可以不予核准，发回重审

D. 最高人民法院复核本案的死刑立即执行判决，应当听取辩护律师的意见

11 `2103018`

蒋某因绑架致人死亡被甲省 A 市中级法院判处死刑缓期 2 年执行，蒋某未上诉，检察院未抗诉，关于本案的复核程序，下列说法正确的是？（　　）（单选）

A. 甲省高级法院复核期间，应当讯问被告人蒋某

B. 因本案社会影响巨大，甲省高级法院可以邀请人民陪审员参与复核

C. 甲省高级法院复核后认为原判事实清楚、证据充分，但应当对蒋某限制减刑的，应当直接改判

D. 甲省高级法院复核时发现新的影响定罪量刑的事实、证据，应当裁定不予核准，并撤销原判，发回重审

12 `2103109`

苟某、黄某涉嫌故意杀人罪，经 Y 省 Z 市中级法院审理后，判处苟某死缓，黄某 10 年有期徒刑。苟某不服提出上诉，检察院对苟某部分的判决提出抗诉。Y 省高级法院经审后改判苟某死刑立即执行，后提请最高人民法院核准死刑。关于本案，下列哪些说法是正确的？（　　）（多选）

A. Y 省高级法院改判苟某死刑立即执行违背了上诉不加刑原则

B. 最高人民法院认为原判认定案件事实正确、证据充分，但依法不应当判处死刑，可直接改判

C. 若本案核准生效后，苟某的妻子提出申诉，可由 Y 省高级法院审查

D. 黄某可以委托辩护律师参加庭审

参考答案

[1] D　[2] B　[3] D　[4] D　[5] B
[6] ABC　[7] AD　[8] D　[9] ABD　[10] B
[11] A　[12] BCD

第十八章
审判监督程序

一、历年真题

（一）再审的申诉

【单选】

1 `1502039`

关于审判监督程序中的申诉，下列哪一选项是正确的？（　　）

A. 二审法院裁定准许撤回上诉的案件，申诉人对一审判决提出的申诉，应由一审法院审理

B. 上一级法院对未经终审法院审理的申诉，应直接审理

C. 对经两级法院依照审判监督程序复查均驳回的申诉，法院不再受理

D. 对死刑案件的申诉，可由原核准的法院审查，也可交由原审法院审查

（二）有权提起审判监督程序的主体

【单选】

2 `1901111`

甲因涉嫌诈骗罪被某县检察院起诉至某县法院，

经过审理，某县法院认为案件事实不清、证据不足，判决甲无罪。甲没有上诉，某县检察院也没有抗诉，案件生效。1 年后，某县检察院收集到了新的认定甲构成诈骗罪的证据，下列表述正确的有？（　　）

A. 某县检察院应当先向某县法院提出检察建议要求法院撤销无罪判决，然后再向某县法院起诉

B. 某县检察院可以直接向某县法院重新起诉

C. 某县检察院不得向某县法院重新起诉

D. 某县检察院可以向某县法院抗诉

③ 1901110

李某涉嫌诈骗罪被提起公诉。某县法院审理后认为事实不清，证据不足对李某判决无罪。李某没有上诉，某县检察院也没有抗诉，案件生效。1 年后，某县检察院发现了李某实施诈骗的新证据，下列选项正确的是？（　　）

A. 某县检察院通知某县法院启动审判监督程序

B. 某县检察院向某县法院提出检察建议，建议某县法院撤销原判

C. 某县检察院向上一级检察院提请抗诉

D. 某县检察院向某县法院重新起诉，某县法院应当受理

【多选】

④ 1702075

王某因间谍罪被甲省乙市中级法院一审判处死刑，缓期 2 年执行。王某没有上诉，检察院没有抗诉。判决生效后，发现有新的证据证明原判决认定的事实确有错误。下列哪些机关有权对本案提起审判监督程序？（　　）

A. 乙市中级法院

B. 甲省高级法院

C. 甲省检察院

D. 最高人民检察院

（三）再审的程序

【多选】

⑤ 2101054

在一起共同犯罪案件当中，法院经过审理判处甲、乙有期徒刑 3 年，丙无罪释放。判决生效后，上

级法院发现甲其实是替丙顶罪，故指令下级法院进行再审。那么在再审审理中，下列说法正确的是？（　　）

A. 法院可以加重乙的刑罚

B. 法院在再审审理中可以决定中止执行甲的刑罚

C. 检察院可以决定对丙采取强制措施

D. 再审法院应当重新组成合议庭

⑥ 1602074

最高人民法院《关于适用〈中华人民共和国刑事诉讼法〉的解释》第四百六十九条规定，除检察院抗诉的以外，再审一般不得加重原审被告人的刑罚。关于这一规定的理解，下列哪些选项是正确的？（　　）

A. 体现了刑事诉讼惩罚犯罪和保障人权基本理念的平衡

B. 体现了刑事诉讼具有追求实体真实与维护正当程序两方面的目的

C. 再审不加刑有例外，上诉不加刑也有例外

D. 审判监督程序的纠错功能决定了再审不加刑存在例外情形

⑦ 1402075

关于审判监督程序，下列哪些选项是正确的？（　　）

A. 只有当事人及其法定代理人、近亲属才能对已经发生法律效力的裁判提出申诉

B. 原审法院依照审判监督程序重新审判的案件，应当另行组成合议庭

C. 对于依照审判监督程序重新审判后可能改判无罪的案件，可中止原判决、裁定的执行

D. 上级法院指令下级法院再审的，一般应当指令原审法院以外的下级法院审理

二、模拟训练

⑧ 2203072

关于审判监督程序中的申诉，下列选项正确的是？（　　）（不定项）

A. 案外人认为已经发生法律效力的判决、裁定侵害其合法权益，提出申诉的，人民法院应当审

解析页码
127—129

查处理

B. 申诉由终审人民法院审查处理。但撤回上诉的，对一审判决提出申诉的，应当由一审法院处理

C. 上一级法院对未经终审法院审理的申诉，应直接审理

D. 对未经终审人民法院及其上一级人民法院审查处理，直接向上级人民法院申诉的，上级人民法院应当告知申诉人向下级人民法院提出

9 `2203073`

关于审判监督程序，下列选项正确的是？（　）（不定项）

A. 当事人及其法定代理人、近亲属有权对已经发生效力的裁判提出申诉

B. 上级法院指令下级法院再审的，一般应当指令原审法院以外的下级法院审理；由原审法院审理更有利于查明案件事实、纠正裁判错误的，也可以指令原审法院审理

C. 被告人可能经再审改判无罪，或者可能经再审减轻原判刑罚而致刑期届满的，可以裁定中止原判决、裁定的执行

D. 不论是否属于由法院决定的再审案件，逮捕均由法院决定

10 `2103127`

甲因犯盗窃罪被 A 市 B 县人民法院判处有期徒刑 3 年，甲未上诉，检察院也未抗诉。关于本案，下列说法错误的是？（　）（不定项）

A. 一审判决生效后，B 县人民法院院长发现本案证据缺失，无法认定甲有实施盗窃的行为，应当将该案移送 A 市中级法院审理

B. 一审判决生效后，发现该案系乙所为，A 市人民法院有权指令 B 县人民法院再审

C. B 项中 A 市中级法院指令再审的，一般应当指令 B 县人民法院以外的下级人民法院审理

D. 若该案依照审判监督程序重新审判，应当按照第一审程序进行

11 `2003159`

山南省河西市中级法院以故意杀人罪判处于某无期徒刑，于某上诉后，山南省高级法院裁定驳回

上诉，维持原判。于某向山南省人民检察院提出申诉。下列说法正确的是？（　）（多选）

A. 若本案决定依照审判监督程序重新审判，并且被告人于某可能经再审改判无罪，法院可以决定中止原判决、裁定的执行

B. 于某的申诉不能停止原判决、裁定的执行

C. 若本案决定再审，应当按照第二审程序重新审判

D. 若于某直接向最高人民检察院申诉，最高人民检察院可以交由山南省人民检察院受理

12 `1803009`

王某因集资诈骗被甲省乙市某区法院一审判处有期徒刑 15 年，二审乙市中级法院维持原判。关于王某的申诉，下列哪一做法是正确的？（　）（单选）

A. 王某直接向甲省高级法院申诉的，该院可以直接将案件交由乙市中级法院审查处理

B. 王某向乙市中级法院申诉并被驳回后，又向甲省高级法院申诉的，甲省高级法院一般不应受理

C. 甲省高级法院依照审判监督程序对案件予以重新审理后维持原判后，王某继续申诉的，不予受理

D. 王某向乙市人民检察院申诉被驳回后，又向甲省人民检察院申诉再次被驳回，之后向最高人民检察院申诉，最高人民检察院不再复查

参考答案

[1] D　　[2] B　　[3] D　　[4] BD　　[5] BD
[6] ABD　[7] BCD　[8] AD　[9] AB　　[10] A
[11] ABCD　[12] A

解析页码
129—130

061

第十九章
执行程序

一、历年真题

（一）执行的主体

【单选】

1 2401054

外国人 John 被我国法院判处有期徒刑 13 年，并处罚金 9 万元，附加驱逐出境。附加驱逐出境的执行机关是？

A. 法院

B. 监狱

C. 外交事务政府部门

D. 公安机关

2 1602040

关于生效裁判执行，下列哪一做法是正确的？（　）

A. 甲被判处管制 1 年，由公安机关执行

B. 乙被判处有期徒刑 1 年宣告缓刑 2 年，由社区矫正机构执行

C. 丙被判处有期徒刑 1 年 6 个月，在被交付执行前，剩余刑期 5 个月，由看守所代为执行

D. 丁被判处 10 年有期徒刑并处没收财产，没收财产部分由公安机关执行

（二）死刑立即执行判决的执行

【单选】

3 1302024

赵某因绑架罪被甲省 A 市中级法院判处死刑缓期 2 年执行，后交付甲省 B 市监狱执行。死刑缓期执行期间，赵某脱逃至乙省 C 市实施抢劫被抓获，C 市中级法院一审以抢劫罪判处无期徒刑。赵某不服判决，向乙省高级法院上诉。乙省高级法院二审维持一审判决。此案最终经最高人民法院核准死刑立即执行。关于执行赵某死刑的法院，下列哪一选项是正确的？（　）

A. A 市中级法院

B. B 市中级法院

C. C 市中级法院

D. 乙省高级法院

（三）社区矫正

【单选】

4 2001066

武某因贷款诈骗罪被判处有期徒刑 8 年，在监狱执行 5 年后被某市中级法院裁定假释，武某在居住地接受社区矫正后被发现在判决宣告前还曾犯有招摇撞骗罪需要追究刑事责任，关于武某案的处理，下列哪一项是正确的？（　）

A. 审理武某招摇撞骗案的某县法院可以直接撤销某市中级法院作出的武某假释裁定

B. 某市中级法院可以书面审理武某假释案件

C. 武某在社区矫正期间因搬家变更执行地的，应当由裁定假释的某市中级法院作出变更裁定

D. 武某的假释裁定被撤销后，应当解除对武某的社区矫正

【多选】

5 2001087

家住 A 市 B 县的张某因诈骗罪被 A 市中级法院判处无期徒刑，在 C 市监狱服刑期间表现良好，后被 C 市高级法院裁定假释并决定由 B 县社区矫正机构执行社区矫正。张某在社区矫正期间多次违反治安管理法规被给予治安管理处罚，下列表述正确的是？（　）

A. C 市高级法院裁定假释后，张某应当自行去 B 县社区矫正机构报到

B. 社区矫正机构可以对张某进行电子定位

C. 社区矫正机构认为应当撤销张某假释，应该向 C 市中级法院提出撤销申请

D. 社区矫正机构提请撤销假释的同时发现张某有逃跑的可能，社区矫正机构可以提请检察院批准逮捕张某

（四）刑事裁判涉财产部分和附带民事裁判的执行

【单选】

6 2401058

谭某在未取得商品房销售许可的前提下，与苏某、

张某等多户签定协议，收取定金 39 万元。其中 10 万用于股票，25 万购买轿车，3 万用于偿还欠款，剩余用于个人消费。后谭某因涉嫌诈骗罪被起诉。关于上述金钱的处置，哪一说法正确？

A. 苏某可向法院提起附带民事诉讼返还定金
B. 法院可追回偿还欠款 3 万元
C. 法院在庭审中可自行决定拍卖轿车
D. 法院应该一并没收股票收益

7 `1702037`

甲纠集他人多次在市中心寻衅滋事，造成路人乙轻伤、丙的临街商铺严重受损。甲被起诉到法院后，乙和丙提起附带民事诉讼。法院判处甲有期徒刑 6 年，罚金 1 万元，赔偿乙医疗费 1 万元，赔偿丙财产损失 4 万元。判决生效交付执行后，查明甲除 1 辆汽车外无其他财产，且甲曾以该汽车抵押获取小额贷款，尚欠银行贷款 2.5 万元，银行主张优先受偿。法院以 8 万元的价格拍卖了甲的汽车。关于此 8 万元的执行顺序，下列哪一选项是正确的？（　　）

A. 医疗费→银行贷款→财产损失→罚金
B. 医疗费→财产损失→银行贷款→罚金
C. 银行贷款→医疗费→财产损失→罚金
D. 医疗费→财产损失→罚金→银行贷款

8 `1502040`

关于刑事裁判涉财产部分执行，下列哪一说法是正确的？（　　）

A. 对侦查机关查封、冻结、扣押的财产，法院执行时可直接裁定处置，无需侦查机关出具解除手续
B. 法院续行查封、冻结、扣押的顺位无需与侦查机关的顺位相同
C. 刑事裁判涉财产部分的裁判内容应明确具体，涉案财产和被害人均应在判决书主文中详细列明
D. 刑事裁判涉财产部分，应由与一审法院同级的财产所在地的法院执行

【不定项】

9 `1801097`

李某因涉嫌多次盗窃被检察院提起公诉。法院判处李某盗窃罪并对其盗窃所得的赃款赃物进行追

缴。以下哪些赃款赃物依法应当予以追缴？（　　）

A. 李某将盗窃所得的价值 100 万元却以 10 万元卖给古玩店的古董
B. 李某赠予其女友的价值 1 万元的金项链
C. 李某通过网络二手买卖平台将价值 8000 元而以 6000 元转卖他人的智能手机
D. 李某用于偿还赌债的 4 万元盗窃赃款

（五）执行的变更

【单选】

10 `1901112`

关于最高人民法院裁定停止执行死刑后的处理，以下正确的是？（　　）

A. 确认刘某的重大立功表现不影响原判决执行，应当裁定继续执行死刑
B. 确认齐某怀孕 6 个月，应当裁定撤销原判，发回重审
C. 确认唐某有重大立功表现需要改判，应当改判
D. 确认王某另犯有抢劫罪需要追诉的，应对抢劫罪作出判决后合并执行死刑

11 `1801037`

甲因贷款诈骗罪被判处有期徒刑 12 年，在 D 市监狱服刑。服刑期间认真遵守监规，接受教育改造，确有悔改表现，在刑罚执行 4 年后，D 市监狱向 D 市中级法院提出减刑建议书。关于本案的减刑程序，下列说法正确的是？（　　）

A. D 市中级法院审理本案可以书面审理
B. D 市中级法院可由审判员李某一人独任审判
C. 在审理过程中，甲对报请理由有疑问的，在经审判长许可后可以申请能够证明其有悔改表现的证人乙出庭作证
D. D 市中级法院受理本案的，应当由甲提供其确有悔改表现的具体事实的书面证明材料

12 `1702038`

张某居住于甲市 A 区，曾任甲市 B 区某局局长，因受贿罪被 B 区法院判处有期徒刑 5 年，执行期间突发严重疾病而被决定暂予监外执行。张某在监外执行期间违反规定，被决定收监执行。关于

解析页码
133—134

本案，下列哪一选项是正确的？（　）

A．暂予监外执行由 A 区法院决定

B．暂予监外执行由 B 区法院决定

C．暂予监外执行期间由 A 区司法行政机关实行社区矫正

D．收监执行由 B 区法院决定

⑬ 1602023

关于监狱在刑事诉讼中的职权，下列哪一选项是正确的？（　）

A．监狱监管人员指使被监管人体罚虐待其他被监管人的犯罪，由监狱进行侦查

B．罪犯在监狱内犯罪并被发现判决时所没有发现的罪行，应由监狱一并侦查

C．被判处有期徒刑罪犯的暂予监外执行均应当由监狱提出书面意见，报省级以上监狱管理部门批准

D．被判处有期徒刑罪犯的减刑应当由监狱提出建议书，并报法院审核裁定

⑭ 1502041

关于减刑、假释案件审理程序，下列哪一选项是正确的？（　）

A．甲因抢劫罪和绑架罪被法院决定执行有期徒刑 20 年，对甲的减刑，应由其服刑地高级法院作出裁定

B．乙因检举他人重大犯罪活动被报请减刑的，法院开庭应通知乙参加减刑庭审

C．丙因受贿罪被判处有期徒刑 5 年，对丙的假释，可书面审理，但必须提讯丙

D．丁因强奸罪被判处无期徒刑，对丁的减刑，可聘请律师到庭发表意见

⑮ 1402026

钱某涉嫌纵火罪被提起公诉，在法庭审理过程中被诊断患严重疾病，法院判处其有期徒刑 8 年，同时决定予以监外执行。下列哪一选项是错误的？（　）

A．决定监外执行时应当将暂予监外执行决定抄送检察院

B．钱某监外执行期间，应当对其实行社区矫正

C．如钱某拒不报告行踪、脱离监管，应当予以收监

D．如法院作出收监决定，钱某不服，可向上一级

法院申请复议

【多选】

⑯ 1901137

吴某因聚众斗殴被法院以寻衅滋事罪判处有期徒刑 6 年，在监狱执行 4 年后被建议假释。法院书面审理此案。下列关于假释程序正确的是？（　）

A．法院可以由 1 名法官独任审理

B．法院应当提讯吴某

C．吴某有权聘请律师向法院提供书面意见

D．若法院裁定假释，同级检察院在收到假释裁定书副本 20 日内未提出书面纠正意见的，方可生效

⑰ 1901138

陈某因盗窃罪被法院判处有期徒刑 3 年，陈某在某市监狱服刑期间表现良好，某市监狱向某市中级法院提出了假释建议，某市中级法院依法进行审理。下列表述正确的是？（　）

A．陈某出席假释庭审时有权委托律师黄某发表意见

B．某市中级法院应当组成合议庭进行审理

C．某市中级法院若采取书面审理方式，应当提讯陈某

D．某市中级法院若采取开庭审理方式，证明陈某表现积极的同监室罪犯李某应当出庭作证

【不定项】

⑱ 2001095

王某、周某共同贩卖海洛因 2000g，被 M 省 L 市中级法院以贩卖毒品罪分别判处死刑立即执行和死刑缓期 2 年执行。经最高人民法院和 M 省高级法院各自核准后，二人被交付执行。关于本案的处理，下列表述正确的是？（　）

A．如果周某在死刑缓期执行期间又故意犯罪，需要对其执行死刑的，应当由 M 省高级法院对其故意犯罪一审后再报最高人民法院核准

B．如 L 市中级法院对王某执行死刑前发现其可能还有其他犯罪，应当裁定暂停执行死刑并将相关情况直接报最高人民法院

C．周某在死刑缓期执行期间不得暂予监外执行

解析页码

134—136

D. 王某在死刑复核阶段委托的辩护律师有权获得最高人民法院对王某的死刑核准裁判文书

二、模拟训练

⑲ 2203076

在刑事诉讼执行程序中，下列情形中可以暂予监外执行的是？（　）（不定项）

A. 被判处无期徒刑的女罪犯张某，被发现服刑时怀有身孕

B. 被判处有期徒刑 10 年的罪犯王某，在狱中自杀未遂，致使生活不能自理

C. 被判处有期徒刑 5 年的罪犯李某患有严重疾病需要保外就医

D. 被判处无期徒刑的女罪犯赵某，生活不能自理，适用暂予监外执行不致危害社会的

⑳ 2203075

下列关于刑事裁判涉财产部分和附带民事裁判执行顺序，说法正确的是？（　）（不定项）

A. 财产刑由一审法院负责裁判执行的机构执行

B. 执行财产刑，应当参照被扶养人住所地政府公布的上年度当地居民最低生活费标准，保留被执行人及其所扶养人的生活必需费用

C. 被判处罚金或者没收财产，同时又承担附带民事诉讼赔偿责任的，应先履行对被害人的民事赔偿责任

D. 判处财产刑之前被执行人所负债务，应当偿还的，经债权人请求，先行予以偿还

㉑ 2203074

关于生效裁判执行，下列哪一做法是正确的？（　）（不定项）

A. 张一被判处管制 1 年，由公安机关执行

B. 李二被判处有期徒刑 2 年宣告缓刑 2 年，由社区矫正机构执行

C. 王三被判处有期徒刑 2 年并处没收财产，没收财产部分由公安机关执行

D. 罗四被判处 5 年有期徒刑并暂予监外执行，监外执行由公安机关负责执行

㉒ 2103069

甲因故意杀人罪被法院判处死刑立即执行。关于

本案，下列说法错误的有？（　）（多选）

A. 法院应当告知甲有权会见其近亲属，但根据甲提供的联系方式无法找到的，应当告知甲

B. 甲父申请会见，但甲拒绝会见的，法院应当进行录音录像，并及时告知甲父

C. 甲申请会见其最好的朋友乙的，在确保安全的情况下，人民法院应当准许

D. 若甲申请会见自己正在上 3 年级的女儿，应当得到其女儿监护人的同意

㉓ 2003180

张某犯盗窃罪，因犯罪情节轻微，社会危害性较小被判处有期徒刑 1 年，缓期 2 年执行，依法实行社区矫正。关于张某，下列说法正确的是？（　）（多选）

A. 如张某在社区矫正期间死亡的，社区矫正终止

B. 如张某被裁定撤销缓刑后逃跑的，由社区矫正机构追捕，有关单位和个人予以协助

C. 如张某未经批准离开所居住的市、县的，经县级司法行政部门负责人批准，可以对其使用电子定位装置

D. 社区矫正机构发现张某正在实施违反人民法院禁止令的行为的，应当立即制止；制止无效的，应当立即通知公安机关到场处置

㉔ 1903127

郑某因绑架罪被重庆市中级法院判处有期徒刑 8 年，在重庆市铁山坪渝州监狱服刑，服刑期间被执行机关提请建议减刑，关于郑某减刑的说法，下列正确的是？（　）（多选）

A. 应当由渝州监狱地的中级法院在收到减刑建议书后 1 个月内作出裁定，案情复杂或者情况特殊的，可以延长 1 个月

B. 法院在审理郑某减刑案件时，应当将郑某的姓名、年龄等个人基本情况予以公示

C. 法院审理郑某减刑案件时，可以采用书面审理的方式

D. 在减刑裁定作出前，执行机关书面提请撤回减刑建议的，人民法院应当准许

解析页码
137—138

25 `1903213`

被告人张某因故意伤害罪被判处无期徒刑，并没收财产，同时被害人李某提出附带民事诉讼要求其赔偿，经法院调查，张某还有债务若干，若张某的个人财产不足以清偿全部罚金和损失，关于对他的财产的执行，哪些是错误的？（　）（多选）

A. 应该先支付李某因受伤而住院的治疗费用

B. 应当先履行被害人李某提出的民事赔偿责任

C. 张某在案发前所有的债务，经债权人请求先行予以偿还

D. 若债权人对执行标的依法享有优先受偿权，其主张优先受偿的，则应当首先偿还债务

参考答案

[1] D	[2] B	[3] B	[4] A	[5] AB
[6] D	[7] A	[8] A	[9] ABD	[10] A
[11] C	[12] C	[13] D	[14] B	[15] D
[16] BD	[17] ABC	[18] CD	[19] AC	[20] ABC
[21] B	[22] BC	[23] ACD	[24] ABC	[25] BCD

特别程序与涉外程序

第二十章
特别程序

一、历年真题

（一）未成年人刑事案件诉讼程序

【单选】

1 `2401056`

未成年人张某涉嫌强奸未成年人赵某（聋哑人）被公安机关立案侦查，下列做法正确的是？

A. 应该尽量减少询问赵某的次数

B. 询问赵某时，应当请聋哑学校的老师过来翻译

C. 签署认罪认罚具结书时张某父亲因客观原因没有到场签字，法院遂只通知值班律师到场签字

D. 讯问张某时，没有父母或成年亲属在场，不影响供述的效力

2 `1702025`

成年人钱甲教唆未成年人小沈实施诈骗犯罪，钱甲委托其在邻市检察院担任检察官助理的哥哥钱乙担任辩护人，小沈由法律援助律师武某担任辩护人。关于本案处理，下列哪一选项是正确的？（　）

A. 钱甲被拘留后，钱乙可为其申请取保候审

B. 本案移送审查起诉时，公安机关应将案件移送情况告知钱乙

C. 检察院讯问小沈时，武某可在场

D. 如检察院对钱甲和小沈分案起诉，法院可并案审理

3 `1702039`

未成年人小周涉嫌故意伤害被取保候审，A 县检察院审查起诉后决定对其适用附条件不起诉，监督考察期限为 6 个月。关于本案处理，下列哪一选项是正确的？（　）

A. 作出附条件不起诉决定后，应释放小周

B. 本案审查起诉期限自作出附条件不起诉决定之日起中止

C. 监督考察期间，如小周经批准迁居 B 县继续上学，改由 B 县检察院负责监督考察

D. 监督考察期间，如小周严格遵守各项规定，表现优异，可将考察期限缩短为 5 个月

4 `1402025`

关于被害人在刑事诉讼中的权利，下列哪一选项是正确的？（　）

A. 自公诉案件立案之日起有权委托诉讼代理人

B. 对因作证而支出的交通、住宿、就餐等费用，有权获得补助

C. 对法院作出的强制医疗决定不服的，可向作出决定的法院申请复议一次

D. 对检察院作出的附条件不起诉决定不服的，可向上一级检察院申诉

【多选】

5 `2301044`

王某（16 周岁）因信息网络犯罪被判处 3 年有期

解析页码
138—140

徒刑，因其未满 18 周岁，法院决定对其犯罪记录予以封存。以下说法正确的是？（　）

A. 媒体可以在隐匿王某个人信息后进行新闻报道

B. 满 18 周岁后王某在服刑期内再故意犯新罪，被判处 6 年 6 个月，应当解除其犯罪记录封存

C. 满 18 周岁后王某在服刑期内再故意犯新罪，被判处 6 年 6 个月，应当先减后并

D. 王某因涉嫌再次犯罪接受司法机关侦查时，公安机关可以查询其犯罪记录

⑥ 2201177

郭某和王某（17 岁），将未成年少女小孙和小赵送至 KTV，二人被强迫卖淫，郭某和王某因涉嫌协助组织卖淫罪被检察院提起公诉，下列说法正确的有：（　）

A. 在审查起诉阶段，若认为王某是从犯，有悔罪表现，可能判处 1 年有期徒刑，检察院可对其酌定不起诉

B. 在审判阶段，法院可以组织相关机构对小孙、小赵进行心理疏导

C. 在审判阶段，对小赵的询问应由女性工作人员进行

D. 在审判阶段，询问小孙时，应当通知其父母到场

⑦ 2101057

关于未成年人刑事案件审判程序，下列说法正确的是？（　）

A. 曹某（14 岁）强奸杀人案，检察院决定逮捕，但应保障其继续接受义务教育

B. 邓某利用孙某（13 岁）运输毒品，为保护证人人身安全，孙某可在不暴露外貌、声音的条件下出庭作证

C. 于某猥亵儿童案，询问被害人时应同步录音录像并尽量一次性完成

D. 在校大学生张某盗窃案，法院受理本案时张某刚满 20 岁，不能由未成年人案件审判组织审理

⑧ 2101052

15 岁的男孩小马与 13 岁的女孩小刘发生了性关系，公安机关对小马进行立案侦查。关于本案的

处理，下列选项正确的是？（　）

A. 审查起诉期间，小马父亲对小马认罪认罚有异议，可将异议内容如实记录，但不影响对小马从宽处理

B. 法庭审理中，侦查阶段对小马进行社会调查的工作人员可以出庭说明情况

C. 在询问被害人之时没有法定代理人或合适成年人在场，被害人证言不得作为定案依据

D. 若小马在审查起诉阶段未认罪认罚，但在审判阶段认罪认罚，并不影响对其从宽处理

⑨ 2001089

赵某、何某（17 岁）涉嫌一起贩卖毒品被立案侦查并被逮捕，后由检察院向法院提起公诉，下列表述不正确的是？（　）

A. 赵某、何某均认罪认罚，法院可以适用速裁程序审理

B. 检察院在审判阶段经羁押必要性审查，认为何某系未成年人，应当建议法院对何某取保候审

C. 赵某、何某可作为共同被告人由法院的未成年人案件审判组织审理，由审判组织自行决定

D. 侦查阶段对毒品含量进行鉴定的鉴定人张某在开庭前死亡，该鉴定意见不得作为定案依据

⑩ 2001088

王某（17 周岁）因故意伤害在某县法院受审，因王某没有委托辩护人，法院通知法律援助机构为王某指派了法律援助律师陈某。下列表述错误的有？（　）

A. 王某应当由某县法院未成年人案件审判组织审理

B. 若王某认罪认罚，某县法院可以对其适用速裁程序

C. 公诉人认为陈律师不了解未成年人身心特点，可以申请法院更换辩护人

D. 王某作最后陈述后，陈某可以进行补充陈述

⑪ 1901092

未成年人小蔡涉嫌在其父蔡某的教唆下贩卖淫秽物品牟利，小蔡被取保候审，蔡某被批准逮捕，关于本案处理，下列哪些选项是正确的？（　）

A. 检察院在对小蔡和蔡某审查批捕时必须进行讯问

B. 对小蔡可适用附加条件不起诉，并要求其在监督考察期间不得进入娱乐场所

C. 如对小蔡适用附加条件不起诉应听取公安机关的意见

D. 如本案分案起诉应由不同的审判组织审理

12 1801109

陈某 17 岁，因涉嫌盗窃罪被某县公安机关立案侦查。侦查终结后移送某县检察院审查起诉，此时陈某已满 18 岁，某县检察院经过审查发现陈某盗窃数额不多，符合附条件不起诉的条件，遂决定对其附条件不起诉并附 6 个月考验期。在考验期内，陈某再次盗窃他人财物涉嫌犯罪，某县检察院对陈某撤销了附条件不起诉，依法向某县法院提起公诉，某县法院经过审理判处陈某 3 年有期徒刑，陈某服判，判决随后生效。本案检察院、法院的做法中，符合刑事诉讼法的情形包括？（　）

A. 某县检察院对陈某决定附条件不起诉

B. 某县法院对陈某案件公开审理

C. 某县法院适用少年法庭审理陈某案件

D. 某县法院封存陈某的犯罪记录

13 1602075

未成年人小天因涉嫌盗窃被检察院适用附条件不起诉。关于附条件不起诉可以附带的条件，下列哪些选项是正确的？（　）

A. 完成一个疗程四次的心理辅导

B. 每周参加一次公益劳动

C. 每个月向检察官报告日常花销和交友情况

D. 不得离开所居住的县

14 1502074

甲、乙系初三学生，因涉嫌抢劫同学丙（三人均不满 16 周岁）被立案侦查。关于该案诉讼程序，下列哪些选项是正确的？（　）

A. 审查批捕讯问时，甲拒绝为其提供的合适成年人到场，应另行通知其他合适成年人到场

B. 讯问乙时，因乙的法定代理人无法到场而通知其伯父到场，其伯父可代行乙的控告权

C. 法庭审理询问丙时，应通知丙的法定代理人到场

D. 如该案适用简易程序审理，甲的法定代理人不能到场时可不再通知其他合适成年人到场

15 1502073

律师邹某受法律援助机构指派，担任未成年人陈某的辩护人。关于邹某的权利，下列哪些说法是正确的？（　）

A. 可调查陈某的成长经历、犯罪原因、监护教育等情况，并提交给法院

B. 可反对法院对该案适用简易程序，法院因此只能采用普通程序审理

C. 可在陈某最后陈述后进行补充陈述

D. 可在有罪判决宣告后，受法庭邀请参与对陈某的法庭教育

16 1502071

全国人大常委会关于《刑事诉讼法》第二百七十一条第二款的解释规定，检察院办理未成年人刑事案件，在作出附条件不起诉决定以及考验期满作出不起诉决定前，应听取被害人的意见。被害人对检察院作出的附条件不起诉的决定和不起诉的决定，可向上一级检察院申诉，但不能向法院提起自诉。关于这一解释的理解，下列哪些选项是正确的？（　）

A. 增加了听取被害人陈述意见的机会

B. 有利于对未成年犯罪嫌疑人的转向处置

C. 体现了对未成年犯罪嫌疑人的特殊保护

D. 是刑事公诉独占主义的一种体现

【不定项】

17 1801099

未成年人甲（17 周岁，还有 2 个月满 18 周岁）涉嫌故意伤害罪（轻伤）被 A 区公安机关立案侦查，A 区公安机关侦查终结将案件移送审查起诉两日后甲满 18 周岁。A 区人民检察院对案件进行审查后决定附条件不起诉。在考验期间，甲犯新的盗窃罪，A 区人民检察院对甲作出撤销附条件不起诉的决定，并向 A 区人民法院提起公诉。关于本案的诉讼程序，下列说法正确的是？（　）

解析页码

143—145

A. A区人民法院应当对本案公开审判，但不得组织人员旁听

B. A区人民法院决定适用简易程序，应当征得他的父亲同意才能适用

C. 本案中A区人民检察院附条件不起诉的决定是违法的

D. A区人民法院立案时甲未满20周岁，本案应当由未成年人审判组织审理

⑱ 1402094

黄某（17周岁，某汽车修理店职工）与吴某（16周岁，高中学生）在餐馆就餐时因琐事与赵某（16周岁，高中学生）发生争吵，并殴打赵某致其轻伤。检察院审查后，综合案件情况，拟对黄某作出附条件不起诉决定，对吴某作出不起诉决定。关于本案审查起诉的程序，下列选项正确的是？（　）

A. 应当对黄某、吴某的成长经历、犯罪原因和监护教育等情况进行社会调查

B. 在讯问黄某、吴某和询问赵某时，应当分别通知他们的法定代理人到场

C. 应当分别听取黄某、吴某的辩护人的意见

D. 拟对黄某作出附条件不起诉决定，应当听取赵某及其法定代理人与诉讼代理人的意见

⑲ 1402095

黄某（17周岁，某汽车修理店职工）与吴某（16周岁，高中学生）在餐馆就餐时因琐事与赵某（16周岁，高中学生）发生争吵，并殴打赵某致其轻伤。检察院审查后，综合案件情况，拟对黄某作出附条件不起诉决定，对吴某作出不起诉决定。关于对黄某的考验期，下列选项正确的是？（　）

A. 从宣告附条件不起诉决定之日起计算

B. 不计入检察院审查起诉的期限

C. 可根据黄某在考验期间的表现，在法定范围内适当缩短或延长

D. 如黄某违反规定被撤销附条件不起诉决定而提起公诉，已经过的考验期可折抵刑期

⑳ 1402096

黄某（17周岁，某汽车修理店职工）与吴某（16周岁，高中学生）在餐馆就餐时因琐事与赵某（16周岁，高中学生）发生争吵，并殴打赵某致其轻

伤。检察院审查后，综合案件情况，拟对黄某作出附条件不起诉决定，对吴某作出不起诉决定。关于本案的办理，下列选项正确的是？（　）

A. 在对黄某作出附条件不起诉决定、对吴某作出不起诉决定时，必须达成刑事和解

B. 检察院对黄某作出附条件不起诉决定、对吴某作出不起诉决定时，可要求他们向赵某赔礼道歉、赔偿损失

C. 在附条件不起诉考验期内，检察院可将黄某移交有关机构监督考察

D. 检察院对黄某作出附条件不起诉决定，对吴某作出不起诉决定后，均应将相关材料装订成册，予以封存

（二）当事人和解的公诉案件诉讼程序

【单选】

㉑ 1801040

张某因超速驾驶发生交通事故，不慎将行人A撞成重伤，且把B停放在路边的摩托车撞毁。张某因害怕承担责任，肇事后逃逸。S区公安局在张某哥哥的协助下将张某抓获归案。S区检察院以交通肇事罪对张某提起公诉。关于本案，下列说法正确的是？（　）

A. 张某就民事赔偿问题与A没有达成和解，而与B达成了和解，法院应当对张某从轻处罚

B. B只有向法院提起附带民事诉讼后，才能委托诉讼代理人

C. B向法院提起附带民事诉讼后，张某与B达成和解，但张某不能即时履行全部赔偿义务，S区法院应当制作附带民事和解书

D. 对张某哥哥协助公安机关抓获张某的行为，因为不是法定量刑情节，法院可不予以审理

㉒ 1702040

董某（17岁）在某景点旅游时，点燃荒草不慎引起大火烧毁集体所有的大风公司林地，致大风公司损失5万元，被检察院提起公诉。关于本案处理，下列哪一选项是正确的？（　）

A. 如大风公司未提起附带民事诉讼，检察院可代

为提起，并将大风公司列为附带民事诉讼原告人

B. 董某与大风公司既可就是否对董某免除刑事处分达成和解，也可就民事赔偿达成和解

C. 双方刑事和解时可约定由董某在 1 年内补栽树苗 200 棵

D. 如双方达成刑事和解，检察院经法院同意可撤回起诉并对董某适用附条件不起诉

23 `1602041`

下列哪一案件可以适用当事人和解的公诉案件诉讼程序？（　　）

A. 甲因侵占罪被免除处罚 2 年后，又涉嫌故意伤害致人轻伤

B. 乙涉嫌寻衅滋事，在押期间由其父亲代为和解，被害人表示同意

C. 丙涉嫌过失致人重伤，被害人系限制行为能力人，被害人父亲愿意代为和解

D. 丁涉嫌破坏计算机信息系统，被害人表示愿意和解

24 `1402040`

甲因邻里纠纷失手致乙死亡，甲被批准逮捕。案件起诉后，双方拟通过协商达成和解。对于此案的和解，下列哪一选项是正确的？（　　）

A. 由于甲在押，其近亲属可自行与被害方进行和解

B. 由于乙已经死亡，可由其近亲属代为和解

C. 甲的辩护人和乙近亲属的诉讼代理人可参与和解协商

D. 由于甲在押，和解协议中约定的赔礼道歉可由其近亲属代为履行

【多选】

25 `2101055`

薛某（15 岁）对付某寻衅滋事一案，经公安提请，检察院决定对薛某适用逮捕措施。薛某在侦查阶段拒不认罪认罚，在审查起诉阶段认罪认罚，但是在赔偿方面未与付某达成一致。关于本案，检察院应当如何处理？（　　）

A. 检察院可以建议法院适用速裁程序进行审理

B. 可积极促成薛某与付某进行刑事和解

C. 应及时对薛某进行羁押必要性审查

D. 检察院对薛某提起量刑建议之后，可以自行开展社会调查

26 `1801111`

某私立幼儿园幼师甲，经常对小班的小朋友花花采取用针扎、往嘴里抹芥末的方式进行虐待式教育。一日，甲又用针扎了 3 岁的花花，同班 3 岁小朋友朵朵回家后将情况告诉了父母，朵朵爸爸立即报警，某县公安机关对甲以虐待被监护人罪立案侦查，下列表述不正确的有？（　　）

A. 因花花只有 3 岁，侦查人员不能组织花花辨认甲

B. 因朵朵只有 3 岁，朵朵向侦查人员的陈述不得作为证据使用

C. 朵朵爸爸的报警行为属于控告

D. 花花的妈妈可以自己名义与甲刑事和解

27 `1801110`

甲取得驾驶证后与乙兴奋地开车上路，由于驾驶技术不熟练，加之乙嬉笑抢夺方向盘，在一路口将丙撞成重伤。经过立案侦查，某县检察院以交通肇事罪对甲、乙提起公诉。在审理过程中，甲积极赔偿并且与丙达成和解协议，但乙拒绝和丙和解。下列表述正确的有？（　　）

A. 本案不能适用当事人和解的公诉案件诉讼程序

B. 本案可以适用当事人和解的公诉案件诉讼程序

C. 由于乙与丙没有和解，法院不应当对乙从轻处罚

D. 由于甲与丙已经达成和解协议，法院可以对甲从轻处罚

（三）刑事缺席审判程序

【多选】

28 `2001090`

丁系某市副市长，因涉嫌贪污被某市监察委员会立案调查，丁逃往境外。下列表述不正确的有？（　　）

A. 对丁不得适用缺席审判程序

B. 经国家监察委员会决定，可以在全国范围通缉丁

C. 因丁系副市长身份，某市监察委员会立案调查

丁应当经上一级监察委员会同意

D. 某市监察委员会调查终结后移送某市检察院审查起诉，应将涉案财物移送某市检察院

【不定项】

㉙ 2401069

甲是 A 省 B 市 C 县县委书记，因涉嫌贪污被监察机关立案调查，后甲逃跑至国外，案件移送至检察院后，检察院认为犯罪事实已经查清，证据确实、充分，依法应当追究刑事责任，遂向人民法院提起公诉，法院决定按照缺席审判程序审理，下列说法正确的是？

A. 法院应当向甲的妻子送达起诉状副本

B. 甲的妻子可以在法庭辩论终结后，代替甲进行最后陈述

C. 法院在作出判决的同时可一并没收该案的赃物赃款

D. 最高人民法院可以指定 A 省 D 县法院进行审理

㉚ 1901091

2018 年《刑事诉讼法》增设了适用于贪污贿赂犯罪案中的缺席审判程序，对此，下列说法正确的是？（　）

A. 是追求刑事诉讼效率的体现

B. 是刑事诉讼控审分离的例外

C. 是刑事审判具有亲历性程序的例外

D. 是刑事审判具有终局性特征的例外

㉛ 1901144

甲涉嫌受贿与滥用职权被某市监察机关立案调查，调查终结后移送某市检察院审查起诉。检察院对甲适用取保候审措施，甲趁机逃匿境外，不知去向。下列选项正确的是？（　）

A. 若某市检察院认为案件事实清楚，向某市中级法院提起公诉，某市中级法院可以对甲的受贿罪与滥用职权罪缺席审判

B. 某市检察院必须等甲被抓获归案后才能向某市中级法院提起公诉

C. 若甲在外逃期间死亡，需要追缴其违法所得，可以对甲适用犯罪嫌疑人、被告人逃匿、死亡

案件违法所得没收程序

D. 若甲逃往境外后，超过半年没有到案，某市检察院可以启动违法所得没收程序

（四）犯罪嫌疑人、被告人逃匿、死亡案件违法所得的没收程序

【单选】

㉜ 1402041

A 市原副市长马某，涉嫌收受贿赂 2000 余万元。为保证公正审判，上级法院指令与本案无关的 B 市中级法院一审。B 市中级法院受理此案后，马某突发心脏病不治身亡。关于此案处理，下列哪一选项是错误的？（　）

A. 应当由法院作出终止审理的裁定，再由检察院提出没收违法所得的申请

B. 应当由 B 市中级法院的同一审判组织对是否没收违法所得继续进行审理

C. 如裁定没收违法所得，而马某妻子不服的，可在 5 日内提出上诉

D. 如裁定没收违法所得，而其他利害关系人不服的，有权上诉

㉝ 1402042

下列哪一选项不属于犯罪嫌疑人、被告人逃匿、死亡案件违法所得没收程序中的"违法所得及其他涉案财产"？（　）

A. 刘某恐怖活动犯罪案件中从其住处搜出的管制刀具

B. 赵某贪污案赃款存入银行所得的利息

C. 王某恐怖活动犯罪案件中制造爆炸装置使用的所在单位的仪器和设备

D. 周某贿赂案受贿所得的古玩

【多选】

㉞ 2201178

苏某贪污公款后逃往海外，某市人民检察院向某市中级人民法院申请没收苏某的违法所得，法院发出公告。苏某的丈夫毛某在公告期内申请参加诉讼。公告期满后法院开庭审理，毛某接到法院

通知后无正当理由拒不到庭，法院经过审理裁定没收苏某违法所得 5000 万元。毛某不服上诉，某省高级人民法院进行二审。在审理过程中，苏某回国投案自首。下列表述不正确的有：（　）

A. 毛某无故拒不到庭，法院可以不开庭审理

B. 毛某无故拒不到庭，无权提出上诉

C. 在二审时，若苏某的朋友魏某申请参加诉讼主张债权，法院经过审查发现魏某一直在国外留学，刚刚回国才了解案件情况，法院应告知魏某另行提起诉讼

D. 苏某回国投案自首，某省高级人民法院应将案件裁定撤销原判，发回重审

【不定项】

㉟ 1502093

李某（女）家住甲市，系该市某国有公司会计，涉嫌贪污公款 500 余万元，被甲市监察委立案调查，经过调查，甲市监察委向甲市人民检察院移送审查起诉，后甲市人民检察院作出起诉决定，甲市中级法院受理该案后，李某脱逃，下落不明。关于李某脱逃后的程序，下列选项正确的是？（　）

A. 李某脱逃后，法院可中止审理

B. 在通缉李某 1 年不到案后，甲市检察院可向甲市中级法院提出没收李某违法所得的申请

C. 李某的近亲属只能在 6 个月的公告期内申请参加诉讼

D. 在审理没收违法所得的案件过程中，李某被抓捕归案的，法院应裁定终止审理

（五）依法不负刑事责任的精神病人的强制医疗程序

【单选】

㊱ 2301045

关于强制医疗程序，下列说法正确的是？（　）

A. 决定适用强制医疗程序后，法院应当宣读精神病鉴定结果

B. 决定强制医疗前，法院应先判决其不负刑事责任

C. 决定强制医疗后，其身份由被申请人转化为被

告人

D. 对于已经提起附带民事诉讼的，宣布决定强制医疗时，应当告知被害人可以另行提起民事赔偿诉讼

㊲ 2201169

叶某持刀当街砍人，群众报警，某县公安机关将叶某抓获，经过鉴定发现叶某系依法不负刑事责任的精神病人，可以强制医疗。某县公安机关将叶某移交某县人民检察院，某县人民检察院经审查认为叶某符合强制医疗条件，遂向某县人民法院提出强制医疗申请。下列表述正确的是：（　）

A. 某县人民法院应当通知法律援助机构为叶某指派辩护人

B. 某县公安机关应当对叶某撤销案件

C. 某县人民检察院应当将案件移送某市人民检察院，由某市人民检察院向某市中级人民法院提出强制医疗申请

D. 某县人民检察院可以对叶某采取临时保护性约束措施

㊳ 2101058

甲在马路上持刀杀人一案，检察院提起公诉，一审法院判决甲犯故意杀人罪。甲不服提起上诉，二审审理期间发现甲为精神病人。二审法院应当如何处理？（　）

A. 以一审法律适用错误为由，撤销原判发回重审

B. 先判决甲不负刑事责任，再对甲作出强制医疗决定

C. 按照强制医疗程序直接作出裁判

D. 先裁定中止审理，再启动强制医疗程序

㊴ 1801039

孙某将李某杀害，经鉴定孙某系精神病人，甲县检察院遂向甲县法院申请适用强制医疗程序。关于本案，下列说法正确的是？（　）

A. 在法院决定强制医疗前，甲县检察院可以对孙某采取临时的保护性约束措施

B. 甲县法院受理检察院的强制医疗申请后，可由审判员一人独任审判

C. 甲县法院审理该案，应当会见孙某

D. 经审理发现孙某具有部分刑事责任能力，依法应当追究刑事责任的，可直接判处孙某故意杀人罪

40 `1702041`

甲在公共场所实施暴力行为，经鉴定为不负刑事责任的精神病人，被县法院决定强制医疗。甲父对决定不服向市中级法院申请复议，市中级法院审理后驳回申请，维持原决定。关于本案处理，下列哪一选项是正确的？（　）

A. 复议期间可暂缓执行强制医疗决定，但应采取临时的保护性约束措施

B. 应由公安机关将甲送交强制医疗

C. 强制医疗6个月后，甲父才能申请解除强制医疗

D. 申请解除强制医疗应向市中级法院提出

41 `1602042`

甲将乙杀害，经鉴定甲系精神病人，检察院申请法院适用强制医疗程序。关于本案，下列哪一选项是正确的？（　）

A. 法院审理该案，应当会见甲

B. 甲没有委托诉讼代理人的，法院可通知法律援助机构指派律师担任其诉讼代理人

C. 甲出庭的，应由其法定代理人或诉讼代理人代为发表意见

D. 经审理发现甲具有部分刑事责任能力，依法应当追究刑事责任的，转为普通程序继续审理

【多选】

42 `1801112`

张三涉嫌寻衅滋事罪被某县公安机关立案侦查，随后移送某县检察院审查起诉，检察机关经鉴定发现张三系依法不负刑事责任的精神病人，于是向某县法院提出强制医疗的申请。下列哪些选项是不正确的？（　）

A. 对张三作精神病鉴定的期间不计入审查起诉期限

B. 某县检察院可对张三采取临时保护性约束措施

C. 法院可以由1名审判人员独任审理

D. 法院审理后认为张三具有部分刑事责任能力，

可直接对张三判决有罪

【不定项】

43 `2401068`

甲因故意杀人罪被一审法院判处无期徒刑，甲不服上诉。二审法院审理认为甲属于不负刑事责任的精神病人，可能符合强制医疗条件，下列关于二审法院的做法，正确的是？

A. 法院依照强制医疗程序进行审理时通知甲的妻子到场

B. 若甲目前处于羁押状态，法院应当立即释放甲

C. 二审法院可以将案件发回一审法院重审

D. 甲申请二审法院不公开审理，二审法院应当同意

二、模拟训练【不定项】

44 `2203077`

李某（高一学生，刚满17周岁），因涉嫌盗窃罪被A县公安局立案侦查。侦查终结移送A县检察院审查起诉。A县检察院对李某附条件不起诉，并确定考验期为9个月。下列关于本案的附条件不起诉，说法正确的是？（　）

A. 本案审查起诉期限自作出附条件不起诉决定之日起终止

B. 监督考察期间，如李某经批准迁居B县继续上学，应由A县检察院负责监督考察

C. 监督考察期间，如李某严格遵守各项规定，表现优异，可将考察期限缩短为5个月

D. 被害人如果对本案附条件不起诉不服可以向上一级检察院申诉，也可以向人民法院起诉

45 `2203078`

未成年人小孙和小李涉嫌共同抢夺，均在侦查阶段认罪认罚。案件移送审查起诉时小孙刚满18周岁，小李距18周岁还有2个月。关于本案的处理，下列选项哪些是正确的是？（　）

A. 小孙在审查起诉阶段不认罪，但审判阶段认罪认罚也可以适用认罪认罚从宽

B. 如小李及其法定代理人对检察院的附条件不起诉决定有异议，检察院应当对小李提起公诉

解析页码
153—155

C. 如检察机关要逮捕小李，应当听取辩护律师的意见

D. 应当对小李的成长经历、犯罪原因等情况进行调查

㊻ 2203079

小甲（17 周岁）和乙为父子，因生活所迫，小甲在乙的教唆下贩卖淫秽物品牟利，两人后来被公安机关立案侦查并采取强制措施，小甲被取保候审，乙被批准逮捕，关于本案的处理，下列哪一选项是正确的？（　）

A. 若公安机关对小甲和乙都提请批准逮捕，检察院在对小甲和乙审查批捕时均应当进行讯问

B. 案件移送审查起诉后，检察院对小甲可以决定适用附条件不起诉，并要求其在考察期间不得进入娱乐场所

C. 因小甲是未成年人，本案分案起诉后应由不同的审判组织进行审理

D. 检察院在对小甲作出附条件不起诉的决定之前应征得被害人的同意

㊼ 2203081

李某因琐事将邻居王某（17 周岁，高中学生）打成轻伤。案发后，李家积极赔偿，赔礼道歉，得到王家谅解。双方拟通过协商达成和解。对于此案的和解，下列哪一选项是正确的？（　）

A. 由于王某是未成年人，其父亲可以直接与李某和解

B. 李家与王家可对李某是否构成犯罪达成和解，也可就民事赔偿达成和解

C. 由于李家与王家达成和解协议，且犯罪情节轻微，不需要判处刑罚，检察院应当不起诉

D. 和解协议约定的赔礼道歉等事项，只能由李某本人履行

㊽ 2203082

下列关于犯罪嫌疑人、被告人逃匿、死亡案件违法所得的没收程序的说法，不正确的是？（　）

A. 犯罪嫌疑人、被告人死亡，依照刑法规定应当追缴其违法所得及其他涉案财产，公安机关可以向法院提出没收违法所得的申请

B. 没收违法所得的案件，由犯罪地或者犯罪嫌疑

人、被告人居住地的基层人民法院组成合议庭审理

C. 在审理没收违法所得的案件过程中，被告人被抓捕归案的，法院应裁定终止审理

D. 申请没收的财产有可能属于违法所得及其他涉案财产的，应当认定为违法所得及其他涉案财产

㊾ 2203084

张某将李某杀害，经鉴定张某系精神病人，A 县检察院申请 A 县法院适用强制医疗程序。关于本案的审理，下列说法正确的是？（　）

A. A 县法院审理该案，应当会见张某

B. 由于张某没有委托诉讼代理人，A 县法院可通知法律援助机构指派律师担任其诉讼代理人

C. 申请解除强制医疗应向 A 县法院提出

D. A 县法院经审理发现张某具有部分刑事责任能力，依法应当追究刑事责任的，转为普通程序继续审理

参考答案

[1] A	[2] A	[3] B	[4] D	[5] ABCD
[6] BCD	[7] ABC	[8] ABD	[9] ABCD	[10] BCD
[11] BC	[12] ABCD	[13] ABC	[14] AC	[15] ABD
[16] ABC	[17] AD	[18] BCD	[19] BC	[20] B
[21] A	[22] C	[23] C	[24] C	[25] CD
[26] ABCD	[27] BCD	[28] AC	[29] AC	[30] A
[31] C	[32] B	[33] C	[34] BCD	[35] ABD
[36] A	[37] A	[38] B	[39] C	[40] B
[41] A	[42] BCD	[43] AC	[44] B	[45] ABC
[46] B	[47] D	[48] ABD	[49] AC	

解析页码

155—156

第二十一章
涉外刑事诉讼程序与司法协助

一、历年真题

【单选】

1 `2001068`

外国刑事判决书中认定的事实，在我国法院的审判中视为？（　）

A. 书证

B. 鉴定意见

C. 免证事实

D. 不得作为法定证据形式

2 `1702042`

W国人约翰涉嫌在我国某市A区从事间谍活动被立案侦查并提起公诉。关于本案诉讼程序，下列哪一选项是正确的？（　）

A. 约翰可通过W国驻华使馆委托W国律师担任其辩护律师

B. 本案由A区法院一审

C. 约翰精通汉语，开庭时法院可不为其配备翻译人员

D. 给约翰送达的法院判决书应为中文本

【多选】

3 `1901139`

外国人汤姆一家在华旅游，汤姆因涉嫌猥亵儿童被A县公安机关立案侦查并被逮捕羁押于A县看守所，案件随后由A县检察院向A县法院提起公诉。下列表述正确的是？（　）

A. 汤姆委托自己的父亲担任辩护人，A县法院可以准许

B. A县法院可以限制汤姆离境并扣押其护照

C. 汤姆的哥哥可以向A县法院的上一级法院申请赴看守所会见汤姆

D. 在侦查过程中，汤姆在没有翻译在场的情况下所作的供述，应当依法排除不得作为定案依据

二、模拟训练

4 `2003170`

顾某然（美国国籍）在未经工商登记、未取得《音像制品经营许可证》的情况下，在其上海住处以网上拍卖及订单购买的形式，向境外销售侵权复制（即盗版）的高密度光盘（以下简称DVD)18万余张。其中，吴东参与的非法经营额为504万余元，库迪（美国国籍）参与的非法经营额为277万余元，吴某彪参与的非法经营额为240万余元。关于本案，下列选项正确的是？（　）（多选）

A. 即使顾某然、库迪能够使用中文交流，也应当允许其使用本国语言进行诉讼

B. 顾某然、库迪只能委托具有中国律师资格并依法取得执业证书的律师作为辩护人

C. 给顾某然、库迪送达的法院判决书应为中文文本

D. 法院应当为顾某然、库迪提供翻译，不过翻译费用要由当事人负担

5 `1803135`

汉斯（美国国籍）因在中国涉嫌强奸罪，可能被判处死刑，被公安机关依法刑事拘留，后被检察机关依法批准逮捕，并起诉至A市人民法院。在此过程中，正确的做法有哪些？（　）（多选）

A. 对汉斯判处死刑的，死刑裁决下达后执行前，应当通知其国籍国驻华使、领馆

B. 如果汉斯在押，其国籍国驻华使、领馆官员要求探视的，可以向受理案件的人民法院所在地的高级人民法院提出

C. 法院的诉讼文书为中文文本。汉斯不通晓中文的，应当附有外文译本，译本不加盖人民法院印章，以中文文本为准

D. 汉斯没有委托辩护人的，法院应当通知法律援助机构为其指派律师辩护

6 `1903264`

我国A省B市中级法院在审理美国人华盛顿故意杀人一案时，发现案件的重要目击证人美国人凯西已经回国，该中级法院欲请求美国当地的法院向凯西送达出庭通知书。假设中国和美国之间已经

解析页码
157—158

签署了刑事司法协定，则请求美国法院向凯西送达出庭通知书应当经过下列哪种程序？（　　）（单选）

A. 由 B 市中级法院报送 A 省高级法院审查同意后按协定规定的方式请求

B. 由 B 市中级法院报送最高人民法院审查同意后按协定规定的方式请求

C. 由 B 市中级法院报送外交部审查同意后按协定

规定的方式请求

D. 由 A 省高级法院报送最高人民法院审核同意后按协定的方式请求

参考答案

[1] D　　[2] D　　[3] ABD　[4] AC　　[5] ABCD
[6] D

解析页码

153—158

法考题库系列·客观严选 解析

刑事诉讼法
客观·严选好题

觉晓法考组　编著

中国政法大学出版社

2024·北京

图书在版编目（CIP）数据

客观严选 4000 好题. 刑事诉讼法客观·严选好题 / 觉晓法考组编著. -- 北京 ： 中国政法大学出版社，2024. 12. -- （法考题库系列）. -- ISBN 978-7-5764-1690-9

Ⅰ. D920.4

中国国家版本馆 CIP 数据核字第 202479HJ80 号

出 版 者　　中国政法大学出版社

地　　址　　北京市海淀区西土城路 25 号

邮寄地址　　北京 100088 信箱 8034 分箱　邮编 100088

网　　址　　http://www.cuplpress.com (网络实名：中国政法大学出版社)

电　　话　　010-58908285(总编室) 58908433 （编辑部） 58908334(邮购部)

承　　印　　重庆天旭印务有限责任公司

开　　本　　787mm×1092mm　1/16

印　　张　　15.5

字　　数　　436 千字

版　　次　　2024 年 12 月第 1 版

印　　次　　2024 年 12 月第 1 次印刷

定　　价　　55.00 元（全两册）

CSER 高效学习模型

觉晓坚持每年组建"名师 + 高分学霸"教学团队，按照 Comprehend（讲考点→理解）→ System（搭体系→不散）→ Exercise（刷够题→会用）→ Review（多轮背→记住）学习模型设计教学产品，让你不断提高学习效果。

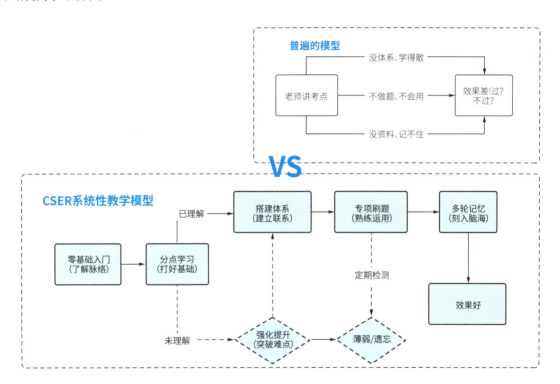

前面理解阶段跟名师，但后面记忆应试阶段，"高分学霸"更擅长，这样搭配既能保证理解，又能应试；时间少的在职考生可以直接跟"学霸"学习高效应试。

同时，知识要成体系，后期才能记住，否则学完就忘！因此，觉晓有推理背诵图（推背图）、诉讼流程图等产品，辅助你建立知识框架体系，后期可以高效复习！

坚持数据化学习

　　"觉晓法考"APP 已经实现"学→练→测→背→评"全程线上化学习。在学习期间，觉晓会进行数据记录，自 2018 年 APP 上线，觉晓已经积累了上百万条数据，并有几十万真实考生的精准学习数据。

　　觉晓有来自百度、腾讯、京东等大厂的 AI 算法团队，建模分析过线考生与没过线考生的数据差异，建立"过考模型"，指导学员到底要听多少课，做多少题，正确率达到多少才能飘过或者稳过。

　　过考模型的应用层包括：

　　1. 完整的过考方案和规划：内部班的过考规划和阶段目标，均按照过考模型稳过或过考标准制定；让学员花更少地时间，更稳得过线。

　　2. 精准的过考数据指标：让你知道过线每日需要消耗的"热量、卡路里"，有标准，过线才稳！

　　3. 客观题知识图谱：按往年 180 分、200 分学员学习数据，细化到每个知识点的星级达标标准，并根据考频和考查难度，趋势等维度，将知识点划分为 ABCDE 类。还能筛选"未达标"针对提分。

知识类型	考频	难度	学习说明
A	高	简单	必须掌握
B	高	难	必须掌握（主 + 客）
C	中	简单	必须掌握
D	中	难	时间不够可放弃（主 + 客）
E	考频低或者很难、偏		直接放弃

　　4. 根据过考模型 + 知识图谱分级教学：BD 类主客观都要考，主客融合一起学，E 类对过考影响不大，可直接放弃，AC 性价比高，简化背诵总结更能应试拿分，一些对过线影响不大的科目就减少知识点，重要的就加强；课时控制，留够做题时间，因为中后期做题比听课更重要！

　　5. AI 智能推送查缺补漏包：根据你学习的达标情况，精准且有效地推送知识点课程和题目，查漏补缺，让你的时间花得更有价值！

　　6. 精准预测过考概率（预估分）：实时检测你的数据，对比往年相似考生数据模型，让你知道，你这样学下去，最后会考多少分！明确自己距离过线还差多少分，从而及时调整自己的学习状态。

　　注：觉晓每年都会分析当年考生数据，出具一份完整的过考模型数据分析报告，包括"客观题版""主客一体版""主观题二战版"，可以下载觉晓 APP 领取。

总　论

第一章
刑事诉讼法概述

参考答案

[1] D　[2] B　[3] C　[4] C　[5] B
[6] BC　[7] ABC　[8] AB　[9] ABD　[10] ABCD
[11] D　[12] ABD

一、历年真题

（一）刑诉法基本理念与范畴

【单选】

1 `1702022`

答案：D

解析：本题考查的是刑事诉讼构造。

A项：在我国，不管是公诉案件还是自诉案件，只要是刑事诉讼案件均适用职权主义诉讼构造。因此，A项错误。

B项：不论被告人是否认罪，在审理程序中，仍然存在控辩对抗，最典型的就是虽然认罪，但对量刑问题也有可能会形成对抗。因此，B项错误。

CD项：我国刑事诉讼包括立案、侦查、起诉、审判、执行五个阶段，由于法官不能提前介入侦查、起诉，因此，在侦查程序和审查起诉程序中均只存在控辩关系，一个完整的控辩审三方构造只存在于审判程序。因此，C项错误，D项正确。

综上所述，本题答案为D项。

【延伸拓展】（1）现有的三大诉讼构造为：**当事人主义、职权主义**和**混合式**诉讼模式。（2）1979年我国第一部《刑事诉讼法》所确立的诉讼构造被学者称为超职权主义，法官的作用过于突出，导致控辩双方的对抗不明显；1997年《刑事诉讼法》修改，尽管吸收了当事人主义的合理因素，但是仍然没有走出强职权主义范畴；直到2012年以及2018年《刑事诉讼法》修改，进一步吸收了当事人主义的合理因素，削弱刑事诉讼中的职权主义色彩，强调**控辩双方的平等对抗**，被学者称之为

控辩式审判模式。

2 `1602022`

答案：B

解析：本题考查的是刑诉的职能以及审判中的直接原则。

A项："让审理者裁判、由裁判者负责"所强调的是法官权责一致，要求法官依法独立行使职权，同时对裁判结果承担责任，与刑事诉讼职能的细化与完善并没有关系。因此，A项错误。

B项：直接原则强调法官的亲历性，是指法官必须在法庭上亲自听取当事人、证人及其他诉讼参与人的口头陈述。"让审理者裁判"，即让审理者亲自裁判，是直接原则的体现。因此，B项正确。

C项：刑事审判的程序性是指审判活动应当严格遵循法定程序。据此，"让审理者裁判、由裁判者负责"与程序性特征没有关系。因此，C项错误。

D项：有助于形成平等对抗机制的制度改革，才体现刑事审判控辩式庭审方式改革的方向。"让审理者裁判、由裁判者负责"是从裁判者的角度出发，强调法官依法独立行使职权，并对裁判结果承担责任，与平等对抗机制没有关联。因此，D项错误。

综上所述，本题答案为B项。

3 `1502022`

答案：C

解析：本题考查的是刑事诉讼价值。

A项：刑事诉讼价值包括秩序、公正、效益诸项内容，其中公正在刑事诉讼价值中居于核心的地位。因此，A项正确，不当选。

B项：秩序价值包括两方面的内容：一是通过惩治犯罪，维护社会秩序；二是追究犯罪的活动是有序的。追究犯罪活动的有序，需要防止政府及其官员滥用权力。所以，国家刑事司法权的行使，必须受到刑事程序的规范。因此，B项正确，不当选。

C项：刑事诉讼价值是通过刑事诉讼法的制定和实施来实现的。一方面，刑事诉讼法保证刑法的正确实施，实现秩序、公正、效益价值，这称为刑事诉讼法的工具价值；另一方面，刑事诉讼法的制定和适用本身也在实现着秩序、公正、效益

价值，这称为刑事诉讼法的独立价值。因此，C项错误，当选。

D项：公正价值在刑事诉讼价值中居于核心的地位，包括实体公正和程序公正两个方面，程序公正强调裁判者中立，诉讼参与人尤其是当事人权利的充分保障，在法律关系上最大限度实现权利、义务的平等及在诉讼中各方当事人机会对等，强制措施的适用应当适度，等等。因此，D项正确，不当选。

综上所述，本题为选非题，答案为C项。

【延伸拓展】秩序、公正、效益价值既属于刑事诉讼法的工具价值，也属于刑事诉讼法的独立价值。

4 `1402024`

答案：C

解析：本题考查的是刑事诉讼构造。

A项：立法者基于实现一定的刑诉目的，设计相应的诉讼构造。一个国家特定时期的诉讼目的与构造具有内在的一致性，他们都受到当时占主导地位的关于刑事诉讼的法律价值观的深刻影响。据此，诉讼目的决定诉讼构造，诉讼价值只是影响因素。因此，A项错误。

B项：混合式诉讼模式以日本、意大利为代表。混合式诉讼构造是在职权主义背景下大量吸收当事人主义因素所形成的。因此，B项说反了，B项错误。（只不过，在吸收过程中，因为吸收了过多当事人主义因素，导致形成的混合式诉讼模式反而是当事人主义的特征更明显，但基础仍是职权主义）

C项：我们把具有"强调将诉讼的主动权委于国家专门机关，法官主动依职权调查证据，法官推进诉讼进程"这一特征的诉讼构造称为职权主义诉讼构造。由此可见，职权主义诉讼构造适用于实体真实的诉讼目的。因此，C项正确。

D项：当事人主义诉讼构造强调把开始与推动诉讼的主动权委于控辩双方，适用于保障人权的目的，只是将发现事实真相的主动权赋予当事人，通过当事人举证、辩论发现，但并不是说当事人主义诉讼构造与控制犯罪就矛盾，其只是更强调由当事人推动诉讼进程。因此，D项错误。

综上所述，本题答案为C项。

5 `1402022`

答案：B

解析：本题考查的是刑事诉讼的基本理念——程序公正与实体公正。

A项：程序公正是实体公正的保障，因为实体法中的内容必须通过程序法提供的程序才能变为现实，程序法对于实体法具有工具价值。但是，并不是只要程序公正就一定能实现实体公正的，例如受制于证据规则等，有的证据已经灭失没有办法收集到，很有可能没办法还原案件客观事实，在此种情况下，无论程序再怎么公正，都没办法实现实体公正。因此，A项错误。

B项："阳光是最好的防腐剂"。公开透明的程序有助于对公安司法机关的诉讼行为进行约束，防止非法取证行为等的出现。因此，B项正确。

C项：在我国刑事诉讼中，确实要实现程序的约束作用。但是，要实现程序的约束作用，并非要求"违反法定程序收集的证据均应予以排除"。实际上，基于惩罚犯罪与保障人权价值的平衡需要，并不是所有违反法定程序收集的证据均应予以排除的。例如，根据规定，即使收集物证、书证不符合法定程序，且可能严重影响司法公正，在补正或作出合理解释后也仍然能够作为定案的依据。因此，C项错误。

D项：程序上的繁简分流，使案情清楚、简单的案件适用简化的程序，而案情复杂的案件适用较为完整的诉讼程序，这样不仅可以提高诉讼效率，而且将司法资源进行有效的配置，进一步发挥程序的约束作用。程序上的繁简分流不仅【不会限制】程序的约束作用，相反，能够【发挥】程序的约束作用。因此，D项错误。

综上所述，本题答案为B项。

【多选】

6 `2001071`

答案：B,C

解析：本题考查的是刑事诉讼构造中的控审分离要求。

控审分离，是指控诉与审判职能分离，分别由不同主体承担。具体而言，一方面，在公诉案件中，控诉职能由检察机关承担，公诉案件若没有检察院起诉，法院不能主动审判。起诉具有主动性，审判具有被动性。另一方面，法院承担审判职能，但审判的范围不能超越起诉的事实范围。如果某一事项起诉主体没有起诉，法院不能主动追加进来审判。

A项：检察院进行羁押必要性审查是行使法律监督权的体现，并非其行使控诉职能，与控审分离的要求没有直接关系。因此，A项错误。

B项：根据控审分离的要求，法院审判的范围仅限于检察院起诉的事实范围，对于法院新发现的"当场使用暴力"这一新事实，由于检察院没有起诉，法院不能主动追加进来审判。而根据规定，审判期间，人民法院发现新的事实，可能影响定罪量刑的，或者需要补查补证的，应当通知人民检察院，由人民检察院决定是否补充、变更、追加起诉或者补充侦查。据此，法院将新事实通知检察院，检察院决定变更罪名起诉，这正是控审分离的要求。因此，B项正确。

C项：检察院是按普通程序起诉至法院，法院只能按照普通程序审理，并且审理后依法作出判决。因此，法院审理后判处不负刑事责任的做法就体现了控审分离的要求。需要指出的是，法院启动强制医疗程序也建立在检察院提起公诉的基础上。这在某种程度上也符合控审分离的要求。因此，C项正确。

D项：检察院认为法院的减刑裁定不当，有权提出纠正意见，这是检察院行使法律监督权的体现，与控审分离没有直接关系。因此，D项错误。

综上所述，本题答案为BC项。

【不定项】

7 `1901140`

答案：A,B,C

解析：本题考查的是刑事诉讼的基本理念。

诉讼效率是指诉讼中所投入的司法资源与案件处理数量的比例。在刑诉中，判断一项制度是否体现效率原则，主要从两方面出发：一是这项制度的实施是否帮助节省时间；二是这项制度是否帮助节省资源（人力、财力、物力等）。

A项：附条件不起诉，是指在审查起诉阶段，人民检察院根据犯罪嫌疑人的犯罪性质和情节、犯

罪原因以及犯罪后的悔过表现等，对未成年犯罪嫌疑人设定一定的条件，在考验期内，若犯罪嫌疑人履行了相关的义务，人民检察院就应作出不起诉的决定。附条件不起诉是以起诉便宜主义为基础的，体现了检察机关的自由裁量权。附条件不起诉通过设定条件考验，经过考验后作出不起诉决定，能使部分案件避免进入审判程序，也不会进入定罪后的执行程序，能够帮助省资源，体现了诉讼效率原则。因此，A项正确。

B项：刑拘直诉又称为直接刑事诉讼制度，是指办案机关在拘留期限内完成侦查、起诉、审判，并实行集中移送、集中起诉、集中审理，促使侦查、起诉、审判环节的快速流转，这是一种刑事案件快速办理机制。因此，B项正确。

C项：庭前核实证人身份，意味着在庭审时不需要再核实，能够帮助节省庭审的时间，提升了审判的效率。因此，C项正确。

D项：重新开庭就量刑部分组织辩论不仅没有省时间或省资源，反而因为重新开庭会再次耗费司法资源，这显然与诉讼效率无关。需要指出的是，之所以会耗费司法资源还要重新开庭，是基于司法公正的考虑，这恰恰是在处理公正与效率之间的关系时，公正排第一位的体现，但与诉讼效率无关。因此，D项错误。

综上所述，本题答案为ABC项。

（二）刑事诉讼与刑法的关系

【多选】

8 `2401061`

答案：A,B

解析：本题考查的是刑事诉讼法的独立价值的具体内涵。

判断一项制度或程序是否体现刑事诉讼法的独立价值。首先，前提是该制度或程序必须属于【刑事诉讼制度】。其次，该制度会【阻却、影响】定罪量刑的实现。最后，刑诉法的独立价值主要体现在三个层面：一为刑诉法的规定本身体现的民主、人权、法治等精神；二为具有弥补刑事实体法不足并创制刑事实体法的功能；三为具有阻却或影响刑事实体法实现的功能。

A 项：未成年人附条件不起诉体现了当未成年人存在法定情形（刑事程序法）时，检察院可以作出不起诉的决定，【阻却】刑事实体法的实现，体现刑诉法的独立价值。因此 A 项正确。

B 项：根据非法证据排除规则，一旦排除了关键证据，就会影响到对被告人的定罪量刑，的确具有【阻却】刑事实体法实现的功能，体现了刑诉法的独立价值。因此 B 项正确。

C 项：创制功能主要是指实体法在某些方面未作详细规定，但诉讼法中有所补充细化。自诉中和解、撤诉虽然体现了刑诉法的独立价值，但并没有体现"创制"功能，因此 C 项错误。

D 项：追溯时效制度属于【刑法制度】，而非刑事诉讼制度，与刑诉程序法的独立价值无关，因此 D 项错误。

综上所述，本题答案为 AB 项。

9 `1602064`

答案：A,B,D

解析：本题考查的是刑事诉讼法与刑法的关系（刑事诉讼法的工具价值与独立价值）。

刑事诉讼法的价值可分为工具价值与独立价值。工具价值是指刑事诉讼制度的实施是保障、促进、有利于定罪或量刑实现的价值。独立价值是指刑事诉讼制度实施可能会阻碍、影响、不利于定罪或量刑实现的价值，如人权保障、法治等价值。判断究竟是独立价值还是工具价值，主要分两步走：第一步，先判断选项中的制度是否为刑事诉讼制度。如果不是刑事诉讼制度，则跟刑事诉讼法的价值没有关系。如果是刑事诉讼制度，则走第二步：看实施这项制度是保障、促进定罪量刑实现还是阻碍、影响定罪量刑实现。以此来判断是工具价值还是独立价值。

A 项："被告人与被害人达成刑事和解"属于刑事诉讼中的当事人和解的刑事诉讼程序（刑事和解制度），是刑事诉讼制度，而该案本来没有从轻情节的，但基于当事人和解法院在量刑时从轻处理了，是实施刑事和解影响到量刑的实现，体现的是独立价值。因此，A 项正确。

B 项："因排除犯罪嫌疑人的口供，检察院作出证据不足不起诉的决定"，排除口供属于非法证据排

除规则的适用，而非法证据排除规则属于刑事诉讼制度。而且由于排除了口供后导致证据不足以支持起诉，检察院作出证据不足不起诉决定，该决定是不追究被追诉人的刑事责任，因此属于刑事诉讼制度的实施影响定罪量刑的实现，B 项正确。

C 项：追诉时效属于刑法制度，而不属于刑事诉讼制度，因此追诉时效已过不予立案，即使是影响定罪量刑的实现，但跟刑事诉讼法的价值没有关系。因此，C 项错误。提醒考生注意的是，在选项描述的制度是否为刑事诉讼制度容易出现陷阱。

D 项：该项描述是上诉不加刑原则的适用。上诉不加刑属于刑事诉讼制度。而且，哪怕只有被告人一方上诉，其实也有可能发现一审法院判轻了的，在这种情况下，基于准确定罪量刑的需要，本应该将一审判轻了的判决加重改判。但是，为了打消被告人上诉的顾虑，维护两审终审权，如果只有被告人一方上诉，二审法院哪怕发现一审法院判轻了，也不能对被告人判处重于原判的刑罚，实际上是上诉不加刑这一刑事诉讼制度的实施影响了量刑的实现。因此，D 项正确。

综上所述，本题答案为 ABD 项。

二、模拟训练

10 `2203001`

答案：A,B,C,D

解析：此题考查的是诉讼效率的理解。在刑诉中，判断一项制度是否体现效率原则，主要从两方面出发：一是这项制度是否帮助【省时间】；二是这项制度是否帮助【省资源】。

A 项：集中审理原则要求一个案件组成一个审判庭进行审理，每起案件自始至终应由同一法庭进行审判。在案件审理开始后尚未结束前不允许法庭再审理其他任何案件。法庭成员不得更换，集中证据调查与法庭辩论，庭审不中断并迅速作出裁判。因此，A 项正确。

B 项：诉讼效率是指诉讼中所投入的司法资源（包括人力、财力、设备等）与所取得的成果的比例。适用速裁程序审理的案件，一般在受理后 10 日内审结，对可能判处有期徒刑超过一年的，可

以延长至 15 日。从中可以看出速裁程序的案件审理期限相对普通程序大幅度缩短，是提高诉讼效率的体现。因此，B 项正确。

C 项：庭前会议会就证据材料听取意见，了解情况，对有异议的证据，开庭时重点调查，没有异议的开庭审理时举证、质证程序简化，这本身就是效率原则的体现。因此，C 项正确。

D 项：网上远程视频开庭是简化后的开庭方式，不但方便了诉讼参与人参加诉讼，降低了被告人押解风险，而且缩短了庭审周期，节约了司法资源，助推审判工作提高诉讼效率。因此，D 项正确。

综上所述，本题答案为 ABCD 项。

⑪ 2203002

答案：D

解析：本题考查的是刑事诉讼构造。刑事诉讼构造集中体现为控诉、辩护、审判三方在刑事诉讼中的地位及其相互间的法律关系。

A 项：不管是职权主义还是当事人主义，都得【遵循不告不理原则】，没有起诉，法官不能依职权主动追究犯罪，因此，A 项错误。

B 项：当事人主义诉讼构造是指法官自我克制，不主动依职权调查证据，将开始和推动诉讼的主动权委于当事人，控辩双方当事人在诉讼中居于主导地位。我国自诉案件在审理时仍然是由法官主导进行，并不适用当事人主义诉讼构造。因此，B 项错误。

C 项：一个国家特定时期的诉讼目的与构造具有内在的一致性，它们都受到当时占主导地位的关于刑事诉讼的法律价值观的深刻影响。据此，【诉讼目的决定诉讼结构，诉讼价值只是影响因素】，C 项中"我国职权主义诉讼结构由公正价值所决定"的说法并不正确。因此，C 项错误。

D 项：诉讼结构是指控诉、辩护、审判三方在刑事诉讼中的法律地位和相互关系，但由于我国刑事诉讼分阶段，法院【不能】提前介入审前阶段，因此审前阶段（包括侦查程序和审查起诉程序）中只存在控辩关系，完整的控辩审三方的关系只存在于审判阶段。因此，D 项正确。

综上所述，本题答案为 D 项。

⑫ 2203004

答案：A,B,D

解析：本题考查的是刑事诉讼价值。

A 项：公正价值包括程序公正和实体公正两方面的内容，在刑事诉讼价值中居于【核心】的地位。因此，A 项正确。

B 项：秩序价值有两层含义：1. 通过惩治犯罪，维护社会秩序；2. 追究犯罪的活动是有序的。而要求追究犯罪的活动有条不紊地进行是秩序价值的重要内容。因此 B 项正确。

C 项：一方面，刑事诉讼法【保证】刑法的正确实施，实现秩序、公正、效益价值，这称为刑事诉讼法的工具价值；另一方面，刑事诉讼法的制定和适用本身也在实现着秩序、公正、效益价值，这称为刑事诉讼法的独立价值。因此，C 项错误。

D 项：效益价值包括效率，也包括刑事诉讼对推动社会经济发展方面的效益。认罪认罚案件中，认罪认罚的当事人通过承认罪行愿意接受处罚换取程序上的从简。有效提高诉讼效率，是推进案件繁简分流的重要方式。因此，D 项正确。

综上所述，本题答案为 ABD 项。

第二章
刑事诉讼法的基本原则

参考答案

[1] ABC	[2] ABD	[3] BCD	[4] AB	[5] D
[6] A	[7] ABC	[8] BD	[9] BD	[10] CD
[11] A	[12] C	[13] D	[14] B	

一、历年真题

（一）刑事诉讼基本原则的概念与特征

【多选】

① 1402065

答案：A,B,C

解析：本题考查的是刑事诉讼基本原则概述。

A 项：刑事诉讼法原则的特征之一是体现刑事诉

讼活动的基本规律，是刑事诉讼具体制度、规则和程序的基础和依据，并对刑事诉讼活动具有指导或规范的作用，有着深厚的法律理论基础和丰富的思想内涵。因此，A 项正确。

B 项：刑事诉讼法原则既可以由法律明确规定，包括宪法或宪法性文件，刑事诉讼法等，也可以体现于刑事诉讼法的指导思想、目的、任务、具体制度和程序之中。比如分工负责，互相配合，互相制约原则既体现在《刑事诉讼法》第 7 条，而且在侦查、起诉、审判程序中，都通过具体程序体现分工负责、相互配合，相互制约的基本精神和要求。因此，B 项正确。

C 项：刑事诉讼法的基本原则的分类包括一般原则和独有原则，一般原则包括：（1）以事实为根据，以法律为准绳原则；（2）公民在法律面前一律平等原则；（3）各民族公民有权使用本民族语言文字进行诉讼原则；（4）审判公开原则；（5）保障诉讼参与人的诉讼权利原则，等等。独有原则包括：（1）侦查权、检察权、审判权由专门机关依法行使原则；（2）人民法院、人民检察院依法独立行使职权原则；（3）分工负责、互相配合、互相制约原则；（4）犯罪嫌疑人、被告人有权获得辩护原则，等等。因此，C 项正确。

D 项：基本原则虽然较为抽象和概括，但各项具体的诉讼制度和程序都必须与之相符合。而且，在具体诉讼制度没有作出详细规定的时候，可以适用刑事诉讼法的基本原则，即刑事诉讼原则具有弥补法律规定不足和填补法律漏洞的功能。因此，D 项错误。

综上所述，本题答案为 ABC 项。

（二）严格遵守法律程序原则

【多选】

 2 1502064

答案：A,B,D

解析：本题考查的是程序法定原则。

程序法定原则有两项要求：一是立法方面的要求：有法可依，即刑事诉讼程序应当由法律事先明确规定。二是司法方面的要求：有法必依，即刑事诉讼活动应当依据国家法律规定的刑事程序

来进行。从程序法定原则的要求来看，如果违反法律程序严重的，应当依法承担相应的法律后果。

A 项：程序法定原则在立法方面的要求包括：刑事诉讼程序应当由法律事先明确规定（有法可依）。因此，A 项正确。

B 项：英美法系国家的正当程序原则类似于大陆法系国家的程序法定原则。在大陆法系国家，程序法定原则与罪刑法定原则共同构成法定原则的内容。因此，B 项正确。

C 项：在英美法系国家，程序法定原则具体表现为正当程序原则。英美法系国家虽然实行判例制度，但也通过判例确立正当程序原则。因此，C 项错误。

D 项：程序法定原则在司法方面的要求：刑事诉讼活动应当依据国家法律规定的刑事程序来进行（有法必依）。因此，D 项正确。

综上所述，本题答案为 ABD 项。

（三）人民检察院依法对刑事诉讼实行法律监督

【多选】

3 1702064

答案：B,C,D

解析：本题考查的是检察院依法对刑事诉讼实行法律监督原则。

A 项：侦查权、检察权、审判权由专门机关依法行使的原则要求侦查权只能由各法定的专门机关依照立案管辖范围行使。审判权只能由法院行使。批准逮捕、提起公诉、提出量刑建议和诉讼监督等检察权只能由检察院行使。检察院虽然提前介入侦查，但检察院在介入时并未行使公安机关的侦查权，而只是在侦查时在场，并对侦查行为进行监督，对发现的违法行为提出纠正意见。因此没有违反侦查权、检察权、审判权由专门机关依法行使的原则。因此，A 项错误。

B 项：分工负责，互相配合，互相制约的原则要求在刑事诉讼中人民法院、人民检察院、公安机关分别按照法律的规定行使职权，各司其职，各负其责，既不能相互替代，也不能相互推诿。同时，也要求公、检、法三机关在分工负责、互相

配合的基础上，相互约束，相互制衡，防止发生错误或及时纠正错误，保证准确执行法律。检察院提前介入侦查，仍然由侦查机关负责侦查，但检察院能够监督侦查行为，体现了两个机关之间的制约，符合分工负责，互相配合，互相制约的原则的要求。因此，B项正确。

C项：检察院是国家的法律监督机关，有权对公安机关的立案侦查、法院的审判和执行机关的执行活动是否合法进行监督。检察院对刑事诉讼的监督贯穿于刑事诉讼活动的始终。其中，检察院对侦查活动进行监督，主要通过审查批准逮捕、审查起诉得以实现。根据规定，经公安机关商请或者人民检察院认为确有必要时，可以派员适时介入重大、疑难、复杂案件的侦查活动，参加公安机关对于重大案件的讨论，对案件性质、收集证据、适用法律等提出意见，监督侦查活动是否合法。由此可见，检察院提前介入侦查活动也是其监督侦查活动是否合法的途径之一。因此，C项正确。

D项：检察院提前介入侦查体现了两个机关之间的制约，是合法的介入侦查活动，行使监督权，目的是为了确保侦查机关遵守法定程序，防止程序违法出现。因此，D项正确。

综上所述，本题答案为BCD项。

（四）未经人民法院依法判决，对任何人都不得确定有罪

【多选】

④ 1302064

答案：A,B

解析：本题考查的是未经人民法院依法判决，对任何人都不得确定有罪原则。

AB项：根据法律规定，未经人民法院依法判决，对任何人都不得确定有罪。它的含义包括以下两点：（1）明确规定了确定被告人有罪的权力（即定罪权）只能由法院统一行使，其他任何机关、团体和个人都无权行使。（2）法院判决被告人有罪，必须严格依照法定程序。因此，AB项正确。

C项：判断是否确立了无罪推定原则，必须得看该规定是否完全符合无罪推定的四项要求：①认

定犯罪的证明责任由代表国家的控方承担。②控方的证明要达到排除合理怀疑的证明标准。③被刑事指控人证实有罪之前应被"推定"无罪。④存疑案件的处理应有利于被指控人，即疑罪从无。如果没有完全符合，那么就不能说已经确立了无罪推定原则。根据《刑事诉讼法》第12条的规定只能表明我国刑事诉讼法有体现无罪推定的精神的规定，但是没有确立无罪推定原则。因此，C项错误。

D项：所谓"疑罪"，是指对案件的证明在最后达不到证明标准，使案件处于真伪不明的状态。由于我国证明标准的表述为"事实清楚，证据确实充分"，故我国刑事诉讼中的疑案是指对案件的证明在最后达不到"事实清楚，证据确实充分"的程度，案件处于真伪不明的疑案状态。而达不到"事实清楚，证据确实充分"的另一种表述就是"事实不清，证据不足"。因此，"案件事实不清，证据不足"本身就是"疑罪"的表述。疑罪从无要求事实不清，证据不足须判无罪。根据规定，证据不足，不能认定被告人有罪的，应当作出证据不足、指控的犯罪不能成立的无罪判决。因此，根据规定，能得出疑罪从无的结论。但是，"未经法院依法判决，对任何人都不得确定有罪"的规定，仅凭这一点并不能得出疑罪从无的结论。法院统一行使定罪权和疑罪从无的规定是并列的。这两项内容都体现了无罪推定原则的精神。因此，D项错误。

综上所述，本题答案为AB项。

（五）认罪认罚从宽原则

【单选】

⑤ 2201037

答案：D

解析：本题考查的是认罪认罚从宽原则。

A项：对于原来认罪认罚，后来反悔不认罪的，应当转换程序，不能继续按速裁程序进行审理，也不能当庭将量刑从重处罚。因此，A项错误。

B项：认罪认罚从宽原则中的"认罪"要求承认主要犯罪事实。本案中，常某在审判中不接受司法机关的认定意见，因此不能认定为认罪。因此，

B 项错误

C 项：由于简易程序的适用前提是要求被告人认罪，但本案中由于被告人不认罪，所以不能转为简易程序审理，只能转为普通程序继续审理。因此，C 项错误。

D 项：虽然被告人不认罪，但是其积极退赔，作为酌定量刑情节，虽然不再适用认罪认罚从宽原则，但法院仍可以根据其积极退赔从宽量刑。因此，D 项正确。

综上所述，本题答案为 D 项。

6 2001067

答案：A

解析：本题考查的是未成年刑事案件的诉讼程序与认罪认罚从宽的适用。

A 项：认罪认罚从宽既是一项基本原则，也是一项具体制度，适用于全部案件，而且贯穿刑事诉讼全过程，适用于侦查、起诉、审判各个阶段。据此，甲乙在侦查阶段就认罪认罚，一直认罪认罚到审判可以，甲、乙在侦查阶段或审查起诉阶段不认罪认罚，到了审判时才认罪认罚的也可以。因此，A 项正确。

B 项：根据规定，在审查逮捕、审查起诉中，人民检察院应当讯问未成年犯罪嫌疑人，【听取辩护人】的意见，并制作笔录附卷。讯问未成年犯罪嫌疑人，应当【通知】其法定代理人到场，告知法定代理人依法享有的诉讼权利和应当履行的义务。可知，法律只要求【通知】其法定代理人到场，但并没有应当"听取"法定代理人意见的规定。另外甲在审查起诉时已满 18 周岁，不再是未成年人，不存在法定代理人的说法。因此，B 项错误。

C 项：根据规定，未成年犯罪嫌疑人没有委托辩护人的，人民检察院应当书面通知法律援助机构指派律师为其提供辩护。此处未成年犯罪嫌疑人，是指在诉讼过程中未满十八周岁的人。为未成年人提供法律援助是看诉讼进程中的年龄，而非犯罪时年龄。本案中，甲进入审查起诉阶段时已满 18 周岁，不再是未成年人，此时某县检察院无需为其通知法律援助。因此，C 项错误。

D 项：对于共同犯罪案件，一部分被告人认罪认罚，另一部分被告人拒绝认罪认罚，对认罪认罚的被告人可以适用认罪认罚从宽制度。甲乙共同犯罪，甲在审判阶段认罪认罚，乙拒绝认罪认罚，对甲仍可适用认罪认罚从宽制度。因此，D 项错误。

综上所述，本题答案为 A 项。

【多选】

7 2001074

答案：A,B,C

解析：本题考查的是认罪认罚从宽制度。

A 项：根据规定，未成年犯罪嫌疑人认罪认罚，但其法定代理人、辩护人对未成年人认罪认罚有异议的，不需要签署认罪认罚具结书；以上未成年犯罪嫌疑人未签署认罪认罚具结书的，不影响认罪认罚从宽制度的适用。因此，A 项正确。

BC 项：根据规定，"认罚"考查的重点是犯罪嫌疑人、被告人的悔罪态度和悔罪表现，应当结合退赃退赔、赔偿损失、赔礼道歉等因素来考量。B 项中乙故意杀死丙，但不后悔杀丙，属于没有悔罪表现，对乙不得适用认罪认罚从宽制度。因此，B 项正确。C 项中丁表面认罪认罚，却不接受赔偿数额，悔罪表现不积极，不能对其适用认罪认罚从宽制度（若因为被害人提出了过分的赔偿请求，导致犯罪嫌疑人、被告人无法赔偿的，可以对其适用认罪认罚从宽制度，但本题中并未体现出被害人漫天要价的情节）。因此，C 项正确。

D 项：根据规定，对认罪认罚案件，应当根据案件情况，依法适用速裁程序、简易程序或者普通程序审理。可知，戊认罪认罚，并不必然适用速裁程序。因此，D 项错误。

综上所述，本题答案为 ABC 项。

8 2001073

答案：B,D

解析：本题考查的认罪认罚从宽原则与其他基本原则的关系。

A 项：认罪认罚从宽既是一项基本原则，也是一项具体制度，适用于全部案件，而且贯穿刑事诉讼全过程，适用于侦查、起诉、审判各个阶段。据此，被追诉人在侦查阶段就认罪认罚，一直认罪认罚到审判也可以，在侦查阶段或审查起诉阶段不认罪认罚，到了审判时才认罪认罚的也可以。

据此，公安机关在侦查阶段没有适用认罪认罚制度，检察院在审查起诉阶段仍可以开展认罪认罚工作。但是检察院开展认罪认罚工作并非是在配合公安机关，而是检察院在审查起诉阶段的法定职责。因此，A项错误。

B项：在认罪认罚案件中，对于检察院提出的量刑建议，法院一般应当采纳，但如果法院认为检察院提出的量刑建议明显不当，有权依法独立作出裁判，这体现了法院通过审判程序对检察院提起公诉案件的制约。因此，B项正确。

C项：分工负责、互相配合、互相制约原则是体现公安机关、检察院和法院之间的工作关系，而法律援助机构属于司法行政机关（司法局、司法厅），其向看守所或者其他机关派驻值班律师与分工负责、互相配合、互相制约原则没有关系。因此，C项错误。

D项：认罪认罚从宽原则贯穿刑事诉讼全过程，要求公安机关在侦查阶段、检察院在审查起诉阶段，法院在审判阶段都要分别适用认罪认罚从宽制度，这体现了公安机关、检察院和法院的分工负责。因此，D项正确。

综上所述，本题答案为BD项。

9 `2001072`

答案：B,D

解析：本题考查的是认罪认罚从宽原则。

A项：认罪认罚从宽原则中的"认罪"，有三项要求：一是要求认犯罪事实；二是要求承认指控的主要犯罪事实，仅对个别事实情节提出异议，或者虽然对行为性质提出辩解但表示接受司法机关认定意见的，不影响"认罪"的认定；三是如果犯数罪的，要求认每个罪的事实，如果只是认一罪或部分罪名事实的，全案不作"认罪"的认定，不适用认罪认罚从宽制度，但对如实供述的部分，人民检察院可以提出从宽处罚的建议，人民法院可以从宽处罚。因此，甲虽然只认所犯数罪中的一罪，但对其如实供述的部分，法院可以从宽处罚。因此，A项错误。

B项：认罪认罚只是"可以"从宽，而并非一律从宽。而且，对犯罪性质和危害后果特别严重、犯罪手段特别残忍、社会影响特别恶劣的犯罪嫌

疑人、被告人，认罪认罚不足以从轻处罚的，依法不予以从宽处罚。因此，B项正确。

CD项：认罪认罚从宽既是一项基本原则，也是一项具体制度，适用于全部案件，而且贯穿刑事诉讼全过程，适用于侦查、起诉、审判各个阶段。据此，被追诉人在侦查阶段就认罪认罚，一直认罪认罚到审判也可以，在侦查阶段或审查起诉阶段不认罪认罚，到了审判时才认罪认罚的也可以。因此不能说认罪认罚从宽原则只能适用某一诉讼阶段，因此，C项错误。同样的，为保证认罪认罚的自愿性、真实性，被追诉人在侦查阶段认罪认罚的，也允许其在后续阶段反悔，反悔后就不能适用认罪认罚从宽原则了。因此，D项正确。

综上所述，本题答案为BD项。

10 `2001105`

答案：C,D

解析：本题考查的是认罪认罚从宽原则。

A项：案件是否适用认罪认罚从宽原则，以被追诉人是否符合"认罪""认罚"的要求为前提，不以被害人谅解为条件。如果认罪认罚，但没有退赃退赔、赔偿损失，未能与被害方达成调解或者和解协议的，从宽时应当予以酌减。由此可见，退赃退赔等只是悔罪态度和悔罪表现的考量因素之一，不是唯一因素。本案中犯罪嫌疑人是客观上不具备赔偿能力，心有余而力不足。因此，即便没有退赃退赔，未获得谅解，也不影响认罪认罚从宽制度的适用，只是会影响从宽的幅度。因此，A项错误。

B项：犯罪嫌疑人、被告人享有程序选择权，不同意适用速裁程序、简易程序的，不影响"认罚"的认定。也就是说，只要被告人认罪认罚，哪怕不同意适用速裁程序或简易程序，不影响认罪认罚从宽原则的适用。因此，B项错误。

C项：认罪认罚从宽原则中的"认罪"，有三项要求：一是要求认犯罪事实；二是要求承认指控的主要犯罪事实，仅对个别事实情节提出异议，或者虽然对行为性质提出辩解但表示接受司法机关认定意见的，不影响"认罪"的认定。三是如果犯数罪的，要求认每个罪的事实，如果只是认一罪或部分罪名事实的，全案不作"认罪"的认定，

不适用认罪认罚从宽制度，但对如实供述的部分，人民检察院可以提出从宽处罚的建议，人民法院可以从宽处罚。据此，由于犯罪嫌疑人不认滥用职权罪，因此全案不能适用认罪认罚从宽原则。因此，C 项正确。

D 项：认罪认罚只是"可以"从宽，而并非一律从宽。而且，对犯罪性质和危害后果特别严重、犯罪手段特别残忍、社会影响特别恶劣的犯罪嫌疑人、被告人，认罪认罚不足以从轻处罚的，依法不予从宽处罚。因此，D 项正确。

综上所述，本题答案为 CD 项。

（六）具有法定情形不予追究刑事责任

【单选】

11 `1402023`

答案：A

解析：本题考查的是具有法定情形不予追究刑事责任原则。

根据规定，有下列情形之一的，不追究刑事责任，已经追究的，应当撤销案件，或者不起诉，或者终止审理，或者宣告无罪：（一）情节【显著】轻微、危害不大，不认为是犯罪的；（二）犯罪已过追诉时效期限的；（三）经特赦令免除刑罚的；（四）依照刑法告诉才处理的犯罪，没有告诉或者撤回告诉的；（五）犯罪嫌疑人、被告人死亡的；（六）其他法律规定免予追究刑事责任的。据此，具有法定情形不予追究刑事责任原则中的"法定情形包括："显著轻、过时效、特赦、告诉和死掉"，只要不是上述法定情形，那么即使不追究刑事责任，也跟规定的具有法定情形不予追究刑事责任原则没有关系。

A 项：涉案金额未达到刑法要求的起刑点，属于【情节显著轻微】，危害不大，不认为是犯罪的情形，且已经立案，因此公安机关决定撤销案件的处理也是正确的，体现了具有法定情形不予追究刑事责任的原则。因此，A 项正确。

B 项："情节轻微"不是规定的法定情形之一，因此哪怕不起诉是属于不追究刑事责任，但与"具有法定情形不追究刑事责任原则"没有关系。因此，B 项错误。

C 项：根据规定，在审判阶段，只有两种情形下宣告无罪才与"具有法定情形不追究刑事责任原则"有关系：一是显著轻宣告无罪；二是死亡，有证据证明其无罪的，缺席审理宣告其无罪。换言之，若不是这两种宣告无罪，因其他原因判决无罪的，均与"具有法定情形不追究刑事责任原则"没有关系。本选项中因"主观上不具有非法占有他人财物的目的"不属于上述两种情形，因此不属于法定情形，哪怕最后判无罪是不追究刑事责任，但与"具有法定情形不追究刑事责任原则"没有关系。因此，C 项错误。

D 项："证据不足"不是规定的法定情形之一，因此哪怕不起诉是属于不追究刑事责任，但与"具有法定情形不追究刑事责任原则"没有关系。因此，D 项错误。

综上所述，本题答案为 A 项。

二、模拟训练

12 `2203006`

答案：C

解析：本题考查的是认罪认罚从宽制度在侦查阶段的适用。

A 项：根据规定，认罪认罚从宽制度中的【认罪】，是指犯罪嫌疑人、被告人自愿如实供述自己的罪行，对指控的【犯罪事实】没有异议。承认指控的主要犯罪事实，仅对【个别事实情节】（晚上）提出异议，或者虽然对行为性质提出辩解但表示接受司法机关认定意见的，不影响认罪的认定。因此，A 项错误。

B 项：根据规定，犯罪嫌疑人、被告人犯数罪，仅如实供述其中一罪或部分罪名事实的，全案不作认罪的认定，不适用认罪认罚从宽制度，但对【如实供述的部分】（盗窃部分事实），可以从宽。因此，B 项错误。

C 项：根据规定，犯罪嫌疑人自愿认罪的，应当记录在案，随案移送，并在起诉意见书中写明有关情况；认为案件符合速裁程序适用条件的，可以向人民检察院提出适用速裁程序的建议。因此，C 项正确。

D 项：认罪认罚并和解在侦查阶段公安机关不会撤销案件，除非符合特定条件，即除了认罪认罚外，还须有重大立功或者案件涉及国家重大利益的，经最高人民检察院核准，公安机关可以撤销案件。D 项不符合撤销案件的条件，因此，D 项错误。

综上所述，本题答案为 C 项。

13 `2203007`

答案：D

解析：本题考查的是认罪认罚从宽原则。

A 项：根据规定，犯罪嫌疑人自愿如实供述涉嫌犯罪的事实，有重大立功或者案件涉及国家重大利益的，经最高人民检察院核准，公安机关可以撤销案件。因此，公安机关是"可以"而非"应当"撤销案件。因此，A 项错误。

B 项：根据规定，犯罪嫌疑人认罪认罚的，检察院应当告知其享有的诉讼权利和认罪认罚的法律规定，听取犯罪嫌疑人、辩护人或者值班律师、被害人及其诉讼代理人对下列事项的意见，并记录在案。据此，B 项"可以"二字错误。因此，B 项错误。

C 项：根据规定，对于认罪认罚案件，人民法院依法作出判决时，一般应当采纳人民检察院指控的罪名和量刑建议，因此法院判决时，只是"一般应当"采纳检察院指控罪名与量刑建议，而非"应当"。因此，C 项错误。

D 项：根据规定，犯罪嫌疑人自愿认罪，同意量刑建议和程序适用的，应当在辩护人或者值班律师在场的情况下签署认罪认罚具结书。因此，D 项正确。

综上所述，本题答案为 D 项。

14 `2203008`

答案：B

解析：本题考查的是具有法定情形不予追究刑事责任的原则。

ACD 项：根据规定，法定情形不予追究刑事责任的情形只包括【显时特告死】。A 项中认罪认罚、C 项中犯罪情节轻微、D 项中证据不足，均不属于不起诉的法定情形，与具有法定情形不追究刑事责任原则没有关系。因此，ACD 项错误。

B 项：B 项中李四属于情节显著轻微的情况，属于法定情形。而且徇私枉法罪是由检察院侦查的，

在侦查阶段发现的法定不起诉案件由检察院做出撤销案件的决定是正确的。因此，B 项正确。

综上所述，本题答案是 B 项。

 第三章 刑事诉讼中的专门机关和诉讼参与人

参考答案

[1] AB	[2] CD	[3] AB	[4] C	[5] A
[6] CD	[7] AB	[8] BCD	[9] BD	[10] ABD
[11] ACD	[12] AB	[13] D		

一、历年真题

（一）专门机关

【多选】

1 `2001101`

答案：A,B

解析：本题考查的是人民检察院内部组织体系。

A 项：检察系统属于垂直一体化设置，上下级为领导与被领导的关系，故上级检察院可以调用辖区内下一级机关人员。因此，A 项正确。

B 项：根据《人民检察院刑事诉讼规则》第 6 条规定，检察院根据检察工作需要设置业务机构，在刑事诉讼中按照分工履行职责。业务机构负责人对本部门的办案活动进行监督管理。因此，B 项正确。

C 项：检察院办理刑事案件，根据案件情况，可以由一名检察官独任办理，也可以由两名以上检察官组成办案组办理。故案件可以由一名或是两名以上检察官办理。因此，C 项错误。

D 项：根据规定，重大办案事项，由检察长决定。检察长可以根据案件情况，提交检察委员会讨论决定。其他办案事项，检察长可以自行决定，也可以委托检察官决定。可知，D 项说法不够全面，重大办案事项可能由【检察长】或是【检委会】决定。因此，D 项错误。

综上所述，本题答案为 AB 项。

2 `1702065`

答案：C,D

解析：本题考查的是刑事诉讼专门机关中的法院和检察院的职权与上下级关系。

AB 项：上、下级法院之间是【监督与被监督】的关系。上级法院监督下级法院的审判工作，最高法院监督地方各级法院和专门人民法院的审判工作。上级法院应当通过二审程序、死刑复核程序、审判监督程序等法定程序来实现对下级人民法院审判工作的监督。同时，最高人民法院通过依法解释法律、发布指导性案例等方法，指导、监督各级法院的审判工作。通过检查工作、总结经验、发现问题，对下级法院的审判工作实施监督和指导。由此可见，最高法院【不能直接干涉】具体个案的审理，AB 项中，实际上最高法院已经直接干涉具体案件的审理工作。因此，AB 项错误。

CD 项：检察院上下级之间是【领导与被领导】的关系，上级检察院领导下级人民检察院的工作，并可以直接指挥、参与下级人民检察院的办案活动。具体包括：①上级检察院对下级检察院作出的决定，有权撤销或者变更；发现下级检察院办理的案件有错误的，有权指令下级检察院予以纠正。下级检察院对上级检察院的决定应当执行。②可以对下级检察院管辖的案件指定管辖。③可以办理下级检察院管辖的案件。④可以依法统一调用辖区的检察人员办理案件，被调用的检察官可以代表办理案件的上级检察院履行出庭支持公诉等各项检察职责。基于上下级检察院之间的领导与被领导关系，检察院独立行使检察权实质上是指整个检察系统作为一个整体独立行使检察权，这在理论上称为【检察一体化】。基于检察一体化，最高检察院可以直接参与下级检察院的办案活动，也可以决定下级检察院如何办理案件。因此，CD 项正确。

综上所述，本题答案为 CD 项。

3 `1502065`

答案：A,B

解析：本题考查的是刑事诉讼中专门机关的组织体系与职权。

A 项：各级公安机关在自己管辖的地区以内，可以直接发布通缉令；超出自己管辖的地区，应当报请有权决定的上级机关发布。因此，A 项正确。（关于公安机关发布通缉令的内容，主要规定在第十二章侦查中，因此，考生若因为还没有复习至侦查一章导致本选项做错，不必太过于在意）

B 项：基于上下级检察院之间的领导与被领导关系，检察院独立行使检察权实质上是指整个检察系统作为一个【整体】独立行使检察权，这在理论上称为【检察一体化】。B 项正确。

C 项：检察院上下级之间是【领导与被领导】的关系，上级检察院有权就具体案件对下级检察院作出命令、指示，包括可以撤回下级检察院的二审抗诉。但是，上级检察院不能"直接"撤回，因为根据规定，上级检察院在撤回前，【应当听取】下级检察院的意见。听取意见后，仍然认为抗诉不当的，应当向同级法院撤回抗诉，并且通知下级检察院。据此，C 项错误。

D 项：人民法院上下级之间是【监督与被监督】的关系。但是，上级法院可以审理本应该由下级法院审理的案件，但下级法院不可以审理本应该由上级法院审理的案件，即所谓的"上可以审下，下不可以审上"。因此，D 项错误。（关于"上可以审下，下不可以审上"的内容，主要规定在第四章管辖中，因此，考生若因为还没有复习至管辖一章导致本选项做错，不必太过于在意）

综上所述，本题答案为 AB 项。

（二）诉讼参与人（除专门机关以外的人）

【单选】

4 `2001058`

答案：C

解析：本题综合考查缺席审判程序的适用范围以及单位犯罪的审理程序。

A 项：可以适用缺席审判程序的案件范围为：贪污贿赂犯罪案件＋需要及时进行审判，经最高检核准的严重危害国家安全犯罪、恐怖活动犯罪案件。本案中，长河公司及曹某涉嫌生产假药，不属于上述可以适用缺席审判程序的案件范围。因此，A 项错误。

B项：根据规定，审判期间，被告单位被吊销营业执照、宣告破产但尚未完成清算、注销登记的，法院应当【继续】审理，而不是"终止"审理。因此，B项错误。

C项：根据规定，为保证判决的执行，法院可以先行查封、扣押、冻结被告单位的财产，或者由被告单位提出担保。因此，C项正确。

D项：根据规定，被告单位的诉讼代表人，应当是法定代表人、实际控制人或者主要负责人；法定代表人、实际控制人或者主要负责人被指控为单位犯罪直接责任人员或者因客观原因无法出庭的，应当由被告单位委托其他负责人或者职工作为诉讼代表人。但是，有关人员被指控为单位犯罪直接责任人员或者知道案件情况、负有作证义务的除外。可知，本案中，长河公司的诉讼代表人本应是法定代表人曹某，但由于曹某外逃，长河公司需要委托其他负责人或者职工担任诉讼代表人。方某由于【被指控】为单位犯罪直接责任人员，所以不得担任长河公司的诉讼代表人。因此，D项错误。

综上所述，本题答案为C项。

⑤ 1901099

答案：A

解析：本题考查的是刑事诉讼职能。

A项：行使控诉职能的主体包括：检察机关、自诉人及其法定代理人、被害人及其法定代理人、近亲属。被害人在自诉案件中就是自诉人。因此，A项正确。

B项：检察院是国家法律监督机关，其职权主要有：侦查权、公诉权以及诉讼监督权。其中，检察院行使侦查权和公诉权都属于行使控诉职能。但是诉讼监督权是秉持客观公正、中立的立场进行的法律监督，因此不属于控诉职能，而只能是行使法律监督权。检察院作为裁定者，对侦查机关通过刑讯逼供方式获得的证据予以排除，行使诉讼监督权的表现，不属于控诉职能。因此，B项错误。

C项：在刑事诉讼中，证人（包括控方证人、辩方证人）、见证人、鉴定人、翻译人员参与案件是为了协助办案机关还原案件真相，因此不承担控

诉、辩护、审判职能。因此，C项错误。

D项：对被告人有利的量刑证据是有利于被告人的，属于是辩护证据，因此检察院提出对被告人有利的量刑证据不是行使控诉职能。需要指出的是，检察院提出对被告人有利的量刑证据不是行使控诉职能并不意味着此时检察院行使的就是辩护职能。实际上，检察院提出有利于被告人的量刑证据是基于检察院的国家法律监督机关属性，是其行使诉讼监督权的要求。诉讼监督权是秉持客观公正、中立的立场进行的法律监督，因此不属于控诉职能，而只能是行使法律监督权。基于法律监督权，检察院既要提出不利于被告人的证据，也要提出有利于被告人的证据，总之，要全面、客观地提出证据。据此，检察院提出对被告人有利的量刑证据，是检察院行使诉讼监督权的表现，不行使任何职能。因此，D项错误。

综上所述，本题答案为A项。

【多选】

⑥ 2401060

答案：C,D

解析：本题考查的是诉讼参与人的职能。

A项：检察机关是代表国家行使控诉职能的司法机关，虽然承担控诉职能，但【不是诉讼参与人】。故A项错误。

B项：证人是指在诉讼外了解案件情况的当事人以外的自然人，【证人不承担控诉职能】。故B项错误。

C项：自诉人是在自诉案件中，以自己的名义直接向人民法院提起诉讼的人，承担控诉职能。故C项正确。

D项：被害人的法定代理人是由法律规定的对被代理人负有专门保护义务并代其进行诉讼的人，其行为可以代表被害人，承担控诉职能。故D项正确。

综上所述，本题答案为CD项。

⑦ 1702066

答案：A,B

解析：本题考查的是诉讼参与人的范围以及证人的资格。

A 项：诉讼参与人只包括以下 12 种身份参与诉讼的人：①犯罪嫌疑人；②被告人；③被害人；④自诉人；⑤附带民事诉讼原告人；⑥附带民事诉讼被告人；⑦法定代理人；⑧诉讼代理人；⑨辩护人；⑩证人；⑪鉴定人；⑫翻译人员。翻译人员属于诉讼参与人。因此，A 项当选。

B 项：负责死因鉴定的法医是鉴定人，因此属于诉讼参与人。B 项正确。需要指出的是，侦查机关内部可以设置鉴定部门，社会上也可以有鉴定机构，不管是侦查机关（包括公安机关）指派内部的鉴定人，还是聘请外部的鉴定机构的鉴定人，只要是以鉴定人身份参与诉讼的，都是诉讼参与人。因此，B 项当选。

C 项：同样是侦查人员，同样是出庭，如果侦查人员就其侦查中目击的犯罪情况出庭的，属于证人；如果是就其在侦查中取证合法性出庭说明的，则此时法律没有赋予其特殊身份，其仍然只能是侦查人员身份。因此，侦查人员是就证据收集合法性出庭说明情况的，其只能是侦查人员身份，因为是侦查人员身份，所以就不属于诉讼参与人了。因此，C 项不当选。

D 项：有专门知识的人不是鉴定人，虽然其参加诉讼，但是不属于 12 种身份中的任何一种，不是诉讼参与人。因此，D 项不当选。

综上所述，本题答案为 AB 项。

8 1702067

答案：B,C,D

解析：本题考查的是诉讼参与人中犯罪嫌疑人、被告人的诉讼权利。

ABCD 项：判断犯罪嫌疑人、被告人的一项权利究竟是防御性权利还是救济性权利时，关键点在于：如果这项权利的行使不以犯罪嫌疑人、被告人已有权利被侵犯为前提的，就是防御性权利；但是，如果这项权利的行使，是因为已有权利已经被侵犯才行使的，那么这项权利就是救济性权利。据此，控告权、申诉权、上诉权都属于是权利被侵犯后行使的权利，因此属于救济性权利。因此，BCD 项当选。A 项中申辩自己无罪并不以现有权利被侵犯为前提，属于防御性权利。因此，A 项不当选。

综上所述，本题答案为 BCD 项。

9 1502066

答案：B,D

解析：本题考查的是诉讼参与人中的被害人的诉讼权利。

A 项：公诉案件的被害人无权撤回起诉。A 项错误。

B 项：公诉案件的被害人有权委托诉讼代理人。公诉案件若符合公诉转自诉条件的，也可以提起自诉，因此 B 项正确。

C 项：公诉案件被害人都有权申请复议；但是公诉案件被害人无权提起上诉，C 项错误。

D 项：公诉案件被害人针对一审判决不服的，有权申请检察院抗诉；认为已生效裁判有错的，有权向法院或检察院申诉，D 项正确。

综上所述，本题答案为 BD 项。

10 1402069

答案：A,B,D

解析：本题考查的是其他诉讼参与人中的证人（人身保护权以及证人的资格）。

本题表面上来看似乎考的是人身保护权的保护措施，但真正考的是人身保护权的权利主体，特别是证人资格问题。

A 项：人身保护权的权利主体包括证人、鉴定人、被害人以及上述人员的近亲属（上下左右）。据此，被害人属于人身保护权的权利主体。而且，审判阶段，法院对任何案件都可以主动提供人身保护。因此，A 项正确。

B 项：证人属于人身保护权的权利主体，而且证人可以申请提供保护。因此，B 项正确。

C 项：由于侦查人员丙出庭是为了说明讯问的合法性，而不是就他在侦查中目击到的犯罪情况出庭，因此侦查人员丙此时仍然只是侦查人员身份，因此不是人身保护权的权利主体，不能为其提供人身保护。因此，C 项错误。

D 项：如果使用该证据可能危及有关人员的人身安全，或者可能产生其他严重后果的，应当采取不暴露有关人员身份、技术方法等保护措施，必要的时候，可以由审判人员在庭外对证据进行核实。为保护警方卧底丁的人身安全，丁可不出庭作证，由审判人员在庭外核实丁的证言是正确的。因此，D项正确。对卧底丁的证言在庭外核实的内容，主要规定在第七章证据中，考生若因为还未复习到证据的内容而导致本选项做错的，不必太过在意。

综上所述，本题答案为ABD项。

二、模拟训练

11 `2203010`

答案：A,C,D

解析：本题考查的是公检法依职权主动对证人、鉴定人、被害人提供保护。

ABCD项：根据规定，对于危害国家安全犯罪、恐怖活动犯罪、黑社会性质的组织犯罪、毒品犯罪等案件，【证人、鉴定人、被害人】因在诉讼中作证，本人或者其近亲属的人身安全面临危险的，公、检、法应当采取以下一项或者多项保护措施：（一）不公开真实姓名、住址和工作单位等个人信息；（二）采取不暴露外貌、真实声音等出庭作证措施；（三）禁止特定的人员接触证人、鉴定人、被害人及其近亲属；（四）对人身和住宅采取专门性保护措施；（五）其他必要的保护措施。

可知被害人、证人、鉴定人是人身保护权的权利主体，且保护措施符合法律规定，因此法院主动提供保护是正确的。因此，ACD项正确。B项中侦查人员出庭的目的不同，身份不同，因为侦查人员是就侦查中收集证据合法性出庭的，因此其身份仍然是侦查人员，一般来讲，除了会对进行技术侦查的侦查人员采取人身保护措施，普通案件的侦查人员并不需要进行人身保护。题干中并未表明所收集证据属于技术侦查证据材料，因此，本题中的侦查人员并不享有人身保护权。因此，B项错误。

综上所述，本题答案为ACD项。

12 `2203011`

答案：A,B

解析：本题考察的是诉讼参与人的范围。诉讼参与人包括当事人和其他诉讼参与人共12种身份参与诉讼的人：①当事人6种：被害人、自诉人、犯罪嫌疑人、被告人、附带民事诉讼的原告人和

被告人；②其他诉讼参与人6种：法定代理人、诉讼代理人、辩护人、证人、鉴定人和翻译人员。

AB项：辩护律师洪某、作为鉴定人的法医王某是诉讼参与人。因此，AB项正确。

C项：陈某就其有没有非法取证而出庭，此时其身份仍然是侦查人员，因此不是诉讼参与人。因此，C项错误。

D项：有专门知识的范某，虽然参与诉讼，但是法律没有赋予其诉讼参与人的地位。因此，D项错误。

综上所述，本题答案为AB项。

13 `2203012`

答案：D

解析：本题考查的是公诉案件中被害人的诉讼权利。

A项：根据规定，不起诉决定书送达时应当告知被害人或者其近亲属及其诉讼代理人，如果对不起诉决定不服，可以自收到不起诉决定书后七日以内向【上一级人民检察院】申诉。因此，A项错误。

B项：根据规定，公诉案件的被害人及其法定代理人或者近亲属，附带民事诉讼的当事人及其法定代理人，自案件【移送审查起诉之日】起，有权委托诉讼代理人。因此，B项错误。

C项：根据规定，【证人】因履行作证义务而支出的交通、住宿、就餐等费用，应当给予补助。据此，经济补偿权是专属于证人的，被害人不享有经济补偿权。因此，C项错误。

D项：根据规定，对于【危害国家安全犯罪、恐怖活动犯罪、黑社会性质的组织犯罪、毒品犯罪】等案件，【证人、鉴定人、被害人】因在诉讼中作证，【本人或者其近亲属】的人身安全面临危险的，法院、检察院和公安应当采取保护措施。因此，D项正确。

综上所述，本题答案为D项。

第四章
管辖

参考答案

[1] A	[2] C	[3] ABC	[4] ABCD	[5] ABD
[6] ABCD	[7] D	[8] C	[9] D	[10] D
[11] BCD	[12] ABCD	[13] ABCD	[14] CD	[15] BCD
[16] CD	[17] BD	[18] B	[19] A	

一、历年真题

（一）立案管辖

【单选】

1 `1901101`

答案：A

解析：本题综合考查立案管辖与辩护人的诉讼义务中的不得毁灭证据、伪造证据、妨碍作证。

A 项：由于乙所涉嫌的犯罪是逃税，与其所承办的案件没有关系，因此根据立案管辖的内容，由犯罪地的公安机关管辖。因此，A 项正确。

B 项：由于乙所涉嫌的犯罪是协助甲转移赃款，属于帮助犯罪嫌疑人干扰司法机关诉讼活动的犯罪，因此，应当由 B 市公安机关以外的【其他公安机关】来办理乙的犯罪案件。因此，B 项错误。

C 项：由于乙所涉嫌的犯罪是伪造甲案证据，属于帮助犯罪嫌疑人伪造证据涉嫌犯罪的，应当由 B 市公安机关下辖 D 区公安分局以外的其他公安机关来办理乙的犯罪案件。因此，C 项错误。

D 项：乙的行为涉嫌行贿罪，属于监察委员会立案调查的案件，故乙应当由 C 市或者 C 市下辖的监察机关管辖，而不应当由公安机关立案侦查。因此，D 项错误。

综上所述，本题答案为 A 项。

2 `1602024`

答案：C

解析：注：本题因《监察法》出台，原题考察已无价值且无答案，故对题目进行相应修改。

A 项：根据《监察法》第 16 条第 3 款的规定："监察机关之间对【监察事项的管辖】有争议的，由

其【共同的上级监察机关】确定。"因此，A 项正确，不当选。

BCD 项：根据《监察法》第 17 条的规定："上级监察机关可以将其所管辖的监察事项指定下级监察机关管辖，也可以将下级监察机关有管辖权的监察事项指定给其他监察机关管辖。监察机关认为所管辖的监察事项重大、复杂，需要由上级监察机关管辖的，可以报请上级监察机关管辖。"可知，监察机关认为所管辖的监察事项重大、复杂，需要由上级监察机关管辖的，是"可以"报请上级监察机关管辖，而不是"应当"。因此，BD 项正确，不当选；C 项错误，当选。

综上所述，本题为选非题，答案为 C 项。

【多选】

3 `2301033`

答案：A,B,C

解析：本题考查的是信息网络犯罪的管辖（23 年新增法规）、没收违法所得程序的适用条件与认罪认罚从宽制度。

A 项：根据规定，贪污贿赂犯罪、恐怖活动犯罪等重大犯罪案件，犯罪嫌疑人、被告人逃匿，在通缉一年后不能到案的，人民检察院可以向人民法院提出没收违法所得的申请。同时《刑事诉讼法》第 298 条规定的"贪污贿赂犯罪、恐怖活动犯罪等重大犯罪案件"包含电信诈骗、网络诈骗犯罪案件。本案中丁满足没收违法所得程序的适用条件。因此，A 项正确。

B 项：根据规定，对于具有特殊情况，跨省（自治区、直辖市）指定异地公安机关侦查更有利于查清犯罪事实、保证案件公正处理的重大信息网络犯罪案件，以及在境外实施的信息网络犯罪案件，公安部可以商最高人民检察院和最高人民法院指定侦查管辖。本案属于在境外实施的信息网络犯罪案件，故公安部可以商最高检和最高法指定侦查管辖。因此，B 项正确。

C 项：根据规定，办理信息网络犯罪案件，对于数量特别众多且具有同类性质、特征或者功能的物证、书证、证人证言、被害人陈述、视听资料、电子数据等证据材料，确因客观条件限制无法逐一收集的，应当按照一定比例或者数量选取证据，

并对选取情况作出说明和论证。本案中电子数据类证据满足海量证据抽样取证的条件。因此，C项正确。

D项：根据规定，犯罪嫌疑人只要认罪认罚，除却"盲聋哑、半疯傻、未成年的法代/辩有异议"的情形，均需要签署认罪认罚具结书。共同犯罪中部分犯罪嫌疑人对案件事实、量刑等有异议的，只影响案件的程序选择，而不影响其他犯罪嫌疑人认罪认罚的效力。因此，D项错误。

综上所述，本题答案为ABC项。

④ 1901114

答案：A,B,C,D

解析：本题考查的是立案管辖中公安机关的立案管辖

ABCD项：刑事案件由犯罪地的公安机关管辖。如果由犯罪嫌疑人居住地的公安机关管辖更为适宜的，可以由犯罪嫌疑人居住地的公安机关管辖。信息网络犯罪，犯罪地"沾边就管"。用于实施犯罪行为的网络服务使用的服务器所在地，网络服务提供者所在地，被侵害的网络信息系统及其管理者所在地，以及犯罪过程中犯罪嫌疑人、被害人使用的网络信息系统所在地，被害人被侵害时所在地和被害人财产遭受损失地公安机关可以管辖。A市为犯罪嫌疑人居住地；B市为服务器所在地；C市为网络服务提供者所在地；D市为犯罪结果地。因此，ABCD项正确。

综上所述，本题答案为ABCD项。

⑤ 1901113

答案：A,B,D

解析：本题考查的是管辖权的竞合。

A项：根据规定，对涉嫌贪污贿赂、滥用职权、玩忽职守、权力寻租、利益输送、徇私舞弊以及浪费国家资财等职务违法和职务犯罪，监察委员会依照《监察法》和有关法律规定履行监督、调查、处置职责。贪污罪属于监察委员会管辖案件。因此，A项正确。

B项：根据规定，人民检察院在对诉讼活动实行法律监督中发现的司法工作人员利用职权实施的非法拘禁、刑讯逼供、非法搜查等侵犯公民权利、损害司法公正的犯罪，可以由人民检察院立案侦

查。暴力取证罪是指司法工作人员使用暴力逼取证人证言的犯罪，可以由检察院立案侦查。因此，B项正确。

CD项：根据规定，人民检察院办理直接受理侦查的案件，发现犯罪嫌疑人同时涉嫌监察机关管辖的职务犯罪线索的，应当及时与同级监察机关沟通。经沟通，认为全案由监察机关管辖更为适宜的，人民检察院应当将案件和相应职务犯罪线索一并移送监察机关；认为由监察机关和人民检察院分别管辖更为适宜的，人民检察院应当将监察机关管辖的相应职务犯罪线索移送监察机关，对依法由人民检察院管辖的犯罪案件继续侦查。可知，无论沟通的结果如何，都不可以全案由检察院管辖。因此，C项错误，D项正确。

综上所述，本题答案为ABD项。

⑥ 1502067

答案：A,B,C,D

解析：本题考查的是检察院的立案管辖。

A项：海关（公安）缉私部门负责海关关境内走私犯罪的侦查工作。海关（公安）缉私部门受公安机关和海关双重领导，因此既是公安机关的组成部门，也是海关的组成部门。换言之，可以说海关关境内的走私犯罪由公安机关侦查。本案涉及走私文物罪，可由公安机关立案侦查。因此，A项正确。

B项：对于公安机关管辖的国家机关工作人员利用职权实施的重大犯罪案件，需要由人民检察院直接受理的时候，经省级以上人民检察院决定，可以由人民检察院立案侦查。据此，对于公安机关管辖的国家机关工作人员利用职权实施的犯罪，人民检察院在同时符合以下两个条件下，也可以决定立案侦查：一是重大犯罪案件；二是经省级以上检察院决定。本案涉及到的是海关科长这一国家机关工作人员利用职权实施的犯罪，且情节特别严重，属于重大犯罪案件，经甲省级人民检察院决定，可以由检察院立案侦查。因此，B项正确。

CD项：省级检察院决定侦查的，可以指定设区的市级人民检察院立案侦查，也可以自行立案侦查。因此，CD项正确。

综上所述，本题答案为ABCD项。

（二）审判管辖

【单选】

7 2201036

答案：D

解析：本题考查的是审判管辖中在列车上犯罪的管辖。

ABCD 项：在中国领域内的中国列车上的犯罪，区分在车上还是在车下被抓获有所不同。第一，如果是在车上被抓获的，该犯罪由【前方停靠站】所在地负责审判铁路运输刑事案件的人民法院管辖（注意：前方停靠站包括但不限于前方停靠的第一站）。必要时，也可以由【始发站】或者【终点站】所在地负责审判铁路运输刑事案件的人民法院管辖。第二，如果下车后被抓获的话，首先第一点要明确的，就是不管在哪里被抓获，负责该列车乘务的铁路公安机关（即【乘警地】）对应的审判铁路运输刑事案件的人民法院都有权管辖；如果是在车站内被抓获的，则除了【乘警地】审判铁路运输刑事案件的法院有权管辖外，也可以由该【车站所在地】负责审判铁路运输刑事案件的人民法院管辖。

在本案中，由于高某是下车后离开车站被抓的，故，只能由该列车乘务的铁路公安机关对应的审判铁路运输刑事案件的法院管辖。因此，D 项正确，ABC 项错误。

综上所述，本题答案为 D 项。

8 2001059

答案：C

解析：本题考查的是审判管辖中的级别管辖和地域管辖。

A 项：在我国，检察院应当向与之对应的同级法院提起公诉，而不能直接向上级或者下级法院提起公诉。故本题中 H 市检察院不可以向 L 区法院提起公诉。因此，A 项错误。

B 项：根据《刑事诉讼法》第 21 条规定，中级人民法院管辖下列第一审刑事案件：（一）危害国家安全、恐怖活动案件；（二）可能判处无期徒刑、死刑的案件。同时非法吸收公众存款罪法定最高刑为 10 年以上有期徒刑，故非法吸收公众存款

不可能被判处无期徒刑或者死刑，自然不可能由中级法院一审。因此，B 项错误。

C 项：根据规定，刑事案件由犯罪地的人民法院管辖。如果由被告人居住地的人民法院审判更为适宜的，可以由被告人居住地的人民法院管辖。可知，本案中，P 市既不是苏某犯罪地，也不是苏某居住地，而是其入境地，P 市的法院对苏某案件没有管辖权。因此，C 项正确。

D 项：根据规定，公安部是公安机关进行刑事司法协助和警务合作的中央主管机关，通过有关法律、国际条约、协议规定的联系途径、外交途径或者国际刑事警察组织渠道，接收或者向外国提出刑事司法协助或者警务合作请求。非法吸收公众存款案件并非由检察院直接立案侦查。因此，本案中，在侦查阶段，公安机关请越南相关部门协助移送涉案财物的，应当层报公安部而非最高人民检察院。因此，D 项错误。

综上所述，本题答案为 C 项。

9 1901094

答案：D

解析：本题考查的是审判管辖中的特殊管辖

AB 项：由于甲乙丙涉嫌的故意杀人罪可能判处无期徒刑、死刑，因此追诉时效为 20 年。本案案发是 1998 年 3 月，2016 年 5 月追究甲乙丙的故意杀人案，没有超过 20 年的追诉时效，故不属于已过追诉时效作法定不起诉决定的情形。因此，AB 项错误。

C 项：正在服刑的罪犯在判决宣告前还有其他罪没有判决的，由原审地人民法院管辖；由罪犯服刑地或者犯罪地的人民法院审判更为适宜的，可以由罪犯服刑地或者犯罪地的人民法院管辖。本题中，并未标明有"由罪犯服刑地或犯罪地法院审判更为适宜"的情形，而且哪怕有上述情形，也只是"可以"由罪犯服刑地或犯罪地法院管辖，而并非是"应当"。因此，C 项错误。

D 项：由于故意杀人罪可能判处无期徒刑、死刑，从级别管辖上由中院管辖。因此，D 项正确。

综上所述，本题答案为 D 项。

10 1801035

答案：D

解析：本题考查的是审判管辖中的特殊管辖。

ABCD项：中国公民在中华人民共和国领域外的犯罪，由其登陆地、入境地、离境前居住地或者现居住地的人民法院管辖；被害人是中国公民的，也可以由被害人离境前居住地或者现居住地的人民法院管辖。另外，外国人在中华人民共和国领域外对中华人民共和国国家或者公民犯罪，根据《中华人民共和国刑法》应当受处罚的，由该外国人登陆地、入境地或者入境后居住地的人民法院管辖，也可以由被害人离境前居住地或者现居住地的人民法院管辖。

在本案中，对被告人甲而言，A市属于离境前居住地，B市是入境地，C市是现居住地，因此，A市法院、B市法院、C市法院对甲的犯罪行为均有管辖权。对该外国人丙而言，B市是其入境地，C市是其入境后的居住地，A市是被害人离境前居住地，因此A市法院、B市法院、C市法院对该外国人丙的犯罪行为均有管辖权。由此可见，只有D市法院没有管辖权。

综上所述，本题答案为D项。

【多选】

11 2101053

答案：B,C,D

解析：本题考查的是审判管辖中在中国内水领海内的犯罪的管辖。

在中华人民共和国内水、领海发生的刑事案件，由犯罪地或者被告人登陆地的人民法院管辖。由被告人居住地的人民法院审判更为适宜的，可以由被告人居住地的人民法院管辖。同时，犯罪地包括犯罪行为地和犯罪结果地。

A项：题干没有信息表明大江市为甲的居住地，因此不能自己加条件认为大江市是甲的居住地，只能按不是甲的居住地理解。因此，A项错误。

BCD项：在渡船途径大海市的时候在渡船卫生间拍摄了淫秽视频，属于传播淫秽物品罪的犯罪预备，大海市是犯罪行为地，所以大海市法院有权管辖；大河市是甲的登陆地，有管辖权；在大川市的宾馆上传淫秽视频，大川市是传播淫秽物品罪的犯罪结果地，所以大川市法院有权管辖。因此，BCD项正确。

综上所述，本题答案为BCD项。

12 2001076

答案：A,B,C,D

解析：本题考查的审判管辖中的特殊管辖。

ABCD项：根据规定，中国公民在中华人民共和国领域外的犯罪，由其登陆地、入境地、离境前居住地或者现居住地的人民法院管辖；被害人是中国公民的，也可以由被害人离境前居住地或者现居住地的人民法院管辖。可知，本题中，犯罪嫌疑人甲在中国领域外犯罪，且被害人乙系中国公民。甲的登陆地、甲的入境地、甲离境前居住地、乙离境前居住地的法院均有管辖权。因此，ABCD项正确。

综上所述，本题答案为ABCD项。

13 2001103

答案：A,B,C,D

解析：本题考查的审判管辖中的特殊管辖。

ABCD项：根据《海上刑事案件管辖通知》第1条的规定："对海上发生的刑事案件，按照下列原则确定管辖：……（二）在中华人民共和国领域外的中国船舶内的犯罪，由该船舶最初停泊的中国口岸所在地或者被告人登陆地、入境地的人民法院管辖；（三）中国公民在中华人民共和国领海以外的海域犯罪，由其登陆地、入境地、离境前居住地或者现居住地的人民法院管辖；被害人是中国公民的，也可以由被害人离境前居住地或者现居住地的人民法院管辖……"可知，本题中，黄某和杨某均为中国公民，但本案发生在巴拿马籍货轮上，并不适用上述第2项的管辖规定，而应当根据第3项的规定确定管辖法院，黄某入境地为丙市，离境前居住地为甲市，现居住地为丁市，被害人离境前居住地为乙市，故本案甲市、乙市、丙市、丁市法院均有权管辖。因此，ABCD项正确。

综上所述，本题答案为ABCD项。

14 1402066

答案：C,D

解析：本题考查的是级别管辖。

A项：根据上可以审下的内容可知，一人犯数罪、共同犯罪或者其他需要并案审理的案件，其中一人或者一罪属于上级人民法院管辖的，全案由上级人民法院管辖。而且无期徒刑的案件由中级法院一审，本案中，赵某有可能被判处无期徒刑，属于中级人民法院管辖，因此本案应当将全案移送中级法院审理。因此，A 项错误。

B 项：未成年人与成年人共同犯罪中，未成年人分案处理，即未成年人部分从立案开始就与成年人部分分成两个独立的案件，所以在运用"就高不就低"原则时，应当先将未成年人部分排除出去（因其已成为一个独立的案件）。据此，本案中未成年被告人因为已经与成年人部分分离，而且，只有主犯赵某可能判无期徒刑，意味着未成年被告人不需要判处无期徒刑，因此团伙中的未成年被告人在基层法院审理即可，而成年人部分，由于赵某可能判无期徒刑，要由中级法院审理，因此成年人部分移送中级法院审理，但未成年被告人不需要一并移送。因此，B 项错误。

CD 项：需要将案件移送中级人民法院审判的，应当在报请院长决定后，至迟于案件审理期限届满 15 日以前书面请求移送。中级人民法院应当在接到申请后 10 日以内作出决定。不同意移送的，应当下达不同意移送决定书，由请求移送的人民法院依法审判；同意移送的，应当下达同意移送决定书，并书面通知同级人民检察院。因此，中级法院可以同意，也可以不同意移送。如果同意移送的，应当书面通知中级法院的同级检察院，因此，CD 项正确。

综上所述，本题答案为 CD 项。

【不定项】

15 | 1602092

答案：B,C,D

解析：本题考查的是审判管辖。

A 项：根据《刑事诉讼法》第 21 条规定，可能判处无期徒刑、死刑的案件由中级法院审理，本案中故意杀人罪可能判处无期徒刑、死刑，应由中级法院审理。此外，根据上可以审下中的就高不就低原则，一人犯数罪、共同犯罪或者其他需要并案审理的案件，其中一人或者一罪属于上级人民法院管辖的，全案由上级人民法院管辖。本案中，甲犯故意杀人罪与非法拘禁罪，属于一人犯

数罪，由于故意杀人罪由中级法院管辖，非法拘禁罪也就上去，由中级法院管辖，甲乙共谋杀害丙属于共同犯罪，因此全案均应由中级法院管辖，A 项错误。

B 项：地域管辖的原则是以犯罪地为主，被告人居住地为辅。其中，犯罪地包括犯罪行为地和犯罪结果地。非法拘禁罪属于持续犯，A 市和 C 市是犯罪行为地，因此 A 市和 C 市的法院对非法拘禁案有管辖权。因此，B 项正确。

CD 项：在中华人民共和国领域外的中国船舶内的犯罪，由该船舶最初停泊的中国口岸所在地或者被告人登陆地、入境地的人民法院管辖。本案中，该船回国后首泊于 M 省 B 市，A 市为被告人登陆地。故 A 市、B 市中级人民法院对故意杀人案有管辖权。因此，CD 项正确。

综上所述，本题答案为 BCD 项。

二、模拟训练

16 | 2203013

答案：C,D

解析：本题考查的是管辖权的竞合。

ABCD 项：根据规定，人民检察院办理直接受理侦查的案件，发现犯罪嫌疑人同时涉嫌监察机关管辖的职务犯罪线索的，应当及时与同级监察机关【沟通】；经沟通，认为全案由监察机关管辖更为适宜的，人民检察院应当将案件和相应职务犯罪线索【一并移】送监察机关；认为由监察机关和人民检察院分别管辖更为适宜的，人民检察院应当将监察机关管辖的【相应职务犯罪线索移送】监察机关，对依法由人民检察院管辖的犯罪案件继续侦查。因此，AB 项错误，CD 项正确。

综上所述，本题答案为 CD 项。

17 | 2203014

答案：B,D

解析：本题考查的是级别管辖。

AB 项：根据规定，有关案件，由犯罪地、被告人居住地以外的人民法院审判更为适宜的，【上级】人民法院【可以指定下级】人民法院管辖。因此，同级法院无权因管辖地之外的法院可能审理更为适宜即协商移送，但上级法院可以指定管辖。因

此，A 项错误，B 项正确。

CD 项：根据规定，原受理案件的人民法院在收到上级人民法院改变管辖决定书、同意移送决定书或者指定其他人民法院管辖的决定书后，对公诉案件，应当【书面通知同级】人民检察院，并将【案卷材料退回】，同时【书面通知当事人】。因此，C 项错误，D 项正确。

综上所述，本题答案为 BD 项。

⑱ 2103049

答案：B

解析：本题考查的是不同诉讼阶段的并案处理。

A 项：法院发现被告人还有其他犯罪被起诉的，可以并案审理；涉及同种犯罪的，一般应当并案审理。本案中，甲所犯的盗窃罪和故意伤害罪不属于同种犯罪，法院是"可以"而非"应当"并案审理。因此，A 项错误。

BC 项：人民法院发现被告人还有其他犯罪被审查起诉、立案侦查、立案调查的，可以协商人民检察院、公安机关、监察机关并案处理，但可能造成审判过分迟延的除外。因此，B 项正确，C 项错误。

D 项：二审法院在审理过程中，发现被告人还有其他犯罪没有判决的，可以根据规定依法并案处理。二审法院决定并案审理的，应当发回一审法院，由一审法院作出处理。由此可得，二审法院可以决定并案审理，但应当将案件发回 B 县人民法院处理。因此，D 项错误。

综上所述，本题答案为 B 项。

⑲ 1809036

答案：A

解析：本题考查的是中院的管辖范围。

中级人民法院管辖的范围是：【国、恐、无、死、没、缺】五类案件。

A 项：根据规定，为境外的机构、组织、人员窃取、刺探、收买、非法提供军事秘密的，处十年以上有期徒刑、无期徒刑或者死刑。我国军事基地情报属于军事秘密，张某的行为构成为境外非法提供军事秘密罪，系危害国家安全的案件，应由中院管辖。因此，A 项正确。

B 项：根据规定，盗窃公私财物，数额较大的，

或者多次盗窃、入户盗窃、携带凶器盗窃、扒窃的，数额巨大或者有其他严重情节的，处三年以上十年以下有期徒刑，并处罚金。汤姆盗窃他人财物，数额巨大，构成盗窃罪，应被判处三年以上十年以下有期徒刑，不应由中院管辖。因此，B 项错误。

C 项：根据规定，贪污数额巨大或者有其他严重情节的，处三年以上十年以下有期徒刑，并处罚金或者没收财产。洪某涉嫌贪污罪，数额巨大，应当处三年以上十年以下有期徒刑，并处罚金或者没收财产，不属于中院管辖。因此，C 项错误。

D 项：根据规定，变造货币，数额巨大的，处三年以上十年以下有期徒刑，并处二万元以上二十万元以下罚金。王某以拼接方式伪造美元，属于变造货币的行为，数额巨大，应当处三年以上十年以下【有期徒刑】，并处二万元以上二十万元以下罚金，不属于中院管辖。因此，D 项错误。

综上所述，本题答案为 A 项。

第五章 回避

参考答案

[1] C　　[2] C　　[3] B　　[4] A　　[5] ABCD
[6] ABCD　[7] AB　　[8] ABCD [9] BCD　[10] ABC

一、历年真题

【单选】

① 2401057

答案：C

解析：本题考查的是回避制度。

A 项：首先，左某虽为案件审理法院的院长，但是左某并不直接参与本案审理，也与本案无直接利害关系，无需回避；其次，证人身份具有优先性。除非证人生理上、精神上有缺陷或者年幼且不能辨别是非、不能正确表达，否则都有作证的义务。故左某不适用回避制度。因此，A 项错误。

B 项：根据规定，第一审人民法院在审理案件过

程中发现被告人可能符合强制医疗条件的，应当依照法定程序对被告人进行法医精神病鉴定。经鉴定，被告人属于依法不负刑事责任的精神病人的，应当适用强制医疗程序，对案件进行审理。审理强制医疗案件，应当组成合议庭，开庭审理。强制医疗案件并未要求另行组成合议庭，故原普通程序审判长王某可以继续审理。因此，B 项错误。

C 项：根据规定，书记员属于回避的对象，书记员是本案辩护人的【近亲属】，属于法定回避理由，需要回避。因此，C 项正确。

D 项：根据规定，当事人及其法定代理人申请出庭的检察人员回避的，法院应当区分情况作出处理：（一）属于刑事诉讼法第二十九条、第三十条规定情形的回避申请，应当决定休庭，并通知人民检察院尽快作出决定；（二）不属于刑事诉讼法第二十九条、第三十条规定情形的回避申请，应当当庭驳回，并不得申请复议。因此，被告人提出公诉人态度恶劣不属于刑事诉讼法第二十九条、第三十条规定情形的回避申请（违法违规、程序一次、近亲属或其他利害关系），法院应当当庭驳回，并不得申请复议。因此，D 项错误。

综上所述，本题答案为 C 项。

2 `1901100`

答案：C

解析：本题考查的是回避的程序。

A 项：沈某原系 C 区法院副院长，后调任 B 市中级法院任审委会专职委员，可见沈某身居领导岗位，存在影响案件公正处理的可能，显然不适宜在 C 区法院受审。因此，A 项错误。

B 项：我国没有整体回避制度，当事人可以申请认为与案件存在利害关系的某一具体法官回避，但不能申请法院全体人员回避。因此，B 项错误。

C 项：沈某曾在 C 区法院担任副院长，且现在在 B 市中级法院任领导职务，显然由 C 区法院与 B 市中级法院（有可能成为本案的二审法院）审理均不合适。由于我国没有整体回避制度，涉及整个法院都不宜管辖的时候，采用指定管辖，因此，C 区法院和 B 市中级法院应将案件层报至共同的上级法院即 A 省高级法院指定管辖。因此，C 项

正确。

D 项：沈某在 B 市中级法院任领导职务，B 市中级法院不宜管辖。若案件由 B 市中级法院指定 C 区法院以外的法院管辖，其他区县法院作出一审判决后，沈某上诉或者检察院抗诉引起二审，仍然会由 B 市中级法院进行二审，可能影响司法公正。故本案不能由 B 市中级法院指定管辖。因此，D 项错误。

综上所述，本题答案为 C 项。

3 `1702024`

答案：B

解析：本题考查的是回避的程序。

A 项：本案刘某以诽谤为由提起自诉，诽谤罪是告诉才处理的案件，属于自诉案件范围，因此 B 区法院不能因为本案涉及王某为由裁定不予受理，其只能在受理后，不宜管辖的，走指定管辖路线，A 项错误。

B 项：根据规定，有管辖权的人民法院因案件涉及本院院长需要回避或者其他原因，不宜行使管辖权的，可以请求移送上一级人民法院管辖。上一级人民法院可以管辖，也可以指定与提出请求的人民法院同级的其他人民法院管辖。在本案中，B 区法院受理此案后，考虑到本案一审后可能上诉至 A 市中级法院，而 A 市中级法院的院长需要回避，A 市中级法院不宜作为本案的二审法院，包括 B 区在内的 A 市下属的所有基层法院都不宜作为本案一审法院，符合指定管辖的适用情形，B 区法院应当逐级请求 A 市中级法院的上一级法院对本案指定管辖。据此，B 项中 B 区法院受理该案后是请求"上级"（即包括上上一级）法院指定管辖，而非请求"上一级"（A 市中级法院），B 项正确。

C 项：王某是 A 市中院院长，不是受理法院 B 区法院的审判人员，在本案中无需自行回避。因此，C 项错误。

D 项：首先，我国并没有整体回避的规定。其次，被申请回避的法官必须参与了具体案件的办理。本案中，A 市中级法院及其下辖所有基层法院法官并不是该案的审判人员，也就谈不上申请其回避的问题。因此，D 项错误。

综上所述，本题答案为 B 项。

④ 1302028

答案：A

解析：本题考查的是回避的救济。

ABCD 项：对于回避决定的救济，须同时符合两个条件才能救济：第一，救济的主体必须是当事人及其法定代理人、辩护人、诉讼代理人。第二，必须提出有法定理由的回避申请被驳回才能救济，如果是非法定理由的回避申请，法庭当庭驳回，并不得复议。如果同时符合上述条件，救济的方式则是可以向原决定机关申请复议一次。

在本案中，"审判长数次打断其发言"并非是回避的法定理由，因此不符合救济的条件，法庭当庭驳回，并不得复议。因此，A 项正确，BCD 项错误。

综上所述，本题答案为 A 项。

【多选】

⑤ 2201038

答案：A,B,C,D

解析：本题考查的是回避的法定理由及回避的程序。

AD 项：根据回避的法定理由，在一个审判程序中参与过本案审判工作的合议庭组成人员或者独任审判员，不得再参与本案其他程序的审判。但是，发回重新审判的案件，在第一审人民法院作出裁判后又进入第二审程序、在法定刑以下判处刑罚的复核程序或者死刑复核程序的，原第二审程序、在法定刑以下判处刑罚的复核程序或者死刑复核程序中的合议庭组成人员可以不回避。A 项中，二审法院发回重审，区法院应当另行组成合议庭审理，这是正确的。但是再次上诉后，二审法院再次按二审程序审理时，原来的合议庭成员可以不回避。因此，A 项错误，当选。D 项中，最高法院复核后以事实不清证据不足发回重审，重审法院重审时应当另行组成合议庭，这是正确的。但是，原审法院又判处死刑立即执行后，再次报到最高法院复核时，根据上述规定，最高法院原来复核过本案的法官就可以不回避。因此，D 项错误，当选。

B 项：根据规定，有权救济的主体是：当事人及其法定代理人、辩护人、诉讼代理人。而对于被申请回避的人员，被决定回避了就回避了，是无权救济的。因此，B 项错误，当选。

C 项：根据规定，最高人民法院裁定不予核准死刑，发回重新审判的案件，原审人民法院应当另行组成合议庭审理。但是，以下两种情形发回重审的除外：（1）复核期间出现新的影响定罪量刑的事实、证据，发回重新审判的。（出现新事实、证据）（2）原判认定事实正确、证据充分，但依法不应当判处死刑的，应当裁定不予核准，并撤销原判，发回重新审判的。（量刑错误）。本案中，由于是因为出现新事实、证据发回重审的，因此下级法院重审时原来合议庭的成员不需要回避，即无须另组合议庭。因此，C 项错误，当选。

综上所述，本题为选非题，答案为 ABCD 项。

⑥ 1502068

答案：A,B,C,D

解析：本题考查的是回避的申请主体。

根据规定，有权申请回避的主体是当、法、辩、诉（即当事人、法定代理人、辩护人、诉讼代理人）。

A 项：黄某在本案中是辩护人身份，因此有权申请回避，因此，A 项正确。

B 项：袁某在本案中是被害人身份，即属于当事人，因此有权申请回避，因此，B 项正确。

C 项：袁某的儿子在本案中是诉讼代理人身份，因此有权申请回避，因此，C 项正确。

D 项，小付因为是未成年人，因此小付的父亲默认为是法定代理人身份，因此有权申请回避，因此，D 项正确。还须提醒考生注意的是，如果题干上没有指出小付是未成年人，即小付为成年人的话，成年人是无需法定代理人的，他的父亲就只能是近亲属，则此时他的父亲就不能申请回避了。

综上所述，本题答案是 ABCD 项。

⑦ 1402067

答案：A,B

解析：本题考查的是回避的法定理由。

A 项："审判委员会委员甲系林某辩护人妻子的弟弟"，意味着甲与林某辩护人是近亲属关系（姻亲关系），也就是说甲的近亲属与本案有利害关系，属于回避的法定理由。而黄某是被害人，其代理律师属于诉讼代理人，诉讼代理人有权申请回避，因此，A 项正确。

B 项：根据规定，二审法院发现一审法院程序违法（包括违反审判公开原则、违反回避制度等），应当裁定撤销原判，发回原审人民法院重新审判。因此，B 项正确。由于此选项的内容是规定在第十六章第二审程序中的，若考生还没复习到第十六章导致此选项做错了，则不必太过于在意。

C 项："审判长丙系黄某的忠实读者"，这并非近亲属关系，而属于其他关系。要回避还必须同时符合"可能影响公正处理案件的"。C 项中仅仅指出审判长丙系黄某的忠实读者，单纯的忠实读者并不当然会影响公正处理案件，在选项没有给出是否"可能影响公正处理案件"的内容的情况下，考生自己不能自己加条件。因此，审判长丙系黄某忠实读者，并不一定要回避，因此，C 项错误。

D 项：根据回避的法定理由，在一个审判程序中参与过本案审判工作的合议庭组成人员或者独任审判员，不得再参与本案其他程序的审判。但是，发回重新审判的案件，在第一审人民法院作出裁判后又进入第二审程序、在法定刑以下判处刑罚的复核程序或者死刑复核程序的，原第二审程序、在法定刑以下判处刑罚的复核程序或者死刑复核程序中的合议庭组成人员可以不回避。思路示图如下：

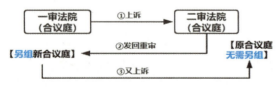

1. 一般案件二审发回重审的情况：

一审法院（合议庭） —①上诉→ 二审法院（合议庭）
【另组新合议庭】 ←②发回重审—
【原合议庭无需另组】 ←③又上诉—

D 项中，二审法院发回重审，下级法院应当另行组成合议庭审理，但是再次上诉后，二审法院再次按二审程序审理时，原来的合议庭成员可以不回避，即丁可以不回避，因此，D 项错误。

综上所述，本题答案为 AB 项。

二、模拟训练

⑧ 2203015

答案：A,B,C,D

解析：本题考查的是回避制度。

AD 项：根据规定，发回重新审判的案件，在第一审人民法院作出裁判后又进入第二审程序、在法定刑以下判处刑罚的复核程序或者死刑复核程序的，原第二审程序、在法定刑以下判处刑罚的复核程序或者死刑复核程序中的合议庭组成人员不受本款规定的限制。A 项中二审法院发回重新审判的案件，在第一审法院作出裁判后又进入第二审程序的，原二审程序的合议庭组成人员不需要回避。因此，A 项错误，当选。D 项中再次进入死刑复核程序的，原死刑复核程序中的合议庭成员不需要回避。因此，D 项错误，当选。

B 项：根据规定，针对回避决定不服有权进行复议的主体只有当事人及其【法定代理人、辩护人、诉讼代理人】，被申请人（张法官）无权复议。因此，B 项错误，当选。

C 项：根据规定，最高人民法院裁定不予核准死刑，发回重新审判的案件，原审人民法院应当另行组成合议庭审理，但复核期间出现新的影响定罪量刑的事实、证据的，或者【最高人民法院复核后认为原判认定事实正确、证据充分，但依法不应当判处死刑的，裁定不予核准，并撤销原判，发回重新审判的】除外。因此，C 项错误，当选。

综上所述，本题为选非题，答案为 ABCD 项。

⑨ 2203016

答案：B,C,D

解析：本题考查的是回避制度。

A 项：由于张某是未成年人，其本人、法定代理人都有权申请回避。因此，A 项正确，不当选。

B 项：根据规定，审判人员、检察人员、侦查人员的回避，应当分别由院长、检察长、公安机关负责人决定。可知，王某的回避应当由法院院长决定。因此，B 项错误，当选。

C 项：在审判阶段，提出有法定理由的回避申请，审判工作应当暂停。需要指出的是，在侦查阶段，由于侦查工作遵循及时、效率原则，侦查人员提出回避申请，原则上侦查人员不停止侦查。但审查起诉阶段和审判阶段都应当停止。因此，C项错误，当选。

D项：首先，张某是当事人，有权申请回避；其次，法官与被害人是朋友关系，可能影响公正审判，属于法定的回避理由，因此张某的回避申请被驳回是有权复议的，即有权向原决定机关复议一次。因此，D项错误，当选。

综上所述，本题为选非题，答案为BCD项。

⑩ 1903150

答案：A,B,C

解析：本题考查的是回避制度。

A项：根据规定，司法警察的回避适用于【检察院】的司法警察，法院的司法警察不需要回避。因此，A项正确，当选。

B项：根据规定，法官助理、书记员、翻译人员和鉴定人适用审判人员回避的有关规定，其回避问题由院长决定。因此，B项正确，当选。

C项：根据规定，对当事人及其法定代理人提出的回避申请，人民法院可以口头或者书面作出决定，并将决定告知申请人。可知，回避决定可口头，可书面。因此，C项正确，当选。

D项：对侦查人员提出回避申请，原则上侦查人员不停止侦查（考虑到证据会灭失等情况）。如果符合回避的事由，其侦查行为的效力由作出回避决定的人员决定其效力，故应当由公安机关负责人或者检察长决定。因此，D项错误，不当选。

综上所述，本题答案为ABC。

第六章
辩护与代理

参考答案

[1] ACD　[2] D　　[3] C　　[4] C　　[5] D
[6] D　　[7] BCD　[8] C　　[9] A　　[10] CD
[11] BD　[12] BD　[13] A　　[14] A　　[15] C
[16] BCD　[17] A　　[18] ABC　[19] C

一、历年真题

（一）有效辩护原则

【多选】

① 1502069

答案：A,C,D

解析：本题考查的是有效辩护原则。

A项：有效辩护原则的确立，有助于强化辩方在刑事诉讼中的地位，维系控辩平等对抗和审判方居中"兼听则明"的刑事诉讼结构。因此，A项正确。

B项：有效辩护原则要求整个刑事诉讼过程中，允许犯罪嫌疑人、被告人聘请合格的能够有效履行辩护职责的辩护人为其辩护，而不是主要适用于审判阶段。B项错误。

C项：犯罪嫌疑人、被告人在整个诉讼过程中应当享有充分的辩护权，从保障辩护权的角度出发，一般不应限制被告人及其辩护人发言的时间。因此，C项正确。

D项：可能判处无期徒刑、死刑的案件，被告人有可能长期被剥夺人身自由，甚至被剥夺生命，从有效维护此类被告人合法权益的角度来看，应当指派具有刑事辩护经验的律师为其提供法律援助，"指派没有刑事辩护经验的律师为可能被判处无期徒刑、死刑的被告人提供法律援助"，显然无法保障被告人获得实质意义的律师帮助。因此，D项正确。

综上所述，本题答案为ACD项。

（二）辩护人的范围

【单选】

2 1602025

答案：D

解析：本题考查的是辩护人的范围。

A 项：根据规定，审判人员和人民法院其他工作人员从人民法院离任后，不得担任原任职法院所审理案件的辩护人，但系被告人的监护人、近亲属的除外。由此可见，齐某如果系被告人的监护人、近亲属的，则可以担任 A 县法院审理案件的辩护人。A 项太绝对，因此，A 项错误。

BC 项：根据规定，一名辩护人不得为两名以上的同案被告人，或者未同案处理但犯罪事实存在关联的被告人辩护。但并未规定同一律所的两名律师不得分别担任同案犯罪嫌疑人的辩护人或者不得同时担任同一犯罪嫌疑人的辩护人，一名被告人可以委托一至二人作为辩护人。因此，BC 项错误。

D 项：根据规定，审判人员和人民法院其他工作人员的配偶、子女或者父母不得担任其【任职法院】所审理案件的辩护人，但系被告人的监护人、近亲属的除外。据此，是【在职的】时候，其配偶、子女或者父母一般才不得担任其任职法院所审理案件的辩护人，本案中，齐某已经辞职，洪某便不再是现职审判人员的配偶，因此可以以律师身份担任 A 县法院审理案件的辩护人。因此，D 项正确。

综上所述，本题答案为 D 项。

（三）辩护人的诉讼权利

【单选】

3 2001061

答案：C

本题考查的是辩护人的诉讼权利。

A 项：会见权是辩护人的重要权利。一般情况下，辩护律师凭"三证"即可要求会见：律师执业证书、律师事务所证明和委托书或者法律援助公函。看守所应当在 48 小时内安排会见。但有两类案件在侦查期间须经侦查机关许可方可会见：危害国家安全犯罪、恐怖活动犯罪案件。本案涉及的是盗窃罪，属于一般情况，辩护律师仅凭三证即可要求会见，而无需向侦查机关申请得到批准。因此，A 项错误。

B 项：阅卷权是辩护人的诉讼权利。辩护律师的阅卷时间是：自人民检察院对案件【审查起诉之日起】；阅卷范围是：可以查阅、摘抄、复制本案的案卷材料。案卷材料包括案件的诉讼文书和证据材料。非律师辩护人也享有阅卷权，但非律师辩护人行使阅卷权须经许可。据此，侦查阶段辩护律师是没有阅卷权的。案件侦查终结时，意味着案件还没移送审查起诉，故，辩护律师此时还没有阅卷权。因此，B 项错误。

C 项：申请调取证据权是辩护律师与非律师辩护人均享有的权利。在侦查、审查起诉期间公安机关、检察院收集的证明犯罪嫌疑人、被告人无罪或者罪轻的证据材料未提交的，辩护人有权申请检察院、法院调取有关证据。因此，C 项正确。

D 项：参加法庭调查和辩论权是辩护人的诉讼权利。律师担任辩护人、诉讼代理人，经人民法院准许，可以带一名助理参加庭审。律师助理参加庭审的，可以从事辅助工作，但【不得发表辩护、代理意见】。据此，辩护律师可带助理参加庭审，但助理不得发表辩护意见。因此，D 项错误。

综上所述，本题答案为 C 项。

4 1801043

答案：C

解析：本题考查的是辩护人的诉讼权利。

A 项：核实证据是辩护律师会见时的重要内容。根据规定，辩护律师核实证据是有阶段限制的，即只有案件移送审查起诉起诉之日起，才能核实有关证据。换言之，在侦查阶段辩护律师是不能核实证据的。根据规定，在侦查阶段，辩护律师只能了解案件有关情况，提供法律咨询等，不能核实证据，因此，A 项错误。

B 项：阅卷权是辩护人的诉讼权利。辩护律师的阅卷时间是：自人民检察院对案件审查起诉之日起；阅卷范围是：可以查阅、摘抄、复制本案的案卷材料。案卷材料包括案件的诉讼文书和证据材料。非律师辩护人也享有阅卷权，但非律师辩护人行使阅卷权须经许可。据此，侦查阶段辩护律师是没有阅卷权的。案件侦查终结前，意味着案件还没移送审查起诉，因此，辩护律师此时没有阅卷权，因此，B项错误。

C项：申请调取证据权是辩护律师与非律师辩护人均享有的权利。在侦查、审查起诉期间公安机关、检察院收集的证明犯罪嫌疑人、被告人无罪或者罪轻的证据材料未提交的，辩护人有权申请检察院、法院调取有关证据。因此，C项正确。

D项：律师一旦接受委托作为辩护律师，积极辩护就成为其义务，因此不能随便拒绝辩护。只有以下三种情形下，律师才有权拒绝辩护：（1）委托事项违法；（2）委托人利用律师提供的服务从事违法活动；（3）委托人故意隐瞒与案件有关的重要事实的。除此以外，其他任何理由都不能构成律师拒绝辩护的理由。本案中，"在开庭前7日给辩护律师送达起诉书副本"意味着没有在开庭10天前收到起诉书副本，虽然不符合法律规定，但不属于上述律师有权拒绝辩护的情形之一，因此，律师不能以此为理由拒绝出庭辩护。因此，D项错误。

综上所述，本题答案为C项。

⑤ 1801045

答案：D

解析：本题考查的是辩护人的诉讼权利。

A项：根据规定，犯罪嫌疑人自被侦查机关第一次讯问或者采取强制措施之日起，有权委托辩护人。为了保障犯罪嫌疑人的权利，侦查机关在第一次讯问犯罪嫌疑人或者对犯罪嫌疑人采取强制措施的时候，应当告知犯罪嫌疑人有权委托辩护人。本案中，甲县公安局在第二次讯问时才告知的做法违反了规定。因此，A项错误。

B项：会见权是辩护人的重要权利。一般情况下，辩护律师凭"三证"即可要求会见：律师执业证书、律师事务所证明和委托书或者法律援助公函。看守所应当在48小时内安排会见。但有两类案件在侦查期间须经侦查机关许可方可会见：危害国家安全犯罪、恐怖活动犯罪案件。本案涉及的是诈骗案件，属于一般情况，因此无需申请，辩护律师仅凭"三证"即可要求会见。据此，本案中甲县公安局批准其会见是错误的。这是第一个错。根据规定，辩护人会见时不被监听，办案机关也不能派员在场，因此，王律师会见时甲县公安局派员在场，这是第二个错。因此，B项错误。

C项：根据规定，犯罪嫌疑人在侦查阶段委托辩护人的，只能委托律师作为辩护人。据此，C项中甲县公安局告知张某有权委托"亲友"担任辩护人，这是错误的。C项错误。

D项：辩护律师在任何阶段都有权了解情案件情况，加之本案并不涉及会见须经侦查机关许可的两类案件，因此，甲县公安局以妨碍侦查为由拒绝告知王律师本案的有关情况，完全侵犯了王律师的诉讼权利。因此，D项正确。

综上所述，本题答案为D项。

⑥ 1602026

答案：D

解析：本题考查的是辩护人的诉讼权利，实际上是对当年新增司法解释《保障律师执业权利规定》相关内容的考查。这就提醒考生要注意新增法律、司法解释的相关内容。

A项：根据规定，犯罪嫌疑人、被告人委托两名律师担任辩护人的，两名辩护律师可以共同会见，也可以单独会见。辩护律师可以带一名律师助理协助会见。可知，姜某到看守所会见郭某时，只可以带一名律师助理协助会见。A项中姜某会见郭某时可带1~2名律师助理的说法错误。因此，A项错误。

B项：根据规定，看守所应当及时传递辩护律师同犯罪嫌疑人、被告人的往来信件。看守所可以对信件进行必要的检查，但不得截留、复制、删改信件，不得向办案机关提供信件内容，但信件内容涉及危害国家安全、公共安全、严重危害他人人身安全以及涉嫌串供、毁灭证据等情形的除外。可知，本案中，因郭某涉嫌参加恐怖组织罪，已然属于涉嫌危害公共安全或者严重危害他人人身安全的范畴，看守所可以对信件进行截留、复制。因此，B项错误。

C项：根据规定，辩护律师申请人民检察院、人民法院收集、调取证据的，人民检察院、人民法院应当在三日以内作出是否同意的决定，并通知辩护律师。辩护律师书面提出有关申请时，办案机关不同意的，应当书面说明理由；辩护律师口头提出申请的，办案机关可以口头答复。可知，如果辩护律师以口头形式申请法院收集、调取证据而法院不同意的，法院可以口头答复，不必书面说明。因此，C 项错误。

D 项：根据规定，辩护律师作无罪辩护的，可以当庭就量刑问题发表辩护意见，也可以庭后提交量刑辩护意见。可知，法庭审理中姜某作无罪辩护的，对郭某从轻量刑的问题仍可当庭发表或庭后提交辩护意见。因此，D 项正确。

综上所述，本题答案为 D 项。

【多选】

7　1801114

答案：B,C,D

解析：本题考查的是辩护人的诉讼权利。

A 项：申请调取证据权是辩护律师与非律师辩护人均享有的权利。在侦查、审查起诉期间公安机关、检察院收集的证明犯罪嫌疑人、被告人无罪或者罪轻的证据材料未提交的，辩护人有权申请检察院、法院调取有关证据。因此，A 项正确，不当选。

B 项：会见权是辩护人的重要权利。根据规定，一般情况下，辩护律师凭"三证"即可要求会见：律师执业证书、律师事务所证明和委托书或者法律援助公函。看守所应当在 48 小时内安排会见。但有两类案件在侦查期间须经侦查机关许可方可会见：危害国家安全犯罪、恐怖活动犯罪案件。据此，李四作为辩护律师有权会见张三。从会见的内容来看，辩护律师在任何阶段都有权了解案件情况，但要核实证据，须等到案件【移送审查起诉之日起】。侦查阶段中，辩护律师是无权核实证据的，因此，B 项错误，当选。

C 项：根据《刑事诉讼法》第 38 条的规定，"辩护律师在侦查期间可以为犯罪嫌疑人提供法律帮助；代理申诉、控告；申请变更强制措施；向侦查机关了解犯罪嫌疑人涉嫌的罪名和案件有关情况，提出意见。"以及 43 条的规定："辩护律师经证人或者其他有关单位和个人同意，可以向他们收集与本案有关的材料，也可以申请检察院、法

院收集、调取证据，或者申请法院通知证人出庭作证。"可见，律师在侦查阶段有没有调查取证权，在理论界和实务界都是有争议的。但是，我们认为采用"律师在侦查阶段【没有】调查取证权"的观点更符合立法原意。理由：第一，第 38 条专门用了一个条款来规定律师在侦查阶段的权利，其中就没有规定这个"调查取证权"，可见立法者在立法时也是有所保留的。第二，第 43 条调查取证权的规定，用词上只说了要向【检察院、法院】征得许可，也没有说要经【公安机关】的许可，可见也规避了侦查阶段，因为检察院和法院在刑诉法规中一般就代表"审查起诉阶段"和"审判阶段"。因此，C 项错误，当选。

D 项：阅卷权是辩护人的诉讼权利。辩护律师的阅卷时间是：自人民检察院对案件【审查起诉之日起】据此，侦查阶段辩护律师是没有阅卷权的。案件侦查终结，意味着案件还没移送审查起诉，辩护律师此时还没有阅卷权，因此，D 项错误，当选。

综上所述，本题为选非题，本题答案为 BCD 项。

（四）辩护人的义务

【单选】

8　1602027

答案：C

解析：本题考查的是辩护人的诉讼义务。

辩护人承担的主要义务有：特定证据展示义务；保密义务；不得毁灭证据、伪造证据、妨碍作证；等等。其中，特定证据展示义务要求辩护人收集的有关犯罪嫌疑人不在犯罪现场、未达到刑事责任年龄、属于依法不负刑事责任的精神病人的证据，应当及时告知公安机关、人民检察院。据此，我们可以得出以下两点结论：第一，辩护人并不是收集到的所有证据都须展示，其只需展示的只有三个证据：不在场证据；不够大（不到法定年龄）的证据；犯罪嫌疑人不正常（依法不负刑事责任的精神病人）的证据。第二，并不是辩护人收集到的所有有利于犯罪嫌疑人、被告人的证据都得展示。虽然上述三个证据都是有利于犯罪嫌疑人、被告人的，但除此以外，其余有利于犯罪

嫌疑人、被告人的证据均不需要展示。

A项："被害人"系精神病人，不是犯罪嫌疑人系精神病人，因此不属于要展示的三个证据之一，不需要展示，A项错误。

B项：正当防卫的证据虽然有利于犯罪嫌疑人、被告人，但并不是所有有利于犯罪嫌疑人、被告人的证据都得展示，正当防卫证据不属于三个需要展示的证据之一，因此不需要展示，B项错误。

C项："案发时在外地出差"属于典型的不在场证据，属于需要展示的三个证据之一，C项正确。

D项："犯罪时刚满16周岁"，不管是什么犯罪，犯罪时刚满16周岁意味着已经到了完全刑事责任年龄，不属于"未达到刑事责任年龄"的情形，因此不属于需要展示的三个证据之一，故不需要展示，D项错误。

综上所述，本题答案为C项。

（五）值班律师制度

【单选】

⑨ 2001060

答案：A

解析：本题考查的是值班律师的诉讼权利。

A项：值班律师享有会见权、阅卷权、了解情况权、提出意见权等权利，因此，A项正确。

B项：值班律师在刑事诉讼中提供的只是"法律帮助"，而不是"辩护"。这些法律帮助包括：（1）提供法律咨询；（2）提供程序选择建议；（3）帮助犯罪嫌疑人、被告人申请变更强制措施；（4）对案件处理提出意见；（5）帮助犯罪嫌疑人、被告人及其近亲属申请法律援助；（6）法律法规规定的其他事项。B项中，提供法律咨询属于法律帮助，而非辩护的内容，因此，B项错误。

C项：在我国，值班律师不是辩护人，只能提供基本的法律帮助，值班律师无权出庭发表意见。因此，C项错误。

D项：应当承认，在当年值班律师制度试点的时候，值班律师制度是在认罪认罚从宽制度中进行试点的，但是在2018年《刑事诉讼法》修改将值班律师制度写入立法时将其适用扩展至所有案件，也就是说，值班律师制度的适用范围并不限于认

罪认罚从宽制度，而覆盖所有案件的所有诉讼阶段中犯罪嫌疑人、被告人没有辩护人（既没有委托，也没有为其指派辩护律师）的情形。因此，D项错误。

综上所述，本题答案为A项。

【多选】

⑩ 1901116

答案：C,D

解析：本题考查的是值班律师的诉讼权利。

A项：值班律师是为"犯罪嫌疑人、被告人"提供法律帮助，并非为所有诉讼参与人提供法律帮助，A项中被害人是无权申请值班律师帮助的，因此，A项错误。

B项：在我国，值班律师不是辩护人，只能提供基本的法律帮助，值班律师无权出庭辩论。因此，B项错误。

C项：值班律师在刑事诉讼中提供的只是"法律帮助"，而不是"辩护"。这些法律帮助包括：（1）提供法律咨询；（2）提供程序选择建议；（3）帮助犯罪嫌疑人、被告人申请变更强制措施；（4）对案件处理提出意见；（5）帮助犯罪嫌疑人及其近亲属申请法律援助；（6）法律法规规定的其他事项。对犯罪嫌疑人而言，程序选择主要是指适用普通程序还是简易程序或者速裁程序，如认罪认罚会在程序上获得什么好处。也就是主要围绕犯罪嫌疑人是否认罪认罚，以及适用普通程序或者速裁程序等方面进行。因此，C项正确。

D项：值班律师在认罪认罚案件中，还应当提供以下法律帮助：（1）向犯罪嫌疑人、被告人释明认罪认罚的性质和法律规定；（2）对人民检察院指控罪名、量刑建议、诉讼程序适用等事项提出意见；（3）犯罪嫌疑人签署认罪认罚具结书时在场。因此，D项正确。

综上所述，本题的答案为CD项。

⑪ 1901115

答案：B,D

解析：本题考查的是值班律师的职责。

A项：值班律师不是辩护人，仅仅具有一定的法律帮助作用，可以提供法律咨询、程序选择建议、

申请变更强制措施、对案件处理提出意见等法律帮助。因此，A项错误。

B项：值班律师在刑事诉讼中提供的只是"法律帮助"，而不是"辩护"。法律帮助包括：（1）提供法律咨询；（2）提供程序选择建议；（3）帮助犯罪嫌疑人、被告人申请变更强制措施；（4）对案件处理提出意见；（5）帮助犯罪嫌疑人、被告人及其近亲属申请法律援助；（6）法律法规规定的其他事项。值班律师若了解到犯罪嫌疑人、被告人具有自首、立功等量刑情节时，提出从轻、减轻的量刑意见属于"对案件处理提出意见"的应有之义。因此，B项正确。

C项：在我国，值班律师不是辩护人，只能提供基本的法律帮助，值班律师无权出庭辩论。因此，C项错误。

D项：值班律师在刑事诉讼中提供"法律帮助"。法律帮助包括提供程序选择建议。因此，D项正确。

综上所述，本题答案为BD项。

【不定项】

⑫ 1901141

答案：B,D

解析：本题考查的是值班律师的职责与保障措施。

A项：由于值班律师不是辩护人，因此关于辩护人中"同一名律师不得为两名以上同案犯或者关联犯提供辩护"的禁止性规定对值班律师并不适用。而且，由于值班律师是派驻在看守所、检察院或法院的，只要当天是由该名值班律师在看守所值班，则该看守所中当天需要法律帮助的犯罪嫌疑人均由同一名值班律师提供法律帮助。也就是说，值班律师在值班当天是"一对多"地提供法律帮助，这其中就包括同一名值班律师在当天为同案犯提供法律帮助的情形。事实上，已有地方性规定明确了同一名值班律师可以为同案犯提供帮助。如上海市高级人民法院，上海市人民检察院，上海市公安局，上海市司法局联合发布的《关于开展法律援助值班律师工作的实施办法》（沪司规 [2017]4 号）第 10 条第 2 款规定："同一名值班律师为共同犯罪案件中两名以上犯罪嫌疑人、刑事被告人提供法律帮助的，应当恪守保密

义务，不得将任何一个犯罪嫌疑人、刑事被告人的相关情况告知其他同案犯。"因此，A项错误。

B项：阅卷权是值班律师的重要权利。值班律师自案件审查起诉之日起可以查阅案卷材料、了解案情。也就是说，值班律师的阅卷的时间是从【审查起诉之日起】，阅卷方式只能是查阅，不能摘抄、复制等。B项中，案件已经到了审查起诉阶段，且值班律师只是要求查阅案卷材料，此时检察院应当准许，因此，B项正确。

C项：根据规定，在认罪认罚案件中，要求值班律师在犯罪嫌疑人签署认罪认罚具结书时在场。可知，犯罪嫌疑人签署认罪认罚具结书时需要值班律师在场，主要目的是保证犯罪嫌疑人签署文书的自愿性。既然系犯罪嫌疑人自愿签署，该文书自然具有法律效力。至于随后是否委托辩护人，不影响之前自愿签署的认罪认罚具结书的效力。因此，C项错误。

D项：值班律师在刑事诉讼中提供的法律帮助包括法律帮助包括：（1）提供法律咨询；（2）提供程序选择建议；（3）帮助犯罪嫌疑人、被告人申请变更强制措施；（4）对案件处理提出意见；（5）帮助犯罪嫌疑人、被告人及其近亲属申请法律援助；（6）法律法规规定的其他事项。D项中，帮王某申请取保候审也就是帮助申请变更强制措施，因此，D项正确。

综上所述，本题答案为BD项。

（六）辩护的种类

⑬ 1901105

答案：A

解析：本题考查的是辩护人的范围、权利。

A项：刑事诉讼活动中，提供法律援助辩护的应当是具有法律援助义务的律师。公职律师也是律师，当然可以提供法律援助。从事法律援助的公职律师不得对社会提供有偿法律服务。本题中，李四系某市退役军人事务局的公职律师，经过法律援助机构指派，可以为张三提供法律援助辩护，因此，A项正确。

B项：在侦查过程中，辩护人提出辩护意见的，可以采用口头形式，如果采用书面形式，侦查机关应当将书面辩护意见附卷移送。侦查机关不能

要求辩护人提出辩护意见必须采取口头形式或者书面形式。因此，B项错误。

CD项：犯罪嫌疑人、被告人可能被判处无期徒刑、死刑，没有委托辩护人的，公检法应当通知法律援助机构指派律师为其提供辩护。同时辩护人严重扰乱法庭秩序，被责令退出法庭、强行带出法庭或者被处以罚款、拘留，被告人属于应当提供法律援助情形的，应当宣布休庭。本案中张三可能被判处死刑，属于应当提供法律援助的对象，李四被强行带出法庭后，法庭应当决定休庭而非延期审理，若李四不再适宜担任辩护人，且张三没有另行委托辩护人的，法律援助机构应当为张三重新提供法律援助。因此，CD项错误。

综上所述，本题答案为A项。

（七）拒绝辩护

【单选】

14 `1302038`

答案：A

解析：本题考查的是被告人拒绝辩护。

被告人拒绝辩护的情形区分一般案件（非强制法律援助辩护案件）与强制法律援助辩护案件有所不同。就一般案件而言，被告人可以无理由地拒绝两次，两次之后只能自行辩护；而就强制法律援助辩护案件而言，被告人可以有正当理由地拒绝一次，拒绝之后，要么自己委托辩护人，如果还是没有委托的，法院应当通知法律援助机构指派律师为其辩护。再次指派律师后，被告人就不能再拒绝了。

需要指出的是，强制法律援助辩护的情形包括盲聋哑、半疯傻、无死缺、未长大、高院死复核、死缓故。

ABC项：本案中，由于没有信息表明本案属于强制法律援助辩护案件，因此，参照一般案件，被告人有权拒绝辩护人辩护，合议庭应当准许，因此，A项正确，B项错误，C项错误。

D项：根据规定，有多名被告人的案件，部分被告人拒绝辩护人辩护后，没有辩护人的，根据案件情况，可以对该部分被告人另案处理，对其他被告人的庭审继续进行。可知，部分被告人拒绝

辩护的，合议庭并非不能准许。因此，D项错误。

综上所述，本题答案为A项。

（八）刑事诉讼代理

【单选】

15 `1102022`

答案：C

解析：本题考查的是二审程序中的上诉主体。

ABCD项：被告人、自诉人及其法定代理人不服判决和准许撤回起诉、终止审理等裁定的，有权上诉；附带民事诉讼的当事人及其法定代理人对一审法院的判决、裁定中的附带民事诉讼部分，享有独立上诉权；被告人的辩护人和近亲属，经被告人同意可以上诉。因此，ABD项正确，C项错误。

综上所述，本题为选非题，答案为C。

【多选】

16 `1801118`

答案：B,C,D

解析：本题考查的是辩护人与诉讼代理人

A项：根据规定，对未成年人刑事案件，人民法院决定适用简易程序审理的，应当征求未成年【被告人】及其法定代理人、辩护人的意见。上述人员提出异议的，不适用简易程序。据此，未成年【被害人】的法定代理人不同意适用简易程序，不影响简易程序的适用。因此，A项错误。

B项：根据规定，被告人、自诉人和他们的法定代理人，不服地方各级人民法院第一审的判决、裁定，有权用书状或者口头向上一级人民法院上诉。被告人的辩护人和近亲属，经被告人同意，可以提出上诉。据此，自诉人的法定代理人可以不经自诉人同意口头提起上诉。本案中，王某的父亲为本案自诉人的法定代理人，可以不经王某同而口头提出上诉，因此，B项正确。

C项：根据规定，犯罪嫌疑人、被告人除自己行使辩护权以外，还可以委托一至二人作为辩护人。下列的人可以被委托为辩护人：（1）律师；（2）人民团体或者犯罪嫌疑人、被告人所在单位推荐的人；（3）犯罪嫌疑人、被告人的监护人、亲友。

据此，李某的父亲作为被告人的监护人，且具备律师身份，可以担任李某的辩护人。因此，C 项正确。

D 项：根据规定，自诉案件的自诉人及其法定代理人，附带民事诉讼的当事人及其法定代理人，有权随时委托诉讼代理人。可知，李某也是【附带民事诉讼中的被告人】，其父亲作为附带民事诉讼中的被告人的法定代理人有权随时委托诉讼代理人。因此，D 项正确。

综上所述，本题答案为 BCD 项。

二、模拟训练

17 2203017

答案：A

解析：本题考查的是辩护人的资格。

A 项：被开除公职、被吊销律师、公证员资格的人一般不能担任辩护人，但如果是犯罪嫌疑人、被告人的近亲属或者是监护人，可以作为辩护人。而近亲属的范围是"上下左右"：父母、子女、夫妻、同胞兄弟姐妹。可知，李某哥哥虽然是被开除公职，但因为是李某的近亲属，因此可以担任辩护人。此外，由于李某哥哥不是律师，其担任辩护人只能从审查起诉阶段开始担任。因此，A 项正确。

B 项：一名辩护人不得为两名以上的同案被告人或者未同案处理但犯罪事实存在关联的被告人辩护。因此，B 项错误。

C 项：根据规定，辩护人、诉讼代理人被责令退出法庭、强行带出法庭或者被处以罚款后，具结保证书，保证服从法庭指挥、不再扰乱法庭秩序的，经法庭许可，可以继续担任辩护人、诉讼代理人。第一次被责令退出法庭后，只要保证服从法庭指挥等，是可以继续担任本案辩护人的，只有在【第二次被责令退出法庭后】才不能担任同一案件的辩护人。因此，C 项错误。

D 项：法官从人民法院离任后，不得担任原任职法院办理案件的诉讼代理人或者辩护人，但是作为当事人的监护人或者近亲属代理诉讼或者进行辩护的除外。可知，D 项中说"一律"是错误的。因此，D 项错误。

综上所述，本题答案为 A 项。

18 2203018

答案：A,B,C

解析：本题考查的是辩护人的权利。

A 项：审查起诉阶段辩护律师向被害人、被害人近亲属及其提供的证人取证，除了本人同意外，还需征得检察院的同意。因此，A 项错误，当选。

B 项：辩护律师凭"三证"即可要求会见：律师执业证书、律师事务所证明和委托书或者法律援助公函，如果是危害国家安全犯罪、恐怖活动犯罪，在侦查阶段会见须经侦查机关许可，由于本案是黑社会性质组织犯罪，是不属于需要报许可的案件。因此，B 项错误，当选。

C 项：我国现行法规并没有赋予辩护律师在侦查人员讯问犯罪嫌疑人时的在场权。因此，C 项错误，当选。

D 项：辩护人认为在侦查、审查起诉期间公安机关、人民检察院收集的证明犯罪嫌疑人、被告人无罪或者罪轻的证据材料未提交的，有权申请人民检察院、人民法院调取。因此，D 项正确，不当选。

综上所述，本题为选非题，答案为 ABC 项。

19 2203021

答案：C

解析：本题考查的是法律援助辩护。

A 项，因经济困难或者其他原因没有委托辩护人的，本人及其近亲属可以向法律援助机构提出申请。对符合法律援助条件的，法律援助机构应当指派律师为其提供辩护。据此，经济困难的情形，需要经申请才能通知法律援助机构为其指派律师提供辩护，A 项错误。

B 项，未成年人要获得法律援助辩护，要以其在该阶段是未成年人为标准，由于审查起诉阶段小李已经成年，因此不符合强制法律援助辩护的适用条件，B 项错误。

C 项，贪污贿赂犯罪案件被告人在境外的缺席审判程序属于强制法律援助辩护范围，C 项正确。

D 项，共同犯罪案件部分被告人没有委托辩护人的，是属于酌定法律援助辩护的范围，即"可以"通知法律援助机构指派，而非"应当"。D 项错误。

综上，本题答案为 C。

第七章
刑事证据

参考答案

[1] D	[2] B	[3] C	[4] D	[5] C
[6] BCD	[7] ABC	[8] AD	[9] ABCD	[10] AC
[11] AB	[12] ACD	[13] BD	[14] ABC	[15] BCD
[16] AD	[17] ACD	[18] C	[19] D	[20] B
[21] A	[22] C	[23] D	[24] D	[25] AD
[26] CD	[27] CD	[28] AB	[29] BC	[30] A
[31] A	[32] B	[33] D	[34] ABCD	[35] BC
[36] D	[37] BC	[38] ABC	[39] AC	[40] ABCD

一、历年真题

（一）证据的基本范畴

【单选】

1 1602030

答案：D

解析：本题考查的是刑事诉讼中的证明责任。

A项：公诉案件中检察院负有证明被告人有罪的责任，这是正确的。但是，被告方不承担证明自己无罪的责任，也不承担证明自己有罪的责任。因此，A项错误。

B项：在刑事诉讼（无论是公诉案件还是自诉案件）中，证明责任的分配依据包括以下三个原则与法则：①"谁主张，谁举证"的古老法则；②"否认者不负证明责任"的古老法则；③现代无罪推定原则。而且，最主要的是依据现代无罪推定原则确定的。因此，B项错误。

CD项：巨额财产来源不明案件以及非法持有国家绝密、机密文件、资料、物品犯罪案件这两类案件中，辩方负有一定的提出证据的责任（提出证据的责任不等于证明责任），但是说服责任仍然是控方承担。因此，C项错误，D项正确。

综上所述，本题答案为D项。

2 1502026

答案：B

解析：本题考查的是传闻证据规则。

所谓传闻证据规则，是指如无法定理由，证人在法庭审理外的陈述，不得作为认定被告人有罪的证据。传闻证据是指法庭以外作出的陈述。

A项：甲作为专家辅助人是在"法庭上"提出的意见，其意见不属于传闻证据。因此，A项错误。

B项：由于乙无法出庭，由法官前往核实乙的证言，意味着乙是在法庭外提供的证言，因此其证人证言属于传闻证据。因此，B项正确。

C项：丙是在"法庭上"作的说明，因此其说明不属于传闻证据。因此，C项错误。

D项：丁是在"开庭审理时"作的证言，因此其证言不属于传闻证据。因此，D项错误。

综上所述，本题答案为B项。

3 1502025

答案：C

解析：本题考查的是证据的理论分类。

按照证据的来源不同，分为原始证据与传来证据。原始证据是来自原始出处，即直接来源于案件事实的证据材料，即通常所讲的一手证据。传来证据是通过转手、摘抄、复制、转述而来的证据，即通常所讲的二手证据、三手证据。

按照与证明对象的关系不同，分为直接证据与间接证据。直接证据是指仅凭一个证据就能单独、直接反映案件主要事实【人＋犯罪事实】的。间接证据是仅凭一个证据不能单独、直接反映案件主要事实，它必须结合其他证据才能反映案件主要事实的。只有以下三个证据是直接证据，其余的都是间接证据：A.肯定性直接证据：仅凭一个证据就能指出谁实施犯罪【肯定人＋犯罪事实】的。B.否定性直接证据包括两个：a.仅凭一个证据就能否定谁实施犯罪【否定人】的；b.仅凭一个证据就能否定犯罪事实存在【否定事实】的。

因此，判断一个证据是直接证据还是间接证据，用排除法即可，有上述三种情形之一的，属于直接证据，否则都是间接证据。

而且需要指出的是，直接证据与间接证据的划分，与证据的真伪没有关系。即在判断直接证据还是间接证据时，无须判断证据的真假。

A项："提取"等同于剪切走，所以在把手上提取的甲的指纹属于原始证据；同时，仅凭这一枚指纹不能指出谁实施犯罪；也不能否定谁实施犯罪；也否定不了犯罪事实存在，用排除法，属于间接证据。因此，A 项错误。

B 项："直接提取"等同于剪切走，所以在室友丙手机中直接提取的视频属于原始证据。同时，"取走"一词属于中性词，加之背景是同宿舍的室友，因此单凭"取走电脑"这个动作，有可能是偷，也有可能不是偷，所以指不出甲有实施犯罪；也不能否定甲实施犯罪；也否定不了犯罪事实存在，属于间接证据。因此，B 项错误。

C 项：证人丁自己亲眼看到的案件事实发生过程，其证言属于原始证据；同时"看到甲将一台相同的笔记本电脑交给乙保管"，"相同"意味着是同一台电脑，因此，仅凭这一个证据就能否定甲盗窃的事实，属于否定性直接证据。因此，C 项正确。

D 项：现金收条属于原始证据；同时，仅凭这个现金收条不能指出谁实施犯罪；也不能否定谁实施犯罪；也否定不了犯罪事实存在，用排除法，属于间接证据。因此，D 项错误。

综上所述，本题答案为 C 项。

4　1502023

答案：D

解析：本题考查的是证据的法定分类

A 项：在刑事诉讼中，证人只能是自然人，单位不能作为证人，因此证人证言只能由自然人提供。鉴定意见是由鉴定人出具的，如果最后鉴定意见有问题，承担责任的是鉴定人本人，在鉴定意见上加盖鉴定人所在单位的公章只是为了表明该鉴定人的隶属关系，因此，鉴定意见也是自然人出具的，而不是单位出具的。因此，A 项错误。

B 项：如果生理上、精神上有缺陷或者年幼，但能够辨别是非，能够正确表达，此时是可以提供证人证言的。前半句正确。生理上、精神上有缺陷是否能出具鉴定意见则要看这个生理上的缺陷是否影响这个人的鉴定资质，后半句过于绝对。因此，B 项错误。

C 项：根据规定，证人应当出庭的条件是"三有"：控辩双方对证人证言【有异议】，且该证人证言对案件定罪量刑【有重大影响】，法院认为证人【有必要】出庭作证的（有异议、有影响、有

必要，三个条件缺一不可）；而鉴定人应当出庭的条件是"两有"：控辩双方对鉴定意见有异议，法院认为鉴定人有必要出庭的（有异议、有必要，两个条件必须同时符合）。据此，并不是控辩双方对证人证言和鉴定意见有异议，相应证人和鉴定人就应当出庭，证人应当出庭还得同时符合其他"两有"，而鉴定人应当出庭还得同时符合其他"一有"。因此，C 项错误。

D 项：在我国，由于没有确立传闻证据规则，加之证人证言具有不可替代性。并没有规定如果证人应当出庭而不出庭，就将其庭前证言排除，不能作为定案的依据。故前半句正确。但由于鉴定意见具有可替代性，立法明确规定，鉴定人应当出庭而不出庭的，直接导致其出具的鉴定意见不能作为定案的依据，后半句也正确。因此，D 项正确。

综上所述，本题答案为 D 项。

5　1402027

答案：C

解析：本题考查的是证据的属性。

判断一个证据是否具有关联性，主要从以下 2 点进行判断：（1）看所用证据是证明什么事实的。（2）所证明的事实是不是犯罪构成的事实。

A 项：关联性包括但不限于因果关系，如与犯罪相关的空间、时间、条件、方法、手段的事实，虽然不是因果关系，但也具有关联性。因此，A 项错误。

B 项：证据的可采性也被称为证据资格、证据能力，是指在诉讼中有关人员所提出的证据材料能否被采用作为定案根据的标准，是某一材料能够用于严格的证明的能力或者资格。证据必须同时具有客观性、关联性和合法性才能采纳为证据使用。也就是说，一个证据即使具有了关联性，但是如果没有客观性，或者是非法取得的（有可能因为非法取得而被排除），那么也不具有可采性。因此，B 项错误。

C 项：所谓证明力，是指已经具有证据能力的证据对于案件事实有无证明作用及证明作用如何等，也就是证据对证明案件事实的价值。一个证据是否具有关联性影响其能否作为证据来使用，而证

据与待证事实的关联程度又决定了该证据证明的价值大小。因此，C项正确。

D项：类似行为指的是证明犯罪嫌疑人、被告人曾经实施过与被指控罪行类似的犯罪行为，此类材料也被认为与其正在被指控的犯罪无关，被告人是否曾经干过类似行为与这次被指控的行为是否系他所为没有关系。不能说因为之前这个人有过类似的行为，所以这次犯罪肯定是他实施的，这是不成立的。因此，D项错误。

综上所述，本题答案为C项。

【多选】

6 `2401062`

答案：B,C,D

解析：本题考查的是证据的理论分类——直接证据与间接证据的区分。

间接证据是以间接方式与案件主要事实相关联的证据，即仅凭这一个证据不能单独、直接反映案件主要事实，必须与其他证据连接起来才能反映案件主要事实。在做题时，能证明【人＋犯罪事实】的证据、【否定人】与【否定犯罪事实】的证据被认定是直接证据，其余证据均为间接证据。

A项：甲辩称不知道茶叶盒装有毒品且茶叶盒不属于自己，是犯罪嫌疑人否认自己有罪的证据，属于否定性直接证据。因此，A项错误。

B项：300g冰毒只能证明犯罪事实存在，不能证明谁实施了犯罪行为，不能证明主要事实，属于间接证据。因此，B项正确。

C项：甲的指纹只能证明甲本人接触过茶叶盒，不能证明是甲放置与藏匿冰毒，不能证明主要事实，属于间接证据。因此，C项正确。

D项：甲与朋友的通话记录只能证明甲与朋友沟通过，不能证明甲与朋友沟通的就是毒品的藏匿与保存，不能证明主要事实，属于间接证据。因此，D项正确。

综上所述，本题答案为BCD项。

7 `2101050`

答案：A,B,C

解析：本题考查的是证据的理论分类。

A项：防盗门的划痕直接来源于案件事实，未经

过复制，是一手证据，属于原始证据。因此，A项正确。

B项：实物证据是以各种实物、痕迹、图形、符号等载体和客观上存在的自然状况为表现形式的证据。胶片清单属于实物，所以是实物证据。因此，B项正确。

C项：仅凭胶片不能指出谁实施犯罪；也不能否定谁实施犯罪；也否定不了犯罪事实存在，用排除法，属于间接证据。因此，C项正确。

D项：监控录像是直接来源于案件事实，未经过复制，是一手证据，属于原始证据。因此，D项错误。

综上所述，本题答案为ABC项。

8 `2001077`

答案：A,D

解析：本题考查的是证据的法定种类。

A项：物证是以其物质属性、外部特征、存在状态来证明案件事实的材料。本案中,甲所穿的假警服系其实施招摇撞骗罪的犯罪工具,可以用该警服的外部特征和存在状态证明案件事实,属于物证。因此,A项正确。

B项：根据关联性证据规则的要求,证据应当和案件事实存在客观联系,一般认为,被害人的过往以及身份和案件没有关联性。本案中,甲通过手机约失足妇女乙并对其实施招摇撞骗,乙的"失足妇女"身份系甲明确的侵害对象。此时不能因为乙的"失足妇女"身份而对甲从宽处罚,换言之,被害人的身份与对甲从宽处罚没有相关性,不能作为对甲从宽量刑的证据。因此,B项错误。

C项：带有警察字样的钱包是甲实施招摇撞骗罪的犯罪工具,是用钱包的外形特征来证明案件事实,属于物证。甲并非用"警察"两个字来实施招摇撞骗,而是用长得像人民警察证的钱包来实施招摇撞骗,甲是用该钱包的外形特征来证明其警察身份。故该带有警察字样的钱包是物证。因此,C项错误。

D项：电子数据是案件发生过程中形成的,以数字化形式存储、处理、传输的,能够证明案件事实的数据。譬如通过手机、电脑传输、储存的聊天记录、电子邮件、电子数据交换等均为电子数

据。本案中，甲与乙通过手机上的软件进行网络聊天，相关记录属于电子数据。因此，D 项正确。综上所述，本题答案为 AD 项。

⑨ 1702069

答案：A,B,C,D

解析：本题考查的是电子数据的收集提取。

A 项：根据《关于办理刑事案件收集提取和审查判断电子数据若干问题的规定》第 8 条第 1 款的规定："收集、提取电子数据，能够扣押电子数据原始存储介质的，应当扣押、封存原始存储介质，并制作笔录，记录原始存储介质的封存状态。"据此，本案中 U 盘属于电子数据的原始存储介质，扣押 U 盘并应制作扣押笔录符合上述规定。因此，A 项正确。

B 项：根据上述文件第 16 条第 2 款的规定："电子数据检查，应当对电子数据存储介质拆封过程进行录像……"可知，检查 U 盘内的电子数据时，应将 U 盘拆封过程进行录像。【注意：原题 B 项原表述为"拆分"，从严谨性的角度考虑，将对应处改为"拆封"，使之与法条表述一致】因此，B 项正确。

C 项：根据上述文件第 19 条的规定："对侵入、非法控制计算机信息系统的程序、工具以及计算机病毒等无法直接展示的电子数据，应当附电子数据属性、功能等情况的说明。对数据统计量、数据同一性等问题，侦查机关应当出具说明。"可知，用于盗取 Q 币的木马程序即属于此类电子数据，移送审查起诉时，应当附有木马程序如何盗取账号密码的说明。因此，C 项正确。

D 项：根据上述文件第 27 条的规定："电子数据的收集、提取程序有下列瑕疵，经补正或者作出合理解释的，可以采用，不能补正或者作出合理解释的，不得作为定案的根据：（一）未以封存状态移送的……"可知，U 盘未予封存，且不能补正或作出合理解释的 U 盘内提取的木马程序不得作为定案的根据。因此，D 项正确。

综上所述，本题答案为 ABCD 项。

⑩ 1602067

答案：A,C

解析：本题综合考查了证据的理论分类与证据的

属性。

A 项：判断一个证据是否具有关联性，主要从以下 2 点进行判断：（1）看所用证据是证明什么事实的。（2）所证明的事实是不是犯罪构成的事实。本案中，甲垫付医疗费的行为与他有没有实施交通肇事没有必然联系，因此不具有关联性。因此，A 项正确。

B 项：按照与证明对象的关系不同，分为直接证据与间接证据。直接证据是指仅凭一个证据就能单独、直接反映案件主要事实【人＋犯罪事实】的。间接证据是仅凭一个证据不能单独、直接反映案件主要事实，它必须结合其他证据才能反映案件主要事实的。本案中，乙告知医生"自己系被车辆撞到"，仅凭这一个证据指不出谁实施犯罪；也不能否定谁实施犯罪；也否定不了犯罪事实存在，用排除法，属于间接证据。因此，B 项错误。

C 项：按照证据的来源不同，分为原始证据与传来证据。原始证据是来自原始出处，即直接来源于案件事实的证据材料，即通常所讲的一手证据。传来证据是通过转手、摘抄、复制、转述而来的证据，即通常所讲的二手证据、三手证据。本案中，医生是转述之前乙的陈述，属于二手证据，故，属于传来证据。因此，C 项正确。

D 项：客观性是证据的属性之一，是指证据是客观存在的事实，是不以人的意志为转移的。意见一般不能作为证据使用，但有四类意见是例外：（1）鉴定意见。（2）证人的猜测性、评论性、推断性的证言，不能作为证据使用，但根据一般生活经验判断符合事实的除外。（3）具有专门知识的人出具的报告。（4）有关部门就事故进行调查形成的报告。所谓"根据一般生活经验判断符合事实"，一般是指对身高、体重的判断等。本案中，医生仅从甲送乙入院时的神态就认为甲是肇事者，这并不是"根据一般生活经验判断符合事实"的情形，因此不能作为定案的依据。因此，D 项错误。

综上所述，本题答案为 AC 项。

⑪ 1602069

答案：A,B

解析：本题考查的是刑事证明对象的范围。

刑事诉讼中的证明对象是证明主体运用一定的证明方法所要证明的一切法律要件事实，包括实体法事实、程序法事实两个方面。需要指出的是，证据事实不是证明对象，不需要证明。

A项：行贿罪的构成要件中，要求行为人的目的是谋取不正当利益，所以，被告人知晓其谋取的系不正当利益的事实系应被证明的实体法事实，属于刑事诉讼中的证明对象。因此，A项正确。

B项：盗窃案中，被告人的亲友代为退赃的事实涉及到酌定量刑情节，属于量刑事实，需要证明。因此，B项正确。

C项：对证据材料的审查与判断被称为验证"证据事实"的过程，证据事实不是证明对象，而是证明手段。证明对象是指需要用证据证明的案件事实，而证据事实则是指证据本身的来源、构成等要素。"强奸案中，用于鉴定的体液检材是否被污染的事实"属于"证据事实"，而非证明对象。因此，C项错误。

D项：申请期间恢复而提出的其突遭车祸的事实，且被告人和法官均无异议，是在法庭审理中不存在异议的程序事实，属于免证事实，不需要证明。因此，D项错误。

综上所述，本题答案为AB项。

【不定项】

12 `2401067`

答案：A,C,D

解析：本题考查的是证据资格中的关联性规定。

根据规定，证据需要具备关联性，即作为证据的事实与案件事实之间存在某种客观的联系。

A项：监控记录作为电子数据，可以证明李某实施了下药这一犯罪事实，可证明李某有实施抢劫的具体行为，即便是间接证据，但具有关联性。因此，A项正确。

B项：不具备关联性的证据包括：类似事件、品格事实、表情、前科。李某朋友的证言只能证明李某存在类似事件，不能证明当前犯罪事实。因此，B项错误。

C项：该搜索记录，可以证明李某的抢劫意图，可作为证明李某存在抢劫动机的间接证据。因此，

C项正确。

D项：该聊天记录，可以证明李某为顺利转走荣某支付宝账户中的资金，提前做了辅助性准备，是与犯罪相关的手段行为，具有关联系。因此，D项正确。

综上所述，本题答案为ACD项。

13 `1702092`

答案：B,D

解析：本题考查的是证据的法定种类。

AB项：书证一般是在案件发生前或在案发过程中制作的，勘验笔录则是在案件发生后、诉讼过程中，为了查明案件事实，对物证或者现场进行勘验后制作的。A项中，侦查机关案发后制作的失窃药材清单应当是勘验笔录而不是书证；B项中，为查实销赃情况而提取的通话记录，该通话记录是形成在案发当时的，因此所提取的通话记录清单是书证。因此，A项错误，B项正确。

C项：存折是用文字、符号来表达其销赃所得具体数额的，属于书证而不是物证。因此，C项错误。

D项：载体不改变证据的性质，此处照片只是用来承载药材的载体，因此该证据仍然是药材，药材属于物证，因此，D项正确。

综上所述，本题答案为BD项。（注意：当年官方公布答案是B,但我们认为是BD）

（二）非法证据排除规则

【多选】

14 `2001078`

答案：A,B,C

解析：本题考查的是非法证据排除规则的排除范围。

根据相关规定，非法证据排除规则中犯罪嫌疑人、被告人供述排除的范围是以下7种：①采用刑讯逼供等非法方法取得的供述，应当排除。②采用刑讯逼供或者冻、饿、晒、烤、疲劳审讯等非法方法收集的被告人供述，应当排除。③采用暴力或者侵犯合法权益等进行威胁使痛苦作出的供述。采用以暴力或者严重损害本人及其近亲属合法权益等进行威胁的方法，使犯罪嫌疑人、被

告人遭受难以忍受的痛苦而违背意愿作出的供述，应当予以排除。④非法限制人身自由的方法收集的供述。采用非法拘禁等非法限制人身自由的方法收集的犯罪嫌疑人、被告人供述，应当予以排除。⑤地点违规取得的供述。除情况紧急必须现场讯问以外，在规定的办案场所外讯问取得的供述，应当排除。⑥应当全程录音录像而没有全程录音录像所收集的供述。未依法对讯问进行全程录音录像取得的供述，以及不能排除以非法方法取得的供述，应当排除。（以下案件应当全程录音录像：无期徒刑、死刑案件、其他重大犯罪案件以及职务犯罪案件）⑦重复性的供述要排除，但换人或者换阶段讯问取得的重复性供述不排除。

根据相关规定，非法证据排除规则中证人证言、被害人陈述排除的范围包括以下 3 种：采用暴力、威胁以及非法限制人身自由等非法方法收集的证人证言、被害人陈述，应当予以排除。

考生做题时应当先定位清楚选项中所问的证据属于何种证据种类，然后根据不同证据种类的排除范围来判断是否为非法证据，是否要排除等。

A 项：本选项证据属于证人证言，是通过威胁取得的，因此属于非法取得的证据。因此，A 项正确。

B 项：暴力取得的供述属于刑讯逼供取得的供述，是非法的，且第二次讯问虽然没有采用暴力但犯罪嫌疑人作出同样的供述，属于重复性的供述，也是非法的。因此，B 项正确。

C 项：传唤、拘传持续的时间不得超过十二小时；案情特别重大、复杂，需要采取拘留、逮捕措施的，传唤、拘传持续的时间不得超过二十四小时。不得以连续传唤、拘传的形式变相拘禁犯罪嫌疑人。C 项中侦查人员连续审讯犯罪嫌疑人 22 小时属于明显的疲劳审讯、变相肉刑，系非法取证行为。因此，C 项正确。

D 项：对威胁取得的供述认定为非法取证，要求威胁的方法要么是暴力相威胁，要么是侵犯合法权益相威胁，才能认定为非法。本案中，侦查人员虽然是威胁犯罪嫌疑人，但威胁的方法是"让他正在准备法考的儿子作为证人接受询问"，这并没有损害其合法权益。因此，本项中侦查人员威胁犯罪嫌疑人不属于非法证据排除规则中的非法

取证行为。因此，D 项错误。

综上所述，本题答案为 ABC 项。

15 1901117

答案：B,C,D

解析：本题考查的是侦查阶段的非法证据排除程序。

A 项：侦查阶段的非法证据排除程序既可以依职权启动，也可以依申请启动。依申请启动的，犯罪嫌疑人及其辩护人在侦查期间可以向人民检察院申请排除非法证据。可知，在侦查阶段，犯罪嫌疑人可以向检察院申请排非。因此，A 项错误。

B 项：根据规定，辩方申请排除非法证据的，应当提供相关线索或材料。所谓相关线索或材料，是指涉嫌非法取证的人员、时间、地点、方式、内容等。据此，甲在申请时提供了涉嫌非法取证的时间，已经属于提供了相关线索或材料，而无须同时提供涉嫌非法取证的人员。因此，B 项正确。

C 项：根据非法证据排除规则的排除范围，重复性供述也在排除之列，因此，甲有权申请排除因遭受殴打出于恐惧作出的与该有罪供述相同的后续供述。因此，C 项正确。

D 项：在非法证据排除程序中，承担证明责任的是控方，即在法庭上由检察院承担证明取证合法性的证明责任。如果检察院不能证明取证合法性，那么就需要承担证据被排除的结果。因此，D 项正确。

综上所述，本题答案为 BCD 项。

16 1801076

答案：A,D

解析：本题考查的是非法证据排除规则的排除范围（详见 2001078 前三段的解析）。

A 项：侦查人员采用强光持续照射眼睛的方式进行讯问取得供述属于刑讯逼供取得供述，要排除；而再次合法讯问取得供述，属于重复性的供述，也要排除。因此，A 项正确。

B 项：对威胁取得的供述认定为非法证据，要求威胁的方法必须是以下两种之一：要么是暴力相威胁，要么是侵犯合法权益相威胁。本案中，侦查人员虽然是威胁犯罪嫌疑人，但逃税漏税本身

就是违法行为，这并没有损害其合法权益。因此，本项中侦查人员威胁犯罪嫌疑人取得的供述不属于非法证据，不排除。因此，B项错误。

C项：侦查人员在凌晨抓获张某，意味着张某被抓获时不可能处于睡觉当中，加之天亮一般就是5、6点，在凌晨抓获后连夜审讯至天亮不属于疲劳审讯。因此，C项错误。考生需要进一步知道的是，由于立法对何谓"疲劳审讯"没有作进一步细化规定，因此须根据个案判断。比如，如果侦查人员是在上午9：30抓获犯罪嫌疑人，但等到凌晨再讯问至天亮，这显然是不让其睡觉，不让其休息，这就属于疲劳审讯。

D项：采用非法拘禁等非法限制人身自由的方法收集的犯罪嫌疑人、被告人供述，应当予以排除。因此，D项正确。

综上所述，本题答案为AD项。

17 1302068

答案：A,C,D

解析：本题考查的是非法证据排除规则的排除范围（详见2001078的前三段解析）。

A项：屠某在本案是被告人，所取得的证据属于供述，将屠某大字型吊拷在窗户的铁栏杆上，双脚离地，属于刑讯逼供，所取得的供述应当予以排除。因此，A项正确。

B项：根据规定，严禁刑讯逼供和以威胁、引诱、欺骗以及其他非法方法收集证据。沈某在本案是被告人，所取得的证据是供述，引诱取得的供述虽然是不合法的，但是我国立法没有规定将引诱取得的供述排除。因此，B项错误。需要进一步指出的是，尽管引诱取得的供述不排除，但并非允许引诱取证，因为引诱取证也属于不合法取证。只不过立法没有选择以排除证据的方式惩罚引诱取证行为，而是选择了对引诱取证的侦查人员进行纪律处分等其他方式惩罚。之所以不以排除证据的方式惩罚引诱取证行为，是因为引诱取证这种非法取证手段与实践中合法的诱导式讯问很难区分，一旦规定引诱取证要排除，很有可能会导致本来合法的诱导式讯问取得的供述也因此被排除掉。

C项：沈某在本案中是被告人，所取得证据是供

述。对威胁取得的供述认定为非法证据，要求威胁的方法必须是以下两种之一：要么是暴力相威胁，要么是侵犯合法权益相威胁。本案中，侦查人员威胁沈某，"不讲就把你女儿抓起来打"，这属于以侵犯其近亲属合法权益相威胁，所取得的供述应当予以排除。因此，C项正确。

D项：朱某在本案是证人，对于证人证言，只要是威胁取得的，一律排除。因此，D项正确。

综上所述，本题答案为ACD项。

（三）其他证据规则

【单选】

18 1702026

答案：C

解析：本题综合考查证据规则的理解。

证据能力与证明力是一组相对应的词。所谓证据能力，又称"证据的适格性"、"证据资格"，是指某一材料能够被允许作为证据在诉讼中使用的能力或者资格。所谓证明力，是指已经具有证据能力的证据对于案件事实有无证明作用及证明作用如何等，也就是证据对证明案件事实的价值。据此，证明力是不解决证据能力问题的，一旦谈到证据的证明力，意味着该证据已经具有了证据能力。

A项：传闻证据规则，是指如无法定理由，任何人在法庭审理外的陈述，不得作为认定被告人有罪的证据。据此，传闻证据规则解决的是证据资格问题，因此是调整证据能力的规则。因此，A项错误。

B项：非法证据排除规则，是指以非法手段取得的证据要排除，不得作为认定被告人有罪的证据。其解决的是证据资格问题，是调整证据能力的规则。因此，B项错误。

C项：关联性规则，是指只有与案件事实有关的材料，才能作为证据使用。而且，关联紧密程度，决定了该证据的证明价值大小。其实，从关联性规则的概念来看，该规则本应该是既调整证据能力，也调整证明力的规则。但是司法部官方观点把这种既调整证据能力，又调整证明力的规则统一归到调整证明力的规则中了，考生在答题时只

能按照官方观点答题，而且从做题技巧来看，单选选最佳答案。因此，C 项正确。

D 项：意见证据规则，是指证人只能陈述自己亲身感受的事实，不得陈述对案件事实的意见或者结论。证人猜测性、推断性、评论性的证言，不得作为认定被告人有罪的证据。据此，意见证据规则解决的是证据资格问题，是调整证据能力的规则。因此，D 项错误。

综上所述，本题答案为 C 项。

19　1402028

答案：D

解析：本题考查的是补强证据规则中补强证据的理解。

A 项：证据是否具有合法性是证据能力所要解决的问题，补强证据不补强证据的证据能力，是已经具有证据能力的证据，通过补强证据来补强主证据的证明力，因此一旦讲到合法性，就已经与补强证据没有关系了。因此，A 项错误。

B 项：该书面说明材料是为了证明获取口供过程合法，一旦讲到合法性，就已经与补强证据没有关系了。因此，B 项错误。

C 项：补强证据必须独立于补强对象，具有独立的来源。即不能和被补强证据（主证据）同源。所谓同源，是指补强证据也是来源于这个案件的案件事实。进而言之，所谓来源于这个案件的案件事实，是指补强证据同样包含着可以证明这个案件事实（犯罪构成事实）的内容。一个证据一旦含有可以证明这个案件事实的内容，就意味着与主证据来源相同，都能证明这个案件事实了，这个证据就不是补强证据，而是主证据了。C 项中，所收集到的物证能够与其他证据相印证，"相印证"意味着该物证含有可以证明这个案件事实的内容，该物证属于主证据，不是补强证据。因此，C 项错误。

D 项：补强证据本身必须具有担保补强对象真实的能力，对证言真实性进行佐证的书证，因为佐证的是证据的真实性，因此属于补强证据。因此，D 项正确。

综上所述，本题答案为 D 项。

20　1202028

答案：B

解析：本题考查的是自白任意性规则。

ABCD 项：自白任意性规则，又称非任意自白排除规则，指在刑事诉讼中，只有基于被追诉人自由意志而作出的自白（有罪供述），才具有可采性。不得强迫任何人证实自己有罪。自白任意性规则不排斥"自愿"作出的自白，只排斥"强迫"作出的自白。我国已规定不得强迫任何人证实自己有罪，表明我国已经确立了自白任意性规则。因此，ACD 项错误，B 项正确。

综上所述，本题答案为 B 项。

【不定项】

21　2301035

答案：A

解析：本题考查的是对意见证据的审查判断。

意见证据，是证人根据其所能感知的事实作出的【意见或者推定性】证言。意见证据规则指证人只能陈述自己亲身感受的事实，不得陈述对案件事实的意见或者结论。但是（1）鉴定意见、（2）根据一般生活经验判断符合事实的意见、（3）有专门知识的人出具的报告（如价格认定书）、（4）有关部门针对事故进行调查形成的报告，这四类意见证据虽都含有意见，但是不受意见证据规则约束、不影响其作为证据使用。

ABCD 项：A 项鉴定机构的鉴定结论属于意见证据规则的例外，因此，A 项正确。B 项是证人甲客观陈述的事实，并不是猜测性、推断性意见，不属于意见证据，但问题问的是哪种意见证据可以作为证据使用，因此，B 项错误。CD 项均属于普通证人发表的猜测性、推断性的意见，这类推断不得作为证据采用，因此，CD 项错误。

综上所述，本题答案为 A 项。

（四）证据的审查判断

【单选】

22　2401055

答案：C

解析：本题考查的是证据的审查与判断。

A项：韩某过去良好表现的证据与本案所涉及的电信诈骗无关，【不具备关联性】，不能直接作为定罪量刑的证据使用。故A项错误。

B项：根据规定，鉴定意见缺少签名、盖章的，不得作为定案的根据，不属于可以补正的情形。故B项错误。

C项：根据规定，在勘验、检查、搜查过程中提取、扣押的物证、书证，【未附笔录】或者【清单】，不能证明物证、书证来源的，应当【直接排除】。本案中，检察院未移送扣押电脑的记录，无法证明该电脑的真实来源，因此该电脑不得作为定案依据。故C项正确。

D项：根据规定，审判期间，合议庭发现被告人可能有自首、坦白、立功等法定量刑情节，而检察院移送的案卷中没有相关证据材料，应当【通知】检察院在指定时间内【移送】，而不是让韩某自己提供自首材料。故D项错误。

综上所述，本题答案为C项。

㉓ 1901102

答案：D

解析：本题考查的是证据的审查与非法证据排除规则。

A项：根据规定，行政执法机关收集到的【实物证据】可以直接作为刑事证据使用，但是【言词证据】一般需要侦查机关重新收集。本题税务稽查部门属于行政执法单位，收集的证言属于言词证据，不能直接作为定案根据，而是需要侦查机关重新收集。因此，A项错误。

B项：根据规定，书面证言没有经证人核对确认的，不得作为定案根据。本题，证人没有对证言进行核对确认，该证言笔录不得作为定案根据，同时侦查人员在审判阶段让吴某补充签名的行为也并不属于可以进行补正或者解释的情形，故该证人证言无法作为定案依据。因此，B项错误。

C项：根据规定，在勘验、检查、搜查过程中提取、扣押的物证、书证，未附笔录或者清单，不能证明物证、书证来源的，不得作为定案的根据。本题由于是侦查人员收集被抢财物时未附笔录和清单，不能证明财物来源，因此该财物属于直接应当被依法排除的情形。因此，C项错误。

D项：根据规定，电子数据系篡改、伪造或者无法确定真伪或者有增加、删除、修改等情形，影响电子数据真实性的等其他无法保证电子数据真实性的情况不得作为定案的根据。本题，D项中韩某编制的计算机病毒有被篡改的痕迹，如此必然影响电子数据真实性，故该证据应当被依法排除。因此，D项正确。

综上所述，本题答案为D项。

㉔ 1602029

答案：D

解析：本题考查的是证据的审查、判断。

对于物证、书证而言，只有以下3种情形直接排除（不能作为定案的依据），其余的，哪怕是非法取得的物证、书证，补正或作出合理解释后就不排除：（1）复制品不能反映原物的；（2）复制件不能反映原件的；（3）未附笔录或清单，不能证明来源的。

对于勘验笔录而言，勘验、检查笔录存在明显不符合法律、有关规定的情形，不能作出合理解释的，不得作为定案的根据。由此可见，勘验笔录如果出现违法之处，只能作出合理解释，是没有补正这么一说的。

A项：不管是物证还是勘验笔录，并非是违反取证程序的一般规定，就应当排除，因为物证还有可以补正或作出合理解释的情形；而勘验笔录还有可以做出合理解释的情形。因此，A项错误。

B项：对于勘验笔录而言，如果是违法取证的，只能作出合理解释，没有补正这么一说。因此，B项错误。

C项：本选项涉及到"毒树之果"理论的理解与适用。所谓"毒树之果"，是指毒树结出来的果实，即以非法手段取得的证据（毒树）为线索，进一步合法取得的这个证据（果实）。对于"毒树之果"而言，我国目前立法只排除唯一的一种"果实"，即重复性供述。其他的果实是一律不排除的。本选项中，物证本身是可以补正或作出解释的，就不一定要排除，而且，对于物证的鉴定意见等衍生证据（即毒树之果）是不排除的。因此，C项错误。

D项：对于勘验笔录而言，如果是违法取证的，有勘验过程全程录像并在笔录中注明理由，属于已经作出合理解释，故不予排除。因此，D 项正确。

综上所述，本题答案为 D 项。

【多选】

㉕ 2301034

答案：A,D

解析：本题考查的是信息网络犯罪的海量证据抽样取证规则。

A 项：法律只规定了信息网络犯罪，针对数量特别众多且具有同质性的证据材料，确因客观条件限制无法逐一收集的，公安机关应当采取抽样取证的方式进行选取，但并没有限制公安机关的选取范围，如果公安机关选取的证据材料仍有部分重复信息，移送检察院后递交法院，法院依然应当依法进行审查，并不一定要排除。因此，律师申请排除重复信息，法院当然可以拒绝（即不排除）。因此，A 项正确。

B 项：根据海量证据抽样取证规则所获得的证据，检察院、法院应当重点审查【取证方法、过程】是否科学。检察院、法院应当【结合】其他证据材料，以及犯罪嫌疑人、被告人及其辩护人所提辩解、【辩护意见】，审查认定取得的证据。因此，本题中检察院无须逐条核对。因此，B 项错误。

C 项：依据规定，办理信息网络犯罪案件，对于数量特别众多且具有同类性质、特征或者功能的物证、书证、证人证言、被害人陈述、视听资料、电子数据等证据材料，确因客观条件限制无法逐一收集的，应当按照一定【比例】或者【数量】选取证据，并对选取情况作出说明和论证。因此，本案符合信息网络犯罪案件中数量众多且具有同质性的前提，无须侦查机关逐条核对。因此，C 项错误。

D 项：依据规定，检察院、法院应当结合其他证据材料，以及犯罪嫌疑人、被告人及其辩护人所提辩解、辩护意见，审查认定取得的证据。经审查，对相关事实【不能排除合理怀疑】的，应当作出【有利于】犯罪嫌疑人、被告人的认定。因此，D 项正确。

综上所述，本题答案为 AD。

㉖ 2301036

答案：C,D

解析：本题考查的是证据的审查认定。

ABCD 项：行政机关在行政执法和查办案件过程中收集的物证、书证、视听资料、电子数据、鉴定意见、勘验、检查笔录等证据材料，在刑事诉讼中可以作为证据使用；经法庭查证属实，且收集程序符合有关法律、行政法规规定的，可以作为定案的根据。换言之，除鉴定意见以外的其他言词类行政证据，都不得作为定案的依据。A 项的情况说明不属于上述任何一种证据，故不得作为证据使用；B 项的讯问笔录属于言词类行政证据，不得作为定案的依据；C 项属于视听资料，D 项是鉴定意见，都符合要求，只要经转化查证属实，可作为定案依据。因此，AB 项错误，CD 项正确

综上所述，本题答案为 CD 项。

㉗ 1901107

答案：C,D

解析：本题考查的是证据的法定分类和证据的审查认定。

AB 项：根据规定，为了查明案情，需要解决案件中某些专门性问题的时候，应当指派、聘请有专门知识的人进行鉴定。据此，本案中，医生开具的精神病诊断证明，从时间上看，发生于案发前；从委托主体上看，系接受甲父大甲委托进行诊断，故该诊断证明不是鉴定意见；但该诊断证明可以证明甲的精神状态，与甲是否需要承担刑事责任密切相关，可以作为【书证】使用。因此，AB 项错误。

C 项：根据规定，有专门知识的人既可以依法院主动通知而出庭就鉴定意见发表意见，也可以依控辩双方的申请，由法院通知而出庭就鉴定意见发表意见，据此，即使 C 项没有说明大甲是否有申请，法院也可以依职权主动通知其出庭。因此，C 项正确。

D 项：根据规定，公诉人、当事人或者诉讼代理人、辩护人对鉴定意见有异议，人民法院认为鉴定人有必要出庭的，鉴定人应当出庭作证。经人民法院通知，鉴定人拒不出庭作证的，鉴定意见

不得作为定案的根据。因此，D 项正确。

综上所述，本题答案为 CD 项。

㉘ 1801077

答案：A,B

解析：本题考查的是证据的审查判断以及证人的资格。

A 项：要排除证人的资格，除了生理上、精神上有缺陷或者年幼外，还必须同时符合不能明辨是非、不能正确表达这个实质条件才行。据此，哪怕一个人年幼，只要所陈述的内容与其智力水平相当的，即能够明辨是非、正确表达，其就可以担任证人，其所作证言就可以作为定案的依据。A 项中小刘所陈述的是"看到小杨被老师针扎"，这是符合其智力水平的，因此其证言可以作为定案的依据。因此，A 项正确。

B 项：根据侦查的相关规定，辨认的主体包括被害人、证人或者犯罪嫌疑人，辨认对象包括与犯罪有关的物品、文件、尸体、场所、犯罪嫌疑人。因此，小杨作为本案被害人，是可以对犯罪嫌疑人甲进行辨认的。因此，B 项正确。

C 项：根据规定，辨认笔录是 5 种情形直接排除：①辨认不是在调查人员、侦查人员主持下进行的；②辨认前使辨认人见到辨认对象的；③辨认活动没有个别进行的；④辨认对象没有混杂在具有类似特征的其他对象中，或者供辨认对象数量不符合规定的；⑤辨认中给辨认人明显暗示或者明显有指认嫌疑的。C 项中，没有见证人签名不属于上述 5 种直接排除的情形之一，因此，用排除法，没有见证人签名是可以补正或作出合理解释的，经补正或作出合理解释后，辨认笔录可以作为定案的依据。因此，C 项错误。

【总结：凡是没有见证人签名的，或者是没有见证人在场的，所取得的证据（不管哪种证据）虽然都存在不合法之处，但都是可以补正或者作出合理解释的】

D 项：不管证人与被害人是否有利害关系，凡是了解案情的人都有作证的义务，其证言都能作为证据使用。只不过，如果证人与被害人有利害冲突，法院使用该证人的证言时需要特别注意。因此，D 项错误。

综上所述，本题答案为 AB 项。

㉙ 1602068

答案：B,C

解析：本题考查的是证据的审查认定。

A 项：所谓传闻证据规则，是指法庭外所作出的陈述不得作为定案的依据。但我国目前没有确立传闻证据规则，这意味着证人哪怕没有到庭，该证人在庭前的证言也能作为定案的依据。只有在对真实性无法确认的情况下，才不得作为定案根据。因此，A 项错误。

B 项：根据规定，采用刑讯逼供等非法方法收集的犯罪嫌疑人、被告人供述应当予以排除。本选项中公诉人不能证明被告人庭前供述讯问的合法性，属于不能排除存在以非法方法收集证据的情形，依法应当予以排除，法院对于辩护律师的异议应当予以支持。因此，B 项正确。

C 项：行政证据要用作刑事证据，须同时符合两个条件：第一，该行政证据须为实物证据或鉴定意见。因为言词证据可以重复收集，而行政机关在收集言词证据时不受刑事诉讼法的约束，因此行政机关收集到的言词证据（鉴定意见除外）是不能作为刑事证据使用的。第二，该实物证据或鉴定意见须经过转化手续后才能用作刑事证据。本选项中，行政机关对被告人的询问笔录属于言词证据，不能作为刑事证据使用，法院应当予以支持。因此，C 项正确。

D 项：根据规定，询问证人、被害人可以在现场进行，也可以到证人、被害人所在单位、住处或者证人、被害人提出的地点进行。在必要的时候，可以书面、电话或者当场通知证人、被害人到公安机关提供证言。本选项中侦查人员可以在"办案地点以外的地点"询问被害人，法院不应该支持辩护律师提出的异议。因此，D 项错误。

综上所述，本题答案为 BC 项。

【不定项】

㉚ 1702096

答案：A

解析：本题综合考查了证据的法定种类、补强证据规则以及证据的审查判断。

A 项：被害人陈述是指刑事被害人就其受害情况和其他与案件有关的情况向公安司法机关所作的陈述。证人证言是指证人就其所感知的案件情况向公安司法机关所作的陈述。本案中，甲陈述"被杨某猥亵的经过"，加之反映"另外两名女生乙和丙也可能被杨某猥亵，乙曾和甲谈到被杨某猥亵的经过，甲曾目睹杨某在课间猥亵丙。"其中，甲反映的乙和丙"也"可能被杨某猥亵，意味着甲是承认自己被杨某猥亵的，这属于被害人陈述。而甲反映的"乙曾和甲谈到被杨某猥亵的经过，甲曾目睹杨某在课间猥亵丙"属于典型的证人证言。因此，A 项正确。

B 项：补强证据必须具有独立来源，所谓独立来源，是指不能和被补强证据（主证据）同源。所谓同源，是指补强证据也是来源于这个案件的案件事实。进而言之，所谓来源于这个案件的案件事实，是指补强证据同样包含着可以证明这个案件事实（犯罪构成事实）的内容。一个证据一旦含有可以证明这个案件事实的内容，就意味着与主证据来源相同，都能证明这个案件事实了，这个证据就不是补强证据，而是主证据了。本案中，许某的证言是对甲的陈述的转述，已经含有可以证明案件事实的内容，没有独立来源，只能是主证据，不可作为甲陈述的补强证据。因此，B 项错误。

C 项：所谓传闻证据是指所有法庭外的陈述，也就是说，传闻证据是相对法庭上而言的，本题没有涉及法庭审判的信息，因此不能说甲的证言就是传闻证据。需要指出的是，我国没有确立传闻证据规则，证人在法庭外的陈述也能作为定案的依据。本题考生不能将传闻证据与传来证据混淆了。所谓传来证据是通过转手、摘抄、复制、转述而来的证据，即通常所讲的二手证据、三手证据。由于甲关于乙被猥亵的经过是转述乙的，因此属于传来证据，但不是传闻证据。因此，C 项错误。

D 项：凡是知道案件情况的人，都有作证的义务。生理上、精神上有缺陷或者年幼，不能辨别是非、不能正确表达的人，不能作证人。本题中甲、乙、丙虽年幼，但对其被猥亵事实具备判断能力，其陈述或证言理应被采信。因此，D 项错误。

综上所述，本题答案为 A 项。

31 　1602095

答案：A

解析：本题综合考查了证据的法定种类、证据的审查判断。

A 项：电子数据是指以数字化形式存在的，用作证明案件情况的一切材料及其派生物。比如：通信记录、手机短信、电子邮件、即时通信、通讯群组等网络应用服务的通信信息等。据此，网上聊天记录属于电子数据的一种。因此，A 项正确。

BC 项：根据规定，电子数据在以下 4 种情形下直接排除，其余的情形都是可以补正或作出合理解释的：①视听资料或电子数据系篡改、伪造或者无法确定真伪的；②视听资料制作、取得的时间、地点、方式等有疑问，不能作出合理解释的；③电子数据有增加、删除、修改等情形，影响电子数据真实性的；④其他无法保证电子数据真实性的情形。据此，电子数字没有随原始的聊天时使用的手机移送，不属于直接排除的情形之一。因此，B 项错误。就 C 项而言"没有经被害人核实认可"也不是电子数据直接排除的情形之一，因此，经"甲女核实认可后"不是电子数据作为定案依据的前提条件。因此，C 项错误。

D 项：判断一个证据是否具有关联性，主要从以下 2 点进行判断：（1）看所用证据是证明什么事实的；（2）所证明的事实是不是犯罪构成的事实。本案中，网络聊天记录与双方是否自愿发生性关系（有没有实施犯罪）是有关联的，故具有关联性。因此，D 项错误。

综上所述，本题答案为 A 项。

（五）证明责任

【单选】

32 　1901118

答案：B

解析：本题考查的是刑事诉讼中的证明责任。

A 项：辩方在法庭上提出证据，只是积极辩护的行为，并不是承担证明责任。因此，A 项错误。

BC 项：在非法证据排除程序中，由控方承担证明责任，因此检察院要提出证据证明取证合法性的证明责任，需要指出的是，为了防止辩方滥用申请非法证据排除的权利，要求辩方申请时须提供相关线索或材料，但这不是由辩方承担证明责任。一旦启动非法证据排除程序后，仍然是由控方承担证明责任。因此，B项正确，C项错误。

D项：被告人提出被侵占的财产属于自己所有，若被告人向法庭提供证据，是积极辩护的行为，不是承担证明责任。考生要牢牢记住：不管是公诉案件还是自诉案件，都是由控方承担证明责任。因此，D项错误。

综上所述，本题答案为B项。

（六）证明主体和证明对象

【单选】

33 `2001062`

答案：D

解析：本题综合考查证据制度概述、证据的法定分类、证明责任。

A项：本项中，李某涉嫌的不是一般猥亵，而是猥亵儿童，侵害对象特定。而李某手机中有许多儿童色情图片（注意不是普通的成年女性色情图片），这意味着李某对儿童色情图片"情有独钟"，所以可以关联李某具有实施猥亵儿童的动机。因此，A项错误。

B项：根据规定，证人的猜测性、评论性、推断性的证言，不得作为证据使用，但根据一般生活经验判断符合事实的除外。本案中，证人不是根据时速表判断而是估计当时的车速，并且估计的时速为整数100公里每小时，属于典型的主观推断或者臆测，所以该证言不得作为证据使用。因此，B项错误。

C项：根据规定，公诉案件中被告人有罪的举证责任由人民检察院承担。可知，在公诉案件中，一般情况下，由公诉人承担证明责任，被告人、辩护人为了防止被定罪或者重判会提出相应辩解，这属于行使辩护权的表现，并非是对其主张承担证明责任的体现，但在少量的持有型犯罪中，被告人需要承担提出证据的责任，但该责任不等于证明责任。C项中，宋某涉嫌交通肇事逃逸，不属于持有型犯罪，宋某对其辩解无需承担证明责

任。因此，C项错误。

D项：在我国，证明对象可以包括实体法事实（包括与定罪相关的事实和与量刑相关的事实）和程序法事实。认罪认罚问题属于证明对象，它既与实体法事实相关（涉及是否从轻量刑），又与程序法事实相关（法官审查自愿性、真实性、合法性）。因此，D项正确。

综上所述，本题答案为D项。

【多选】

34 `1901119`

答案：A,B,C,D

解析：本题考查的是证明主体的范围。

ABCD项：证明主体包括检察机关和部分诉讼当事人。其中，诉讼当事人中属于证明主体的包括：（1）自诉人；（2）针对自诉提起的反诉中，原自诉案件中的被告人（即反诉中的自诉人）；（3）附带民事诉讼的原告人；（4）针对附带民事诉讼提起的反诉，原附带民事诉讼中的被告人。需要注意的是，公诉案件中的被告人不是证明主体。公安机关和人民法院也不是证明主体。而且，证明主体一定是刑事诉讼主体（包括国家专门机关与诉讼参与人）。其中，检察机关是国家专门机关，诉讼当事人属于诉讼参与人。因此，ABCD项正确。

综上所述，本题答案为ABCD项。

【不定项】

35 `2401065`

答案：B,C

解析：本题考查的是非法证据排除、免证事实、证据的法定种类、自白任意性规则。

A项：所谓"非法证据"，是指证据收集的主体、程序、种类不符合法律的规定，不具备证据的"合法性"要求。本案中，王某所作陈述为虚假陈述，但并未违反证据合法收集的原则，只是违反了证据的客观性要求，即违反了所供述的事实是客观真实，不以人的意志为转移的这一证据特征。因此，A项错误。

B项：根据规定，在法庭审理中，下列事实属于免证事实：（1）为一般人共同知晓的常识性事实；

（2）人民法院【生效裁判所确认】并且未依审判监督程序重新审理的事实；（3）法律、法规的内容以及适用等属于审判人员履行职务所应当知晓的事实；（4）在法庭审理中不存在异议的程序事实；（5）法律规定的推定事实；（6）自然规律或者定律。因此，李某的犯罪已被生效判决认定后，检察院在审理中不必证明。因此，B 项正确。

C 项：根据规定，伪证罪侵犯的法益包括公民人身权利与国家司法利益。赵某伪证案侵犯了李某的合法权益，李某属于该案【被害人】，其陈述应属于被害人陈述。因此，C 项正确。

D 项：根据规定，自白任意性规则要求必备两个要件：主体是犯罪嫌疑人、被告人；行为上被追诉人自由意志被违背。在王某妨害作证罪中，赵某构成【共同犯罪】，属于犯罪嫌疑人、被告人，但赵某的虚假证言是在指使下出于其自由意志作出，【并没有遭受"强迫"】自证其罪，与自白任意性规则无关。因此，D 项错误。

综上所述，本题答案为 BC 项。

二、模拟训练

36 2203022

答案：D

解析：本题考查的是证据的理论分类。

A 项：在把手上提取的指纹，提取等同于"剪切走"，属于原始证据；但仅凭这枚指纹不能指出谁实施犯罪，也不能否定谁实施犯罪，也不能否定犯罪事实存在，故该枚指纹属于间接证据，而不是直接证据。因此，A 项错误。

B 项：小区监控录像，属于原始证据，但内容为张某进入被害人李某小区的经过，仅凭这个证据不能指出谁实施犯罪，也不能否定谁实施犯罪，也不能否定犯罪事实存在，故该监控录像属于间接证据，而不是直接证据。因此，B 项错误。

C 项：证人听汪某讲的事实经过，属于转述的材料，是传来证据。内容为张某故意伤害被害人李某，仅凭该证据能够指出张某实施犯罪，因此属于直接证据，但不是原始证据。因此，C 项错误。

D 项：被害人李某自己关于案发过程的陈述，属于原始证据。而且内容是被张某打伤的过程，能够直接指出张某实施犯罪，故属于直接证据。因

此，D 项正确。

综上所述，本题答案为 D 项。

37 1803033

答案：B,C

解析：本题考查的是证据制度概述。

证据的相关性，是指证据必须与【案件待证事实】有实质性联系，从而对案件事实有证明作用。本题是要证明胡某是否有强奸这一事实。

A 项：写情书对犯罪行为动机、目的有证明作用，具有相关性。因此，A 项不当选。

B 项：此前相同手段的犯罪属于类似事件，不具备相关性。因此，B 项当选。

C 项：品质恶劣的证据属于品格证据，不具备相关性。因此，C 项当选。

D 项：朋友的证明对甲是否有作案时间有证明作用，具有相关性。因此，D 项不当选。

综上所述，正确答案为 BC。

38 2203024

答案：A,B,C

解析：本题考查的是证人证言的排除情形。判断一项证据是否需要排除，主要是判断该证据是否符合非法证据的排除情形与不可补正或者解释的瑕疵情形，一旦该证据符合上述情形即可排除，不符合即可补正或解释，作为定案的根据。

ABCD 项：根据规定，证人证言排除情形为【麻醉猜测未个别，核对翻译由暴胁】。A、B、C 项分别属于上述核对、翻译和个别的情形，应当予以排除，不得作为定案根据。因此，ABC 项当选。询问未成年证人，其法定代理人或者合适成年人不在场的不属于证人证言的排除情形，故可以补正或者解释后作为定案根据。因此，D 项不当选。

综上所述，本题答案为 ABC 项。

39 2203025

答案：A,C

解析：本题考查的是辨认笔录的排除情形。

ACD 项：根据规定，辨认笔录排除情形为【个别混杂有暗示，见到侦查不主持】。A、C 项分别属于上述见到和个别的情形，应当予以排除，不得

作为定案根据。因此，AC 项当选。D 项：案卷中只有辨认笔录不属于辨认笔录的排除情形，故可以补正或者解释后作为定案根据。因此，D 项不当选。

B 项：公安机关在组织辨认时，辨认对象应不少于 7 人；10 张人的照片；物 5 件；物的照片 10 张。侦查人员将王某混杂在 7 名具有类似特征的人员中，由被害人张某进行辨认的行为合法，当然可以作为定案的根据。因此，B 项不当选。

综上所述，本题答案为 AC 项。

40 `2203026`

答案：A，B，C，D

解析：本题考查的是犯罪嫌疑人供述的排除情形。

ABCD 项：根据规定，犯罪嫌疑人供述排除情形为【疲劳刑讯场所外，录像威胁不自由，重复核译不在场】。A、B、C、D 项分别属于上述疲劳、刑讯、重复和不在场的情形，应当予以排除，不得作为定案根据。因此，ABCD 项当选。

综上所述，本题答案为 ABCD 项。

第八章
强制措施

参考答案

[1] ACD	[2] BC	[3] D	[4] A	[5] C
[6] C	[7] B	[8] AB	[9] ACD	[10] ABC
[11] AB	[12] D	[13] C	[14] ABC	[15] CD
[16] ACD	[17] ABCD	[18] BCD	[19] C	[20] C
[21] D	[22] C	[23] B	[24] BCD	[25] BD
[26] BD	[27] ACD	[28] BC	[29] ACD	[30] C
[31] ABC				

一、历年真题

（一）强制措施的概述和特征

【多选】

1 `1901120`

答案：A，C，D

解析：本题考查的是强制措施的适用原则。

A 项：法定性原则，是指刑事诉讼法对各种强制措施的适用机关、适用条件、程序和时间都进行了严格的规定，公安司法人员在适用时不得突破法律的规定，必须依照法定的程序进行。法定性原则要求对不符合逮捕条件的犯罪嫌疑人、被告人不得适用逮捕措施。在我国，逮捕必须具备证据条件、刑罚条件和危险性条件，其中，证据要件要求之一是有证据证明是犯罪嫌疑人所为。A 项中不符合证据要件，对犯罪嫌疑人不得适用逮捕措施。因此，A 项正确。

B 项：比例原则，又称为相当性原则，是指适用何种强制措施，应当与犯罪嫌疑人、被告人的人身危险性程度和涉嫌犯罪的轻重程度相适应。例如，对于涉嫌比较轻微的盗窃罪犯罪嫌疑人，可以适用取保候审或者监视居住。而对于涉嫌比较严重的故意杀人罪犯罪嫌疑人，较为适宜适用逮捕。B 项中，对犯罪嫌疑人适用监视居住，不论在住处监视居住还是在指定居所监视居住，都属于监视居住措施，这没有体现出根据人身危险性或涉嫌犯罪轻重程度不同选择适用不同的强制措施，亦即没有体现出强制措施的比例性原则。因此，B 项错误。

C 项：变更性原则是指强制措施的适用，需要随着诉讼的进展、犯罪嫌疑人、被告人及案件情况的变化而及时变更或解除。需要指出的是，变更性原则是指不同种类的强制措施之间的变更或者释放，如果还是同一种强制措施，只是变更了执行方式，则不是变更性原则的体现。C 项中，侦查机关对犯罪嫌疑人从逮捕措施变更为释放，体现了变更性原则。因此，C 项正确。

D 项：必要性原则是指只有在为保证刑事诉讼的顺利进行而有必要时方能采取，若无必要，不得随意适用强制措施。D 项中，为了方便讯问犯罪嫌疑人，可以采取传唤或拘传等较轻的强制措施，而为了方便讯问即采用最严重的逮捕措施违反了强制措施的必要性原则。因此，D 项正确。

综上所述，本题答案为 ACD 项。

（二）拘传

【多选】

② 1202066

答案：B,C

解析：本题考查的是拘传措施。

A 项：传唤是没有强制力的，拘传具有强制力，因此，拘传必须要有拘传证，绝对不能口头拘传。如果在现场发现犯罪嫌疑人，来不及签发拘传证的话，只能口头传唤，绝对不能口头拘传。因此，A 项错误。

BC 项：根据规定，一次拘传持续的时间不得超过 12 小时；案情特别重大、复杂需要拘留、逮捕的不得超过 24 小时。不得以连续传唤、拘传的形式变相拘禁犯罪嫌疑人。因此，BC 项正确。

D 项：根据规定，两次拘传间隔的时间一般不得少于 12 小时。拘传犯罪嫌疑人，应当保证犯罪嫌疑人的饮食和必要的休息时间。据此，拘传犯罪嫌疑人的，绝对不可以连续讯问 24 小时。因此，D 项错误。

综上所述，本题答案为 BC 项。

（三）取保候审

【单选】

③ 2301037

答案：D

解析：本题为 23 年新法新增，考查的是取保候审的执行、方式、酌定义务、自动解除。

A 项：根据规定，取保候审的【自动解除】有以下几种情况：①取保候审依法变更为监视居住、拘留、逮捕，并已开始执行；②检察院作出不起诉决定的；③法院作出无罪、免罚或不负刑事责任的判决、裁定已经发生法律效力的；④被判处管制或者适用缓刑，社区矫正已经开始执行的；⑤被单处附加刑，判决已经发生法律效力的；⑥被判处监禁刑，刑罚已经开始执行的。公安机关的撤销不属于以上几种情形。除此外，根据规定，对于发现不应当追究被取保候审人刑事责任并作出撤销案件或者终止侦查决定的，决定机关应当【及时作出解除取保候审决定】，并送交执行

机关。因此，A 项错误。

B 项：公安机关决定取保候审的，应当及时通知被取保候审人【居住地】的派出所执行。被取保候审人居住地在异地的，应当及时通知【居住地】公安机关，由其指定被取保候审人居住地的派出所执行。本案中胡某的居住地在 H 市，应当由 H 市的派出所执行。因此，B 项错误。

C 项：根据规定，对犯罪嫌疑人、被告人决定取保候审的，应当责令其提出保证人或者交纳保证金。对同一犯罪嫌疑人、被告人决定取保候审的，不得同时使用保证人保证和保证金保证。对未成年人取保候审的，应当优先适用保证人保证。本题中对胡某采取取保候审时其非未成年人，因此 C 项错误。

D 项：根据规定，决定取保候审时，可以根据案件情况责令被取保候审人不得与下列"特定的人员"会见或者通信：证人、鉴定人、被害人及其法定代理人和近亲属，本项中公安机关可以要求胡某不得向被害人吕某发送短信。因此，D 项正确。

综上所述，本题答案为 D 项。

④ 2001098

答案：A

解析：本题考查的是取保候审的义务及违反义务的后果。

根据规定，被取保候审的犯罪嫌疑人、被告人应当遵守以下规定：【不得离、变要报、传要到、不得扰、不得灭】（1）未经执行机关批准不得离开所居住的市、县；（2）住址、工作单位和联系方式发生变动的，在 24 小时以内向执行机关报告；（3）在传讯的时候及时到案；（4）不得以任何形式干扰证人作证；（5）不得毁灭、伪造证据或者串供。

A 项：本案中，甲采取保证金的方式取保候审，在取保候审期间多次出差未报批，违反了取保候审的义务，由于甲采取保证金的方式取保候审，因此根据情况可以没收部分保证金。因此，A 项正确。

B 项：由于本案甲采取保证金方式取保候审，而保证金方式与保证人方式不能并存，只能择一适

用，因此 B 项责令再提出一名保证人的做法错误。因此，B 项错误。

CD 项：被取保候审人违反取保候审的义务，已交纳保证金的，没收部分或者全部保证金，并且决定机关应当区别情形，责令犯罪嫌疑人、被告人具结悔过、重新交纳保证金、提出保证人，或者变更强制措施。暂扣驾驶证或身份证均不是违反取保候审规定可能导致的处罚。因此，CD 项错误。

综上所述，本题答案为 A 项。

5 `1602031`

答案：C

解析：本题考查的是取保候审的义务。

ABCD 项：根据规定，被取保候审的犯罪嫌疑人、被告人【应当】遵守以下规定：(不得离、变要报、传要到、不得扰、不得灭)(1)未经执行机关批准不得离开所居住的市、县；(2)住址、工作单位和联系方式发生变动的，在 24 小时以内向执行机关报告；(3)在传讯的时候及时到案；(4)不得以任何形式干扰证人作证；(5)不得毁灭、伪造证据或者串供。

法院、检察院和公安机关【可以】根据案件情况，责令被取保候审的犯罪嫌疑人、被告人遵守以下一项或者多项规定：(1)不得进入特定的场所；(2)不得与特定的人员会见或者通信；(3)不得从事特定的活动；(4)将护照等出入境证件、驾驶证件交执行机关保存。

从本题题干来看，问的是"应"遵守的义务，因此所问的是法定义务。ABCD 四个选项中，ABD 项分别为酌定义务第 4、2、1 项的内容，C 项为法定义务第 2 项的内容，因此，C 项正确，ABD 项错误。

综上所述，本题答案为 C 项。

6 `1502027`

答案：C

解析：本题考查的是取保候审的程序。

A 项：五种强制措施分别为拘传、取保候审、监视居住、拘留、逮捕。后四种强制措施只能由公安机关执行，其中取保候审也只能由公安机关(国安机关)执行。本案侦查机关是检察院，取保候审不是由本案侦查机关执行。因此，A 项错误。

B 项：取保候审的方式只能择一适用，不能同时适用。也就是说，要么是保证金方式取保，要么是保证人的方式取保。因此，B 项错误。

C 项：取保候审的酌定义务（即【可以】根据个案责令被取保候审的犯罪嫌疑人遵守的义务）包括：(1)不得进入特定的场所；(2)不得与特定的人员会见或者通信；(3)不得从事特定的活动；(4)将护照等出入境证件、驾驶证件交执行机关保存。C 项中，要求郭某不得进入蒋某居住的小区(特定的场所)，属于酌定义务，用"可"字是正确的。因此，C 项正确。

D 项：取保候审的法定义务（即被取保候审的犯罪嫌疑人、被告人【应当】遵守的义务）包括：(不得离、变要报、传要到、不得扰、不得灭)(1)未经执行机关批准不得离开所居住的市、县；(2)住址、工作单位和联系方式发生变动的，在 24 小时以内向执行机关报告；(3)在传讯的时候及时到案；(4)不得以任何形式干扰证人作证；(5)不得毁灭、伪造证据或者串供。据此，郭某在取保候审期间是可以变更住址的，但要履行报告义务。因此，D 项错误。

综上所述，本题答案为 C 项。

7 `1402030`

答案：B

解析：本题考查的是取保候审的程序。

A 项：人保与财产保的方式只能择一适用，不能同时适用。因此，A 项错误。

B 项：根据规定，保证人是 1~2 名。且保证人的条件是：(1)与本案无牵连；(注意：可以和本案当事人有牵连)(2)有能力履行保证义务；(3)享有政治权利，人身自由没有被限制；(4)有固定的住处和收入。由此可见，只要其父亲和母亲与本案无牵连，则可以同时担任郭某的保证人。因此，B 项正确。

C 项：根据现行法律规定，保证人违反义务只需要承担行政责任(罚款)或者刑事责任(涉嫌犯罪时)，绝对不需要承担民事责任。C 项中"要求其承担相应的民事连带赔偿责任"的说法是错误的。因此，C 项错误。

D 项：在取保候审中，决定机关(不同阶段，决定机关分别为公、检、法）只负责三件事：①决定取保候审，②解除取保候审，以及③保证金数额的确定。其余的事都由执行机关（公安机关）负责（包括保证金的收取、保管、确定是否违反规定、没收、退还、罚款）。据此，未履行保证义务应处罚款，不属于三件事之一，因此应由执行机关，也就是公安机关决定罚款的数额。因此，D 项错误。

综上所述，本题答案为 B 项。

【多选】

⑧ `2001079`

答案：A,B

解析：本题考查的是取保候审的程序。

A 项：根据规定，使用保证金保证的，由执行机关（公安机关）作出没收部分或全部保证金的决定，并通知决定机关。对被取保候审人没收保证金的，决定机关应当区别情形，责令被取保候审人具结悔过，重新交纳保证金、提出保证人，或者变更强制措施（根据情况可以变更为监视居住、可以先行拘留，需要逮捕的，可以予以逮捕），并通知执行机关。可知，A 项中，王某违反取保候审的相关规定，县公安机关有权决定没收王某交纳的 10000 元保证金并责令其重新交纳 8000 元保证金。因此，A 项正确。

B 项：如 A 项所示，犯罪嫌疑人在取保候审期间若违反了法定义务，侦查机关可以视情况决定没收保证金，同时还可以责令犯罪嫌疑人重新交纳保证金。显然，不论是决定没收保证金还是责令重新交纳保证金，取保候审一直处于适用中。因此，B 项中，侦查机关即便责令王某重新交纳保证金，对王某的取保候审期间也应当连续或者累计计算。因此，B 项正确。

C 项：根据规定，对同一犯罪嫌疑人、被告人决定取保候审的，不得同时使用保证人保证和保证金保证。对未成年人取保候审的，应当优先适用保证人保证。因此，C 项错误。

D 项：根据规定，公安机关在决定取保候审时，还可以根据案件情况，责令被取保候审人遵守以下一项或者多项规定（取保候审的酌定义务）（1）不得进入特定的场所；（2）不得与特定的人员会

见或者通信；（3）不得从事特定的活动；（4）将护照等出入境证件、驾驶证件交执行机关保存。可知，D 项中，公安机关没有作出责令王某上交驾驶证的决定，所以王某无需上交。因此，D 项错误。

综上所述，本题答案为 AB 项。

⑨ `1702071`

答案：A,C,D

解析：本题考查的是强制措施的适用原则。

变更性原则是指强制措施的适用，需要随着诉讼的进展，犯罪嫌疑人、被告人及案件情况的变化而及时变更或解除。需要指出的是，变更性原则是指【不同种类】的强制措施之间的变更或者释放，如果还是同一种强制措施，只是变更了执行方式，则不是变更性原则的体现。

A 项：在身边发现犯罪证据属于可以先行拘留的情形，因此由拘传变更为拘留，符合变更性原则的要求。因此，A 项正确。

B 项：取保候审期间，发现另有其他罪行而增加保证金的数额，但是仍然为取保候审，并没有变更为其他的强制措施，不符合变更性原则的要求。因此，B 项错误。

C 项：根据变更性原则的要求，违反较轻的强制措施，可以变更为比它更重的强制措施。C 项中，违反取保候审可以变更为拘留，符合变更性原则的要求。因此，C 项正确。

D 项：由于不能在法律规定的侦查羁押期限内办结，对犯罪嫌疑人从逮捕措施变更为释放，符合变更性原则的要求。因此，D 项正确。

综上所述，本题答案为 ACD 项。

（四）监视居住

【多选】

⑩ `1202068`

答案：A,B,C

解析：本题考查的是监视居住的适用情形。

ABCD 项：根据规定，公检法对符合逮捕条件，有下列情形之一的犯罪嫌疑人、被告人，可以监视居住：①患有严重疾病、生活不能自理的；②怀孕或者正在哺乳自己婴儿的妇女；③系生活不能自理的人的唯一扶养人；④因为案件的特殊情

况或者办理案件的需要，采取监视居住措施更为适宜的；⑤羁押期限届满，案件尚未办结，需要采取监视居住措施的。据此，ABC项属于可以监视居住的①②③情形，D项不属于可以监视居住的情形。因此，ABC项正确，D项错误。

综上所述，本题答案为ABC项。

【不定项】

11 `1901142`

答案：A,B

解析：本题考查的是监视居住的适用条件与适用程序。

A项：根据规定，公检法对符合逮捕条件，有下列情形之一的犯罪嫌疑人、被告人，可以监视居住：①患有严重疾病、生活不能自理的；②怀孕或者正在哺乳自己婴儿的妇女；③系生活不能自理的人的唯一扶养人；④因为案件的特殊情况或者办理案件的需要，采取监视居住措施更为适宜的；⑤羁押期限届满，案件尚未办结，需要采取监视居住措施的。本案符合逮捕条件，且由于案件的特殊情况，可以监视居住。因此，A项正确。

BC项：监视居住应当在犯罪嫌疑人、被告人的住处执行。但是有两种情形下可以指定居所监视居住：一是无固定住处的；二是对于涉嫌危害国家安全犯罪、恐怖活动犯罪，在住处执行可能有碍侦查的，经上一级公安机关批准，也可以在指定居所执行。据此，本案属于恐怖活动犯罪，如果认为在李四家中监视居住会有碍侦查，经上一级公安机关批准，也可以指定居所监视居住。因此，B项正确，C项错误。

D项：只有指定居所监视居住的情形才能折抵。被判处管制的，指定居所监视居住一日折抵刑期一日；被判处拘役、有期徒刑的，指定居所监视居住二日折抵刑期一日。因此，D项错误。

综上所述，本题答案为AB项。

（五）拘留

【单选】

12 `1502028`

答案：D

解析：本题考查的是拘留的程序。

A项：根据规定，公安机关执行拘留时，必须出示拘留证，但紧急情况下，对于符合先行拘留情形之一的，可以将犯罪嫌疑人口头传唤至公安机关后立即审查，办理法律手续。据此，是"可以"口头传唤，而非"应当"。因此，A项错误。

B项：拘留有3个24小时，分别是：24小时送看守所（拘留后，应当立即将被拘留人送看守所羁押，至迟不得超过24小时）；24小时通知（应当在拘留后24小时以内，通知被拘留人的家属）；24小时讯问（公安机关、检察机关对被拘留的人，应当在拘留后的24小时以内进行讯问）。不过，24小时通知有例外，无法通知或者涉嫌危害国家安全犯罪、恐怖活动犯罪通知可能有碍侦查的情形，可以不在24小时通知。但有碍侦查的情形消失以后，应当立即通知被拘留人的家属。而且3个24小时遵循"谁决定、谁通知；谁决定、谁讯问"原则。据此，拘留章某后应在24小时内将其送看守所羁押，不是"12小时"。因此，B项错误。

C项：B项解析所提的3个24小时，是指同一个24小时，且是第一个24小时内要完成这三件事，而完成这三件事并没有先后顺序之分。换言之，拘留后，可以先送看守所再讯问；也可以先讯问再送看守所，意味着拘留之后并不是对犯罪嫌疑人的讯问必须在看守所进行。因此，C项错误。

D项：根据规定，在执行逮捕、拘留的时候，遇到紧急情况（可能随身携带凶器的），不另用搜查证也可以进行搜查。可知，章某随身携带管制刀具属于可能随身携带凶器的情况，可不另用搜查证即可搜查其身体。因此，D项正确。本选项考查的是第十二章侦查中搜查的核心内容，如果考生因为还没复习到第十二章而导致本选项出错，不必太在意。

综上所述，本题答案为D项。

（六）逮捕

【单选】

13 `1901123`

答案：C

解析：本题考查的是监察机关移送案件的强制措施。

A 项：对于监察机关移送起诉的已采取留置措施的案件，检察院应当对犯罪嫌疑人先行拘留，留置措施自动解除。据此，检察院先行拘留的，留置措施是"自动"解除，无须检察院来解除。因此，A 项错误。

B 项：根据规定，检察院应当在拘留后的 10 日以内作出是否逮捕、取保候审或者监视居住的决定。在特殊情况下，决定的时间可以延长 1～4 日。但是，检察院决定采取强制措施的期间"不计入"审查起诉期限。因此，B 项错误。

C 项：对有证据证明有犯罪事实，可能判处 10 年有期徒刑以上刑罚的犯罪嫌疑人，应当批准或者决定逮捕。据此，本案符合径行逮捕的条件，检察院有权决定逮捕徐某。因此，C 项正确。

D 项：5 种刑事强制措施中，除了拘传公检法都可执行外，其余 4 种强制措施，不管是谁决定的，都只能由公安机关执行。据此，检察院决定逮捕的，只能由公安机关执行，检察院自己无权执行。因此，D 项错误。

综上所述，本题答案为 C 项。

【多选】

14　**2001081**

答案：A,B,C

解析：本题考查的是逮捕条件中的社会危险性要件。

AC 项：根据规定，人民检察院对有证据证明有犯罪事实，可能判处徒刑以上刑罚的犯罪嫌疑人，采取取保候审尚不足以防止发生下列社会危险性的，应当批准或者决定逮捕：（1）可能实施新的犯罪的；（2）有危害国家安全、公共安全或者社会秩序的现实危险的；（3）可能毁灭、伪造证据，干扰证人作证或者串供的；（4）可能对被害人、举报人、控告人实施打击报复的；（5）企图自杀或者逃跑的。同时又规定犯罪嫌疑人具有下列情形之一的，可以认定为"可能实施新的犯罪"：（1）案发前或者案发后正在策划、组织或者预备实施新的犯罪的；（2）扬言实施新的犯罪的；（3）多次作案、连续作案、流窜作案的；（4）一年内

曾因故意实施同类违法行为受到行政处罚的；（5）以犯罪所得为主要生活来源的；（6）有吸毒、赌博等恶习的；（7）其他可能实施新的犯罪的情形。A 项中犯罪嫌疑人多次盗窃，没有正当生活来源，意味着以犯罪所得为主要生活来源，属于"可能实施新的犯罪的"情形，如果不逮捕起来很有可能再次实施盗窃行为，具有再犯新罪的社会危险，应当批准逮捕。C 项中，有赌博、吸毒等恶习的，属于"可能实施新的犯罪的"情形，应当批准逮捕。因此，AC 项正确。

B 项：根据规定，犯罪嫌疑人具有下列情形之一的，可以认定为"企图自杀或者逃跑"：……（4）曾经以暴力、威胁手段抗拒抓捕的。因此，B 项正确。

D 项：犯罪嫌疑人有能力提供数额较高的保证金，可以被取保候审。从选项中也没有看出其具有再犯或者其他危害社会的可能性，这不属于应当批准逮捕的社会危险因素。因此，D 项错误。

综上所述，本题答案为 ABC 项。

15　**2001104**

答案：C,D

解析：本题考察的是逮捕的条件。

根据规定，检察院对有证据证明有犯罪事实，可能判处徒刑以上刑罚的犯罪嫌疑人，采取取保候审尚不足以防止发生社会危险性的，应当批准或者决定逮捕。社会危险性包括：（1）可能实施新的犯罪的；（2）有危害国家安全、公共安全或者社会秩序的现实危险的；（3）可能毁灭、伪造证据，干扰证人作证或者串供的；（4）可能对被害人、举报人、控告人实施打击报复的；（5）企图自杀或者逃跑。同时，犯罪嫌疑人可以认定为"可能实施新的犯罪"的情形有：（1）案发前或者案发后正在策划、组织或者预备实施新的犯罪的；（2）扬言实施新的犯罪的；（3）多次作案、连续作案、流窜作案的；（4）一年内曾因故意实施同类违法行为受到行政处罚的；（5）以犯罪所得为主要生活来源的；（6）有吸毒、赌博等恶习的；（7）其他可能实施新的犯罪的情形。

A 项：根据规定，犯罪嫌疑人曾经以暴力、威胁手段抗拒抓捕的，可以认定为"企图自杀或者逃

跑"。本题中，选项信息给的是"甲拒捕"，但并未说明采取何种方式拒捕，在现实中既可能采取符合第133条第4项规定的暴力、威胁手段，也可能采取其他较平和方式（比如说紧闭住所门窗，不让逮捕人员进入，并未有任何暴力或者威胁因素）。故拒捕行为可能不属于"企图自杀或者逃跑行为"，也即可能不具有社会危险性。因此，A项错误。

B项：乙只是生活困难，不属于上述"社会危险性"情形。因此，B项错误。

C项：丙聚众赌博前有吸毒恶习，可能实施新的犯罪，符合上述社会危险性情形。因此，C项正确。

D项：丁以盗窃为主要生活来源，属于多次作案，可能实施新的犯罪，符合上述社会危险性情形。因此，D项正确。

综上所述，本题答案为CD项。

16 `1702072`

答案：A,C,D

解析：本题综合考查强制措施的变更性原则，取保候审的方式以及逮捕的程序。

A项：根据规定，案件提起公诉后，在法院对甲继续采取取保候审的情况下，决定取保的法院有权变更取保的担保方式，即对甲可变更为保证人保证。因此，A项正确。

B项：根据总结：（1）违反较轻的强制措施，"可以"变更为比它更重的强制措施。（2）法院没有搜查权，也没有刑事拘留权。根据以上总结，违反较轻的强制措施，要变更为比它更重的强制措施时，要求以该机关要有这种"重的强制措施的"权限为前提。由于法院没有刑事拘留权，因此，乙违反取保候审，可以逮捕乙，但不能先行拘留乙。B项错误。有部分同学可能会问：B项中的拘留不能理解成司法拘留吗？答案是不能，首先，因为题干问的是"法院适用强制措施"，如果理解成司法拘留，也不符合题干所问。其次，虽然法院有权采取司法拘留，但是刑事诉讼中的司法拘留不是随便适用的，只有两种情形下才能司法拘留：一是证人无正当理由拒不出庭，情节严重，经院长批准可以处以10日以下的司法拘留；二是违反法庭秩序，情节严重，经院长批准可以

处以15日以下的司法拘留或者1000元以下的罚款。本题中显然不具有上述情形，因此法院也不能采取司法拘留。

C项：逮捕有2个24小时，分别是：24小时通知；24小时讯问。而且遵循"谁想捕，谁通知；谁想捕，谁讯问"原则。因此，C项正确。

D项：根据规定，检察院启动羁押必要性审查，既可以依职权主动启动，也可以依犯罪嫌疑人、被告人及其法定代理人、近亲属或者辩护人、值班律师的申请而启动，据此，逮捕乙后，同级检察院可依职权主动启动对乙的羁押必要性审查。因此，D项正确。

综上所述，本题答案为ACD项。

17 `1302067`

答案：A,B,C,D

解析：本题考查的是审查批捕的程序。

ABCD项：根据规定："疑、面、违、难、认、幼、聋、傻"8种情形下审查批捕时应当讯问犯罪嫌疑人。即人民检察院办理审查逮捕案件，可以讯问犯罪嫌疑人；有下列情形之一的，应当讯问犯罪嫌疑人：（1）对是否符合逮捕条件有疑问的；（2）犯罪嫌疑人要求向检察人员当面陈述的；（3）侦查活动可能有重大违法行为的；（4）案情重大疑难复杂的；（5）犯罪嫌疑人认罪认罚的；（6）犯罪嫌疑人系未成年人的；（7）犯罪嫌疑人是盲、聋、哑人或者是尚未完全丧失辨认或者控制自己行为能力的精神病人的。

A项："犯罪嫌疑人的供述前后反复且与其他证据矛盾"，意味着检察院对是否符合逮捕条件有疑问，属于应当讯问犯罪嫌疑人的情形。因此，A项正确。

B项："犯罪嫌疑人要求向检察机关当面陈述"属于应当讯问犯罪嫌疑人的情形。因此，B项正确。

C项：根据拘留的3个24小时，要求拘留后24小时送看守所，而"侦查机关拘留犯罪嫌疑人36小时以后将其送交看守所羁押"，已经超过了12个小时，属于侦查活动可能有重大违法行为的情形，属于应当讯问犯罪嫌疑人的情形。因此，C项正确。

D项："犯罪嫌疑人是聋哑人"属于应当讯问犯罪

嫌疑人的情形。因此，D 项正确。

综上所述，本题答案为 ABCD 项。

【不定项】

18 1602093

答案：B,C,D

解析：本题综合考查了刑事拘留与逮捕的条件与程序要求。

A 项：拘留有 3 个 24 小时，分别是：24 小时送看守所；24 小时通知（家属）；24 小时讯问。需要指出的是，拘留的 3 个 24 小时，是指同一个 24 小时，且是第一个 24 小时内要完成这三件事，而完成这三件事并没有先后顺序之分。换言之，拘留后，可以先送看守所再讯问；也可以先讯问再送看守所，意味着拘留之后并不是对犯罪嫌疑人的讯问必须在看守所进行讯问。A 项中，由于本案不涉及到危害国家安全犯罪、恐怖活动犯罪通知可能有碍侦查的情形，因此应在第一个 24 小时以内（不管何时送看守所的）通知甲的家属，而不是在送看守所羁押后 24 小时内通知。因此，A 项错误。

B 项：根据径行逮捕的条件：有证据证明有犯罪事实，可能判处 10 年有期徒刑以上刑罚的。符合上述条件的，应当予以逮捕。本题中，甲涉嫌的是故意杀人罪，可能判处 10 年有期徒刑以上刑罚，因此符合刑罚要件，本题判断的关键是看本案是否符合证据要件，即是否有证据证明有犯罪事实。根据规定，有证据证明有犯罪事实包括三个条件：第一，有证据证明有犯罪事实发生；第二，有证据证明是犯罪嫌疑人所为的；第三，证明犯罪嫌疑人所为的证据不需要全部查清，只要"已有查证属实的"，亦即部分查清即可。据此，如有证据证明甲参与了故意杀害丙，意味着：有证据证明有犯罪事实发生了，且有证据证明甲实施了犯罪；而且只要有证据证明甲实施即可，不需要全部查清，因此本案也同时符合径行逮捕的证据要件。因此，B 项正确。

C 项：拘留有 3 个 24 小时，分别是：24 小时送看守所；24 小时通知；24 小时讯问。因此，C 项正确。

D 项：根据监视居住的条件，公检法对符合逮捕条件，有下列情形之一的犯罪嫌疑人、被告人，可以监视居住：①患有严重疾病、生活不能自理的；②怀孕或者正在哺乳自己婴儿的妇女；③系生活不能自理的人的唯一扶养人；④因为案件的特殊情况或者办理案件的需要，采取监视居住措施更为适宜的；⑤羁押期限届满，案件尚未办结，需要采取监视居住措施的。据此，乙涉嫌故意杀人罪，且有证据证明有犯罪事实，符合逮捕的条件，但由于身体极度虚弱，生活不能自理，因此符合监视居住的条件，可以由拘留转为监视居住。因此，D 项正确。

综上所述，本题答案为 BCD 项。

（七）羁押必要性审查

【单选】

19 1702027

答案：C

解析：本题考查的是羁押必要性审查。

A 项：关于审查的主体，根据规定，不管是侦查阶段、审查起诉阶段还是审判阶段，统一由检察院负责捕诉的部门负责羁押必要性审查。因此，A 项错误。

B 项：关于审查的方式，根据规定，检察院开展羁押必要性审查，可以组织听证，换言之也可以公开审查。只是应严格保守国家秘密、商业秘密和个人隐私。本案只是普通盗窃案，不涉及需要严格保密的情形，故本案的羁押必要性审查是"可以"公开进行的。因此，B 项错误。

C 项：关于审查的方式，检察院负责捕诉部门可以采取以下方式进行羁押必要性审查：（1）审查犯罪嫌疑人、被告人不需要继续羁押的理由和证明材料；（2）听取犯罪嫌疑人、被告人及其法定代理人、近亲属或者辩护人、值班律师的意见；（3）听取被害人及其法定代理人、诉讼代理人、近亲属或者其他有关人员的意见，了解和解、谅解、赔偿情况；（4）听取公安、法院意见，必要时查阅、复制原案卷宗中有关证据材料；（5）调查核实犯罪嫌疑人、被告人的身体健康状况；（6）向看守所调取有关犯罪嫌疑人、被告人羁押期间表现的材料；（7）其他方式。据此，检察院审查时可听取公安机关的意见，了解本案侦查取证的进展情况。因此，C项正确。

D项：2023年的《羁押必要性审查、评估工作规定》删除了原来旧法第12条中关于初审后的立案审批程序，故按新法，现在无需立案，更无需审批。因此，D项错误。

综上所述，本题答案为C项。

⑳ 1602032

答案：C

解析：本题考查的是羁押必要性审查。

A项：关于审查的主体，根据规定，不管是侦查阶段、审查起诉阶段还是审判阶段，统一由检察院【负责捕诉的部门】进行羁押必要性审查，不是由公诉部门办理（需要指出的是，目前检察院内部已经没有了公诉部门，经过捕诉合一改革，将公诉和逮捕的职能合二为一，设置了负责捕诉的部门）。因此，A项错误。

B项：根据规定，检、公开展羁押必要性审查、评估工作，应严格保守办案秘密和国家秘密、商业秘密、个人隐私。由于本案甲乙二人涉嫌猥亵儿童罪，属于涉及个人隐私的案件，所以不可对甲进行公开审查。因此，B项错误。

C项：检察院启动羁押必要性审查，既可以依职权主动启动，也可以依犯罪嫌疑人、被告人及其法定代理人、近亲属或者辩护人、值班律师的申请而启动。因此，C项正确。

D项：根据规定，人民检察院应当根据犯罪嫌疑人、被告人涉嫌的犯罪事实、主观恶性、悔罪表现、身体状况、案件进展情况、可能判处的刑罚和有无再危害社会的危险等因素，综合评估有无必要继续羁押犯罪嫌疑人、被告人。同时规定，人民检察院发现犯罪嫌疑人、被告人具有下列情形之一，且具有悔罪表现，不予羁押不致发生社会危险性的，【可以】向办案机关提出释放或者变更强制措施的【建议】：……（三）共同犯罪中的从犯或者胁从犯……（十五）可能被宣告缓刑的……本案中，经审查发现乙系从犯、具有悔罪表现且可能宣告缓刑，不予羁押不致发生社会危险性，人民检察院可以向办案机关提出释放或者变更强制措施的建议，D项表述为检察院【应要

求】法院变更强制措施，注意法律规定是【可以建议】，不是【应当要求】。因此，D项错误。

综上所述，本题答案为C项。

㉑ 1502029

答案：D

解析：本题考查的是羁押必要性审查。

A项：所谓羁押必要性审查，是指对被逮捕的犯罪嫌疑人、被告人有无继续羁押的必要性进行审查，对不需要继续羁押的，建议办案机关予以释放或者变更强制措施的监督活动。据此，羁押必要性审查只针对逮捕的羁押进行必要性审查，在本题中，检察院批准逮捕是在10月17日，也就是说，10月14日王某还未被羁押，因此不存在羁押必要性审查问题。因此，A项错误。

B项：羁押必要性审查，既可以由检察院依职权启动，也可以依辩方的申请而启动，如果辩方申请的，申请时应当说明不需要继续羁押的理由，有相关证据或者其他材料的，应当提供。由此可见，辩方提出申请，并不以先向侦查机关申请变更强制措施为前提。因此，B项错误。

CD项：根据规定，不管是侦查阶段、审查起诉阶段还是审判阶段，统一由检察院负责【捕诉】的部门进行羁押必要性审查。因此，C项错误，D项正确。

综上所述，本题答案为D项。

㉒ 1402031

答案：C

解析：本题综合考查了强制措施的适用原则与羁押必要性审查。

A项：必要性原则是指只有在为保证刑事诉讼的顺利进行而有必要时方能采取，若无必要，不得随意适用强制措施。故基于强制措施适用的必要性原则，应当尽量减少审前羁押。因此，A项正确，不当选。

B项：变更性原则是指强制措施的适用，需要随着诉讼的进展、犯罪嫌疑人、被告人及案件情况的变化而及时变更或解除。据此，可根据案件进展和犯罪嫌疑人的个人情况予以变更。因此，B项正确，不当选。

C项：检察院经过羁押必要性审查，审查后，需

觉晓法考　第八章　强制措施

要变更的，是办案机关变更，而不是检察院变更。检察院只是行使法律监督权，只能建议办案机关变更。当然，如果是审查起诉阶段，由于检察院自己就是办案机关，自己主动变更即可。在 C 项中，由于没有信息表明是在审查起诉阶段，因此应当按一般情况处理，即检察院是应当"建议"释放或变更。而不是检察院自己来变更。因此，C 项错误，当选。

D 项：根据规定，被逮捕的被告人具有下列情形之一的，人民法院应当立即释放；必要时，可以依法变更强制措施：（1）第一审人民法院判决被告人无罪、不负刑事责任或者免予刑事处罚的；（2）第一审人民法院判处管制、宣告缓刑、单独适用附加刑，判决尚未发生法律效力的；（3）被告人被羁押的时间已到第一审人民法院对其判处的刑期期限的；（4）案件不能在法律规定的期限内审结的。据此，案件不能在法律规定的期限内审结的，是应当立即释放，必要时可以依法变更强制措施，不管是释放还是变更强制措施，意味着被逮捕的犯罪嫌疑人都必须解除羁押。因此，D 项正确，不当选。

综上所述，本题为选非题，答案为 C 项。

（八）逮捕的变更、解除

【单选】

23 `1801107`

答案：B

解析：本题考查的是强制措施的变更、解除。

根据规定，被逮捕的被告人具有下列情形之一的，人民法院应当立即释放；必要时，可以依法变更强制措施：（1）第一审人民法院判决被告人无罪、不负刑事责任或者免予刑事处罚的；（2）第一审人民法院判处管制、宣告缓刑、单独适用附加刑，判决尚未发生法律效力的；（3）被告人被羁押的时间已到第一审人民法院对其判处的刑期期限的；（4）案件不能在法律规定的期限内审结的。

A 项：甲一审被判处有期徒刑 3 年，题干没有信息表明其被羁押的时间是否已到其被判处的刑期期限，因此默认为没有到其一审被判处的刑罚，不属于"应当"释放或者变更强制措施的情形。

因此，A 项错误。

B 项：乙一审被判处有期徒刑 1 年缓刑 1 年，属于"应当立即释放；必要时，可以依法变更强制措施"的第（2）种情形。因此，B 项正确。

C 项：丙一审被判处免予刑事处罚，属于"应当立即释放；必要时，可以依法变更强制措施"的第（1）种情形，因此，对丙的处理是：应当立即释放；必要时，可以变更强制措施，C 项表述太绝对。因此，C 项错误。

D 项：丁被宣告无罪，属于"应当立即释放；必要时，可以依法变更强制措施"的第（1）种情形，因此，对丁的处理是：应当立即释放；必要时，可以变更强制措施，D 项表述太绝对。因此，D 项错误。

综上所述，本题答案为 B 项。

【多选】

24 `2001080`

答案：B,C,D

解析：本题考查的是羁押必要性审查与强制措施的变更、解除。

ABCD 项：根据规定，检察院发现犯罪嫌疑人、被告人具有下列情形之一，且具有悔罪表现，不予羁押不致发生社会危险性的，可以向办案机关提出释放或者变更强制措施的建议：（1）预备犯或者中止犯；（2）主观恶性较小的初犯；（3）共同犯罪中的从犯或者胁从犯；（4）过失犯罪的；（5）防卫过当或者避险过当的；（6）认罪认罚的；（7）与被害方依法自愿达成和解协议或者获得被害方谅解的；（8）已经或者部分履行赔偿义务或者提供担保的；（9）患有严重疾病、生活不能自理的；（10）怀孕或者正在哺乳自己婴儿的妇女；（11）系未成年人或者已满七十五周岁的人；（12）系未成年人的唯一抚养人；（13）系生活不能自理的人的唯一扶养人；（14）可能被判处一年以下有期徒刑的；（15）可能被宣告缓刑的；（16）其他不需要继续羁押的情形。可知，本题中 BCD 项分别符合第 6 项、第 7 项和第 9 项，因此，BCD 项正确。

A 项，被告人仅年满 65 岁，并未达到 75 周岁的条件，因此，A 项错误。

综上所述，本题答案为 BCD 项。（本题答案因

2023 年新法修改而有所更新）

㉕ 1801074

答案：B,D

解析：本题考查的是强制措施的变更条件。

根据规定，被逮捕的被告人具有下列情形之一的，人民法院应当立即释放；必要时，可以依法变更强制措施：（一）第一审人民法院判决被告人无罪、不负刑事责任或者免予刑事处罚的；（二）第一审人民法院判处管制、宣告缓刑、单独适用附加刑，判决尚未发生法律效力的；（三）被告人被羁押的时间已到第一审人民法院对其判处的刑期期限的；（四）案件不能在法律规定的期限内审结的。

A 项：本案中，赵某一审被判处有期徒刑 5 年，题干未表明其被羁押的时间已到其被判处的刑期期限，不属于"应当"释放或者变更强制措施的情形。因此，A 项错误。

B 项：钱某被判处缓刑，法院应将其释放，必要时可以依法变更强制措施。因此，B 项正确。

C 项：孙某被判处免予刑事处罚，孙某之前被监视居住，并没有被逮捕，属于非在押状态，因此虽然孙某被判处免予刑事处罚，一审后（判决还未生效）无需对孙某变更强制措施。因此，C 项错误。

D 项：李某被判无罪，法院应当在宣判后立即释放，故 D 选项正确。（这里李某未采取强制措施，可以理解为在法院开庭判决为无罪后当庭释放的意思。）

综上所述，本题答案为 BD 项。

㉖ 1602070

答案：B,D

解析：本题考查的是强制措施的变更、解除。

法院"应当"释放，必要时可变更的情形包括：①【不能关】第一审人民法院判决被告人无罪、不负刑事责任或者免予刑事处罚的；②【不能关】第一审人民法院判处管制、宣告缓刑、单独适用附加刑，判决尚未发生法律效力；③【羁押期限超刑期】被告人被羁押的时间已到第一审人民法院对其判处的刑期期限；④【期满未办结】案件不能在法律规定的期限内审结（办结）。在以上的

情形中，【跟期限有关系的都是"应当"释放，必要时可变更的情形】

A 项：怀有身孕不属于【不能关、羁押期限超刑期、期满未办结】的情形，因此不属于"应当"释放，必要时可变更的情形，而是"可以"变更的情形。因此，A 项错误。

B 项：判处有期徒刑 2 年，缓期 2 年执行，判决尚未发生法律效力，跟期限有关系，因此属于"应当"释放，必要时可变更的情形。因此，B 项正确。

C 项：严重疾病不属于【不能关、羁押期限超刑期、期满未办结】的情形，因此不属于"应当"释放，必要时可变更的情形，而是"可以"变更的情形。因此，C 项错误。

D 项：无法在一审期限内审结，跟期限有关系，因此属于"应当"释放，必要时可变更的情形。因此，D 项正确。

综上所述，本题答案为 BD 项。

二、模拟训练

㉗ 2203029

答案：A,C,D

解析：本题考查的是强制措施概述。

A 项："犯罪嫌疑人"意味着案件还没到审判阶段，对于还没到审判阶段的案件，法院是不能提前介入审判前阶段采取强制措施。因此，A 项错误，当选。

B 项：无论是公诉案件还是自诉案件，都可以适用强制措施，只不过因为强制措施只能由公权力机关适用，而自诉案件的公权力机关只有法院一个，因此，自诉案件的强制措施由法院来决定适用。因此，B 项正确，不当选。

C 项：在我国，法院没有刑事拘留权。因此，C 项错误，当选。

D 项：根据规定，强制措施只能适用于犯罪嫌疑人、被告人，因为诉讼代表人不是犯罪嫌疑人、被告人，因此对其采取的拘传措施不能理解成强制措施的拘传，只能理解为司法拘传。虽然 D 项表述正确，但本题问的强制措施的适用。因此，D 项错误，当选。

综上所述，本题为选非题，答案为 ACD 项。

28 `2203030`

答案：B,C

解析：本题考查的是拘传。

ACD项：根据规定，对在现场发现的犯罪嫌疑人，经出示工作证件，可以【口头传唤】，但应当在讯问笔录中注明。传唤、拘传持续的时间不得超过【十二小时】；案情特别重大、复杂，需要采取拘留、逮捕措施的，传唤、拘传持续的时间不得超过【二十四小时】。不得以连续传唤、拘传的形式变相拘禁犯罪嫌疑人。传唤、拘传犯罪嫌疑人，应当保证犯罪嫌疑人的饮食和必要的休息时间。可知，只能口头传唤，而不能口头拘传。因此，A项错误。C项符合上述规定，因此，C项正确。D项不符合"保证饮食和必要的休息时间"规定，因此，D项错误。

B项：根据规定，公安机关在异地执行传唤、拘传、拘留、逮捕，开展勘验、检查、搜查、查封、扣押、冻结、讯问等侦查活动，应当向当地公安机关提出办案协作请求，并在当地公安机关协助下进行，或者委托当地公安机关代为执行。因此，B项正确。

综上所述，本题答案为BC项。

29 `2203034`

答案：A,C,D

解析：本题考查的是监视居住。

A项：根据规定，监视居住由【公安机关】执行。被监视居住的犯罪嫌疑人、被告人未经执行机关批准不得离开执行监视居住的处所。可知，由于本案是盗窃案，侦查机关也是公安机关。因此，A项正确。

B项：根据总结，凡是违反较轻的强制措施，都"可以"变更为比它要重的强制措施。所以，在逮捕前，也可以先行拘留。因此，B项错误。

C项：根据规定，监视居住应当在犯罪嫌疑人、被告人的住处执行；无固定住处的，可以在指定的居所执行。对于涉嫌危害国家安全犯罪、恐怖活动犯罪，在住处执行可能有碍侦查的，经上一级公安机关批准，也可以在指定的居所执行。但是，不得在羁押场所、专门的办案场所执行。因此，C项正确。

D项：根据规定，指定居所监视居住的期限应当折抵刑期。被判处管制的，监视居住一日折抵刑期一日；被判处拘役、有期徒刑的，监视居住二日折抵刑期一日。可知，只有指定居所监视居住的情形才能折抵刑期，因此，D项正确。

综上所述，本题答案为ACD项。

30 `2203035`

答案：C

解析：本题考查的是拘留。

A项：拘留由公安机关执行，本案是刑讯逼供案，侦查机关为检察院。因此，A项错误。

BC项：根据规定，拘留后，应当立即将被拘留人送看守所羁押，至迟不得超过二十四小时。除无法通知或者涉嫌危害国家安全犯罪、恐怖活动犯罪通知可能有碍侦查的情形以外，应当在拘留后二十四小时以内，通知被拘留人的家属。有碍侦查的情形消失以后，应当立即通知被拘留人的家属。因此，B项错误，C项正确。

D项：根据规定，公安机关对被拘留的人，应当在拘留后的二十四小时以内进行讯问。在发现不应当拘留的时候，必须立即释放，发给释放证明。可知，公安机关拘留犯罪嫌疑人后，既可以先送看守所再进行讯问，也可以先讯问再送看守所。因此，D项错误。

综上所述，本题答案为C项。

31 `2203036`

答案：A,B,C

解析：本题考查的是审查逮捕的讯问情形。

ABCD项：根据规定，人民检察院办理审查逮捕案件，可以讯问犯罪嫌疑人；具有下列情形之一的，应当讯问犯罪嫌疑人：（一）对是否符合逮捕条件有疑问的；（二）犯罪嫌疑人要求向检察人员当面陈述的；（三）侦查活动可能有重大违法行为的。（四）案情重大疑难复杂的；（五）犯罪嫌疑人认罪认罚的；（六）犯罪嫌疑人系未成年人的；（七）犯罪嫌疑人是盲、聋、哑人或者是尚未完全丧失辨认或者控制自己行为能力的精神病人的。BC项分别属于第2、5项规定。D项不属于上述规定的情形。A项又根据规定可知，拘留后，应当立即将被拘留人送看守所羁押，至迟不得超过二十四小时，属于第 3 项规定的重大违法行为。因此，ABC 项正确，D 项错误。

综上所述，本题答案为 ABC 项。

第九章
附带民事诉讼

参考答案

[1] C　　[2] B　　[3] AC　　[4] D　　[5] B
[6] ABC　[7] B　　[8] AD　　[9] C　　[10] C
[11] ABCD

一、历年真题

（一）附带民事诉讼的成立条件

【单选】

1 1702028

答案：C

解析：本题考查的是附带民事诉讼的成立条件。6 种情形不能提起附带民事诉讼：（1）伤残赔偿金不能提（交通肇事犯罪案件除外）；（2）死亡赔偿金不能提（交通肇事犯罪案件除外）；（3）可期待收益损失不能提（最典型的就是合同行为）；（4）赃物、赃款不能提；（5）国家机关工作人员的职务行为（包括职务犯罪）导致的物质损失不能提；（6）物质损失不是犯罪行为造成的不能提。本题破解的关键在于须定位清楚本案涉及的滥用职权罪是职务犯罪。

ABC 项：由于本案是交通运输管理所的工作人员甲"在巡查执法时"的犯罪，以滥用职权罪这一职务犯罪被提起公诉，因此属于职务犯罪，属于不能提起附带民事诉讼的情形，如果提起的，法院应不予受理。据此，AB 项错误，C 项正确。

D 项：关于当事人和解的公诉案件诉讼程序（又称为公诉案件的刑事和解制度），公诉案件的刑事和解只能适用于平等主体之间的犯罪，职务犯罪是利用职权实施的，因此不属于平等主体之间的犯罪，因此职务犯罪不能适用刑事和解。据此 D

项错误。（由于当事人和解的公诉案件诉讼程序在第二十章才会详细讲解，考生如果因为还未复习到第二十章而导致 D 项出错的话，不必太过于在意。）

综上所述，本题答案为 C 项。

2 1502030

答案：B

解析：本题考查的是附带民事诉讼的赔偿范围。附带民事诉讼赔偿的范围限于物质损失，精神损失一般不赔偿。这里有 2 点需要注意：一是精神损失【一般】不予受理，意味着"可以"赔，也"可以"不赔。由于立法对何种情况下可以赔偿没有作具体规定，因此目前是由法院自由裁量，也就是说，法院说赔就赔，法院说不赔就不赔。二是物质损失的范围。物质损失包括实际损失和必然损失，其中实际损失包括医疗费、护理费、交通费等为治疗和康复支付的合理费用，以及因误工减少的收入。造成被害人残疾的，还应当赔偿残疾生活辅助器具费等费用；造成被害人死亡的，还应当赔偿丧葬费等费用。

有 6 种情形不能提起附带民事诉讼，即使提起，法院也不予受理（详见 1702028 的第一段解析）

A 项：被夺走并变卖的手机属于赃物，由于赃物、赃款不能提附民，如果提起的，法院不予受理，A 项错误。

B 项：被告人因犯罪所造成的物质损失，属于典型的实际损失，法院可以受理。B 项正确。

C 项：虐待被监管人案，由于虐待被监管人案是监管人员利用职权实施的犯罪，属于国家机关工作人员的职务犯罪，所造成的医疗费不能提附民，如果要赔偿，只能通过国家赔偿（行政程序）赔，不能提起附带民事诉讼要求赔偿，C 项错误。

D 项：非法搜查案属于国家机关工作人员在行使职权时的犯罪，所造成的医疗费不能提附民，如果要赔偿，只能通过国家赔偿（行政程序）赔，不能提起附带民事诉讼要求赔偿，D 项错误。

需要说明的是，D 项有争议。非法搜查涉及《刑法》第 245 条规定："非法搜查他人身体、住宅，或者非法侵入他人住宅的，处三年以下有期徒刑或者拘役。司法工作人员滥用职权，犯前款罪的，从重处罚。"一般非法搜查的就是国家工作人员，非国家工作人员一般构成非法侵入住宅，D 项没有说明非法搜查的是国家工作人员还是非国家工作人员，又因本题是单选题，单选选最佳答案，因此选 B 项。

综上所述，本题答案为 B 项。

【多选】

③ `1602071`

答案：A,C

解析：本题综合考查附带民事诉讼成立条件中的附带民事诉讼原告人、附带民事诉讼被告人、附带民事诉讼的赔偿范围以及附带民事诉讼程序。

A 项：关于附带民事诉讼原告人，根据规定，被害人死亡或者丧失行为能力的，其法定代理人、近亲属可以提起附带民事诉讼。此时，被害人的法定代理人、近亲属就是原告人。而近亲属的范围是上、下、左、右（即父母、子女、夫妻、同胞兄弟姐妹）。本案中，被害人丙长期昏迷，意味着丧失行为能力，因此其近亲属可以提起附带民事诉讼，丙的妻子、儿子和弟弟都属于丙的近亲属，因此都可以成为附带民事诉讼原告人。A 项正确。

B 项：关于附带民事诉讼被告人。根据规定，共同犯罪案件，同案犯在逃的，不应列为附带民事诉讼被告人。逃跑的同案犯到案后，被害人或者其法定代理人、近亲属可以对其提起附带民事诉讼，但已经从其他共同犯罪人处获得足额赔偿的除外。本案中，共同犯罪人乙潜逃，因此乙不能列为附带民事诉讼的共同被告人，B 项错误。

C 项：关于附带民事诉讼的赔偿范围。6 种情形不能提起附带民事诉讼（详见 1702028 第一段解析）本案中，丙因昏迷无法继续履行与某公司签订的合同造成的财产损失属于典型的可期待收益的损失，因此不属于附带民事诉讼的赔偿范围，C 项正确。

D 项：关于附带民事诉讼程序。根据规定，附带民事诉讼被告人的亲友自愿代为赔偿的，是"可以"准许，并可作为酌定量刑情节考虑。据此，D 项中法院"应"准许的说法是错误的，D 项错误。
【需要指出的是，本选项属于旧题新做。因为根据

2021 年之前的司法解释，亲友自愿代为赔偿的，法院是"应当"准许，因此当年官方公布答案中 D 项正确。但 2021 年《刑诉解释》将原来的"应当"改为"可以"了，因此旧题新做，现在只能按"可以"回答。】

综上所述，本题答案为 AC 项。

（二）附带民事诉讼程序

【单选】

④ `1402032`

答案：D

解析：本题综合考查附带民事诉讼成立条件中的附带民事诉讼原告人、附带民事诉讼被告人、附带民事诉讼的赔偿范围以及附带民事诉讼程序。

A 项：关于附带民事诉讼原告人，根据规定，被害人死亡或者丧失行为能力的，其法定代理人、近亲属可以提起附带民事诉讼。此时，被害人的法定代理人、近亲属就是原告人。而近亲属的范围是上、下、左、右（即父母、子女、配偶、同胞兄弟姊妹）。本案中，被害人李某死亡，因此其近亲属可以提起附带民事诉讼。但是【近亲属的范围不包括祖父母】。因此，A 项错误。

B 项：关于附带民事诉讼被告人。根据规定，共同犯罪案件，同案犯在逃的，不应列为附带民事诉讼被告人。本案中，共同犯罪人苏某在逃，因此苏某不能列为附带民事诉讼的共同被告人。因此，B 项错误。

C 项：关于附带民事诉讼的赔偿范围。6 种情形不能提起附带民事诉讼，即使提起，法院也不予受理。其中赃物、赃款不能提。本案中，手机是赃物，不能提起附带民事诉讼赔偿。因此，C 项错误。

D 项：关于附带民事诉讼程序。根据规定，侦查、审查起诉期间，有权提起附带民事诉讼的人提出赔偿要求，经公安机关、人民检察院调解，当事人双方已经达成协议并【全部履行】，被害人或者其法定代理人、近亲属到了审判阶段又提起附带民事诉讼的，人民法院不予受理，但有证据证明调解违反自愿、合法原则的除外。据此，吴某在侦查阶段与韩某就民事赔偿达成调解协议并【全部履行】后又提起附带民事诉讼，不予受理是原

则，例外情况下，即有证据证明调解违反自愿、合法原则，可以受理。因此，D 项正确。

综上所述，本题答案为 D 项。

⑤ 1302032

答案：B

解析：本题考查的是附带民事诉讼程序中的财产保全措施。

本题破解的关键是定位清楚是诉中保全还是诉前保全。本案中，王某是提起附带民事诉讼后并提出财产保全申请的，属于典型的诉中保全。

AB 项：根据规定，法院对可能因被告人的行为或者其他原因，使附带民事判决难以执行的案件，根据附带民事诉讼原告人申请，法院可以裁定采取保全措施，查封、扣押或者冻结被告人的财产。据此，对于已经提起附带民事诉讼之后的财产保全申请，法院应当受理。本案中，王某是提起附带民事诉讼后并提出财产保全申请的，属于典型的诉中保全，法院应当受理。因此，A 项错误。对于诉中保全，法院可以采取查封、扣押或者冻结被告人的财产。因此，B 项正确。

C 项：附带民事诉讼从性质上来说是民事诉讼，根据民事诉讼有关规定，法院采取诉中保全，可以责令申请人提供担保，申请人不提供担保的，裁定驳回申请。法院采取诉前保全，申请人应当提供担保，不提供担保的，裁定驳回申请。据此，诉中保全只是【可以】要求提供担保；诉前保全才是【应当】要求提供担保。本案属于诉中保全，所以王某不是必须提供担保。因此，C 项错误。

D 项：根据规定，因情况紧急，不立即申请保全将会使其合法权益受到难以弥补的损害的，可以在提起附带民事诉讼前，向被保全财产所在地、被申请人居住地或者对案件有管辖权的法院申请采取保全措施。据此，【财产所在地的法院】采取保全措施针对的是【诉前保全】，但本案是诉中保全。由于诉中保全是提起附带民事诉讼后申请的财产保全，其实申请财产保全时管辖法院已经确定，因此诉讼保全只能由受理附带民事诉讼的法院采取。因此，D 项错误。

综上所述，本题答案为 B 项。

【多选】

⑥ 1502075

答案：A,B,C

解析：本题考查的是附带民诉的审理程序。

A 项：根据规定，人民法院审理附带民事诉讼案件，可以根据自愿、合法的原则进行调解。经调解达成协议的，应当制作调解书。调解书经双方当事人签收后即具有法律效力。可知，法院可对附带民事部分进行调解。因此，A 项正确。

B 项：根据规定，被害人或者其法定代理人、近亲属提起附带民事诉讼后，双方愿意和解，但被告人不能即时履行全部赔偿义务的，人民法院应当制作附带民事调解书。可知，和解协议需要及时履行，如果不能及时履行的，法院应当采取调解方式。而在附带民事调解书中（等同于民事程序中双方当事人就赔偿内容达成的调解），双方当事人可约定分期履行赔偿损失的内容。因此，B 项正确。

C 项：根据规定，对符合刑事诉讼法第 288 条规定的公诉案件，事实清楚、证据充分的，人民法院应当告知当事人可以自行和解；当事人提出申请的，人民法院可以主持双方当事人协商以达成和解。可知，如甲提出申请，法院可组织甲与丙协商以达成和解。因此，C 项正确。

D 项：根据规定，和解协议约定的赔偿损失内容，被告人应当在协议签署后【即时履行】。和解协议已经全部履行，当事人反悔的，人民法院不予支持，但有证据证明和解违反自愿、合法原则的除外。可知，甲丙不可约定赔偿损失内容分期履行，应即时履行。D 选项的和解指的是刑事和解特别程序（D 选项已经明确：刑事和解），刑事和解程序的和解协议不能约定分期履行，法条要求的是：及时、立即履行。因为，达成和解协议后司法机关会对犯罪嫌疑人、被告予以从宽等刑事处罚，所以需要立即履行，防止刑事从宽处理后不履行和解协议的问题。因此，D 项错误。

【注意】刑事案件没有调解，只有和解（和解是一个特别程序）。所以 B 选项的调解指的是附带民事赔偿的调解。

综上所述，本题答案为 ABC 项。

【不定项】

 7 1302096

答案：B

解析：本题考查的是附带民事诉讼程序。

AB 项：根据规定，附带民事诉讼原告人经传唤，无正当理由拒不到庭，或者未经法庭许可中途退庭的，【应当】按撤诉处理。本案中，被害人赵四死亡，其父母是附带民事诉讼原告人，赵四父母经传唤，无正当理由不到庭，或者未经法庭许可中途退庭的，法庭的正确做法是【应当按撤诉处理】而不是择期审理。因此，A 项错误，B 项正确。

CD 项：根据规定，刑事被告人以外的附带民事诉讼被告人经传唤，无正当理由拒不到庭，或者未经法庭许可中途退庭的，附带民事部分可以缺席判决。本案中，王三并未被追究刑事责任，其为刑事被告人以外的附带民事诉讼被告人，李二开庭前死亡，其父母作为遗产继承人，在继承遗产范围内承担民事责任，因此也属于刑事被告人以外的附带民事诉讼被告人。王三与李二父母经传唤，无正当理由不到庭，或者未经法庭许可中途退庭，就附带民事部分是【可以】缺席判决，而不是应当缺席判决，也不是采取强制手段强制其到庭，CD 项错误。

综上所述，本题答案为 B 项。

二、模拟训练

 8 2203040

答案：A,D

解析：本题考查的是附带民事诉讼的成立条件与提起。

A 项：被害人死亡或者丧失行为能力的，其【法定代理人、近亲属】可以提起附带民事诉讼；其中，近亲属的范围是"上下左右"，即父母、子女、夫妻，同胞兄弟姐妹。由于张某死亡，其近亲属可提附带民事诉讼，据此，A 项正确。

B 项：共犯不在案的，绝对不能将其列为附带民事诉讼的共同被告人，B 项错误。

C 项：以下情形不能提起附带民事诉讼，即使提起，法院亦不予受理的：①伤残赔偿金不能提（交通肇事犯罪案件除外）；②死亡赔偿金不能提

（交通肇事犯罪案件除外）；②死亡赔偿金不能提（交通肇事犯罪案件除外）；③可期待收益损失不能提；④赃物、赃款不能提；⑤国家机关工作人员的职务行为（包括职务犯罪）导致的物质损失不能提；⑥物质损失不是犯罪行为造成的不能提。C 项属于赃物赃款，因此不能提附民，C 项错误。今年考生还得注意，精神损失是"一般"不赔偿，也就是说例外是可以赔偿的。

D 项：附带民事诉讼就是一个民诉，所以法院根据自愿、合法原则进行调解，是正确的。

综上，本题答案为 AD。

9 2203041

答案：C

解析：本题考查的是附带民事诉讼的成立条件和当事人。

ABC 项：以下情形不能提起附带民事诉讼，即使提起，法院亦不予受理的：①伤残赔偿金不能提（交通肇事犯罪案件除外）；②死亡赔偿金不能提（交通肇事犯罪案件除外）；③可期待收益损失不能提；④赃物、赃款不能提；⑤国家机关工作人员的职务行为（包括职务犯罪）导致的物质损失不能提；⑥物质损失不是犯罪行为造成的不能提。由于此案属于滥用职权案，属于国家机关工作人员的职务犯罪导致的物质损失，故不能提附民。因此，AB 项错误，C 项正确。

D 项：根据规定，职务犯罪也是不能与当事人进行刑事和解。因此，D 项错误。

综上所述，本题答案为 C 项。

10 2203085

答案：C

解析：本题考查的是附带民事诉讼的提起。

ABD 项：以下情形不能提起附带民事诉讼，即使提起，法院亦不予受理的：①伤残赔偿金不能提（交通肇事犯罪案件除外）；②死亡赔偿金不能提（交通肇事犯罪案件除外）；③可期待收益损失不能提；④赃物、赃款不能提；⑤国家机关工作人员的职务行为（包括职务犯罪）导致的物质损失不能提；⑥物质损失不是犯罪行为造成的不能提。A 项属于赃物、赃款，B 项属于国家机关工作人员的职务行为导致的物质损失，D 项属于可期待

收益损失，均不能提附带民事诉讼。因此，ABD项错误。

C项：因受到犯罪侵犯，提起附带民事诉讼或者单独提起民事诉讼要求赔偿精神损失的，人民法院一般不予受理。据此，精神损失特殊情况下可以受理。此题没有说应当受理，只是说可以受理。因此，C项正确。

综上所述，本题答案为C项。

11 `1803059`

答案：A,B,C,D

解析：本题考查的是附带民事诉讼的程序。

A项：根据规定，附带民事诉讼应当在刑事案件立案后及时提起。因此，A项错误，当选。

B项：根据规定，侦查、审查起诉期间，有权提起附带民事诉讼的人提出赔偿要求，经公安机关、人民检察院调解，当事人双方已经达成协议并全部履行，被害人或者其法定代理人、近亲属又提起附带民事诉讼的，人民法院不予受理，但有证据证明调解违反自愿、合法原则的除外。可知，B选项人民法院的做法过于绝对，不符合法律规定。因此，B项错误，当选。

C项：根据规定，因受到犯罪侵犯，提起附带民事诉讼或者单独提起民事诉讼要求赔偿精神损失的，人民法院一般不予受理。因此，C项错误，当选。

D项：根据规定，第一审期间未提起附带民事诉讼，在第二审期间提起的，第二审人民法院可以依法进行调解；调解不成的，告知当事人可以在刑事判决、裁定生效后另行提起民事诉讼。可知，二审法院可以先依法进行调解，调解不成的，才告知其另行提起民事诉讼。因此，D项错误，当选。

综上所述，本题为为选非题，答案为ABCD项。

第十章
期间与送达

参考答案

[1]C　　[2]B　　[3]C　　[4]B　　[5]ABCD

[6]ABD

一、历年真题

（一）期间的一般计算

【单选】

1 `1502038`

答案；C

解析：本题考查的是启动二审程序的期限。

ABCD项：根据规定，上诉、抗诉必须在法定期限内提出。不服【判决】的上诉、抗诉的期限为【10日】；不服【裁定】的上诉、抗诉的期限为【5日】。上诉、抗诉的期限，从接到判决书、裁定书的第二日起计算。此外，根据规定，在上诉、抗诉期满前撤回上诉、抗诉的，第一审判决、裁定在上诉、抗诉期满之日起生效。

在本案中，被告人黄某于6月9日收到一审判决书，其有10天的上诉期，从6月10日开始算上诉期限，6月19日是黄某能上诉的最后一天，也就是说6月19日是期满之日。由于黄某在6月13日撤回上诉，检察院也于6月17日撤回抗诉。因此第一审判决在上诉、抗诉期满之日起生效。因此，一审判决是在6月19日生效。这个规定很特殊，实际上立法是采取了倒推的方式确定生效时间。也就是说，6月19日这一天是最后能上诉的时间，如果这一天上诉，则判决不生效；如果这一天不上诉、抗诉，那么过了这一天，判决就不能再上诉、抗诉，丧失了上诉权或抗诉权，但是算生效时间的时候以6月19日作为生效时间。据此，C项正确，ABD项错误。

综上所述，本题答案为C项（当年司法部公布的答案也是C项）。

（二）期间的特殊计算

【单选】

② 1502031

答案：B

解析：本题考查的是期间的特殊计算。

A项：在侦查期间，发现另有重要罪行的，自发现之日起依法重新计算侦查羁押期限，只须报检察院备案，无须报检察院批准。其中，"另有重要罪行"是指与逮捕时的罪行【不同种】的重大犯罪以及同种犯罪并将影响罪名认定、量刑档次的重大犯罪。A项中，甲已经因为盗窃被逮捕，后来又发现盗窃自行车，与盗窃属于同种犯罪，但是由于盗窃自行车并不影响罪名认定或量刑档次，因此，不属于"另有重要罪行"，无需重新计算侦查羁押期限，A项错误。

B项：根据规定，凡是出现补充侦查或补充调查、改变管辖的，补充侦查或补充调查后再次移送审查起诉，改变管辖后再次移送审查起诉，审查起诉的期限【重新计算】，据此，B项正确。

C项：如果当事人及其法定代理人申请出庭的检察人员回避的，人民法院应当决定休庭，并通知人民检察院，而不是重新计算一审审限。因此，C项错误。

D项：二审法院应当在决定开庭审理后及时通知检察院查阅案卷。检察院应当在1个月以内查阅完毕。检察院查阅案卷的时间不计入审理期限，阅卷并不会导致二审审理期限的重新计算。据此，检察院的阅卷期限是"不计入"审理期限，并不是重新计算二审审理期限。因此，D项错误。

综上所述，本题答案为B项。

③ 1402033

答案：C

解析：本题考查的期间的一般计算与特殊计算。

A项：重新计算期限是重新计算办案机关的【办案期限】，而不包括当事人行使诉讼权利的期限，譬如，在侦查期间，发现犯罪嫌疑人另有重要罪行的，重新计算侦查羁押期限。又如，人民检察院和人民法院改变管辖的公诉案件，从改变后的办案机关收到案件之日起计算办案期限。对于当

事人行使诉讼权利的期限没有重新计算的规定，如果当事人耽误了期限，只能申请恢复期限。因此，A项错误。

B项：法定期间不包括路途上的时间，上诉状或者其他文件在期满前已经交邮的，不算过期。是否交邮以邮件上的邮戳为准，而不是将法律文书递交邮局或投入邮筒内，因此，B项错误。

C项：法定期间不包括路途上的时间，"路途上的时间"是指司法机关邮寄送达诉讼文书在路途上所占用的时间，据此，有关诉讼文书材料"在公检法之间传递的时间"即属于该种情形，应当从法定期间扣除。因此，C项正确。

D项：从保障犯罪嫌疑人诉讼权利的角度，由于患有严重疾病在羁押场所外进行医治是正当理由，因此医治的时间也应该计入法定羁押期间，不应扣除，D项错误。

综上所述，本题答案为C项。

二、模拟训练

④ 2203043

答案：B

解析：本题考查的是法庭审判的期间规定。

ABCD项：根据法律规定，刑事判决书的上诉期为10天，自收到判决书之日起算。而且行使权利的最后一天为节假日的，行使权利的最后一天顺延至下一个工作日。据此，4月21日送达判决书，从4月22日算，其最后一天有权上诉的实践为5月1日，因为五一假期放假4天，因此顺延至5月5日为其有权上诉的日期。李某在5月5日寄出去上诉状，5月8日到达二审法院，由于路途时间不算在内，因此，他的真正上诉时间为5月5日，没有错过上诉期，成功引起二审程序，一审判决不能生效。因此，B项正确，ACD选项不正确。

综上，本题答案为B。

⑤ 2103035

答案：A,B,C,D

解析：本题考查的是期间。

A项：根据规定，人民法院审理自诉案件的期限，被告人被羁押的，适用《刑事诉讼法》第208条第1款、第2款中审理公诉案件的规定；未被羁

押的，应当在受理后六个月以内宣判。由此可见，确定自诉案件一审审限，关键在于判断被告人是否有被羁押。被告人未被羁押，应在受理后六个月内审结，已被羁押，应当适用公诉案件一审审限规定。因此，A项错误，当选。

B项：根据规定，适用速裁程序审理案件，人民法院应当在受理后十日以内审结；对可能判处的有期徒刑超过一年的，可以延长至十五日。可知，速裁程序原则上应在10日内审结，可能判处有期徒刑超过一年的，可延长至15日。因此，B项错误，当选。

C项：公诉案件审限一般为2个月，对于可能判处死刑的案件或者附带民事诉讼、交集流广、重大复杂的案件，经省级高院批准，可再延长2个月，即4个月。因此，C项错误，当选。

D项：死刑复核程序没有审限规定，复核时间由复核法院决定。因此，D项错误，当选。

综上所述，本题为选非题，答案为ABCD项。

6 `1801074`

答案：A,B,D

解析：本题考查的是办案期限的重新计算。

A项：根据规定，在侦查期间，发现犯罪嫌疑人另有重要罪行的，自发现之日起【重新计算侦查羁押期限】。故A项正确。

B项：根据规定，对于补充侦查的案件，应当在一个月以内补充侦查完毕。补充侦查以二次为限。补充侦查完毕移送人民检察院后，人民检察院重新计算审查起诉期限。故B项正确。

C项：根据规定，当事人由于不能抗拒的原因或者有其他正当理由而耽误期限的，在障碍消除后五日以内，可以申请继续进行应当在期满以前完成的诉讼活动。前款申请是否准许，由人民法院裁定。因此还需要法院裁定是否准许，当事人补救申请并必然导致期间的重新计算。故C项错误。

D项：根据规定，第二审人民法院发回原审人民法院重新审判的案件，原审人民法院从收到发回的案件之日起，重新计算审理期限。故D项正确。

综上所述，本题答案为ABD。

分　论

第十一章
立案

参考答案

[1] D　　[2] B　　[3] C　　[4] ACD　[5] BC
[6] C　　[7] D　　[8] D　　[9] C　　[10] ABD
[11] ABC

一、历年真题

（一）立案的材料来源与条件

【单选】

1 `1702030`

答案：D

解析：本题考查的是立案的材料来源以及立案监督。

A项：公诉案件立案必须同时满足以下两个条件：一是有犯罪事实发生，称为事实条件；二是需要追究刑事责任，称为法律条件。据此，只要有遗弃的事实发生，且需要追究刑事责任，就可以立案，而无须确定遗弃婴儿的原因，A项错误。

B项：作为控告人身份的被害人，如果对不予立案决定不服的，可以在收到不予立案通知书后7日以内向作出决定的公安机关申请复议；对不予立案的复议决定不服的，可以在收到复议决定书后7日以内向上一级公安机关申请复核。所谓控告人，是指因自己权利被犯罪侵害而向公安司法机关告发具体犯罪嫌疑人，要求公安司法机关追究某具体犯罪嫌疑人（即能指出具体犯罪嫌疑人是谁）刑事责任的被害人。据此，申请复议、复核的权利是专属于控告人身份的被害人的，其他的报案人或举报人都无权申请复议、复核。本案中，马某只是报案人，不是被害人，其无权申请复议，B项错误。

C项：了解婴儿被谁遗弃的知情人为与案件无直接利害关系的个人，可向检察院举报，不是控告，控告和举报的区别在于提出的主体以及是否知晓具体的犯罪嫌疑人。因此，C 项错误。

D 项：检察院发现公安机关可能存在应当立案而不立案情形的，应当依法进行审查。人民检察院经审查，认为需要公安机关说明不立案理由的，应当要求公安机关书面说明不立案的理由。据此，检察院审查后并非一定进行立案监督，只有在"认为需要公安机关说明不立案理由的"，才"应当"要求公安机关说明不立案的理由。所以从主动性而言，检察院【可以】向公安机关发出要求说明立案理由通知书，D 项正确。

综上所述，本题答案为 D 项。

【延伸拓展】报案、举报、控告的区别

报案、举报、控告的区别			
	报案	举报	控告
主体	所有人	被害人以外的人	被害人
内容	不知道犯罪嫌疑人是谁	知道犯罪嫌疑人是谁	知道犯罪嫌疑人是谁

（二）立案的程序

【单选】

2 1901143

答案：B

解析：本题考查的是附带民事诉讼、检察院自侦案件的立案。

A 项：根据规定，被害人由于被告人的犯罪行为而遭受物质损失的，在刑事诉讼过程中，有权提起附带民事诉讼。被害人死亡或者丧失行为能力的，被害人的法定代理人、近亲属有权提起附带民事诉讼。本案中，甲并未死亡或者丧失行为能力，此时甲的妻子作为甲的近亲属，不能直接代甲提起附带民事诉讼。因此，A 项错误。

B 项：根据规定，国家机关工作人员在行使职权时，侵犯他人人身、财产权利构成犯罪，被害人或者其法定代理人、近亲属提起附带民事诉讼的，人民法院不予受理，但应当告知其可以依法申请国家赔偿。因此，B 项正确。

C 项：根据规定，行政机关在行政执法和查办案件过程中收集的物证、书证、视听资料、电子数据等证据材料，经法庭查证属实，且收集程序符合有关法律、行政法规规定的，可以作为定案的根据。C 项中，公诉人向法庭出示的是交警制作的讯问笔录，属于行政证据，只有经过查证属实并且符合法律规定的，才能作为定案根据。因此，C 项错误。

D 项：根据规定，检察院在对诉讼活动实行法律监督中发现的司法工作人员利用职权实施的非法拘禁、刑讯逼供、非法搜查等侵犯公民权利、损害司法公正的犯罪，可以由检察院立案侦查。检察院办理直接受理侦查的案件，由设区的市级检察院立案侦查。基层检察院发现犯罪线索的，应当报设区的市级检察院决定立案侦查。设区的市级检察院根据案件情况也可以将案件交由基层检察院立案侦查，或者要求基层检察院协助侦查。可知，D 项中的犯罪是由设区的市级检察院立案侦查的，县级检察院发现犯罪线索的，应当报【设区的市级检察院】决定立案侦查，除非市级检察院根据案件情况将案件交办或者指定县级检察院立案侦查的，才能由县级检察院立案侦查。因此，D 项错误。

综上所述，本题答案为 B 项。

3 1901103

答案：C

解析：本题考查的是初查措施。

ABCD 项：根据规定，调查核实过程中，公安机关可以依照有关法律和规定采取询问、查询、勘验、鉴定和调取证据材料等不限制被调查对象人身、财产权利的措施。但是，不得对被调查对象采取强制措施，不得查封、扣押、冻结被调查对象的财产，不得采取技术侦查措施。对应 AB 项，黄某是被调查对象，但不能对其采用技术侦查，故 AB 项错误。对应 D 选项，小花是报案人，不是被调查对象，更不能扣押报案人的财产。因此，ABD 项错误，C 项正确。

综上所述，本题答案为 C 项。

【多选】

4 2401064

答案：A,C,D

解析：本题考查的是讯问制度的适用阶段。

ABCD项：根据规定，讯问具有一定的【强制性】，只有在立案之后的阶段才可对犯罪嫌疑人适用。刑事诉讼中，立案阶段主要审查是否有犯罪事实发生以及是否需要追究刑事责任，只能使用一般性的、【不限制】被调查对象人身、财产权利的初步调查措施。而在立案之后的阶段，为了查清犯罪事实，可以在侦查、审查起诉与审判的任何阶段对犯罪嫌疑人、被告人进行讯问。因此，B错误，ACD正确。

综上所述，本题答案为ACD项。

⑤ 1602072

答案：B,C

解析：本题考查的是初查措施（立案前的初步调查核实措施）。

ABCD项：初步调查措施，即立案前的调查核实措施。初查意味着还没立案，根据规定，在立案前采取初查措施不能采取强制性的措施。具体而言，调查核实过程中，公安机关可以依照有关法律和规定采取询问、查询、勘验、鉴定和调取证据材料等不限制被调查对象人身、财产权利的措施。但是，不得对被调查对象采取强制措施，不得查封、扣押、冻结被调查对象的财产，不得采取技术侦查措施。据此，初步调查可以查询银行存款、询问王某等，BC项正确。而监听属于技术侦查措施，不得采取；通缉是为了逮捕，也不得采取，AD项错误。

综上所述，本题答案为BC项。

（三）立案监督

【单选】

⑥ 1801034

答案：C

解析：本题考查的是立案监督。

AB项：作为【控告人】身份的被害人，如果对不予立案决定不服的，可以在收到不予立案通知书后7日以内向作出决定的公安机关申请复议；对不予立案的复议决定不服的，可以在收到复议决定书后7日以内向上一级公安机关申请复核。据此，申请复议、复核的权利是专属于控告人身份

的被害人的，如果不是控告人身份的被害人，都无权申请复议、复核。本案中，张某是举报人，并不是控告人，因此不享有申请复议、复核权，AB项错误。

CD项：根据规定，移送案件的行政执法机关对不予立案决定不服的，有两种救济方式：一是向作出决定的公安机关申请复议（只有申请复议权，没有申请复核权）；二是向人民检察院提出申诉。据此，C项正确，D项错误。

综上所述，本题答案为C项。

⑦ 1602033

答案：D

解析：本题考查的是立案监督。

AB项：作为控告人身份的被害人，如果对不予立案决定不服的，可以在收到不予立案通知书后7日以内向作出决定的公安机关申请复议；对不予立案的复议决定不服的，可以在收到复议决定书后7日以内向上一级公安机关申请复核。据此，申请复议、复核的权利是专属于控告人身份的被害人的，如果不是控告人身份的被害人，都无权申请复议、复核。本案中，乙的近亲属并不是被害人，因此不可能是控告人，因此乙的近亲属无权申请复议、复核。AB项错误。【本题还可以从另外的角度答题：申请复议、复核是立案监督的内容，立案阶段不追究刑事责任的表述为"不立案"，本案"撤销案件"其实是侦查阶段不追究刑事责任的表述，意味着案件处于侦查阶段，显然也没有申请复议、复核的权利，AB项错误】

C项：立案阶段不追究刑事责任的表述为"不立案"，本案"撤销案件"其实是侦查阶段不追究刑事责任的表述，意味着案件处于侦查阶段。因此，案件处于侦查阶段，要申请监督，只能申请侦查监督，而不是立案监督，C项错误。

D项：很多考生认为公安机关已经撤销案件，没有了刑事诉讼，意味着不能提起附带民事诉讼，因此认为D项也错误。但是，D项是直接向法院对甲提起"刑事附带民事诉讼"。因此，D项其实问了两个问题：一是乙的近亲属能否向法院对甲提起【刑事诉讼】（由于是私人提起刑事诉讼，意味着问的是能否提起【自诉】）；二是乙的近亲属

能否直接向法院对甲提起【附带民事诉讼】。就第一个问题而言，其实是在问是否符合公诉转自诉的条件。本案中，由于公安机关已经作出不追究刑事责任（撤销案件）的决定，且被害人乙已经死亡，因此符合公诉转自诉的条件，所以乙的近亲属可以直接向法院对甲提起刑事诉讼（即自诉）。就第二个问题而言，本案因为公安机关撤销案件，虽然公诉案件不存在了。但是附带民事诉讼不一定要附在公诉案件中，也可以附在自诉案件中（因为自诉案件也是刑事诉讼），那么乙的近亲属（作为死亡被害人的近亲属）就有权提起附带民事诉讼。因此D项正确。本题破解的关键是看清楚D项提起的是"刑事附带民事诉讼"，是提起【两个诉讼】。本题作进一步延伸：如果D项中的问法改为：直接向法院对甲提起附带民事诉讼——则是错的。因为已经没有了公诉，又不提起自诉，那就真的没有刑事诉讼这个基础了，自然不能提起附带民事诉讼。

综上所述，本题答案为D项。

8 1502032

答案：D

解析：本题考查的是立案监督。

A项：乙在本案是控告人身份，因此，针对公安机关不立案决定，乙有权申请公安机关复议。同时，所有被害人都有权针对公安机关不立案的决定请求检察院进行立案监督。并且，被害人向公安机关申请复议与请求检察院进行立案监督【没有先后顺序】，复议不是请求检察院立案监督的必经程序，因此，A项错误。

B项：检察院经审查，认为需要公安机关说明不立案理由的，应当要求公安机关书面说明不立案的理由。公安机关说明不立案的理由后，检察院对公安机关的理由进行审查，理由不成立的，经检察长决定，应当通知公安机关立案，并发出通知立案书。公安机关应当在收到通知立案书之日起15日内立案。据此，B项有两处错误：一是"可以"错误，应为"应当"；二是检察院对于公安不立案监督有步骤要求（说理前置），应该先要求公安机关说明不立案的理由，理由不成立的才应当通知公安机关立案，而不能直接通知公安机

关立案，因此，B项错误。

C项：根据规定，公安机关收到通知立案书后，超过15日没有立案，检察院应当发出纠正违法通知书，公安机关仍不纠正的，报上一级检察院协商同级公安机关处理。换言之，检察院此时不能代为立案。C项错误。【延伸：有一种情形下检察院可以立案侦查本应该由公安机关侦查的案件。根据立案管辖的相关内容，检察院要立案侦查本应该由公安机关侦查的案件，须同时符合两个条件：一是公安机关管辖的国家机关工作人员利用职权实施的重大犯罪案件；二是经省级以上检察院决定。本题不涉及国家机关工作人员利用职权实施的重大犯罪案件，因此肯定不能由检察院立案侦查。C项错误。】

D项：公诉转自诉的两个核心条件是：第一，原来的公诉案件侵犯被害人的人身权利或财产权利；第二，公安机关或检察院已经作出不追究刑事责任的决定。同时符合这两个条件的，公诉案件的被害人可以直接向法院提起自诉。本案中，原来的公诉案件侵犯乙的财产权，且公安机关已经作出不立案的决定，因此，乙可直接向法院提起自诉，D项正确。

综上所述，本题答案为D项。

二、模拟训练

9 2203044

答案：C

解析：本题考查的是立案监督与立案程序。

A项：陈某作为控告人，有权申请公安机关复议，也有权请求检察院立案监督，但此两种救济途径没有先后顺序之分，A项错误。

B、C项：检察院认为公安机关对应当立案而不立案侦查的，应当要求公安机关说明不立案的理由。公安机关应当在7日内说明情况书面答复检察院。检察院认为公安机关不立案的理由不能成立的，应当通知公安机关。公安机关在收到《通知立案书》后，应当在15日内决定立案。据此，检察院必不可少的前置程序是先要求公安机关说明理由，B项错误。C项正确。

D项：D项中实际上是问了两个问题，一是陈某是否可以直接向法院提起刑事诉讼；二是陈某是否

可以向法院提起附带民事诉讼。先分析第一个问题，由于本案侵犯的是陈某的财产权，且公安机关已经作出一个不立案的决定，符合公诉转自诉的条件，陈某作为被害人可以向法院提起刑事诉讼（即自诉）。第二问题，由于本案 300 余万元属于赃款，不能提附民赔，因此 D 项错误。

综上，本题答案为 C。

10 `1803070`

答案：A,B,D

解析：本题考查的是不立案的救济。

A 项：根据规定，人民法院、人民检察院或者公安机关对于报案、控告、举报和自首的材料，应当按照管辖范围，迅速进行审查，认为有犯罪事实需要追究刑事责任的时候，应当立案；认为没有犯罪事实，或者犯罪事实显著轻微，不需要追究刑事责任的时候，不予立案，并且将不立案的原因通知控告人。控告人如果不服，可以申请复议。可知，立案条件为"有犯罪事实 + 需要追究刑事责任 + 符合管辖的规定"，但立案不需要知道犯罪人是谁。因此，A 项错误，当选。

B 项：根据规定，控告人可以在收到不予立案通知书后七日以内向作出决定的公安机关申请复议，控告人对不予立案的复议决定不服的，可以在收到复议决定书后七日以内向上一级公安机关申请复核。可知，对复议决定不服的，才能向上一级申请复核，程序是"先复议，后复核"，不能直接复核。因此，B 项错误，当选。

C 项：根据规定，公安机关、人民检察院或者人民法院对于报案、控告、举报，都应当接受。因此，C 项正确，不当选。

D 项：根据规定，人民检察院认为公安机关对应当立案侦查的案件而不立案侦查的，或者被害人认为公安机关对应当立案侦查的案件而不立案侦查，向人民检察院提出的，人民检察院应当要求公安机关说明不立案的理由。人民检察院认为公安机关不立案理由不能成立的，应当通知公安机关立案，公安机关接到通知后应当立案。可知，应是【通知】公安机关立案，而非"建议"。因此，D 项错误，当选。

综上所述，本题为选非题，答案为 ABD 项。

11 `1803014`

答案：A,B,C

解析：本题考查的是立案程序和监督。

A 项：传唤是公检法使用传票的形式通知犯罪嫌疑人、被告人及其他当事人在指定的时间自行到指定的地点接受讯问、询问或审理。从题干中可知，公安机关只是接到报案的材料，尚未正式立案，因此不得对业主进行讯问。故 A 项错误。

BC 项：根据规定，公检法对于报案、控告、举报和自首的材料，应当按照管辖范围，迅速进行审查，认为有犯罪事实需要追究刑事责任的时候，应当立案；认为没有犯罪事实，或者犯罪事实显著轻微，不需要追究刑事责任的时候，不予立案，并且将不立案的原因通知控告人。【控告人】如果不服，可以申请复议。从题干中可知，刘某并不是控告人（控告是指被害人＜包括自诉人和被害单位＞就其人身权利、财产权利遭受不法侵害的事实及犯罪嫌疑人的有关情况，向公安司法机关揭露和告发，要求依法追究其刑事责任的诉讼行为），并非申请复议的适格主体。故 BC 项错误。

D 项：举报是单位或者个人对其发现的犯罪事实或者犯罪嫌疑人向公检法进行告发、揭露的行为。故 D 项正确。

综上所述，本题答案为 ABC。

第十二章
侦查

参考答案

[1]D	[2]B	[3]B	[4]D	[5]D
[6]B	[7]A	[8]B	[9]ABD	[10]BCD
[11]AC	[12]AC	[13]BCD	[14]AC	[15]BCD
[16]BC	[17]AB	[18]AC	[19]AC	[20]AD
[21]ACD	[22]D	[23]ABD	[24]D	[25]D
[26]ABC	[27]BCD	[28]ABCD	[29]ABCD	[30]D
[31]BD	[32]AD	[33]ABCD		

一、历年真题

（一）侦查行为

【单选】

1 `2001092`

答案：D

解析：本题考查的是侦查行为中的技术侦查。

A 项：根据规定，需要采取技术侦查措施的，应当制作呈请采取技术侦查措施报告书，报设区的【市一级】以上公安机关负责人批准，制作采取技术侦查措施决定书。据此，实施技术侦查需要报设区的市一级以上公安机关批准，并非必须报省级公安机关批准。因此，A 项错误。

B 项：根据规定，在有效期限内，需要变更技术侦查措施种类或者适用对象的，应当【重新办理】批准手续。可知，本案中，已经采取监听措施，若想实施跟踪措施，属于变更技术侦查措施种类，需要重新报请批准。因此，B 项错误。

C 项：根据规定，对于使用技术侦查措施获取的证据材料，如果可能危及特定人员的人身安全、涉及国家秘密或者公开后可能暴露侦查秘密或者严重损害商业秘密、个人隐私的，应当采取【不暴露】有关人员身份、技术方法等保护措施。必要时，可以建议不在法庭上质证，由审判人员在庭外对证据进行核实。据此，通过技术侦查获得的涉及国家秘密的证据【可以在审判中使用】，且需经过法庭调查，法庭可以采取相应的保密措施。

因此，C 项错误。

D 项：根据规定，技术侦查措施的适用对象是犯罪嫌疑人、被告人以及与【犯罪活动直接关联的人员】。据此，本案中，买毒者属于与贩毒活动存在直接关联的人员，侦查机关对买毒者也可以实施技术侦查措施。因此，D 项正确。

综上所述，本题答案为 D 项。

2 `2001097`

答案：B

解析：本题考查的是技术侦查措施。

A 项：根据规定，技术侦查措施是指由设区的【市一级】以上公安机关负责技术侦查的部门实施的记录监控、行踪监控、通信监控、场所监控等措施。同时根据相关规定，对涉及给付毒品等违禁品或者财物的犯罪活动，为查明参与该项犯罪的人员和犯罪事实，根据侦查需要，经【县级】以上公安机关负责人决定，可以实施控制下交付。据此，本题中，监听和控制下交付两种技术侦查措施的决定机关有所不同，具体而言，监听需要经过设区的市一级以上公安机关负责人批准，而【控制下交付】只需要经过【县级】以上公安机关负责人决定即可。因此，A 项错误。

B 项：根据规定，技术侦查措施的适用对象是犯罪嫌疑人、被告人以及与犯罪活动直接关联的人员。据此，本案中，贩毒人员是犯罪嫌疑人，而购买毒品的人员是与贩毒活动直接关联的人员。因此，可以同时对他们实施监听。因此，B 项正确。

C 项：根据规定，采取技术侦查措施获取的材料，只能用于对犯罪的侦查、起诉和审判，【不得用于其他用途】。据此，采用技术侦查措施获得的材料只能用于刑事案件的诉讼过程，不得用于行政行为的作出。因此，C 项错误。

D 项：根据规定，公安机关依照规定实施隐匿身份侦查和控制下交付收集的材料在刑事诉讼中【可以】作为证据使用。同时，侦查人员对采取技术侦查措施过程中知悉的国家秘密、商业秘密和个人隐私，应当保密。据此，采取技术侦查措施获得的商业秘密【可以】作为证据使用，但应当遵守保密规定。因此，D 项错误。

综上所述，本题答案为 B 项。

③ 1901104

答案：B

解析：本题考查的是技术侦查措施。

A 项：公安机关与检察院都有权决定技术侦查，但不管是哪个机关决定的，均只能由公安机关执行。据此，检察院只能决定采取技术侦查措施，实施应当交由公安机关。因此，A 项错误。

B 项：根据规定，追捕被通缉或者批准、决定逮捕的在逃的犯罪嫌疑人、被告人，经过批准，可以采取追捕所必需的技术侦查措施。因此，B 项正确。

C 项：根据规定，公安机关在立案后，对于危害国家安全犯罪、恐怖活动犯罪、黑社会性质的组织犯罪、重大毒品犯罪或者其他严重危害社会的犯罪案件，根据侦查犯罪的需要，经过严格的批准手续，可以采取技术侦查措施。据此，公安机关在立案后，对于其他严重危害社会的犯罪案件，如故意杀人、故意伤害致人重伤或者死亡、强奸、抢劫、绑架、放火、爆炸、投放危险物质等严重暴力犯罪案件；集团性、系列性、跨区域性重大犯罪案件；利用电信、计算机网络、寄递渠道等实施的重大犯罪案件，以及针对计算机网络实施的重大犯罪案件等，也可以采取技术侦查措施。因此，C 项错误。

D 项：根据规定，侦查人员对采取技术侦查措施过程中知悉的国家秘密、商业秘密和个人隐私，应当保密；对采取技术侦查措施获取的与案件无关的材料，必须【及时销毁】。据此，通过技侦手段获取的材料，与案件无关的，应当销毁。因此，D 项错误。

综上所述，本题答案为 B 项。

④ 1801036

答案：D

解析：本题考查的是技术侦查措施。

A 项：根据规定，公安机关在立案后，对于危害国家安全犯罪、恐怖活动犯罪、黑社会性质的组织犯罪、重大毒品犯罪或者其他严重危害社会的犯罪案件，根据侦查犯罪的需要，经过严格的批准手续，可以采取技术侦查措施。据此，本案涉

及重大毒品犯罪，可以采用技术侦查措施。同时，技术侦查措施的适用对象是犯罪嫌疑人、被告人以及与犯罪活动直接关联的人员。本案中，张某从赵某处购买毒品吸食，属于与犯罪活动直接关联的人员，对其可以实施通信监控等技术侦查措施。因此，A 项正确，不当选。

B 项：采取技术侦查措施，必须严格按照批准的措施种类、适用对象和期限执行。在有效期限内，需要变更技术侦查措施【种类】或者【适用对象】的，应当按照规定【重新办理】批准手续。据此，变更技术侦查措施种类，应当重新办理批准手续。因此，B 项正确，不当选。

C 项：根据规定，复杂、疑难案件，采取技术侦查措施的有效期限届满仍需要继续采取技术侦查措施的，经负责技术侦查的部门审核后，报批准机关负责人批准，制作延长技术侦查措施期限决定书。批准延长期限，每次不得超过三个月。据此，本案由于案情复杂、疑难，对赵某实施的通信监控期限届满后继续延长三个月，需要经过批准手续。因此，C 项正确，不当选。

D 项：根据规定，为了查明案情，在必要的时候，经县级以上公安机关负责人决定，可以由侦查人员或者公安机关指定的其他人员隐匿身份实施侦查。据此，采取隐匿身份实施侦查，只需经县级以上公安机关负责人决定即可。因此，D 项错误，当选。

综上所述，本题为选非题，答案为 D 项。

⑤ 1801108

答案：D

解析：本题考查的是技术侦查措施。

A 项：技术侦查措施的适用对象是犯罪嫌疑人、被告人以及与犯罪活动直接关联的人员。本案中，"有可能向甲购买毒品的人"属于与犯罪活动直接关联的人员，对其可以实施跟踪等技术侦查措施。因此，A 项错误。

B 项：根据规定，需要采取技术侦查措施的，应当制作呈请采取技术侦查措施报告书，报设区的【市一级】以上公安机关负责人批准，制作采取技术侦查措施决定书。据此，技术侦查措施报设区的市一级的公安机关负责人批准已经符合要求，并非必须报省级公安机关批准。因此，B 项错误。

C项：根据规定，依法采取技术调查、侦查措施收集的材料在刑事诉讼中可以作为证据使用。同时根据规定，侦查人员对采取技术侦查措施过程中知悉的国家秘密、商业秘密和个人隐私，应当保密。据此，内容涉及国家秘密，【只是要求保密】，而并非不能采用，C项错误。

D项：根据规定，批准采取技术侦查措施的决定自签发之日起三个月以内有效。在有效期限内，需要变更技术侦查措施种类或者适用对象的，应当重新办理批准手续：即重新制作呈请采取技术侦查措施报告书，报设区的市一级以上公安机关负责人批准。本案中已经对甲采取监听措施 2 个月，需要对甲变更为跟踪措施，应当重新办理批准手续。因此，D项正确。

综上所述，本题答案为 D 项。

【延伸拓展】因为技术侦查是一种侦查行为。故：
①技术侦查必须在立案以后才能采取；
②技术侦查收集到的证据只能用于刑事诉讼中；
③技术侦查收集到的证据能够直接使用，而不需要转化；
④不管哪种侦查行为，收集到的证据均需要经过法庭调查核实，因为技术侦查可能涉及卧底的安全，因此允许对技术侦查收集到的证据进行庭外核实。

6　1702031

答案：B

解析：本题考查的是辨认。

辨认，是指侦查人员为了查明案情，在必要时让被害人、证人以及犯罪嫌疑人对与犯罪有关的物品、文件、尸体、场所或者犯罪嫌疑人进行辨认的一种侦查行为。

AB项：根据辨认的概念可以知道，辨认主体包括被害人、证人或者犯罪嫌疑人，而辨认的对象包括与犯罪有关的物品、文件、尸体、场所或者犯罪嫌疑人。由此可见，【被害人不能成为辨认对象】，藏匿赃物的房屋属于场所，是可以辨认的对象，A项错误，B项正确。

C项：根据辨认的规则，辨认要遵循个别原则，即几名辨认人对同一对象进行辨认时，应当由每名辨认人【个别】进行。据此，虽然犯罪嫌疑

和被害人都是辨认主体，但不能"一起"辨认，只能分别进行，C项错误。

D项：根据辨认的规定，辨认要遵循【混杂原则】。混杂原则有两项要求：一是相似性要求，即要求辨认对象具有相似特征；二是数量上的要求，即公安机关侦查的案件，如果辨认对象是犯罪嫌疑人的，要求人数是 7 人及以上；如果是犯罪嫌疑人的照片的，要求是【10 张】及以上；如果是物品的，则要求 5 件及以上；物的照片是 10 张及以上。但是，对场所、尸体或者具有独有特征的物品进行辨认的，陪衬物不受数量的限制。而检察院侦查的案件，如果辨认对象是犯罪嫌疑人或者犯罪嫌疑人的照片或者是物品的，跟公安机关的要求一样；如果是物的照片是 5 张及以上。本案中，刑讯逼供案属于检察院侦查的案件，犯罪嫌疑人的照片要求是【10 张】及以上才符合要求，据此，D项错误。

综上所述，本题答案为 B 项。

7　1602034

答案：A

解析：本题考查的是辨认以及辨认笔录的审查判断。

A项：根据辨认的规定，辨认要遵循混杂原则。混杂原则有两项要求：一是相似性要求，即要求辨认对象具有相似特征；二是数量上的要求，即公安机关侦查的案件，如果辨认对象是犯罪嫌疑人的，要求人数是 7 人及以上；如果是犯罪嫌疑人的照片的，要求是 10 张及以上；如果是物品的，则要求【5 件及以上】；物的照片是 10 张及以上。但是，对场所、尸体或者具有独有特征的物品进行辨认的，陪衬物不受数量的限制。而检察院侦查的案件，如果辨认对象是犯罪嫌疑人或者犯罪嫌疑人的照片或者是物品的，跟公安机关的要求一样；如果是物的照片是 5 张及以上。本案是公安机关侦查的案件，辨认对象工具属于物品，因此数量要 5 件及以上，本案中，将制造爆炸物的工具混杂在另外 4 套同类工具中，是 5 套工具，因此符合要求，A项正确。

BC项：辨认笔录的排除情形为【个别混杂有暗示，见到侦查不主持】。据此，未同步录音或录像以及没有见证人在场都不属于上述 5 种情形之一，

因此，属于可以补正或解释的，补正或解释后，可以作为定案的依据。据此，BC 项错误。

D 项：根据规定，对场所、尸体等特定辨认对象进行辨认，或者辨认人能够准确描述物品独有特征的，陪衬物不受数量的限制。据此，王某不符合该特殊情况，作为辨认人时，陪衬物的数量应该符合辨认的相关规定。因此，D 项错误。

综上所述，本题答案为 A 项。

⑧ 1402034

答案：B

解析：本题考查的是勘验、检查。

A 项：根据规定，侦查人员对于与犯罪有关的场所、物品、人身、尸体应当进行勘验或者检查。在必要的时候，可以指派或者聘请具有专门知识的人，在侦查人员的主持下进行勘验、检查。据此，除了侦查人员，有专门知识的人也可以进行勘验、检查。因此，A 项错误。考生仍需要知道的是，虽然勘验、检查可以有有专门知识的人参加，但主持人只能是侦查人员。

B 项：根据规定，侦查人员执行勘验、检查，必须持有人民检察院或者公安机关的证明文件。对于检察院立案侦查的案件，检察院是侦查机关；对于公安机关侦查的案件，公安机关是侦查机关。因此，B 项正确。

C 项：根据规定，检查妇女的身体，应当由女工作人员或者医师进行。据此，医师没有性别要求。因此，C 项错误。

D 项：根据反向总结，凡是没有见证人在场或者没有见证人签名的，所取得的证据（不管哪种证据种类），都是可以补正或解释的，补正或解释后可以作为定案的依据。因此，勘验、检查笔录上没有见证人签名的，经解释后，可以作为定案的依据。因此，D 项错误。

综上所述，本题答案为 B 项。

【多选】

⑨ 2001083

答案：A，B，D

解析：本题考查的是讯问犯罪嫌疑人。

A 项：根据规定，公安机关对于不需要拘留、逮捕的犯罪嫌疑人，经办案部门负责人批准，可以传唤到犯罪嫌疑人所在市、县【公安机关执法办案场所】或者到他的住处进行讯问。可知，甲被取保候审，无需拘留、逮捕，侦查人员可以将甲传唤到本县公安机关执法办案场所进行讯问。因此，A 项正确。

B 项：根据规定，公安机关对于已送交看守所羁押的犯罪嫌疑人，应当在看守所讯问室进行讯问。据此，甲被拘留并羁押于某县看守所，侦查人员应当在看守所进行讯问。因此，B 项正确。

C 项：根据规定，公安机关对于现行犯或者重大嫌疑分子，有下列情形之一的，可以先行拘留：（1）正在预备犯罪、实行犯罪或者在犯罪后即时被发觉的；（2）被害人或者在场亲眼看见的人指认他犯罪的；（3）在身边或者住处发现有犯罪证据的；（4）犯罪后企图自杀、逃跑或者在逃的；（5）有毁灭、伪造证据或者串供可能的；（6）不讲真实姓名、住址，身份不明的；（7）有流窜作案、多次作案、结伙作案重大嫌疑的。拘留不以鉴定意见的制作为前提，对于现行犯或者重大嫌疑分子可先行拘留。本案中，甲在逃跑中被当场抓获，属于上述第 4 种情形，故可先行拘留。因此，C 项错误。

D 项：根据规定，被告人除自己行使辩护权以外，还可以委托辩护人辩护。人民法院、人民检察院、监察机关、公安机关、国家安全机关、监狱的现职人员，如果是被告人的监护人、近亲属，由被告人委托担任辩护人的，可以准许担任辩护人。据此，检察院的现职工作人员一般不得担任辩护人或者诉讼代理人，但其若是被告人的【监护人、近亲属】，由被告人委托担任辩护人的，法院【可以】准许。当事人委托诉讼代理人的，参照适用有关规定。而近亲属的范围是父母、子女、配偶、同胞兄弟姐妹（上、下、左、右）。本题中，乙的母亲在检察院工作，一般不得担任诉讼代理人，但若乙委托，法院可以准许乙的母亲担任乙的诉讼代理人。因此，D 项正确。

综上所述，本题答案为 ABD 项。

⑩ 2001084

答案：B，C，D

解析：本题考查的是讯问犯罪嫌疑人的程序要求。

A 项：根据规定，讯问犯罪嫌疑人一般的案件是"可以"对讯问过程进行录音录像。但是对于可能判处无期徒刑、死刑的案件或者其他重大犯罪案件，以及检察院侦查的职务犯罪案件，应当对讯问过程进行录音录像。本案中，翟某涉嫌贩卖毒品甲基苯丙胺 2000 克，属于可能被判处无期徒刑、死刑的情形，侦查人员讯问翟某时应当对讯问过程录音录像。因此，A 项错误。

B 项：根据规定，讯问犯罪嫌疑人，除下列情形以外，应当在公安机关执法办案场所的讯问室进行：（1）紧急情况下在现场进行讯问的；（2）对有严重伤病或者残疾、行动不便的，以及正在怀孕的犯罪嫌疑人，在其住处或者就诊的医疗机构进行讯问的。据此，在情况紧急的情形下，公安机关可以在现场进行讯问。因此，B 项正确。

C 项：根据规定，公安机关在立案后，对于危害国家安全犯罪、恐怖活动犯罪、黑社会性质的组织犯罪、重大毒品犯罪或者其他严重危害社会的犯罪案件，根据侦查犯罪的需要，经过严格的批准手续，可以采取技术侦查措施。本案中，黄某涉嫌贩卖毒品甲基苯丙胺 2000 克，属于重大毒品犯罪案件，公安机关经过严格批准手续，可以对其适用监听等技术侦查措施。因此，C 项正确。

D 项：根据规定，公安机关报请检察院批准逮捕的时间为 3 日，特殊情况下可以延长 1—4 日（即 7 日内报请）。对流窜作案、多次作案、结伙作案的重大嫌疑分子，经县级以上公安机关负责人批准，提请审查批准逮捕的时间可以延长至 30 日。本案中，2019 年 9 月 11 日，翟某贩卖毒品，次日翟某被公安机关拘留，即翟某 9 月 12 日被拘留，由于翟某被黄某教唆，属于两人以上结伙犯罪，公安机关可最迟于拘留后 30 日报请检察院审查批准逮捕。可见，公安机关于 2019 年 10 月 10 日报请检察院审查批准逮捕翟某是合法的。因此，D 项正确。

综上所述，本题答案为 BCD 项。

11　2001082

答案：A,C

解析：本题考查的是讯问与询问。

A 项：根据规定，讯问犯罪嫌疑人，除下列情形以外，应当在公安机关执法办案场所的讯问室进行：（1）紧急情况下在现场进行讯问的；（2）对有严重伤病或者残疾、行动不便的，以及正在怀孕的犯罪嫌疑人，在其住处或者就诊的医疗机构进行讯问的。据此，紧急情况下，侦查人员在医院现场讯问郭某是合法的。因此，A 项正确。

B 项：女童是本案被害人。根据规定，询问被害人的地点有五个：现场、被害人住处、被害人所在单位或者被害人提出的地点，必要时，也可以传唤被害人到侦查机关提供证言，因此，本案在现场询问女童是符合法律规定的。但是，根据规定，询问未成年被害人，应当通知未成年被害人的法定代理人到场。无法通知、法定代理人不能到场的，也可以通知未成年被害人的其他成年亲属，所在学校、单位、居住地或者办案单位所在地基层组织或者未成年人保护组织的代表到场，并将有关情况记录在案。由此可见，询问未成年被害人，必须有人在场帮助她，不能对其进行单独询问，B 项错误。

C 项：宋某是本案证人，根据规定，询问证人的地点有五个：现场、证人住处、证人所在单位或者证人提出的地点，必要时，也可以通知证人到侦查机关提供证言。据此，C 项在现场询问证人宋某是正确的，C 项正确。

D 项：控告这个词只能被害人用，被害人向公安机关报警时，既能指出犯罪事实，又能讲出具体犯罪嫌疑人是谁的，就是控告。本案中，宋某不是被害人，因此其报警行为不是控告。D 项错误。

综上所述，本题答案为 AC 项。

12　2001100

答案：A,C

解析：本题考查监察委调查的有关规定。

A 项：根据《监察法》第 48 条的规定："监察机关在调查贪污贿赂、失职渎职等职务犯罪案件过程中，被调查人逃匿或者死亡，有必要继续调查的，经省级以上监察机关批准，应当继续调查并作出结论。……"因此，A 项正确。

B 项：根据《监察法》第 48 条的规定："……被调查人逃匿，在通缉一年后不能到案，或者死亡的，由监察机关提请人民检察院依照法定程序，向人民法院提出没收违法所得的申请。"故若想对被调查人黄某提出没收违法所得的申请前提是"通缉一年不能到案"。因此，B项错误。

C项：根据《监察法》第29条的规定："依法应当留置的被调查人如果在逃，监察机关可以决定在本行政区域内通缉，由公安机关发布通缉令，追捕归案。通缉范围超出本行政区域的，应当报请有权决定的上级监察机关决定。"可知，本题中，通缉令的发布主体应当是公安机关，对于全国性通缉，应当报请国家监察机关决定，由公安部发布。因此，C项正确。

D项：根据《监察法》第30条的规定："监察机关为防止被调查人及相关人员逃匿境外，经省级以上监察机关批准，可以对被调查人及相关人员采取限制出境措施，由公安机关依法执行。对于不需要继续采取限制出境措施的，应当及时解除。"故限制出境措施应当经省级以上监察机关批准才可实施，本题中，市监察委无权采取。因此，D项错误。

综上所述，本题答案为AC项。

⑬ 1901122

答案：B,C,D

解析：本题考查的是技术侦查。

A项：在秘密侦查（隐匿身份实施侦查）时，有一种侦查策略叫诱惑侦查。诱惑侦查分为犯意型的诱惑侦查与机会型的诱惑侦查。所谓犯意型的诱惑侦查，是指犯罪嫌疑人本没有犯罪意图，侦查人员通过诱惑侦查诱使犯罪嫌疑人产生犯意进而实施犯罪行为。而机会型的诱惑侦查则是指犯罪嫌疑人此前已经存在犯意。据此，立法禁止的是【犯意型】的诱惑侦查，并不反对【机会型】的诱惑侦查。A项中，由于张三已经有贩卖毒品的意图，李四隐匿身份与其交易，属于机会型的诱惑侦查，是合法的技术侦查措施，A项错误。

BC项：根据规定，对涉及给付毒品等违禁品或者财物的犯罪活动，为查明参与该项犯罪的人员和犯罪事实，根据侦查需要，经县级以上公安机关负责人决定，可以实施控制下交付。因此，BC项正确。

D项：根据规定，执行拘留、逮捕的时候，遇有下列紧急情况之一的，不用搜查证也可以进行搜查：（1）可能随身携带凶器的；（2）可能隐藏爆炸、剧毒等危险物品的；（3）可能隐匿、毁弃、转移犯罪证据的；（4）可能隐匿其他犯罪嫌疑人的；（5）其他突然发生的紧急情况。D项中属于前述第（3）项的情形，故可以在不出示搜查证的情况下进行搜查。因此，D项正确。

综上所述，本题答案为BCD项。

⑭ 1901121

答案：A,C

解析：本题综合考查侦查行为中的查封以及强制措施中的拘留、监视居住。

A项：根据规定，公安机关在异地执行传唤、拘传、拘留、逮捕，开展勘验、检查、搜查、查封、扣押、冻结、讯问等侦查活动，应当向当地公安机关提出办案协作请求，并在当地公安机关协助下进行，或者委托当地公安机关代为执行。因此，A项正确。

B项：根据规定，对于正在预备犯罪、实行犯罪或者在犯罪后即时被发觉的现行犯或者重大嫌疑分子，公安机关可以先行拘留。据此，公安机关对于正在实施犯罪的现行犯，可以先行拘留。本案中，李某将毒品卖给吸食人宋某，公安机关在交易中将宋某与李某抓获，此时李某属于正在实施犯罪的现行犯，可以先行拘留。但是，根据拘留的3个24小时规定，要求公安机关在拘留后24小时通知犯罪嫌疑人家属，除无法通知或者涉嫌危害【国】家安全犯罪、【恐】怖活动犯罪通知可能有碍侦查的情形以外。本案中，李某涉嫌贩卖毒品，并不属于国、恐例外情形，因此拘留后应当在24小时内通知其家属，B项错误。

C项：根据规定，扣押无需扣押证，因此，公安机关在李某身上发现毒品，允许在没有扣押证的情况下扣押毒品，C项正确。

D项：根据规定，监视居住应当在犯罪嫌疑人、被告人的住处执行；无固定住处的，可以在指定的居所执行。对于涉嫌危害国家安全犯罪、恐怖活动犯罪，在住处执行可能有碍侦查的，经上一级公安机关批准，也可以在指定的居所执行。据此，本案中，李某有固定住处，而且李某涉嫌贩毒，不属于危害国家安全犯罪、恐怖活动犯罪，所以公安机关只能在李某的住处执行监视居住。因此，D 项错误。

综上所述，本题答案为 AC 项。

15 `1702073`

答案：B,C,D

解析：本题考查的是讯问犯罪嫌疑人的程序要求。

A 项：在侦查中，同一个案件中，侦查人员讯问犯罪嫌疑人没有次数限制，且首次讯问与后续讯问的侦查人员不要求必须相同。据此，A 项做法没有违反法律规定，不当选。

B 项：根据规定，讯问犯罪嫌疑人，应当制作讯问笔录。如果记载有遗漏或者差错，犯罪嫌疑人可以提出补充或者改正。犯罪嫌疑人请求自行书写供述的，应当准许，但不得以自行书写的供述代替讯问笔录。必要的时候，侦查人员也可以要犯罪嫌疑人亲笔书写供词。据此，B 项做法违反了法律规定，当选。

C 项：根据规定，公安机关在第一次讯问犯罪嫌疑人或者对犯罪嫌疑人采取强制措施的时候，应当告知犯罪嫌疑人有权委托律师作为辩护人，并告知其如果因经济困难或者其他原因没有委托辩护律师的，可以向法律援助机构申请法律援助。告知的情形应当记录在案。据此，首次讯问时未告知朱某可聘请律师的做法错误。因此，C 项做法违反法律规定，当选。

D 项：根据规定，传唤、拘传持续的时间不得超过 12 小时；案情特别重大、复杂，需要采取拘留、逮捕措施的，传唤、拘传持续的时间不得超过 24 小时。两次传唤间隔的时间一般不得少于 12 小时。不得以连续传唤的方式变相拘禁犯罪嫌疑人。应当保证犯罪嫌疑人的饮食和必要的休息时间。据此，一次讯问不能持续 14 小时，D 项做法违反法律规定，当选。

综上所述，本题答案为 BCD 项。

16 `1402070`

答案：B,C

解析：本题考查的是讯问犯罪嫌疑人的程序要求。

A 项：我国强制措施由轻到重共有五种，分别是：

拘传、取保候审、监视居住、拘留、逮捕。公安司法机关在适用强制措施时，要遵循比例原则，即适用何种强制措施，应当与犯罪嫌疑人、被告人的人身危险性程度和涉嫌犯罪的轻重程度相适应。例如，对不需要逮捕、拘留的犯罪嫌疑人，可以传唤到犯罪嫌疑人所在市、县内的指定地点或者到他的住处进行讯问。由此可见，对犯罪嫌疑人不采取拘留措施，可以对其采取拘传、取保候审、监视居住等。拘传的目的就是为了讯问，因此在拘留犯罪嫌疑人之前，甚至没有拘留犯罪嫌疑人的，还是可以对犯罪嫌疑人进行讯问的，A 项错误。

B 项：根据拘留的 3 个 24 小时（24 小时送看守所羁押；24 小时通知；24 小时讯问），是指同一个 24 小时，且是第一个 24 小时内要完成这三件事，而完成这三件事并没有先后顺序之分。换言之，拘留后，可以先送看守所再讯问；也可以先讯问再送看守所，意味着拘留之后并不是对犯罪嫌疑人的讯问必须在看守所进行讯问，是可以在送看守所羁押之前讯问的，B 项正确。

C 项，根据规定，犯罪嫌疑人被送交看守所羁押以后，侦查人员对其进行讯问，应当在看守所内进行。C 项正确。

D 项：判断 D 项是否正确的关键是判断清楚指定居所监视居住是否为羁押。根据规定，我国强制措施中导致羁押的只有拘留与逮捕。因此，监视居住，即使是指定居所监视居住，虽然人身自由受限制，但并不属于被羁押状态。另根据规定，讯问的地点区分有没有被羁押而有所不同：如果已经被羁押的，只能在看守所进行讯问；如果没有被羁押的（包括被监视居住），可以传唤到犯罪嫌疑人所在市、县内的指定地点或者到他的住处进行讯问。据此，本案中，犯罪嫌疑人被指定居所监视居住，可以到指定的居所（他目前的住处）进行讯问，也可以传唤到犯罪嫌疑人所在市、县内指定地点进行讯问，因此，D 项中"应当"在指定的居所进行讯问是错误的，应该是"可以"。D 项错误。

综上所述，本题答案为 BC 项。

【不定项】

⑰ 2301038

答案：A，B

解析：本题考查的是侦查期间询问、检查、辨认与拘留的有关规定。

A项：根据规定，公、检、法办理未成年人遭受性侵害或者暴力伤害案件，在询问未成年被害人、证人时，应当采取同步录音录像等措施，尽量一次完成。此外，侦查人员询问证人，可以在现场进行，也可以到证人所在单位、住处或者证人提出的地点进行，在必要的时候，可以（书面、电话或者当场）通知证人到侦查机关提供证言。侦查机关询问被害人的规定与询问证人的规定相同。因此，本案对被害人小明的询问地点与方式均符合法律规定，A项正确。

B项：根据规定，为了确定被害人、犯罪嫌疑人的某些特征、伤害情况或者生理状态，可以对人身进行检查。因此，B项正确。

C项：根据规定，辨认前不得使辨认人见到辨认对象，不得暗示。侦查人员先给小明看徐老师照片，违反了辨认原则。因此，C项错误。

D项：根据规定，除无法通知或者涉嫌危害国家安全犯罪、恐怖活动犯罪通知可能有碍侦查的情形以外，应当在拘留后24小时以内制作拘留通知书，通知被拘留人的家属。本案中不存在无法通知其家属或者涉嫌危害国家安全犯罪、恐怖活动犯罪的情形，应当在拘留后24小时内通知其家属。因此，D项错误。

综上所述，本题答案为AB项。

⑱ 2001096

答案：A，C

解析：本题考查的是讯问犯罪嫌疑人的程序要求。

AB项：根据规定，讯问未成年犯罪嫌疑人，应当通知未成年犯罪嫌疑人的法定代理人到场。无法通知、法定代理人不能到场或者法定代理人是共犯的，也可以通知未成年犯罪嫌疑人的其他成年亲属，所在学校、单位、居住地或者办案单位所在地基层组织或者未成年人保护组织的代表到场。据此，A项中，李某系李小某的法定代理人，侦查人员讯问李小某时应当通知李某到场；B项中，

李某的女朋友并非李小某的其他成年亲属，也不是学校、基层组织或未成年人保护组织的代表。因此，A项正确，B项错误。

C项：根据规定，讯问女性未成年犯罪嫌疑人，应当有女工作人员在场。据此，本案中，李小某系女性未成年犯罪嫌疑人，侦查人员在讯问时应当安排女工作人员在场。因此，C项正确。

D项：根据规定，询问未成年被害人、证人应当以一次为原则，避免反复询问。可知，若询问未成年的证人或者被害人，一般以一次为原则，应当避免反复询问，但讯问未成年犯罪嫌疑人没有次数限制。因此，D项错误。

综上所述，本题答案为AC项。

⑲ 1702095

答案：A，C

解析：本题综合考查询问证人、被害人，见证人以及侦查实验的要求。

A项：根据规定，询问证人的地点有五个，分别是：现场、住处、证人所在单位或者证人提出的地点，必要时，也可以通知证人到侦查机关提供证言。另外，根据规定，询问被害人，适用询问证人的规定。在本案中，甲是猥亵案件中的被害人，同时甲还陈述了【别的案件事实】，因此在其他案件中属于【证人】。学校为本案的现场，经出示工作证件，侦查人员可在学校询问甲。因此，A项正确。

B项：根据规定，询问未成年人被害人、证人，适用讯问未成年犯罪嫌疑人的规定，即都要遵循法定代理人或合适成年人到场的规定，到场的【法定代理人】可以代为行使未当年犯罪嫌疑人、被告人的诉讼权利。换言之，第一，无论如何，一定要有成年人在场帮助未成年人。第二，法定代理人到场的，可以代为行使诉讼权利，【合适成年人】到场的，【不能】代为行使诉讼权利。据此，乙为未成年被害人，同时也是未成年证人，若她的法定代理人不能或不宜到场可以通知学校的其他老师在场，但其他老师到场的，不能代为行使乙的诉讼权利，B项错误。关于讯问未成年犯罪嫌疑人、被告人以及询问未成年证人、被害人的程序要求，主要集中在第二十章特别程序中，

考生若因还没复习到第二十章而做错本选项的，不必太过于在意。

C 项：根据规定，为了查明案情，在必要的时候，经公安机关负责人批准，可以进行侦查实验。进行侦查实验，禁止一切足以造成危险、侮辱人格或有伤风化的行为。本项所述的侦查实验目的在于验证在特定的条件下甲能否看到案件的发生，而非重复猥亵行为，故不存在有伤风化的情形。因此，C 项正确。

D 项：根据规定，下列人员不得担任见证人：（1）生理上、精神上有缺陷或者年幼，不具有相应辨别能力或者不能正确表达的人；（2）与案件有利害关系，可能影响案件公正处理的人；（3）行使勘验、检查、搜查、扣押、组织辨认等监察调查、刑事诉讼职权的监察、公安、司法机关的工作人员或者其聘用的人员。据此，许某属于第（2）项规定的【与案件有利害关系】的人，不得担任见证人。因此，D 选项错误。

综上所述，本题答案为 AC 项。

20 `1602094`

答案：A，D

解析：本题考查的是讯问犯罪嫌疑人的程序要求。

A 项：根据规定，侦查人员在讯问犯罪嫌疑人的时候，一般的案件是"可以"对讯问过程进行录音或者录像；对于可能判处无期徒刑、死刑的案件或者其他重大犯罪案件，以及检察院立案侦查的职务犯罪案件，"应当"对讯问过程进行录音或者录像。录音或者录像应当全程进行，保持完整性。本案中，甲涉嫌故意杀人罪，可能判处无期徒刑及以上刑罚，因此，应当全程录音或录像，A 项正确。

B 项：本选项破解的关键是在于判断"一并收集"是否正确。由于乙在本案中具有双重身份，即乙是故意杀人案中的犯罪嫌疑人，也是非法拘禁案件中的被害人，由于讯问犯罪嫌疑人与询问被害人的规则是不同的，因此，侦查机关可以对这两个案件并案侦查，但在具体办案过程中，应当逐案办理，不应当在办理故意杀人案时收集非法拘禁案的证据。据此，侦查机关在讯问乙的过程中是不能一并收集乙作为非法拘禁案的被害人的陈

述的。B 项错误。

C 项：根据现行《公安部规定》第 215 条规定："公安机关对案件现场进行勘查，侦查人员不得少于 2 人。"公安机关侦查的案件，没有硬性要求必须要有见证人。C 项错误。【注意】没有硬性要求必须要有见证人是公安机关的规定，即针对的是公安侦查的案件。而针对检察院侦查的案件，根据规定，勘验时，检察院应当邀请两名与案件无关的见证人在场。据此，如果是检察院侦查的案件，则必须要有 2 名与案件无关的见证人在场。【做题技巧】做题时，要看罪名，以罪名来判断案件是由哪个机关侦查的，然后根据不同的机关选择相应的答案。

D 项：根据规定，在侦查过程中需要查封土地、房屋等不动产，或者船舶、航空器以及其他不宜移动的大型机器、设备等特定动产的，应当经县级以上公安机关负责人批准并制作查封决定书。本案中，船只属于可以证明犯罪嫌疑人有罪或者无罪的财物，公安机关可以依法查封。因此，D 项正确。

综上所述，本题答案为 AD 项（本题当年公布答案为 ACD 项）。

21 `1502094`

答案：A，C，D

解析：本题考查的是技术侦查。

A 项：根据规定，对涉及给付毒品等违禁品或者财物的犯罪活动，为查明参与该项犯罪的人员和犯罪事实，根据侦查需要，经县级以上公安机关负责人决定，可以实施控制下交付。本案是毒品犯罪案件，本案经批准可以实施控制下交付。因此，A 项正确。

B 项：根据规定，技术侦查措施 3 个月有效期，经批准可以延长，每次不得超过 3 个月，没有次数限制。因此，对鲁某采取技术侦查的期限可以超过 9 个月，因为没有次数限制，只要每次不要超过 3 个月即可。B 项错误。

C 项：技术侦查由于容易侵犯公民的隐私权，强制性较强，因此在立案前的初查中是不能采取的，只能在立案后采取。隐秘身份实施侦查也属于技术侦查措施，因此，也只有立案后才能实施，C

项正确。

D项：根据规定，依照本节规定采取侦查措施收集的材料在刑事诉讼中可以作为证据使用。如果使用该证据可能危及有关人员的人身安全，或者可能产生其他严重后果的，应当采取不暴露有关人员身份、技术方法等保护措施，必要的时候，可以由审判人员在庭外对证据进行核实。据此，通过技术侦查措施收集到的证据材料可作为定案的依据，但须经法庭调查程序查证属实或由审判人员在庭外予以核实。因此，D项正确。

综上所述，本题答案为ACD项。

22 1402093

答案：D

解析：本题考查的是辨认笔录的审查判断。

根据规定，辨认笔录是以下5种情形直接排除，不能作为定案的依据；其余的问题都是可以补正或解释的：①辨认不是在调查人员、侦查人员主持下进行的；②辨认前使辨认人见到辨认对象的；③辨认活动没有个别进行的；④辨认对象没有混杂在具有类似特征的其他对象中，或者供辨认对象数量不符合规定的；⑤辨认中给辨认人明显暗示或者明显有指认嫌疑的。

A项：对尸体的辨认过程没有录像，不属于上述5种直接排除的情形，用排除法，意味着是属于可以补正或解释的，补正或解释后可以作为定案的依据。A项错误。

B项：没有见证人在场不属于上述5种直接排除的情形，用排除法，意味着是属于可以补正或解释的，补正或解释后可以作为定案的依据。B项错误。此项也可以用反向总结判断：凡是没有见证人签名或者没有见证人在场的，都是可以补正或解释的。

C项：辨认前没有详细向辨认人询问被辨认对象的具体特征，不属于上述5种直接排除的情形，用排除法，意味着是属于可以补正或解释的，补正或解释后可以作为定案的依据。C项错误。

D项："辨认只有笔录，没有赵某的照片，无法获悉辨认真实情况的"不属于上述5种直接排除的情形，用排除法，意味着是属于可以补正或解释的，补正或解释后可以作为定案的依据。据此，D

项正确。

综上所述，本题答案为D项。

23 1402092

答案：A,B,D

解析：本题考查的是辨认。

根据辨认的规定，辨认要遵循混杂原则。混杂原则有两项要求：一是相似性要求，即要求辨认对象具有相似特征；二是数量上的要求，即公安机关侦查的案件对辨认对象有不同的数量要求，犯罪嫌疑人7人及以上；人的照片10张及以上；物品5件及以上；物的照片是10张及以上。但是，对场所、尸体或者具有独有特征的物品进行辨认的，陪衬物不受数量的限制。而检察院侦查的案件，跟公安机关的要求一样；只有物的照片是5张及以上。

根据辨认的规定，辨认要遵循个别原则，即几名辨认人对同一对象进行辨认时，应当由每名辨认人个别进行。

A项：本案解题的关键是罪名，通过"抢劫杀害"的字眼判断本案是由公安机关侦查。辨认对象是尸体时，是没有数量上的要求的，A项正确。

B项：根据规定，主持辨认的侦查人员不得少于2人。此外，将赵某混杂在9名具有类似特征的人员中，一共是10人，符合7人及以上的要求，王某、张某个别进行辨认，符合个别原则的要求，B项正确。

C项：将石某混杂在5名人员中，一共是6人，不符合7人及以上的要求，据此，C项错误。

D项：根据规定，对犯罪嫌疑人的辨认，辨认人不愿意公开进行时，可以在不暴露辨认人的情况下进行，并应当为其保守秘密。据此，D项正确。

综上所述，本题答案为ABD项。

（二）侦查终结

【单选】

24 1202039

答案：D

解析：本题考查的是侦查终结。这道题目是2012年真题，考得比较细，有区分的是C项与D项。这是对2012年《刑事诉讼法》修改时新增、修改的内容进行考查。这道题的背景是：在 2012 年以前，律师介入侦查是不具有辩护人身份的，是 2012 年《刑事诉讼法》修改才正式赋予律师在侦查阶段的辩护人身份，因此相关程序也进行了修改。如在侦查终结，要求将案件移送情况告知犯罪嫌疑人及其辩护律师，这是针对律师在侦查阶段的角色变化而调整的。考生如果做错本题不用太在意，了解知识点和出题背景后，关注本年度的新增法律、司法解释主要内容。

A 项：根据第六章辩护与代理中辩护人的诉讼权利的内容，有 7 个地方，不管辩护人 / 辩护律师提不提要求，都应当听取辩护人 / 辩护律师的意见：（1）所有案件的审查起诉；（2）未成年人案件的逮捕程序；（3）二审不开庭审理的；（4）速裁程序宣判前；（5）认罪认罚案件法院改变罪名的；（6）申请排除非法证据；（7）检察院办理死刑上诉、抗诉案件。其余的都是"可以"听取辩护人 / 辩护律师意见，要变成"应当"听取，须有前置的辩护人 / 辩护律师"提出要求"才行。不管题目问"可以"还是"应当"，考生用排除法做题即可。A 项中，侦查终结，辩护律师提出要求的，是"应当"听取意见，A 项中"可以"是错误的，A 项错误。

B 项：根据规定，侦查终结，辩护律师提出书面意见的，应当附卷。据此，B 项中"可以"的表述是错的，B 项错误。

CD 项：根据规定，公安机关侦查终结的案件，应当做到犯罪事实清楚，证据确实、充分，并且写出起诉意见书，连同案卷材料、证据一并移送同级人民检察院审查决定；同时将案件移送情况告知犯罪嫌疑人及其辩护律师。据此，侦查终结移送审查起诉时，应当将案件移送情况告知犯罪嫌疑人【及其】辩护律师，而非"或者"。因此，C 项错误，D 项正确。

综上所述，本题答案为 D 项。

（三）补充侦查和补充调查

【单选】

㉕ 1602035

答案：D

解析：本题考查的是补充侦查。

ABCD 项：根据规定，人民检察院对已经退回监察机关二次补充调查或者退回公安机关二次补充侦查的案件，在审查起诉中又发现新的犯罪事实，应当将线索移送监察机关或者公安机关。对已经查清的犯罪事实，应当依法提起公诉。本案中，是经过两次退回补充侦查后发现诈骗事实，检察院此时的正确做法应是将诈骗犯罪线索移送公安机关立案侦查，对已经查清的犯罪事实，应当依法提起公诉。因此，ABC 项错误，D 项正确。

综上所述，本题答案为 D 项。

【多选】

㉖ 1502070

答案：A,B,C

解析：本题考查的是补充侦查。

A 项：根据规定，审查批捕阶段的补充侦查，有两点需要注意：第一，审查批捕阶段的补充侦查，只能由公安机关补充侦查；第二，审查批捕阶段的补充侦查，以不批准逮捕为前提。因为批准逮捕了，就剩下执行逮捕了，无所谓补充侦查。只有不批准逮捕的，才能补充侦查，据此，A 项正确。

B 项：根据规定，检察院审查起诉阶段，退回监察机关补充调查、退回公安机关补充侦查的案件，均应当在一个月以内补充调查、补充侦查完毕。补充调查、补充侦查以二次为限。可知，审查起诉阶段退回补充侦查以两次为限。因此，B 项正确。

C 项：根据规定，在审判过程中，对于需要补充提供法庭审判所必需的证据或者补充侦查的，人民检察院应当自行收集证据和进行侦查，必要时可以要求监察机关或者公安机关提供协助；也可以书面要求监察机关或者公安机关补充提供证据。可知，审判阶段检察院应自行侦查，不得退回公安机关补充侦查。因此，C 项正确。

D 项：根据规定，审判期间，被告人提出新的立功线索的，人民法院可以建议人民检察院补充侦查。据此，审判阶段法院是可以建议检察院补充侦查的，而且只是"可以建议"，而不是"应当建议"，但只能是"有且只有唯一的情形下"才"可以建议"：被告人提出新的立功线索的。若不是这种情形，其他任何情形下法院也不得建议检察院补充侦查。据此，D项错误。

综上所述，本题答案为ABC项。

二、模拟训练

【不定项】

㉗ 2203045

答案：B,C,D

解析：本题考查的是公安机关拘传、传唤和讯问程序。

A项：传唤没有强制力，而拘传具有强制力，因此，要求拘传必须要有拘传证，如果来不及制作拘传证，在措施上就应该稍微缓和点，只能口头传唤，不能口头拘传。因此，A项错误。

B项：公安机关对被拘留的人，应当在拘留后的24小时以内进行讯问。在发现不应当拘留的时候，必须立即释放，发给释放证明。因此，B项正确。

C项：犯罪嫌疑人被送交看守所羁押以后，侦查人员对其进行讯问，应当在看守所内进行。因此，C项正确。

D项：拘留有三个24小时，分别是24小时送看守所，24小时讯问，24小时通知（家属）。意思是要在同一个24小时且是第一个24小时里要完成这三件事，但是完成这三件事没有先后顺序之分，可以先送看守所再讯问，也可以先讯问再送看守所，只要在24小时内完成即可。可知，拘留后，在送看守所前是可以先讯问的。因此，D项正确。

综上，本题答案为BCD项。

㉘ 2203046

答案：A,B,C,D

解析：本题考查询问证人的相关规定。

AB项，根据规定，询问证人，应当个别进行，故不能请同是证人的黄某在场当翻译，也不能对二人同时询问。因此，AB项错误，当选。

CD项：根据规定，侦查人员询问证人，可以在现场进行，也可以到证人所在单位、住处或者证人提出的地点进行，在必要的时候，可以通知证

人到人民检察院或者公安机关提供证言。在现场询问证人，应当出示工作证件，到证人所在单位、住处或者证人提出的地点询问证人，应当出示人民检察院或者公安机关的证明文件，因此不能由侦查人员指定地点进行询问；此外证人只能用"通知"，而不能用"传唤"。因此，CD项错误，当选。

综上所述，本题为选非题，答案为ABCD项。

㉙ 2203047

答案：A,B,C,D

解析：本题考查勘验、检查相关规定及勘验、检查笔录的证据审查规则。

A项，根据规定，侦查人员对于与犯罪有关的场所、物品、人身、尸体应当进行勘验或者检查。必要时，可以指派或者聘请具有专门知识的人（不是侦查人员），在侦查人员的主持下进行勘验、检查。据此，勘验、检查可以有非侦查人员参加。因此，A项错误，当选。

B项：根据规定，犯罪嫌疑人如果拒绝检查，侦查人员认为必要的时候，可以强制检查。但对被害人不能强制检查。因此，B项错误。

C项，检查妇女的身体，应当由女工作人员或者医师进行。据此，C项错误。

D项：勘验、检查笔录存在明显不符合法律、有关规定的情形，不能作出合理解释或者说明的，不得作为定案依据，应当排除，其他都可以补正或者解释。也就是说，勘验、检查笔录没有见证人签名、没有见证人在场的，所收集到的证据都是可以补正或者解释的，不是直接排除。因此，D项错误，当选。

综上所述，本题为选非题，答案为ABCD项。

㉚ 2203048

答案：D

解析：本题考查搜查的相关规定。

A项：根据规定，为了收集犯罪证据、查获犯罪人，【侦查人员】可以对犯罪嫌疑人以及可能隐藏罪犯或者犯罪证据的人的身体、物品、住处和其他有关的地方进行搜查。可知，搜查必须由【公安机关】或者【人民检察院】的侦查人员进行，法院没有搜查权。因此，A项错误。

B 项：根据规定，搜查妇女的身体，应当由女工作人员进行。可知，搜查无需医师进行。因此，B 项错误。

C 项：根据规定，在搜查的时候，应当有被搜查人或者他的家属、邻居或者其他见证人在场。即在搜查过程中，要求被搜查人与家属至少一方在场，邻居或其他见证人至少一方在场，而非四个主体同时在场。因此，C 项错误。

D 项：根据规定，进行搜查，必须向被搜查人出示搜查证。在执行逮捕、拘留的时候，遇有紧急情况，不另用搜查证也可以进行搜查。因此，D 项正确。

综上所述，本题答案为 D 项。

31 2203049

答案：B,D

解析：本题考查辨认的相关规定。

A 项：辨认对象是与犯罪有关的物品、文件、尸体、场所、犯罪嫌疑人。据此，如果辨认对象是人的，只能是犯罪嫌疑人，被害人不能成为辨认的对象。因此，A 项错误。

B 项：根据规定，在辨认前，应当向辨认人详细询问被辨认对象的具体特征。据此，B 项正确。还需要提醒考生的是，详细询问被辨认对象的具体特征，只能由辨认人单向向侦查人员提供信息，侦查人员不能将侦查机关掌握的信息提供给辨认人。因此，B 项正确。

C 项：根据规定，辨认时，应当将辨认对象混杂在其他对象中。不得在辨认前向辨认人展示辨认对象及其影像资料，不得给辨认人任何暗示。辨认犯罪嫌疑人时，被辨认的人数不得少于 7 人，照片不得少于 10 张。辨认物品时，同类物品不得少于 5 件，照片不得少于 5 张。本案是暴力取证案，由检察院侦查，如果辨认对象是犯罪嫌疑人，要求是 7 人及以上，C 项中加起来只是 6 人，不符合要求。因此，C 项错误。

D 项：几名辨认人对同一对象进行辨认时，应当由每名辨认人个别进行。因此，D 项正确。

综上，本题答案为 BD。

32 2203050

答案：A,D

解析：本题考查的是技术侦查措施的适用。

A 项：技术侦查措施的适用对象是犯罪嫌疑人、被告人以及与犯罪活动直接关联的人员。购买者属于与犯罪活动直接关联的人员。因此，A 项正确。

B 项：采取技术侦查措施获取的材料，只能用于对犯罪的侦查、起诉和审判，不得用于其他用途。据此，收集到的商业秘密可作为【本案】证据使用，B 项错误。

C 项：采取技术侦查措施获取的材料，只能用于对犯罪的侦查、起诉和审判，不得用于其他用途。据此，通过技术侦查收集到的证据只能用于刑事诉讼中，【不能交由行政部门处理】。因此，C 项错误。

D 项：对涉及给付毒品等违禁品或者财物的犯罪活动，公安根据侦查需要，可依规定实施控制下交付。据此，D 项正确。

综上所述，本题答案为 AD 项。

33 2203051

答案：A,B,C,D

解析：本题考查技术侦查措施。

A 项：本案是刑讯逼供案，由检察院决定技术侦查是对的，但技术侦查不管是谁决定的，只能由公安机关执行。因此，A 项错误，当选。

B 项：为了查明案情，在必要的时候，经公安机关负责人决定，可以由有关人员隐匿其身份实施侦查。可知，秘密侦查只能适用于公安机关侦查的案件中，本案是检察院侦查的案件，不能适用秘密侦查。因此，B 项错误，当选。

C 项：批准决定自签发之日起 3 个月以内有效。对于不需要继续的，应当及时解除；对于复杂、疑难案件，经过批准，有效期可以延长（应当在期限届满前 10 日以内制作呈请延长技术侦查措施期限报告书，并经原批准机关批准），每次不得超过 3 个月，且没有次数限制。可知，技术侦查期限可以超过 3 个月。因此，C 项错误，当选。

D 项：由于采取技术侦查措施收集证据时，本身就受刑事诉讼法的约束，所以收集到的证据可以直接在刑事诉讼中使用，不需要转化，但需要通过法庭调查，才能作为定案的依据。因此，D 项错误，当选。

综上所述，本题为选非题，答案为 ABCD 项。

第十三章 起诉

参考答案

[1] B	[2] A	[3] B	[4] D	[5] A
[6] B	[7] D	[8] B	[9] ACD	[10] B
[11] BCD	[12] ACD	[13] BD	[14] AB	[15] ABD
[16] AD	[17] D	[18] AB	[19] ABC	[20] AB
[21] AD				

一、历年真题

（一）起诉制度概述

【单选】

1 `1302036`

答案：B

解析：本题考查的是刑事起诉制度概述。

AB项：对于符合起诉条件的刑事公诉案件是否必须向审判机关起诉，存在两种不同的原则：一是起诉法定主义或起诉合法主义，即只要被告人的行为符合法定起诉条件，检察机关就必须起诉，不享有自由裁量的权力，且不论情节；二是起诉便宜主义或起诉合理主义，即被告人的行为在具备起诉条件时，是否起诉，由检察官根据被告人及其行为的具体情况以及刑事政策等因素自由裁量。本题中，只要有足够证据证明犯罪嫌疑人构成犯罪，检察机关就必须提起公诉，属于起诉法定主义。因此，A项错误，B项正确。

CD项：公诉垄断主义，即刑事案件的起诉权被国家垄断，排除被害人自诉；私人追诉主义则是指刑事案件的起诉权归于私人。与本题题干无关。因此，CD项错误。

综上所述，本题答案为B项。

（二）审查起诉

【单选】

2 `2001063`

答案：A

解析：本题考查的是侦查，附带民事诉讼，证据

的审查。

A项：根据规定，在侦查活动中发现的可用以证明犯罪嫌疑人有罪或者无罪的各种财物、文件，应当查封、扣押。同时根据规定，对查封、扣押的犯罪嫌疑人的财物及其孳息、文件或者冻结的财产，作为证据使用的，应当随案移送。据此，本案中，侦查人员在案发现场发现用于存储作案信息的U盘，该物证与案件相关，应当依法扣押并随案移送。因此，A项正确。

B项：根据规定，赃物赃款不能提起附带民事诉讼，本案中，非法获利的2万余元属于赃款，因此不能提起附带民事诉讼要求赔偿该2万余元。B项错误。

C项：根据规定，公安机关经过侦查，对有证据证明有犯罪事实的案件，应当进行预审，对收集、调取的证据材料的真实性、合法性、关联性及证明力予以审查、核实。同时，证据必须经过查证属实，才能作为定案的根据。可知支付宝公司提供的证据材料经过侦查机关审查，可以作为证据使用，不一定需要侦查机关重新提取。C项错误。

D项：本案中，张某非法获取公民个人信息虽然是为了诈骗，但此是明显独立的两个行为，侵犯了两个法益，不符合牵连犯的特征，应以侵犯公民个人信息罪和诈骗罪数罪并罚。因此，D项错误。

综上所述，本题答案为A项。

3 `1702023`

答案：B

解析：本题考查的是核准追诉的具体要求。

根据规定，法定最高刑为无期徒刑、死刑的犯罪，已过二十年追诉期限的，不再追诉。如果认为必须追诉的，须报请最高人民检察院核准。本题涉及的故意杀人罪属于法定最高刑为无期徒刑、死刑的犯罪，经过20年后追诉的需经最高人民检察院核准，而最高人民检察院核准的内容是是否向法院提起公诉以追究其刑事责任，但在提起公诉前的侦查活动并非需要等核准后才能进行。

AC项：根据规定，公安机关报请核准追诉并提请逮捕犯罪嫌疑人，人民检察院经审查认为必须追诉而且符合法定逮捕条件的，可以依法批准逮捕，同时要求公安机关在报请核准追诉期间不得停止

对案件的侦查。因此，AC 项错误。

B 项：根据规定，须报请最高人民检察院核准追诉的案件，公安机关在核准之前可以依法对犯罪嫌疑人采取强制措施。故公安机关在最高人民检察院核准前可以对犯罪嫌疑人采取包括拘留在内的强制措施。因此，B 项正确。

D 项：根据规定，未经最高人民检察院核准，不得对案件提起公诉。因此，D 项错误。

综上所述，本题答案为 B 项。

4　1702032

答案：D

解析：本题考查不起诉的相关规定。

AB 项：根据规定，人民检察院对于监察机关或者公安机关移送起诉的案件，发现犯罪嫌疑人没有犯罪事实，或者符合刑事诉讼法第十六条规定的情形之一的，经检察长批准，应当作出不起诉决定。对于犯罪事实并非犯罪嫌疑人所为，需要重新调查或者侦查的，应当在作出不起诉决定后书面说明理由，将案卷材料退回监察机关或者公安机关并建议重新调查或者侦查。所以 A 项对于犯罪嫌疑人没有犯罪事实的，检察院应当作不起诉决定，而不是退回公安机关。B 项说两次退回公安机关错误，而且应该是重新侦查，而不是补充侦查。因此，AB 项错误。

C 项：根据规定，对于有被害人的案件，决定不起诉的，人民检察院应当将不起诉决定书送达被害人。被害人如果不服，可以自收到决定书后七日以内向上一级人民检察院申诉，请求提起公诉。人民检察院应当将复查决定告知被害人。对人民检察院维持不起诉决定的，被害人可以向人民法院起诉。被害人也可以不经申诉，直接向人民法院起诉。人民法院受理案件后，人民检察院应当将有关材料移送人民法院。"检察院作出不起诉决定后，被害人不服向法院提起自诉，法院受理后，不起诉决定视为自动撤销"于法无据。因此，C 项错误。

D 项：根据规定，上级人民检察院对下级人民检察院作出的决定，有权予以撤销或者变更；发现下级人民检察院办理的案件有错误的，有权指令下级人民检察院予以纠正。上下级检察院之间为

领导与被领导的关系，上级检察院和最高检察院都有权纠正下级检察院的错误行为。因此，D 项正确。

综上所述，本题答案为 D 项。

（三）不起诉

【单选】

5　2001064

答案：A

解析：本题考查不起诉的相关规定。

ABCD 项：根据《最高人民法院、最高人民检察院关于办理危害食品安全刑事案件适用法律若干问题的解释》第 8、9、10 条的规定，对以工业用盐等非食盐充当食盐等危害食盐安全的行为，不同情况下，分别以生产、销售伪劣产品罪，或者生产、销售不符合安全标准的食品罪，或者生产、销售有毒、有害食品罪追究刑事责任。故本案中，周某购买工业盐出售给当地农户并获利的行为不构成非法经营罪，周某属于没有非法经营的犯罪事实，检察院应当对其法定不起诉。因此，A 项正确，BCD 项错误。

综上所述，本题答案为 A 项。

6　1901124

答案：B

本题考查的是不起诉制度。

A 项：人民检察院对于同时符合以下两个条件的案件，经检察长批准，可以酌定不起诉：（1）犯罪嫌疑人的行为已经构成犯罪；（2）犯罪情节轻微，依照刑法不需要判处刑罚或免除刑罚。可知，酌定不起诉的前提是"犯罪情节轻微"。根据调整后的盗窃罪犯罪数额，甲的盗窃数额应当达到 1000 元以上才构成犯罪，本案中甲盗窃 800 元并不构成犯罪，故对甲所作的不起诉决定不属于酌定不起诉。因此，A 项错误。

B 项：被害人或者其近亲属及其诉讼代理人如果对不起诉决定不服，可以自收到不起诉决定书后七日以内向上一级人民检察院申诉；也可以不经申诉，直接向人民法院起诉。因此被害人乙不服某县检察院的不起诉决定，可以向某县法院提起自诉。因此，B 项正确。

C项：根据规定，只有被检察院决定"酌定不起诉"的犯罪嫌疑人才有权申诉，但本案中检察院对甲作出的不起诉决定并不属于酌定不起诉，故甲无权申诉。因此，C项错误。

D项：检察院发现新犯罪事实可以提起公诉的情形仅仅针对"存疑不起诉"，本案是法定不起诉。因此，D项错误。

综上所述，本题答案为B项。

7 `1502033`

答案：D

解析：本题考查不起诉的相关规定。

A项：根据规定，犯罪嫌疑人没有犯罪事实，或者有刑事诉讼法第十六条规定的情形之一的，人民检察院应当作出不起诉决定。对于犯罪情节轻微，依照刑法规定不需要判处刑罚或者免除刑罚的，人民检察院可以作出不起诉决定。刑诉16条规定的情形为【显著轻、过时效、告诉、特赦和死掉】。由于甲突然死亡，案件处于审查起诉阶段，因此应对甲作出法定不起诉决定，所以A项错误。

B项：由于乙与丙均共同实施过盗窃行为，数额刚达到刑事立案标准，就是已经构成犯罪，不属于刑诉法第16条规定的情形之一，不可以对乙作出法定不起诉决定，所以B项错误。

C项：虽然甲、丙、丁三人共同盗窃的案件经过两次补充侦查后仍然证据不足，应该作出证据不足不起诉的决定，但是由于丙与乙共同盗窃1次且数额达到了刑事立案标准，因此不能对丙作出证据不足不起诉的决定。所以C项错误。

D项：根据规定，人民检察院对于二次退回补充调查或者补充侦查的案件，仍然认为证据不足，不符合起诉条件的，经检察长批准，依法作出不起诉决定。人民检察院对于经过一次退回补充调查或者补充侦查的案件，认为证据不足，不符合起诉条件，且没有再次退回补充调查或者补充侦查必要的，经检察长批准，可以作出不起诉决定。丁只参与了甲、丙、丁共同盗窃的案件，经过两次补充侦查仍然证据不足，应作出证据不足不起诉的决定，所以D项正确。

综上所述，本题答案为D项。

8 `1402035`

答案：B

解析：本题考查不起诉的相关规定。

根据《刑事诉讼法》的规定，不起诉分为法定不起诉、酌定不起诉、存疑不起诉、附条件不起诉和特殊不起诉五类。（1）法定不起诉，又称绝对不起诉。犯罪嫌疑人没有犯罪事实，或者有刑诉法第16条规定的情形之一的，人民检察院应当作出不起诉决定。（2）酌定不起诉，又称相对不起诉。对于犯罪情节轻微，依照刑法规定不需要判处刑罚或者免除刑罚的，人民检察院可以作出不起诉决定。（3）存疑不起诉，又称证据不足的不起诉。对于二次补充侦查的案件，人民检察院仍然认为证据不足，不符合起诉条件的，应当作出不起诉的决定。（4）附条件不起诉。根据规定，对于未成年人涉嫌刑法分则第四章、第五章、第六章规定的犯罪，可能判处一年有期徒刑以下刑罚，符合起诉条件，但有悔罪表现的，人民检察院可以作出附条件不起诉的决定。人民检察院在作出附条件不起诉的决定以前，应当听取公安机关、被害人的意见。

A项："在排除该口供后，其他证据显然不足以支持起诉"，此时，嫌疑人是否构成犯罪是存在疑问的，因此是存疑不起诉。所以A项正确，不当选。

B项：根据规定，人民检察院经审查认定存在非法取证行为的，对该证据应当予以排除，其他证据不能证明犯罪嫌疑人实施犯罪行为的，应当不批准或者决定逮捕。已经移送起诉的，可以依法将案件退回监察机关补充调查或者退回公安机关补充侦查，或者作出不起诉决定。被排除的非法证据应当随案移送，并写明为依法排除的非法证据。意思是，对于证据不足不起诉，检察院是可退可不退的，并不是一定要退给公安补充侦查。所以B项错误，当选。

C项：人民检察院审查起诉的过程，也是对侦查工作进行法律监督的过程。检察院排除刑讯获得的口供，体现了检察院作为法律监督机关对侦查机关侦查活动的监督。所以C项正确，不当选。

D项：根据规定，人民检察院根据刑事诉讼法第一百七十五条第四款规定决定不起诉的，在发现新的证据，符合起诉条件时，可以提起公诉。所以 D 项正确，不当选。

综上所述，本题是选非题，答案为 B 项。

【多选】

9 2001106

答案：A,C,D

解析：本题考查的是不起诉的程序与不起诉的监督与救济。

A 项：根据规定，不起诉决定书应当送达被害人或者其近亲属及其诉讼代理人、被不起诉人及其辩护人以及被不起诉人所在单位。送达时，应当告知被害人或者其近亲属及其诉讼代理人，如果对不起诉决定不服，可以自收到不起诉决定书后 7 日以内向上一级人民检察院申诉；也可以不经申诉，直接向人民法院起诉。据此，A 项正确。

B 项：被不起诉人并非针对所有的不起诉决定均能救济。根据规定，被不起诉人只能对酌定不起诉进行救济。如果被不起诉人不服酌定不起诉决定，有权自收到不起诉决定书后 7 日以内向【作出决定的检察院】申诉。在本案中，防卫过当意味着赵某的行为已经构成犯罪，但情节轻微，这是酌定不起诉的两个条件，因此，检察院作出的不起诉决定属于酌定不起诉决定，被不起诉人赵某有权救济，但是，赵某只能向【C 区检察院】申诉，而不是向 B 市检察院提出申诉，B 项错误。

CD 项：根据规定，最高人民检察院对地方各级人民检察院的起诉、不起诉决定，上级人民检察院对下级人民检察院的起诉、不起诉决定，发现确有错误的，应当予以撤销或者指令下级人民检察院纠正。据此，A 省检察院和 B 市检察院作为上级检察院均可以对 C 区检察院的不当决定进行指令纠正。因此，CD 项正确。其实，根据检察院上下级关系也可以判断。检察院上下级是领导与被领导的关系，任何一个上级检察院（包括上一级、上上一级、上上上一级）认为下级检察院的决定有错的，都可以指令下级检察院纠正。

综上所述，本题答案为 ACD 项。

【不定项】

10 2201040

答案：B

解析：本题考查存疑不起诉。

A 项：甲的辩称属于违法性认识错误。行为人实施了犯罪行为，即便其认为该行为是合法的，原则上不能阻却行为的违法性，在符合起诉条件的情况下，检察机关可依法提起公诉，不属于证据不足不起诉的情形。因此，A 项错误。

B 项：鉴定意见的排除情形是一旦有问题必须都排除。甲的血液样本被污染的，属于送检样本因污染不具备鉴定条件，据此作出的鉴定意见应当直接排除，不得作为定案的根据。进而本案无法确定甲案发时是否为醉酒状态，属于证据不足以证明犯罪事实的情形，即犯罪构成要件事实缺乏必要的证据予以证明的，检察机关依法应当作出存疑不起诉决定。因此，B 项正确。

C 项：危险驾驶罪属于抽象危险犯，要求足以危害不特定多数人的生命健康安全和公共财产安全。如果能证明甲骑车时路段人员稀少，对公共安全的危险系数小，犯罪情节轻微。根据规定，对于犯罪情节轻微，依照刑法规定不需要判处刑罚或者免除刑罚的，人民检察院可以作出（酌定）不起诉决定。可知，此时检察院可以依据案情作出酌定不起诉决定。因此，C 项错误。

D 项：根据《刑法》第 133 条之一第 1 款第 2 项的规定："在道路上驾驶机动车，有下列情形之一的，处拘役，并处罚金：（二）醉酒驾驶机动车的；"可知，危险驾驶罪的成立要件之一为"驾驶机动车"，若能证明甲骑的电动车属于非机动车，则甲不成立犯罪。根据规定，犯罪嫌疑人没有犯罪事实，或者有《刑事诉讼法》第十六条规定的情形之一的，人民检察院应当作出不起诉决定【法定不起诉】。可知，此时检察院应当作出法定不起诉决定，而非存疑不起诉。因此，D 项错误。

综上所述，本题答案为 B 项。

11 2001093

答案：B,C,D

解析：本题考查不起诉的监督和救济。

A 项：根据规定，对于人民检察院作出的不起诉决定，被不起诉人不服，在收到不起诉决定书后七日以内提出申诉的，应当由作出决定的人民检察院负责捕诉的部门进行复查；被不起诉人在收到不起诉决定书七日以后提出申诉的，由负责控告申诉检察的部门进行审查。可知，本案中，赵某系犯罪嫌疑人，由于防卫过当被不起诉属于犯罪情节轻微的酌定不起诉。被酌定不起诉的人若对不起诉决定不服，有权向作出不起诉决定的检察院申诉，应当由 C 区检察院进行复查。因此，A项错误。

B项：根据规定，被害人或者其近亲属及其诉讼代理人，如果对不起诉决定不服，可以自收到不起诉决定书后七日以内向上一级人民检察院申诉；也可以不经申诉，直接向人民法院起诉。可知，本案中，李某系被害人，检察院向被害人送达不起诉决定书时应当告知其如果对不起诉决定不服，可以向上一级检察院申诉，也可以不经申诉，直接向法院起诉。因此，B项正确。

CD项：根据规定，上级人民检察院对下级人民检察院作出的决定，有权予以撤销或者变更；发现下级人民检察院办理的案件有错误的，有权指令下级人民检察院予以纠正。可知，C项中 A 省检察院有权指令 B 市检察院，D 项中 B 市检察院有权指令 C 区检察院。因此，CD项正确。

综上所述，本题答案为BCD项。

（四）监委会与检察院的衔接

【多选】

12 `1901125`

答案：A,C,D

解析：本题考查监委会与检察院的配合。

A项：根据《监察法》第 29 条的规定："依法应当留置的被调查人如果在逃，监察机关可以决定在本行政区域内通缉，由公安机关发布通缉令，追捕归案。通缉范围超出本行政区域的，应当报请有权决定的上级监察机关决定。"可知，若需要在全国范围内通缉甲，某市监察委员会无权决定通缉，只能层报国家监察委员会在全国范围内决定通缉。因此，A 项正确。

B项：根据《监察法》第 30 条的规定："监察机关为防止被调查人及相关人员逃匿境外，经省级以上监察机关批准，可以对被调查人及相关人员采

取限制出境措施，由公安机关依法执行。对于不需要继续采取限制出境措施的，应当及时解除。"可知，本案中某市监察委员会无权直接限制甲从该市国际机场出境，应当首先报省级以上监察机关批准。因此，B 项错误。

C项：根据《监察法》第 46 条的规定："监察机关经调查，对违法取得的财物，依法予以没收、追缴或者责令退赔；对涉嫌犯罪取得的财物，应当随案移送人民检察院。"可知，监察机关有权处分违法取得的财物，但无权处分犯罪所得的财物，对于犯罪所得的财物，应当随案移送人民检察院。因此，C 项正确。

D项：根据《监察法》第 47 条第 4 款的规定："……监察机关认为不起诉的决定有错误的，可以向上一级人民检察院提请复议。"因此，D 项正确。

综上所述，本题答案为ACD项。

13 `1901095`

答案：B,D

本题考查的是监察机关和监察机关的衔接机制。

A项：根据规定，各级人民检察院需要在本辖区内通缉犯罪嫌疑人的，可以直接决定通缉；需要在本辖区外通缉犯罪嫌疑人的，由有决定权的上级人民检察院决定。因此，全国范围通缉，也可以由最高检决定。因此，A 项错误。

B项：根据规定，监察机关为防止被调查人及相关人员逃匿境外，经省级以上监察机关批准，可以对被调查人及相关人员采取限制出境措施，由公安机关依法执行。对于不需要继续采取限制出境措施的，应当及时解除。监察委可以直接限制出境，因此，B 项正确。

C项：根据规定，监察机关经调查，对违法取得的财物，依法予以没收、追缴或者责令退赔；对涉嫌犯罪取得的财物，应当随案移送人民检察院。只有涉嫌犯罪取得的财物，才要随案移送人民检察院，对于一般违法财产，监察机关可以依法予以没收、追缴或者责令退赔。因此，C 项错误。

D项：根据规定，人民检察院对于有刑诉法规定的不起诉的情形的，经上一级人民检察院批准，依法作出不起诉的决定。监察机关认为不起诉的

决定有错误的，可以向上一级人民检察院提请复议。D 项正确。

综上所述，本题答案为 BD 项。

⑭ 1801075

答案：A,B

解析：本题考查监委会与检察院的衔接机制。

A 项：根据规定，对监察机关移送的案件，人民检察院依照刑诉法对被调查人采取强制措施。因此，A 项正确。需要指出的是，2018 年 10 月 26 日通过《刑事诉讼法》修正案，更是进一步明确规定了监察机关移送的已采取留置措施的案件，检察院应当对犯罪嫌疑人先行拘留，以衔接监察机关的留置措施。即对于监察机关移送起诉的已采取留置措施的案件，人民检察院应当对犯罪嫌疑人先行拘留，留置措施自动解除。因此，A 项正确。

B 项：根据规定，被留置人员涉嫌犯罪移送司法机关后，被依法判处管制、拘役和有期徒刑的，留置一日折抵管制二日，折抵拘役、有期徒刑一日。据此，B 选项中被调查人被判处有期徒刑 3 年，留置一日折抵有期徒刑一日。因此，B 项正确。

CD 项：根据规定，人民检察院经审查，认为犯罪事实已经查清，证据确实、充分，依法应当追究刑事责任的，应当作出起诉决定。人民检察院经审查，认为需要补充核实的，应当退回监察机关补充调查，必要时可以自行补充侦查。对于补充调查的案件，应当在一个月内补充调查完毕。补充调查以二次为限。人民检察院对于有刑诉法规定的不起诉的情形的，经上一级人民检察院批准，依法作出不起诉的决定。监察机关认为不起诉的决定有错误的，可以向上一级人民检察院提请复议。据此，F 市人民检察院作出不起诉决定，应当经上一级人民检察院批准，而不能直接作出不起诉决定，因此，C 项错误。同时，F 市监察委员会认为 F 市人民检察院不起诉决定有错误的，应当向 F 市人民检察院的上一级人民检察院提请复议，因此，D 项错误。

综上所述，本题答案为 AB 项。

【延伸拓展】关于监察法与刑事诉讼法的五点衔接

（1）交叉管辖的衔接	监察委员会调查与人民检察院在案件管辖发生交叉时，一般应当由监察委主调查，人民检察院予以协助。但经沟通，可以全案交给监察委员会，也可以分别管辖。
（2）调查程序与审查起诉程序的衔接	监察委员会调查终结后，认为需要追究刑事责任的，直接移送人民检察院审查起诉。
（3）留置与拘留的衔接	对于监察机关移送起诉的已采取留置措施的案件，检察院应当对犯罪嫌疑人先行拘留，留置措施自动解除。检察院应当在拘留后的十日以内作出是否逮捕、取保候审或者监视居住的决定。在特殊情况下，决定的时间可以延长一日至四日。检察院决定采取强制措施的期间不计入审查起诉期限。
（4）审查起诉与补充调查的衔接	人民检察院对于监察机关移送起诉的案件，依照刑事诉讼法和监察法的有关规定进行审查。人民检察院经审查，认为需要补充核实的，应当退回监察机关补充调查，必要时可以自行补充侦查。
（5）不起诉与监察委救济的衔接	对于监察机关移送起诉的案件，监察机关认为不起诉的决定有错误的，可以向上一级人民检察院提请复议。

⑮ 1702068

答案：A,B,D

解析：本题考查监察机关与检察院的衔接机制。

注：本题因《监察法》出台，原题考察已无价值且无答案，故对题目进行相应修改。

A 项：根据规定，调查人员进行讯问以及搜查、查封、扣押等重要取证工作，应当对全过程进行录音录像，留存备查。因此，A 项正确。

B 项：根据规定，监察机关经调查，对没有证据证明被调查人存在违法犯罪行为的，应当撤销案件，并通知被调查人所在单位。因此，B 项正确。

C 项：根据规定，调查人员应当严格执行调查方案，不得随意扩大调查范围、变更调查对象和事项。因此，C项错误。

D项：根据规定，监察机关经调查，对违法取得的财物，依法予以没收、追缴或者责令退赔；对涉嫌犯罪取得的财物，应当随案移送人民检察院。因此，D项正确。

综上所述，本题答案为ABD项。

【不定项】

16 `1502092`

答案：A,D

解析：本题考查监察机关与人民检察院的衔接机制。

注：本题因《监察法》出台，原题考察已无价值且无答案，故对题目进行相应修改。

A项：根据规定，被调查人涉嫌贪污贿赂、失职渎职等严重职务违法或者职务犯罪，监察机关已经掌握其部分违法犯罪事实及证据，仍有重要问题需要进一步调查，并有下列情形之一的，经监察机关依法审批，可以将其留置在特定场所：（一）涉及案情重大、复杂的；（二）可能逃跑、自杀的；（三）可能串供或者伪造、隐匿、毁灭证据的；（四）可能有其他妨碍调查行为的。因此，甲市监察机关在调查期间，可根据案件特殊情形，将李某留置在特定场所，A项正确。

B项：根据规定，冻结的财产经查明与案件无关的，应当在查明后三日内解除冻结，予以退还。因此，甲市监察机关冻结的李某财产经审查后认定与案件无关，应当在查明后三日内解除冻结，予以退还。B项错误。

C项：根据规定，搜查女性身体，应当由女性工作人员进行。应当注意不是有女性工作人员在场，而是应当由女性工作人员进行。因此，C项错误。

D项：根据规定，调查人员进行讯问以及搜查、查封、扣押等重要取证工作，应当对全过程进行录音录像，留存备查。因此，调查人员每次讯问李某时，应对讯问过程实行全程录音录像，D项正确。

综上所述，本题答案为AD项。

二、模拟训练【不定项】

17 `2203053`

答案：D

解析：本题考查证据不足不起诉，补充侦查制度。

ABCD项：根据规定，人民检察院对已经退回监察机关二次补充调查或者退回公安机关二次补充侦查的案件，在审查起诉中又发现新的犯罪事实，应当将线索移送监察机关或者公安机关。对已经查清的犯罪事实，应当依法提起公诉。因此，已经查清的事实应当提起公诉，不应全案退回，新的事实应当移送公安机关。所以，ABC项错误，D项正确。

综上所述，本题答案为D项。

18 `2203054`

答案：A,B

解析：本题考查检察院审查起诉。

A项：根据规定，审查起诉阶段，检察院发现自己没有管辖权，应当连同案卷材料移送有管辖权的检察院，同时通知公安机关。因此，A项正确。

B项：根据规定，审查起诉阶段，发现事实不清证据不足的，如果没有再次退回补充调查或补充侦查必要的，可以直接作出存疑不起诉。故排除非法证据后，导致事实不清、证据不足的，检察院当然可以存疑不起诉。因此，B项正确。

C项：根据规定，被害人对不起诉决定不服的，可以向上一级检察院申诉，对申诉不服的可以向法院提起自诉。也可以不经申诉，直接向法院提起自诉。应注意被害人申诉的对象是上一级检察院。因此，C项错误。

D项：酌定不起诉的被不起诉人提出申诉的，检察院应当审查酌定不起诉是否正确，而不是直接作出起诉决定。因此，D项错误。

综上所述，本题答案为AB项。

19 `2203055`

答案：A,B,C

解析：本题考查不起诉的监督与救济。

A项：狱警虐待被监管人的案件应由检察院侦查，而非公安机关。公安机关无权救济，因此A项错误，当选。（需要提醒考生的是，罪名不同往往会

影响答案，考生在读题目时要注意罪名）

B 项：李某为本案被害人，如果李某对不起诉不服的，是向上一级检察院申诉而不是向作出决定的人民检察院申诉。因此 B 项错误，当选。

C 项：王某是被不起诉人，只能针对酌定不起诉提出申诉，本案是存疑不起诉，被不起诉人王某无权救济。因此 C 项错误，当选。

D 项：根据规定，审查起诉阶段，发现事实不清证据不足的，如果没有再次退回补充调查或补充侦查必要的，可以直接作出存疑不起诉。因此 D 项正确，不当选。

综上所述，本题为选非题，答案为 ABC 项。

20 `2203056`

答案：A,B

解析：本题考查不起诉的救济。

AB 项：根据规定，对于公安机关移送起诉的案件，公安机关认为不起诉的决定有错误的时候，可以要求复议，如果意见不被接受，可以向上一级人民检察院提请复核。因此，AB 项正确。

CD 项：根据规定，对于监察机关移送起诉的案件，监察机关认为不起诉的决定有错误的，可以向上一级人民检察院提请复议。C 项，应向上一级人民检察院提请复议而非向作出决定的检察院申请复议，因此 C 项错误。D 项，监察机关对不起诉的决定进行救济的，只有提请复议权，没有复核权。因此，D 项错误。

综上所述，本题答案为 AB 项。

21 `2203057`

答案：A,D

解析：本题考查不起诉后犯罪嫌疑人反悔的处理方式。

ABCD 项：根据规定，犯罪嫌疑人认罪认罚，人民检察院作出酌定不起诉决定后，犯罪嫌疑人反悔的，人民检察院应当进行审查，并区分下列情形依法作出处理：（一）发现犯罪嫌疑人没有犯罪事实，或者符合刑事诉讼法第十六条规定的情形之一的，应当撤销原不起诉决定，依照刑事诉讼法第一百七十七条第一款的规定重新作出不起诉决定；（二）犯罪嫌疑人犯罪情节轻微，依照刑法不需要判处刑罚或者免除刑罚的，可以维持原不

起诉决定；（三）排除认罪认罚因素后，符合起诉条件的，应当根据案件具体情况撤销原不起诉决定，依法提起公诉。可知，A、D 项符合第 1 项、第 3 项规定；B 项应当重新作出法定不起诉决定，而非退回侦查机关建议撤销案件；C 项是"可以"维持原不起诉决定，而非"应当"。因此，AD 项正确，BC 项错误。

综上所述，本题答案为 AD 项。

第十四章
审判概述

参考答案

[1] D	[2] C	[3] AD	[4] ABD	[5] A
[6] ACD	[7] ABCD	[8] BD	[9] D	[10] D
[11] AD	[12] C			

一、历年真题

（一）刑事审判原则

【单选】

1 `1801044`

答案：D

解析：本题考查的是刑事审判原则。

A 项：集中审理原则，又称不中断审理原则，主要有两项要求：一个案件自始至终应由一个审判庭进行审理；法庭成员不可更换；集中证据调查与法庭辩论；庭审不中断并迅速作出裁判予以宣告。因此，A 项正确，不当选。

B 项：迅速审判权，是指犯罪嫌疑人、被告人在受到刑事指控后，有权获得及时审判的权利。当庭宣判能够使判决及时作出，有助于保障被告人的迅速审判权，因此，B 项正确，不当选。

C 项：适用速裁程序、简易程序当庭宣判，适用普通程序提高当庭宣判率，都是体现了对效率价值的追求。因此，C 项正确，不当选。

D 项：终局性与审判公开性是审判制度的两个范畴，公开性是指除为保护特定的社会利益依法不

公开审理，都应当公开审理，将审判活动置于公众和社会的监督之下。终局性是指法院的生效判决对案件的解决具有最终决定意义。当庭宣判是诉讼效率的体现，与审判公开和终局性无关。因此，D项错误，当选。

综上所述，本题为选非题，答案为D项。

② 1302037

答案：C

解析：本题考查的是刑事审判原则。

A项：职权主义原则是指又称审问式诉讼构造，指法官在审判程序中居于主动和控制地位，而限制控辩双方积极性的诉讼构造。强调将诉讼的主动权委诸于国家专门机关，法官主动依职权调查证据，法官推进诉讼进程。职权主义原则强调的是法官不是完全消极中立，而是允许法官依职权调查证据。本案中，人民陪审员离开法庭40分钟后返回法庭继续参与审理，与职权主义原则的内容不相关，无所谓的违背问题，A项错误。

B项：证据裁判原则，又称证据裁判主义、证据为本原则，是指对于案件事实的认定，必须有相应的证据予以证明。证据裁判原则的内容包括：（1）认定案件事实必须依靠证据，没有证据就不能认定案件事实。（2）用于认定案件事实的证据必须具有证据能力，即具有证据资格。（3）用于定案的证据必须是在法庭上查证属实的证据，除非法律另有规定。（4）综合全案证据必须达到法定的证明标准才能认定案件事实。本案中，人民陪审员离开法庭40分钟后返回法庭继续参与审理，与证据裁判原则的内容不相关，无所谓违背问题，B项错误。

C项：直接言词原则，是指法官必须在法庭上亲自听取当事人、证人及其他诉讼参与人的口头陈述，案件事实和证据必须由控辩双方当庭口头提出并以口头辩论和质证的方式进行调查。它包括直接原则与言词原则。直接言词原则有两项要求：第一，裁判者亲自接触证据；第二，证据的调查以口头方式进行。也就是说，判断是否违背直接言词原则，只要从以上两点判断即可。本案中，人民陪审员离开法庭40分钟后返回法庭继续参与审理，意味着人民陪审员在离开法庭的40分钟里

没有亲自接触证据，因此违背了直接言词原则，C项正确。

D项：集中审理原则，又称不中断审理原则，指法院开庭审理案件，应在不更换审判人员的条件下连续进行，不得中断审理的诉讼原则。集中审理原则有两项要求：第一，除法定理由外，审理过程不换人；第二，除法定理由外，审理过程不中断。也就是说，判断是否违背集中审理原则，只要从以上两点判断即可。本案中，虽然人民陪审员离开法庭40分钟后返回法庭继续参与审理，但审理过程没有断过，审理过程也没有换过人，因此，没有违背集中审理原则，D项错误。

综上所述，本题答案为C项。

【多选】

③ 2101048

答案：A,D

解析：本题考查的是集中审理原则。

ABCD项：根据集中审理原则的要求，如果在评议前，部分合议庭成员不能继续履行审判职责的，人民法院应当依法更换合议庭组成人员，重新开庭审理。如果评议后、宣判前，部分合议庭成员因调动、退休等正常原因不能参加宣判，在不改变原评议结论的情况下，可以由审判本案的其他审判员宣判，裁判文书上仍署审判本案的合议庭成员的姓名。据此，AD项正确，B项错误。C项中，直接原则强调裁判者亲自接触证据，显然与题干不相符，C项错误。

综上所述，本题答案为AD项。

④ 1702074

答案：A,B,D

解析：本题考查的是刑事审判特征和模式。

A项："完善法庭辩论规则，确保控辩意见发表在法庭。法庭应当充分听取控辩双方意见，依法保障被告人及其辩护人的辩论辩护权"有助于形成平等对抗机制，符合我国刑事审判模式逐步弱化职权主义色彩的发展方向，A项正确。

B项："确保控辩意见发表在法庭"就要求控辩双方都能在庭审中充分举证、质证，尤其是要保障辩方的权利。因此，B项正确。

C项：刑事审判的公开性指的是审判活动应当公开进行，除了为了保护特定的社会利益依法不公开审理的案件外，都应当公开审理，将审判活动置于公众和社会的监督之下。即使依法不公开审理的案件，宣告判决也应当公开。刑事审判的公开性与完善法庭辩论规则和使控辩意见发表在法庭没有关联。因此，C项错误。

D项：被告人认罪，表明被告人对主要犯罪事实、涉嫌罪名没有异议，此时讨论的重点就是如何对被告人进行量刑。因此，D项正确。

综上所述，本题答案为ABD项。

（二）审判组织

【单选】

5 2301040

答案：A

解析：本题考查的是回避制度、合议庭组成。

ABC项：根据规定，发回重新审判的案件，应当另行组成【合议庭】，且发回重审和再审均不适用独任庭。合议庭由【法官】或者由【法官和人民陪审员】组成。即原一审法官和人民陪审员都应当回避。因此，BC错误，A选项说法正确。

D项：发回重审应当另组新合议庭，可能按照一审、也可能按照二审程序组成合议庭。因此，发回重审后可能是3人庭、5人庭或7人庭，不是必须组成7人合议庭。D项错误。

综上所述，本题答案为A项。

【多选】

6 2401063

答案：A,C,D

解析：本题综合考查审判组织、证人权利和上诉权。

A项：根据规定，基层法院、中级法院审判一审案件应当由审判员3人或者由审判员和人民陪审员共3人或者7人组成合议庭进行。因此，A项正确。

B项：根据规定，证人不得旁听对案件的审理。因此，李某出庭作证后不可以旁听，B项错误。

C项：根据规定，中院拟判处被告人【死刑】立

即执行的、死刑缓期执行的，合议庭应当提请院长决定提交审委会讨论决定。因此，C项正确。

D项：根据规定，被告人对一审判决不服有权提起上诉。法律明确保障被告人的上诉权，不得以任何理由剥夺。因此，即便韩某之前认罪认罚，但一审判决后对量刑不服也可以提起上诉，D项正确。

综上所述，本题答案为ACD项。

【不定项】

7 2201180

答案：A,B,C,D

解析：本题考查的是七人合议庭陪审员的权利与审判委员会的内容。

AB项：本题中，某市中级人民法院组成七人合议庭，陪审员可以对事实认定发表意见，A项错误；陪审员也可以对法律适用发表意见，只是不参加表决，B项错误。

C项：根据《防范刑事冤假错案的意见》第17条规定，审判委员会讨论案件，委员依次独立发表意见并说明理由，【主持人】最后发表意见；再根据《人民法院组织法》第38条第2款的规定，"审判委员会会议由【院长】或者院长委托的副院长主持。审判委员会实行民主集中制。"故应是【院长】最后发表意见，不是审判长。C项错误。

D项：根据《法院组织法》第38条第1款的规定，审判委员会全体会议由组成人员的【过半数】出席即可，无须全体成员出席，D项错误。

综上所述，本题答案为ABCD项。

8 2001094

答案：B,D

解析：本题综合考查审判组织、法庭中特殊问题的处理等。

A项：根据规定，人民法院审判下列第一审案件，由人民陪审员和法官组成七人合议庭进行：（1）可能判处十年以上有期徒刑、无期徒刑、死刑，社会影响重大的刑事案件。据此，本案中，陈某涉嫌影响重大的贪污犯罪，并且在中级法院受审，这意味着对陈某可能判处无期徒刑或者死刑，此

时应当由审判员 3 人，陪审员 4 人组成 7 人合议庭进行审理。因此，A 项错误。

B 项：根据规定，对下列案件，合议庭应当提请院长决定提交审判委员会讨论决定：（一）高级人民法院、中级人民法院拟判处死刑立即执行的案件，以及中级人民法院拟判处死刑缓期执行的案件。因此，B 项正确。

C 项：根据规定，辩护人经通知未到庭，被告人同意的，人民法院可以开庭审理，但被告人属于应当提供法律援助情形的除外。同时根据规定，犯罪嫌疑人、被告人可能被判处无期徒刑、死刑，没有委托辩护人的，人民法院、人民检察院和公安机关应当通知法律援助机构指派律师为其提供辩护。据此，本案中，陈某在中级法院受审，可能被判处无期徒刑或者死刑，属于应当提供法律援助的对象。因此，辩护律师王某没有到庭的，即便陈某表示同意，法庭也不可继续审理，应当为陈某提供法律援助律师。因此，C 项错误。

D 项：根据规定，审判期间，被告人提出新的立功线索的，人民法院可以建议人民检察院补充侦查。据此，D 项中，陈某提出新的立功线索，法院建议检察院补充侦查是正确的。因此，D 项正确。

综上所述，本题答案为 BD 项。

（三）人民陪审员制度

【单选】

⑨ 1502035

答案：D

解析：本题考查的是人民陪审员制度。

A 项：根据规定，司法行政机关会同基层人民法院，从通过资格审查的人民陪审员候选人名单中随机抽选确定人民陪审员人选，由基层人民法院院长提请同级人民代表大会常务委员会任命。据此，陪审员由基层人大常委会任命，A 项错误。

B 项：根据规定，人民陪审员区分参加 3 人庭还是 7 人庭权利有所不同。如果参加 3 人庭，人民陪审员同法官享有同等权利，即对事实和法律问题都有表决权；如果参加 7 人庭，人民陪审员同法官的权利就不同了，即人民陪审员只审事实

（只对事实问题有表决权），不审法律（对法律问题没有表决权），但法官既审事实，又审法律。因此 B 项中"同法官享有同等权利"已经是错误的。同时，人民陪审员参加审判，不能担任审判长，据此，后半句也是错误的，B 项错误。

C 项：根据规定，人民陪审员只能参与一审案件审理（包括基层法院、中级法院和高级法院的一审案件审理），最高法院的一审案件是不能参与的，也不能参与二审案件的审理。C 项前半句是错误的。同时，人民陪审员如果参加的是 7 人庭，则其对法律适用没有表决权，据此，后半句也是错的，C 项错误。

D 项：根据规定，合议庭组成人员意见有重大分歧的，人民陪审员或者法官可以要求合议庭将案件提请院长决定是否提交审判委员会讨论决定。据此，D 项正确。

综上所述，本题答案为 D 项。

【不定项】

⑩ 2001099

答案：D

解析：本题考查的人民陪审员制度。

A 项：根据规定，人民陪审员和法官组成合议庭审判案件，由法官担任审判长，可以组成 3 人合议庭，也可以由法官 3 人与人民陪审员 4 人组成 7 人合议庭。据此，7 人庭应当由法官 3 人和陪审员 4 人组成。因此，A 项错误。

B 项：根据规定，人民陪审员参加 3 人合议庭审判案件，对事实认定、法律适用，独立发表意见，行使表决权。据此，在 3 人庭中，陪审员可以同时对事实认定和法律适用行使表决权，这区别于 7 人庭只能表决事实认定。因此，B 项错误。

C 项：根据规定，司法行政机关会同基层人民法院，从通过资格审查的人民陪审员候选人名单中随机抽选确定人民陪审员人选，由基层人民法院院长提请同级人民代表大会常务委员会任命。因此，C 项错误。

D 项：根据规定，人民陪审员依照《人民陪审员法》产生，依法参加人民法院的审判活动，除法律另有规定外，同法官有同等权利。据此，人民陪审员在法庭审判中，除了法律特殊规定的情形

（比如七人庭中陪审员不参加法律适用表决）外，与审判员享有同等权利，故可以参加案件的调解。因此，D 项正确。

综上所述，本题答案为 D 项。

二、模拟训练【不定项】

11 2203058

答案：A,D

解析：本题考查的审判公开原则。

A 项：人民法院审判案件，除《刑事诉讼法》中另有规定的以外，一律公开进行。因此，A 项正确。

B 项：审判的时候被告人不满十八周岁的案件，不公开审理。可知，是"审判时"，而非"犯罪时"。因此，B 项错误。

C 项：人民法院审判第一审案件应当公开进行。但是有关国家秘密或者个人隐私的案件，不公开审理；涉及商业秘密的案件，当事人申请不公开审理的，可以不公开审理。可知，涉及国家秘密的案件一律不公开审理。因此，C 项错误。

D 项：根据规定："宣告判决，一律公开进行。"因此，无论审理公不公开，宣判一律公开。因此，D 项正确。

综上所述，本题答案为 AD 项。

12 2203059

答案：C

解析：本题考查的是陪审员制度。

A 项：中级法院、高级法院审判案件需要由人民陪审员参加合议庭审判的，在其【辖区内】的基层法院的人民陪审员名单中随机抽取确定。可知，高级法院需要人民陪审员参与审判的，是在其"辖区内"基层法院的人民陪审员名单内随机抽取，而非"所在地"。因此，A 项错误。

B 项：根据规定："人民法院审判可能判处十年以上有期徒刑、无期徒刑、死刑，社会影响重大的刑事案件，由人民陪审员和法官组成七人合议庭进行；由此可知，对于张三可能判处死刑的第一审案件，应当由人民陪审员和法官组成 7 人合议庭进行，不得组成 3 人合议庭进行审理。因此，B 项错误。

C 项：人民陪审员参加 3 人合议庭审判案件，对事实认定、法律适用，独立发表意见，行使表决权。因此，C 项正确。

D 项：人民陪审员参加 7 人合议庭审判案件，对事实认定，独立发表意见，并与法官共同表决；对法律适用，可以发表意见，但不参加表决。因此，D 项错误。

综上所述，本题答案为 C 项。

第十五章
第一审程序

参考答案

[1]ABC	[2]BC	[3]AB	[4]BD	[5]A
[6]B	[7]B	[8]C	[9]B	[10]C
[11]C	[12]C	[13]CD	[14]AC	[15]AC
[16]AD	[17]AB	[18]ABCD	[19]CD	[20]ACD
[21]A	[22]CD	[23]BD	[24]ABC	[25]B
[26]D	[27]A	[28]B	[29]AB	[30]ABC
[31]BC	[32]C	[33]D	[34]ABCD	[35]AB
[36]CD	[37]CD	[38]ABC	[39]AC	[40]C
[41]D	[42]ABC	[43]A	[44]B	[45]ACD
[46]D	[47]A			

一、历年真题

（一）对公诉案件的庭前审查

【多选】

1 1002071

答案：A,B,C

解析：本题考查的是对公诉案件庭前审查后特殊情形的处理。

A 项：根据规定，被告人不在案的，应当退回人民检察院；但是，对人民检察院按照缺席审判程序提起公诉的，应当依照《刑诉解释》第 24 章缺席审判程序的规定作出处理；被告人张某在起诉前已从看守所脱逃，应当依法退回检察院。因此，A 项正确。

B 项：根据规定，裁定准许撤诉的案件，没有新的影响定罪量刑的事实、证据，重新起诉的，应当退回人民检察院；被害人范某不断上诉不属于"有新的事实和证据"，法院应当退回检察院。因此，B 项正确。

C 项：根据规定，需要补充材料的，应当通知人民检察院在 3 日以内补送；没有列明证人石某的住址和联系方式属于需要补充材料的情况，应当通知人民检察院在 3 日内补送。因此，C 项正确。

D 项：根据规定，被告人真实身份不明，但符合刑事诉讼法第 160 条第二款规定的，应当依法受理。对公诉案件是否受理，应当在 7 日以内审查完毕。D 项属于被告人真实身份不明的情况，人民法院应当予以受理。因此，D 项错误。

综上所述，本题答案为 ABC 项。

(二) 庭前准备

【多选】

② 1801113

答案：B,C

解析：本题考查的是庭前准备。

A 项：根据规定，开庭 10 日以前将起诉书副本送达被告人、辩护人。因此，法院在开庭前 7 日将起诉书副本送达辩护人确实违反了程序，但是，这并不构成律师拒绝出庭辩护的理由。律师一旦接受委托作为辩护律师，积极辩护就成为其义务，因此辩护律师拒绝（出庭）辩护有严格限制，只有在以下三种情形下才有权拒绝出庭辩护：一是被告人委托的事项违法的；二是被告人利用辩护律师的辩护行为从事违法活动的；三是被告人故意隐瞒重要事实的。其余任何理由都不构成辩护律师拒绝出庭辩护的理由。针对没有在 10 日前送达起诉书副本的违法行为，律师如果准备辩护的时间不够，可以和法官沟通更改开庭日期，或者申请法庭延期审理，A 项错误。

B 项：根据规定，犯罪嫌疑人、被告人因经济困难或者其他原因没有委托辩护人的，本人及其近亲属可以向法律援助机构提出申请。对符合法律援助条件的，法律援助机构应当指派律师为其提供辩护。另根据规定，被告单位的诉讼代表人享有刑事诉讼法规定的有关被告人的诉讼权利。据此，本案中，某民营公司因破产清算处于经济困难状态，诉讼代表人韩某享有被告人的诉讼权利，有权向某县司法局申请法律援助。因此，B 项正确。

C 项：根据规定，当事人及其辩护人、诉讼代理人有权申请人民法院对以非法方法收集的证据依法予以排除。申请排除以非法方法收集的证据的，应当提供相关线索或者材料。据此，本案中，韩某系诉讼代表人，李某系自然人被告人，均有权申请排除非法证据；而且，对李某非法取证，伤害到的不仅是李某的合法权益，同时也会伤害到单位的合法权益，虽然李某是自然人被告人，韩某代表单位被告人，但被指控的都是同一犯罪行为，因此，韩某有权申请法院排除李某被刑讯逼供取得的供述，C 项正确。

D 项：根据规定，被告单位的诉讼代表人不出庭的，应当按照下列情形分别处理：（1）诉讼代表人系被告单位的法定代表人、实际控制人或者主要负责人，无正当理由拒不出庭的，可以拘传其到庭；因客观原因无法出庭，或者下落不明的，应当要求人民检察院另行确定诉讼代表人。本案中，韩某系诉讼代表人，因病故无法出庭，某县法院应当要求某县检察院另行确定诉讼代表人，而不是由某县法院另行确定诉讼代表人。因此，D 项错误。

综上所述，本题的答案为 BC 项。

③ 1502072

答案：A,B

解析：本题考查的是庭前准备中的庭前会议。

A 项：根据规定，高某就案件管辖提出异议是允许的。因此，A 项正确。

B 项：根据规定，王某提起附带民事诉讼的，人民法院可以开展附带民事调解。因此，B 项正确。

C 项：庭前会议中可以提出非法证据排除，但法院只能了解情况，听取意见，不能对证据是否排除作出实质性处理。因此，C 项错误。

D 项：根据规定，庭前会议中，审判人员可以询问控辩双方对证据材料有无异议，对有异议的证据，应当在庭审时重点调查；无异议的，庭审时举证、质证可以简化。据此，出示过的证据，只有控辩双方没有异议的，庭审时举证、质证才可以简化。因此，D 项错误。

综上所述，本题答案为 AB 项。

4 `1402071`

答案：B，D

解析：本题考查的是庭前准备中的庭前会议。

A 项：庭前会议是法院在开庭前的内部准备工作，因此，被告人不一定要参加庭前会议。根据规定，法院可以通知被告人到场，也可以不通知被告人到场。但是，在两种情形下，法院应当通知被告人到场：一是准备就非法证据排除了解情况、听取意见的；二是准备询问控辩双方对证据材料的意见的。据此，一般只是可以通知被告人到场，只有特定情况下才应当通知被告人参加庭前会议，参加庭前会议并非是被告人的权利。因此，A 项错误。

B 项：附带民事诉讼，由于是民事诉讼，尊重处分权，任何时候，包括在庭前会议中都能解决，只不过庭前会议意味着还未开庭，所以庭前会议中要解决附带民事诉讼问题，只能以调解的方式解决。B 项正确。

C 项：由于庭前会议还未开庭，因此庭前会议只能进行程序性审查，不能进行实质性处理，而只是了解情况、听取意见。要处理，要等到开庭以后，但是有一个例外（不是开庭后处理）：如果法院在庭前会议中了解情况，听取意见后，发现这个程序性事项不处理有可能导致庭审中断的，允许法院在庭前会议后，但是是在开庭前的这段时间里处理。需要指出的是，这仍然不是在庭前会议中处理。C 项错误。

D 项：控辩双方可在庭前会议中就出庭作证的证人名单进行讨论，这属于程序性事项，可以了解情况，听取意见，因此可以讨论证人名单，D 项正确。

综上所述，本题答案为 BD 项。

（三）法庭审判

【单选】

5 `1901108`

答案：A

解析：本题综合考查庭前会议、法庭秩序。

AB 项：根据规定，控辩双方的讯问、发问方式不当或者内容与本案无关的，对方可以提出异议，申请审判长制止，审判长应当判明情况予以支持或者驳回；对方未提出异议的，审判长也可以根据情况予以制止。据此，A 项正确，B 项错误。

C 项：庭前会议是法院开庭前召开的会议，不是正式庭审，而仍然是法院开庭前的内部准备工作之一。既然是内部准备工作，法院可以召开，也可以不召开。而且由于庭前会议还未开庭，庭前会议只能进行程序性审查，不能进行实质性处理，只能【了解情况、听取意见】。要处理，要等到开庭以后，但是有一个例外（不是开庭后处理）：如果法院在庭前会议中了解情况，听取意见后，发现这个程序性事项不处理有可能导致庭审中断的，允许法院在庭前会议后，但是是在开庭前的这段时间里处理，这仍然不是在庭前会议中处理。因此，C 项错误。

D 项：强制措施是专门针对犯罪嫌疑人、被告人的，由于强制措施强制性较强，因此，在立案之前，办案机关是禁止采取强制措施的。也就是说，只能在立案以后，才能采取拘留等强制措施。据此，对聚众哄闹、冲击法庭或者侮辱、诽谤、威胁、殴打司法工作人员或者诉讼参与人，严重扰乱法庭秩序，构成犯罪的，依法追究刑事责任。如果需要追究刑事责任，法院应当作为立案材料来源移送至有管辖权的机关立案管辖。公安机关立案之后，才能对犯罪嫌疑人采取拘留措施。据此，法院不能先行拘留。D 项错误。另外一种判断技巧是：根据强制措施总结，法院没有刑事拘留权，因此法院不可能先行拘留。

综上所述，本题答案为 A 项。

6 `1901106`

答案：B

解析：本题考查的是法庭调查的顺序。

ABCD 项：法庭审判由合议庭的审判长或独任审判员主持。依据规定，法庭审判程序大致可分为开庭、法庭调查、法庭辩论、被告人最后陈述、评议和宣判五个阶段。

根据规定，法庭调查环节遵循的步骤是：宣读起

诉书 – 对应②（宣读后，法庭应当宣布开庭审理前对证据收集合法性的审查及处理情况 – 对应⑤）——被告人、被害人分别陈述——讯问、发问被告人、被害人 – 对应①——出示、核实证据应先控方后辩方 – 对应③④——调取新证据——合议庭调查核实证据。因此，本案中法庭调查的顺序应当是：公诉人宣读起诉书——法庭宣布庭前会议中申请排除非法证据的审查情况——公诉人讯问李某——李某辨认公诉人提出的毒药并进行质证——被告人申请证人出庭作证。即②⑤①③④。因此，B项正确，ACD项错误。

综上所述，本题答案为 B 项。

7 `1801042`

答案：B

解析：本题综合考查有专门知识的人的出庭和回避、证据的审查判断、证据的种类。

A项：根据规定，因无鉴定机构，或者根据法律、司法解释的规定，指派、聘请有专门知识的人就案件的专门性问题出具的报告，可以作为证据使用。据此，检验人并非鉴定人，不具有鉴定人的身份。另外，有专门知识的人的回避，适用相关法律规定中有关鉴定人回避的规定。据此，检验人作为有专门知识的人，也属于回避的对象。因此，A 项错误。

B项：根据规定，经人民法院通知，出具报告的人拒不出庭作证的，有关报告不得作为定案的根据。据此，经法院通知，有专门知识的人须出庭，否则其报告不得作为定案的根据。因此，B 项正确。

C项：根据规定，检验报告可以作为证据使用。因此，C 项错误。

D项：勘验、检查是指侦查人员对与犯罪有关的场所、物品、尸体、人身进行勘查和检验的一种侦查行为。二者的适用主体都只能是侦查人员。而本案中的检验主体并非侦查人员，所进行的检验不属于勘验、检查的一种。因此，D 项错误。

综上所述，本题答案为 B 项。

8 `1602036`

答案：C

解析：本题考查的是一审中特殊问题的处理。

ABCD 项：审判期间，人民法院发现新的事实，可能影响定罪量刑的，或者需要补查补证的，应当通知人民检察院，由其决定是否补充、变更、追加起诉或者补充侦查。法院不能自行变更。本案中，法院在审理胡某非法持有毒品案时，发现他还有"向他人出售毒品"的新事实，因此，法院的做法应当是："应当通知"检察院，由检察院决定是否补充、追加、变更起诉或补充侦查。C项正确。ABD 项错误。

综上所述，本题答案为 C 项。

9 `1602028`

答案：B

解析：本题是综合考查聋哑人在刑事诉讼中适用的特殊规定。

A项：根据规定，讯问聋、哑的犯罪嫌疑人，应当有通晓聋、哑手势的人参加，讯问不通晓当地语言文字的犯罪嫌疑人，应当配备翻译人员。据此，是"应当"通知，而并非"如有必要可通知"，A 项错误。

B项：根据第六章辩护与代理关于强制法律援助辩护的总结：盲聋哑、半疯傻、无死缺，高院死复核、死缓故，盲聋哑属于强制法律援助辩护的情形，据此，王某系聋哑人且没有委托辩护人，应当通知法律援助机构指派律师为其提供辩护。因此，B 项正确。

C项：根据规定，辩护人经通知未到庭，被告人同意的，人民法院可以开庭审理，但被告人属于应当提供法律援助情形的除外。本案中，王某系聋哑人，属于应当提供法律援助情形，其辩护人经通知未到庭，即使王某同意，法院也不可以开庭审理。因此，C 项错误。

D项：在刑事诉讼中，只有适用简易程序，可能判处三年以下有期徒刑的案件以及适用速裁程序的案件，适用独任庭审判。而且，简易程序 3 年以下有期徒刑是可适用独任庭审判，也可适用合议庭审判。而速裁程序是应当适用独任庭。根据规定，有下列情形之一的，不适用简易程序：（1）被告人是盲、聋、哑人，或者是尚未完全丧失辨认或者控制自己行为能力的精神病人的；（2）有重大社会影响的；（3）共同犯罪案件中部分被告人不认罪或者对适用简易程序有异议的；（4）其他不宜适用简易程序审理的。另外，根据规定，被告人是盲、聋、哑人，或者是尚未完全丧失辨认或者控制自己行为能力的精神病人的，不适用速裁程序。本案中，被告人王某系聋哑人，根据上述规定，不可以适用简易程序，也不可以适用速裁程序，故不可以实行独任审判。因此，D 项错误。

综上所述，本题答案为 B 项。

10 `1502036`

答案：C

解析：本题考查的是刑事诉讼中起诉与审判的关系。

A 项：根据规定，判决宣告前，自诉案件的当事人可以自行和解，自诉人可以撤回自诉。人民法院经审查，认为和解、撤回自诉确属自愿的，应当裁定准许；认为系被强迫、威吓等，并非自愿的，不予准许。所以自诉人提起自诉后，在法院宣判前，可随时撤回自诉，法院需要审查自愿性，而不是应当准许，A 项错误。

B 项：根据规定，起诉指控的事实清楚，证据确实、充分，但指控的罪名不当的，应当依据法律和审理认定的事实作出有罪判决。所以 B 项错误。

C 项：根据规定，审判期间，人民法院发现新的事实，可能影响定罪量刑的，或者需要补查补证的，应当通知人民检察院，由其决定是否补充、变更、追加起诉或者补充侦查。人民检察院不同意或者在指定时间内未回复书面意见的，人民法院应当就起诉指控的事实，依照《刑诉解释》第二百九十五条的规定作出判决、裁定。所以 C 项正确。

D 项：根据规定，依照刑事诉讼法第二百条第三项规定宣告被告人无罪后，人民检察院根据新的事实、证据重新起诉的，应当依法受理。所以对检察院提起公诉的案件，法院判决无罪后，检察院可以根据新的事实、证据重新起诉，D 项错误。

综上所述，本题答案为 C 项。

11 `1502037`

答案：C

解析：本题考查的是单位犯罪案件的审理。

根据规定，被告单位的诉讼代表人享有刑事诉讼

法规定的有关被告人的诉讼权利。本案中，齐某为该国有银行的诉讼代表人，因此其享有刑事诉讼法规定的有关被告人的诉讼权利。

A 项：根据庭前会议的内容，庭前会议是法院在开庭前的内部准备工作，因此，被告人不一定要参加庭前会议。根据规定，法院可以通知被告人到场，也可以不通知被告人到场。但是，在两种情形下，法院应当通知被告人到场：一是准备就非法证据排除了解情况、听取意见的；二是准备询问控辩双方对证据材料的意见的。据此，一般只是可以通知被告人到场，只有特定情况下才应当通知被告人参加庭前会议。本案并没有指出应当通知的情形，因此考生不能自己加条件，因此，只能是"可以"通知齐某参加。

B 项：根据规定，诉讼代表人系被告单位的法定代表人、实际控制人或者主要负责人，无正当理由拒不出庭的，可以拘传其到庭。据此，可以拘传诉讼代表人到庭，须同时符合两个条件：第一，必须是法定代表人、实际控制人或者主要负责人这三类人担任诉讼代表人；第二，该诉讼代表人无正当理由拒不出庭的。两个条件缺一不可。本案中，齐某是信贷科科长，并不属于主要负责人，因此不能拘传其到庭。根据规定，其他人担任诉讼代表人无正当理由拒不出庭的，正确做法是应当要求检察院另行确定诉讼代表人。B 项错误。

C 项：根据第六章辩护与代理中关于拒绝辩护的权利，针对并非是强制法律援助辩护的案件，被告人可以无理由地拒绝辩护两次，两次之后只能自行辩护。如果是强制法律援助辩护的案件，被告人则只能有正当理由地拒绝一次，拒绝后，要么自己另行委托辩护人，如果没有委托，法院应当通知法律援助机构为其指派律师担任辩护人，但之后，被告人就不能再拒绝了。而强制法律援助辩护案件的范围是：盲聋哑、半疯傻、无死缺、高级法院死刑复核、死缓故。本案并没有信息指向是强制法律援助辩护案件，因此，齐某可当庭拒绝银行委托的辩护律师为该行辩护，C 项正确。

D 项：齐某为该国有银行的诉讼代表人，因此其享有刑事诉讼法规定的有关被告人的诉讼权利。被告人享有最后陈述权，因此，诉讼代表人齐某也享有最后陈述的权利，D 项错误。

综上所述，本题答案为 C 项。

12 `1402029`

答案：C

解析：本题综合考查一审中鉴定人出庭的相关规定以及证据审查判断。

A 项：根据规定，经人民法院通知，鉴定人拒不出庭作证的，鉴定意见不得作为定案的根据。据此，鉴定人无正当理由拒不出庭的，直接后果是导致其出具的鉴定意见不得作为定案的依据，而没有强制鉴定人到庭的制度。A 项错误。需要进一步指出的是，经法院通知，无正当理由拒不到庭，可以由院长签发强制令强制其到庭针对的是证人，这个选项要求考生准确记忆。

B 项：判断应该用"中止审理"还是"延期审理"，主要看的是选项中的事由法院能否控制。法院能控制的，处理是延期审理；法院不能控制的，处理是中止审理。B 项中，重新鉴定是法院能控制的，因此应当是"延期审理"，而不是"中止审理"。B 项错误。

C 项：根据规定，公诉人、当事人和辩护人、诉讼代理人可以申请法庭通知有专门知识的人出庭，就鉴定人作出的鉴定意见提出意见。据此，申请有专门知识的人出庭目的就是向鉴定人发问，故具有专门知识的人可以向鉴定人发问。因此，C 项正确。

D 项：根据第七章证据一章意见证据规则的内容，意见不能作为证据使用，但有四种意见是例外。即鉴定意见、根据一般生活经验判断符合事实的意见、有专门知识的人出具的报告（如价格认定书）、有关部门针对事故进行调查形成的报告，这四类都含有意见，但是不受意见证据规则约束，不影响其作为证据使用。据此，D 项错误。

综上所述，本题答案为 C 项。

【多选】

13 `2101047`

答案：C,D

解析：本题考查的是证人出庭作证的要求。

A 项：根据规定，证人没有正当理由拒绝出庭或者出庭后拒绝作证的，予以训诫，情节严重的，

经院长批准，处以十日以下的拘留。被处罚人对拘留决定不服的，可以向上一级人民法院申请复议。复议期间不停止执行。据此，丁某对拘留处罚决定提出复议的，复议期间不停止执行。因此，A 项错误。考生需要知道，关于复议、复核，有一个小的总结：【所有的复议、复核，都不停止原决定的执行】。

B 项：根据规定，强制证人出庭的，应当由院长签发强制证人出庭令，由法警执行。必要时，可以商请公安机关协助。据此，一般情况下是由法警执行，必要时，商请公安机关协助。也就是说，法警才是执行主体，B 项错误。

C 项：根据规定，江某属于身处国外短期无法回国的情形，可以通过视频作证，C 项正确。

D 项：根据规定，经人民法院通知，证人没有正当理由不出庭作证的，人民法院可以强制其到庭，但是【被告人】的配偶、父母、子女除外。据此，被告人的配偶不可强制其出庭作证，但【被害人】的配偶可以强制其出庭作证。因此，D 项正确。

综上所述，本题答案为 CD 项。

14 `2001085`

答案：A,C

解析：本题考查的是法庭审判程序。

A 项：根据规定，必要时，审判人员可以讯问被告人，也可以向被害人、附带民事诉讼当事人发问。据此，本案中，赵某提出枪支没有杀伤力问题，直接影响罪名是否成立的问题，审判长有权讯问赵某，要求其对枪支改造方法作出说明。因此，A 项正确。

B 项：在审判阶段发现【显著轻、过时效、特赦、告诉和死亡】的法定情形时，法院应当裁定终止审理。据此，B 项中"要求公诉机关对枪支杀伤力进一步补充证据"不属于终止审理的情形，B 项错误。

C 项：根据规定，为查明案件事实、调查核实证据，法院可以依职权通知证人、鉴定人、有专门知识的人、调查人员、侦查人员或者其他人员出庭。同时，根据规定，公诉人、当事人及其辩护人、诉讼代理人申请法庭通知有专门知识的人出庭，就鉴定意见提出意见的，应当说明理由。法

庭认为有必要的，应当通知有专门知识的人出庭。据此，在我国刑事庭审中，专家辅助人有两种出庭方式：其一，控辩双方申请法庭通知其出庭，法庭认为有必要的；其二，法庭依职权通知其出庭。故在 C 项中，非经公诉人申请，法庭通知专家辅助人孙某出庭是合法的。因此，C 项正确。

D 项：根据规定，审判期间，法院发现新的事实，可能影响定罪量刑的，或者需要补查补证的，应当通知检察院，由其决定是否补充、变更、追加起诉或者补充侦查。可知，法庭不能对被告人提出的新事实置之不理，直接决定不予采信。因此，D 项错误。

综上所述，本题答案为 AC 项。

15 `1901129`

答案：A，C

解析：本题综合考查了侦查行为中的通缉、审查起诉中特殊问题的处理、审理中特殊问题的处理等。

A 项：根据规定，县级以上公安机关在自己管辖的地区内，可以直接发布通缉令；超出自己管辖的地区，应当报请有权决定的上级公安机关发布。据此，张某在 A 省 B 市实施犯罪，逃窜至 C 省 D 市躲藏，由于张某属于跨省逃窜，应当由 A 省、C 省的共同上级单位公安部决定通缉。因此，A 项正确。

B 项：根据规定，对于移送起诉的案件，犯罪嫌疑人在逃的，应当要求公安机关采取措施保证犯罪嫌疑人到案后再移送起诉。共同犯罪案件中部分犯罪嫌疑人在逃的，对在案犯罪嫌疑人的移送起诉应当受理。据此，B 市公安局将黄某侦查终结后移送 B 市检察院，B 市检察院应当依法对黄某进行审查起诉，无需等张某到案后一并审查起诉。因此，B 项错误。

C 项：犯罪嫌疑人、被告人既可以是自然人，也可以是单位。本题中，若检察院认为黄某、张某组建的"P2P"网贷公司属于单位犯罪，可以将该公司列为单位犯罪嫌疑人。因此，C 项正确。

D 项：根据规定，发现遗漏同案犯罪嫌疑人或者罪行的，应当要求公安机关补充移送起诉或者补充侦查；对于犯罪事实清楚，证据确实、充分的，

可以直接追加、补充起诉。据此，检察院补充或者追加起诉，无需经过法院同意。因此，D 项错误。

综上所述，本题答案为 AC 项。

16 `1901130`

答案：A，D

解析：本题综合考查立案的来源和条件、审查起诉的程序、法庭审判。

A 项，根据规定，公安机关、人民检察院或者人民法院对于报案、控告、举报，都应当接受。对于不属于自己管辖的，应当移送主管机关处理，并且通知报案人、控告人、举报人；对于不属于自己管辖而又必须采取紧急措施的，应当先采取紧急措施，然后移送主管机关。可知，公安机关应当先接受控告，审查后再决定是自己管还是移送给有管辖权的机关。因此，A 项正确。

B 项：根据规定，公诉案件中被告人有罪的举证责任由人民检察院承担，自诉案件中被告人有罪的举证责任由自诉人承担。可知，王五因受虐待向法院提起自诉，证明行为人有罪的责任由王五承担。因此，B 项错误。

C 项：根据规定：具有下列情形之一的，可以认为犯罪事实已经查清：（二）属于数个罪行的案件，部分罪行已经查清并符合起诉条件，其他罪行无法查清的；对于符合前款第二项情形的，应当以已经查清的罪行起诉。可知，某县检察院发现张三盗窃罪事实清楚，抢夺罪事实不清，应当将盗窃罪向某县法院提起公诉，无需待抢夺罪查清事实后再一并起诉。因此，C 项错误。

D 项：新《刑诉解释》删除了"法院调取证据时可以通知辩护律师在场"的规定，《关于适用 < 中华人民共和国刑事诉讼法 > 的解释的理解与适用》解释到："法院取证时是否通知律师在场，可以由法院根据具体情况决定，故删去第一款'人民法院收集、调取证据材料时，辩护律师可以在场'的规定。"因此，D 项正确。

综上所述，本题答案为 AD 项。

17 `1901128`

答案：A，B

解析：本题考查的是鉴定意见的认定与排除。

A 项：根据规定，鉴定意见具有下列情形之一的，不得作为定案的根据：（三）送检材料、样本来源不明，或者因污染不具备鉴定条件的。据此，鉴定意见中因为没有注明污水的来源，使得送检材料的来源不明，不得作为定案根据。因此，A 项正确。

B 项：根据规定，公诉人、当事人或者辩护人、诉讼代理人对鉴定意见有异议，人民法院认为鉴定人有必要出庭的，鉴定人应当出庭作证。经人民法院通知，鉴定人拒不出庭作证的，鉴定意见不得作为定案的根据。据此，黄某无正当理由拒不出庭，鉴定意见不得作为定案根据。因此，B 项正确。

C 项：根据规定，申请有专门知识的人出庭，不得超过二人。有多种类鉴定意见的，可以相应增加人数。据此，对同一种类的鉴定意见，最多可申请两名有专门知识的人出庭。因此，C 项错误。

D 项：有专门知识的人出庭是对鉴定意见发表意见，有专门知识的人虽然参加诉讼，但是其不是鉴定人，其发表的意见也不是鉴定意见。因此，D 项错误。

综上所述，本题答案为 AB 项。

18 `1901127`

答案：A,B,C,D

解析：本题考查的是法庭审判，期间，辩护人权利。

根据规定，被告单位的诉讼代表人享有刑事诉讼法规定的有关被告人的诉讼权利。本案中，乙为大西洋公司的诉讼代表人，因此其享有刑事诉讼法规定的有关被告人的诉讼权利。

A 项：根据规定，讯问同案审理的被告人，应当分别进行。同时，根据规定，审理过程中，法庭认为有必要的，可以传唤同案被告人、分案审理的共同犯罪或者关联犯罪案件的被告人等到庭对质。因此，A 项正确。

B 项：根据规定，下列期间不计入审理、执行期限：公诉人发现案件需要补充侦查，提出延期审理建议后，合议庭同意延期审理的期间。因此，B 项正确。

CD 项：根据规定，被告单位的诉讼代表人享有

刑事诉讼法规定的有关被告人的诉讼权利。据此，乙可以委托辩护人为大西洋公司辩护，也可以做最后陈述，CD 项正确。

综上所述，本题答案为 ABCD 项。

19 `1901126`

答案：C,D

解析：本题考查的是公诉案件一审程序法庭审判的要求。

A 项：证明被告人有罪或者无罪、罪轻或者罪重的证据属于确定被告人是否承担刑事责任的重要证据，均需要在法庭上出示，接受控辩双方质证。因此，A 项正确，不当选。

B 项：根据规定，对可能影响定罪量刑的关键证据和控辩双方存在争议的证据，一般应当单独举证、质证，充分听取质证意见。因此，B 项正确，不当选。

C 项：根据规定，庭前会议中，审判人员可以询问控辩双方对证据材料有无异议，对有异议的证据，应当在庭审时重点调查；无异议的，庭审时举证、质证可以简化。据此，对证据材料没有异议的，只是举证、质证程序可以简化，并非不再出示。C 项错误，当选。

D 项：根据规定，公诉人申请出示开庭前未移送或者提交人民法院的证据，辩护方提出异议的，审判长应当要求公诉人说明理由；理由成立并确有出示必要的，应当准许。辩护方提出需要对新的证据作辩护准备的，法庭可以宣布休庭，并确定准备辩护的时间。辩护方申请出示开庭前未提交的证据，参照适用上述规定。据此，在庭前会议中控辩双方没有出示的证据，若在庭审中提出，即出现了新的证据，法庭经过审查若认为有必要出示的，应当同意，允许控辩双方进行质证。因此，D 项错误，当选。

综上所述，本题为选非题，答案为 CD 项。

【不定项】

20 `1602096`

答案：A,C,D

解析：本题考查的是公诉案件一审程序的程序要求。

A 项：根据规定，人民法院审判第一审案件应当公开进行。但是有关国家秘密或者个人隐私的案件，不公开审理；涉及商业秘密的案件，当事人申请不公开审理的，可以不公开审理。本案涉及强奸犯罪，涉及个人隐私，应当不公开审理。因此，A 项正确。

B 项：根据规定，证人因履行作证义务而支出的交通、住宿、就餐等费用，应当给予补助。证人作证的补助列入司法机关业务经费，由同级政府财政予以保障。据此，经济补偿权是专属于证人的，其他人不享有经济补偿权。本案中，甲女系被害人，不是证人，因此不享有经济补偿权，B 项错误。

C 项：根据规定，犯罪行为造成被害人人身损害的，应当赔偿医疗费、护理费、交通费等为治疗和康复支付的合理费用，以及因误工减少的收入。造成被害人残疾的，还应当赔偿残疾生活辅助器具费等费用；造成被害人死亡的，还应当赔偿丧葬费等费用。据此，甲女可向法院提起附带民事诉讼要求乙男赔偿因受侵害而支出的医疗费。因此，C 项正确。

D 项：根据规定，在审判长主持下，公诉人可以就起诉书指控的犯罪事实讯问被告人。经审判长准许，被害人及其法定代理人、诉讼代理人可以就公诉人讯问的犯罪事实补充发问；附带民事诉讼原告人及其法定代理人、诉讼代理人可以就附带民事部分的事实向被告人发问；被告人的法定代理人、辩护人，附带民事诉讼被告人及其法定代理人、诉讼代理人可以在控诉方、附带民事诉讼原告方就某一问题讯问完毕后向被告人发问。据此，公诉人讯问乙男后，甲女可就强奸的犯罪事实向乙男发问，但需要事先经过审判长许可。因此，D 项正确。

综上所述，本题答案为 ACD 项。

（四）一审中特殊问题的处理

【单选】

21 2001057

答案：A

解析：本题考查的是审理中特殊情形的处理。

ABCD 项：有下列法定情形：显著轻、过时效、特赦、告诉和死亡，在审判阶段发现的，是裁定终止审理。对于告诉才处理的案件，裁定终止审理，并告知被害人有权提起自诉。在本案中，侵占罪属于告诉才处理的自诉案件，因此，法院应当裁定终止审理，A 项正确，BCD 项错误。

需要进一步指出的是，有同学会困惑，说根据不告不理原则，法院依法审理后认定的罪名与检察机关指控的罪名不一致，法院不是应当按照审理认定的罪名作出有罪判决吗？毋庸置疑，如果法院审理后认定的罪名也是公诉罪名的话，意味着也是检察院起诉的，这个时候，法院可以直接以认定的罪名定罪。但是如果法院认定的罪名属于亲告罪的自诉案件（侮辱、诽谤、暴力干涉婚姻自由、虐待与侵占）的话，恰恰是根据不告不理原则，亲告罪如果没有自诉人起诉，法院是不能审判的，因此，如果法院审理后认定的罪名如果是亲告罪的罪名，那么，只能裁定终止审理，并将材料退回检察院，并告知被害人有权向法院提起自诉。

综上所述，本题答案为 A 项。

【多选】

22 2001086

答案：C,D

解析：本题综合考查一审特殊问题的处理以及侦查行为。

A 项：在侦查阶段，犯罪嫌疑人被逮捕的，侦查羁押期限一般为 2 个月。若案情复杂，可以延长 1 个月。若属于"交集流广、重大复杂"（交通不便，犯罪集团，流窜作案，涉及面广）案件，可以再延长 2 个月。若对犯罪嫌疑人可能被判处 10 年以上有期徒刑的，还可以再延长 2 个月。可见，每一次延长，均有明确的法定理由。A 项中，为了保障办案人员的安全不属于上述法定理由，因此延长侦查羁押是违反法律规定的，A 项错误。

BD 项：【做题技巧】题目中如果需要判断究竟是中止审理还是延期审理，只需要判断选项中的事由法院能否控制即可。法院能控制的，处理是延期审理；法院不能控制的，处理是中止审理。据此，BD 项中，被告人因感染新冠肺炎导致庭审无法继续，属于患有严重疾病，无法出庭的情况，法院不能控制，因此是裁定中止审理，不属于延期审理的情形。因此，B项错误，D项正确。

C项：通过远程视频方式讯问是指办案人员通过多媒体设备、计算机终端等设备，以可视化的方式讯问犯罪嫌疑人或被告人，查明案件事实的诉讼活动。一般而言，检察人员讯问犯罪嫌疑人一般是通过面对面的方式进行讯问，但目前我国立法对远程视频讯问并没有明确禁止。检察机关使用远程视频讯问犯罪嫌疑人、被告人，并没有违反刑事诉讼法的规定。因此，C项正确。

综上所述，本题答案为CD项。

23 1901133

答案：B，D

解析：本题考查的是不起诉。

A项：根据规定，对于犯罪情节轻微，依照刑法规定不需要判处刑罚或者免除刑罚的，人民检察院可以作出不起诉决定。可知，酌定不起诉的前提是"犯罪情节轻微"，即根据调整后的盗窃罪犯罪数额，赵某的盗窃数额应当达到1000元以上才构成犯罪，本案中赵某盗窃800元并不构成犯罪，故不能对赵某作出酌定不起诉。因此，A项错误。

B项：根据规定，人民法院宣告判决前，人民检察院发现具有下列情形之一的，经检察长批准，可以撤回起诉：(三)情节显著轻微、危害不大，不认为是犯罪的；(六)法律、司法解释发生变化导致不应当追究被告人刑事责任的；本案符合前述情形，某县检察院有权向法院撤回起诉。因此，B项正确。

C项：根据规定，在开庭后、宣告判决前，人民检察院要求撤回起诉的，人民法院应当审查撤回起诉的理由，作出是否准许的裁定。可知，检察院虽然在法定情形下有权撤回起诉，但只有在法院审查撤诉理由正当的情况下，才能裁定准许。因此，C项错误。

D项：根据规定，被告人、自诉人和他们的法定代理人，不服地方各级人民法院第一审的判决、裁定，有权用书状或者口头向上一级人民法院上诉。从诉讼原理来说，D项中的裁定应当是具有终局意义的裁定，即对一审案件作出终结性的实

体或者程序处理的裁定。而本案中，法院裁定准许检察院撤诉，属于对一审案件在程序上的终局性处理，即第一审程序终结。从最大限度保障被告人诉讼权利角度出发，应当准许被告人对准许检察院撤回起诉的裁定提出上诉。因此，D项正确。

综上所述，本题答案为BD项。

(五) 法庭秩序

【多选】

24 1202070

答案：A，B，C

解析：本题考查的是违反法庭秩序的处理。

ABCD项：根据规定，在法庭审判过程中，如果诉讼参与人或者旁听人员违反法庭秩序，审判长应当警告制止。对不听制止的，可以强行带出法庭；情节严重的，处以1000元以下的罚款或者15日以下的拘留。罚款、拘留必须经院长批准。被处罚人对罚款、拘留的决定不服的，可以向上一级人民法院申请复议。复议期间不停止执行。据此，对于法庭审理过程中违反法庭秩序的人员，可以采取警告制止、强行带出法庭、1000元以下罚款，15日以下的拘留。因此，ABC项正确，D项错误。

综上所述，本题答案为ABC项。

需要指出的是，C项中强调的是罚款的话，只能在1000元以下罚款。但是，C项仍有不够严谨之嫌，因为这种表述容易产生歧义：感觉好像对违反法庭秩序的人员不能处以15日以下的司法拘留。考生不必太在意，掌握题目反映出来的知识点即可。

【延伸拓展】

违反法庭秩序的情形	处理
(1) 情节较轻的	情节较轻的，应当警告制止；根据具体情况，也可以进行训诫。
(2) 训诫无效的	责令退出法庭；拒不退出的，指令法警强行带出法庭。

（3）情节严重的	经报请**院长**批准后，对行为人处 **1000 元**以下的罚款或者 **15 日**以下拘留。 【**救济**】该决定可以直接向上一级法院申请复议，也可以通过决定罚款、拘留的法院向**上一级**法院申请复议。复议期间，**不停止**决定的执行。
（4）构成犯罪的	应当依法追究刑事责任。

【**注意—服装、戒具要求**】在押被告人出庭受审时，不着监管机构的识别服。庭审期间不得对被告人使用戒具，但法庭认为其人身危险性大，可能危害法庭安全的除外。

（六）自诉案件第一审程序

【**单选**】

25 2201170
答案：B
解析：本题考查的是公安机关撤销案件的程序内容。

A 项：边某死亡，公安机关对司某撤销案件，边某的近亲属可以通过向法院提起自诉（第三类自诉：公诉转自诉）的方式寻求救济，A 项正确。

B 项：犯罪嫌疑人、被告人存在违法犯罪事实，只是因"显著轻微、超过时效、特赦免刑、没有告诉、已经死亡"等不再追究刑事责任。若犯罪嫌疑人、被告人没有犯罪事实，对其当然不需要追究刑事责任，但这不属于《刑事诉讼法》第 16 条调整范围。本案中，司某驾车碾压边某的事实被定性为意外事件，司某没有违法犯罪事实，公安机关撤销案件与《刑事诉讼法》第 16 条无关，B 项错误。

C 项：立案后，为了查清司某在驾车时可否看到躺在地上的边某，必要时可以进行侦查实验。进行侦查实验，应当全程录音录像，C 项正确。

D 项：公安机关作出撤销案件决定后，应当告知司某和边某，但鉴于边某已经死亡，为了方便被害人一方寻求救济，公安机关应当将撤销案件的决定告知边某近亲属，D 项正确。此外，假设边某没有死亡，公安机关只需将撤销案件的决定告

知司某和边某，无须告知边某近亲属。
综上所述，本题答案为 B 项。

26 1901109
答案：D
解析：本题考查的是自诉案件。

A 项：根据规定，人民法院直接受理的自诉案件包括告诉才处理的案件，其中，告诉才处理的案件包括侮辱、诽谤案，但严重危害社会秩序和国家利益的除外。据此，侮辱、诽谤罪虽然属于自诉案件，但若严重损害国家利益或者社会秩序的，公安机关也应当立案侦查。故对于乙的控告，公安机关需要对诋毁事实与伤害事实进行全面的审查，从而决定是否属于自己管辖及是否立案。因此，A 项错误。

B 项：甲涉嫌犯侮辱诽谤和故意伤害罪，对于侮辱、诽谤罪，属于告诉才处理的话，公安机关应当告知当事人向人民法院起诉。但对于故意伤害罪，由于是公诉案件，公安机关应当依法立案。因此，B 项错误。

C 项：由于甲涉嫌多个犯罪，对故意伤害罪而言，由于属于公诉案件，乙要向法院提起自诉（公诉转自诉），须同时符合两个条件：一是原来的公诉案件侵犯乙的人身或财产权利；二是公安机关或检察院已经作出不追究刑事责任的决定。本案中，故意伤害罪是侵害乙的人身权利，所以如果是在立案阶段，确实只有公安机关作出不立案决定，乙才能向法院起诉。但是，对侮辱、诽谤罪而言，由于属于告诉才处理的亲告罪，因此乙可直接向法院起诉。据此，C 项错误。

D 项：根据规定，人民法院审理自诉案件，依法调取公安机关已经收集的案件材料和有关证据的，公安机关应当及时移交。因此，D 项正确。
综上所述，本题答案为 D 项。

27 1801041
答案：A
解析：本题考查的是自诉案件的程序。

A 项：根据规定，具有下列情形之一的，应当说服自诉人撤回起诉；自诉人不撤回起诉的，裁定不予受理：（6）除因证据不足而撤诉的以外，自诉人撤诉后，就同一事实又告诉的。据此，法院

受理李某的自诉案件后，李某自愿撤诉，2个月后，李某又以同一事实对赵某提起自诉，法院裁定不予受理。因此，A项错误，当选。

B项：根据规定，犯罪嫌疑人、被告人除自己行使辩护权以外，还可以委托一至二人作为辩护人。下列的人可以被委托为辩护人：（1）律师；（2）人民团体或者犯罪嫌疑人、被告人所在单位推荐的人；（3）犯罪嫌疑人、被告人的监护人、亲友。赵某的父亲作为被告人的监护人，且具备律师身份，是可以担任赵某的辩护人的。因此，B项正确，不当选。

C项：根据规定，公诉案件的被害人及其法定代理人或者近亲属，附带民事诉讼的当事人及其法定代理人，自案件移送审查起诉之日起，有权委托诉讼代理人。自诉案件的自诉人及其法定代理人，附带民事诉讼的当事人及其法定代理人，有权随时委托诉讼代理人。本案中，李某是自诉人，其母亲作为其法定代理人有权随时委托诉讼代理人。因此，C项正确，不当选。

D项：根据规定，人民法院对自诉案件，可以进行调解；自诉人在宣告判决前，可以同被告人自行和解或者撤回自诉。但公诉转自诉的案件不适用调解。据此，法院对于告诉才处理的案件和被害人有证据证明的轻微刑事案件可以进行调解。本案是故意伤害案（轻伤），属于被害人有证据证明的轻微刑事案件，故本案可以进行调解。因此，D项正确，不当选。

综上所述，本题为选非题，答案为A项。

28 `1402037`

答案：B

解析：本题考查的是自诉案件的审理特点。

在我国，自诉案件有三类：（1）告诉才处理的案件（侮辱、诽谤案；暴力干涉婚姻自由案；虐待案；侵占案）。（2）被害人有证据证明的轻微刑事案件（公诉和自诉交叉）。（3）公诉转自诉案件。三类自诉案件都可以的是：可以适用简易程序；可以和解；可以撤诉。只有前两类自诉案件才可以的是：调解和反诉，公诉转自诉不能反诉，也不能调解。而且哪怕是前两类自诉案件，如果反诉是在二审提出的，则只能告知另行起诉。自诉

案件具有可分性，且自诉案件的审理期限根据被告人有没有被羁押而有所不同。如果被告人未被羁押的，适用普通程序审理的被告人未被羁押的自诉案件，应当在立案后6个月内宣判。如果被告人被羁押的，审理期限与公诉案件的相同。即一审审限为2个月，可以延长至3个月；死刑、有附带民事诉讼、交集流广四类案件，经上一级法院批准，可以再延长3个月。

A项：自诉案件具有可分性，且自诉案件的审理期限根据被告人有没有被羁押而有所不同。如果被告人未被羁押的，适用普通程序审理的被告人未被羁押的自诉案件，应当在立案后6个月内宣判。如果被告人被羁押的，审理期限与公诉案件的相同。即一审审限为2个月，可以延长至3个月；死刑、有附带民事诉讼、交集流广四类案件，经上一级法院批准，可以再延长3个月。因此，A项错误。

B项：不论在第一审程序还是第二审程序中，在宣告判决前，当事人都可和解。B项正确。而且进一步指出的是，如果在二审程序中和解的，二审法院应当裁定撤销一审判决。

C项：哪怕是前两类自诉案件，如果反诉是在二审提出的，则只能告知另行起诉。也就是说，反诉只能在一审中提出。因此，C项错误。

D项：只有前两类自诉案件可以调解，而且不论是一审还是二审程序，都可以调解。调解是在中立第三方（法院）主持下进行的，因此，法院参与调解，调解成功制作的调解书要加盖法院的公章。如果二审调解结案的，二审法院也要制作调解书，二审调解书加盖法院的公章，同样是有法院公章的二审调解书能够当然对抗同样有法院公章的一审判决，因此，二审调解结案的，一审裁判视为自动撤销。因此，D项错误。

综上所述，本题答案为B项。

【多选】

29 `2101056`

答案：A,B

解析：本题考查的是自诉案件的审理特点。

A项：自诉人经两次依法传唤，无正当理由拒不到庭的，或者未经法庭许可中途退庭的，按撤诉

处理。据此，A 项正确。

B 项：根据规定，对通过信息网络实施的侮辱、诽谤行为，被害人向人民法院告诉，但提供证据确有困难的，法院可以要求公安机关提供协助。据此，B 项正确。

C 项：根据规定，被告人实施两个以上犯罪行为，分别属于公诉案件和自诉案件，法院可以一并审理。据此，若被告人的两个犯罪行为都已被起诉，法院可以一并审理；但如果正在审理自诉案件，发现还有尚未起诉的公诉案件，根据不告不理原则，法院不能直接审理，应当移送公安机关立案侦查。因此，C 项错误。

D 项：根据自诉案件的可分性特点，自诉人明知有其他共同侵害人，但只对部分侵害人提起自诉的，法院应当受理，并告知其放弃告诉的法律后果。据此，自诉人可自愿放弃对部分侵害人的自诉，法院对此是应当受理，而不是责令未被起诉的侵害人为第三人。因此，D 项错误。

综上所述，本题的答案为 AB 项。

30 `1801116`

答案：A,B,C

解析：本题考查的是自诉案件的审理特点。

AB 项：根据规定，判决宣告前，自诉案件的当事人可以自行和解，自诉人可以撤回自诉。人民法院经审查，认为和解、撤回自诉确属自愿的，应当裁定准许；认为系被强迫、威吓等，并非自愿的，不予准许。据此，哪怕是自诉案件，法院一旦受理后，并不是自诉人想撤就撤的，都得经过法院的审查。法院审查的标准为是否自愿，自愿的准许，不自愿的不准许。据此，A 项中"法院应当裁定准许"并没有区分是否自愿，过于绝对，因此，AB 项错误，当选。

CD 项：根据规定，对已经立案，经审查缺乏罪证的自诉案件，自诉人提不出补充证据的，人民法院应当说服其撤回起诉或者裁定驳回起诉。因此，C 项错误，当选；D 项正确，不当选。

综上所述，本题为选非题，答案为 ABC 项。

31 `1402072`

答案：B,C

解析：本题考查的是自诉案件的审理特点。

A 项：根据规定，三类自诉案件，如果被害人死亡、丧失行为能力或者因受强制、威吓等无法告诉，或者是限制行为能力人以及因年老、患病、盲、聋、哑等不能亲自告诉，其法定代理人、近亲属告诉或者代为告诉的，法院应当依法受理。据此，任某的父亲只有在任某无法告诉或者不能亲自告诉的情况下，才可代任某起诉，A 项中任某仅仅是担心影响不好，不符合前述规定中的情况，因此，A 项错误。

B 项：根据规定，共同被害人中只有部分人告诉的，法院应当通知其他被害人参加诉讼，并告知其不参加诉讼的法律后果。被通知人接到通知后表示不参加诉讼或者不出庭的，视为放弃告诉。第一审宣判后，被通知人就同一事实又提起自诉的，法院不予受理。但是，当事人另行提起民事诉讼的，不受此限制。据此，任某放弃告诉，该案宣判后，不得再行自诉，但可以另行提起民事诉讼。因此，B 项正确。

C 项：根据规定，经法院通知，证人没有正当理由不出庭作证的，法院可以强制其到庭，但是被告人的配偶、父母、子女除外。据此，方某的弟弟不属于强制出庭排除范围，故没有正当理由不出庭作证的，可以强制其到庭，C 项正确。

D 项：根据规定，自诉案件符合简易程序适用条件的，可以适用简易程序审理。据此，自诉案件符合简易程序适用条件的，只是"可以"适用简易程序，而非"应当"，D 项错误。

综上所述，本题答案为 BC 项。

（七）简易程序

【单选】

32 `1702034`

答案：B

解析：本题考查的是简易程序的适用范围。

简易程序只适用于基层法院。对于基层法院管辖的案件，同时符合下列条件的，人民法院可以适用简易程序审判：（1）案件事实清楚、证据充分的；（2）被告人认罪（此处的认罪是指认事实，即承认自己所犯罪行，对指控的犯罪事实没有异议）；（3）被告人对适用简易程序没有异议的。

以下案件，不适用简易程序：（1）被告人是盲、聋、哑人；（2）被告人是尚未完全丧失辨认或者控制自己行为能力的精神病人；（3）有重大社会影响的；（4）共同犯罪案件中部分被告人不认罪或者对适用简易程序有异议的；（5）辩护人作无罪辩护的；（6）被告人认罪但经审查认为可能不构成犯罪的；（7）不宜适用简易程序审理的其他情形。

A项：为境外非法提供国家秘密案，属于危害国家安全犯罪，不管判什么刑罚，根据审判管辖的总结：国、恐、无、死、没、缺。危害国家安全犯罪最低管辖法院在中级法院，因此不属于基层法院管辖的案件，不能适用简易程序，A项错误。

B项：适用简易程序，既可以由检察院建议适用，也可以由辩方申请适用，如果检察院没有建议，辩方也没有申请，甚至允许法院主动决定适用。因此，适用简易程序不以检察院建议为前提。B项中，抢劫罪可能判处 10 年以上有期徒刑，不属于中级法院管辖的范围"国、恐、无、死、没、缺"，且有期徒刑案件在基层法院管辖，因此 B 项正确。

C项：根据不适用简易程序的情形，被告人认罪，但可能不构成犯罪的，不能适用简易程序，因此，C 项错误。

D项：根据不适用简易程序的情形，辩护人作无罪辩护的，不能适用简易程序，因此，D 项错误。
综上所述，本题答案为 B 项。

㉝ 1602037
答案：D
解析：本题考查的是简易程序的审理特点。

A项：适用简易程序，既可以由检察院建议适用，也可以由辩方申请适用，如果检察院没有建议，辩护方也没有申请，甚至允许法院主动决定适用。因此，适用简易程序不以检察院建议为前提。据此，A 项错误。

B项：根据规定，适用简易程序审理案件，审判长或者独任审判员应当当庭询问被告人对指控的犯罪事实的意见，告知被告人适用简易程序审理的法律规定，确认被告人是否同意适用简易程序。据此，即使被告人已提交承认指控犯罪事实的书面材料，审判长或者独任审判员也应当当庭询问

被告人对指控的犯罪事实的意见。因此，B 项错误。

C项：根据规定，适用简易程序审理案件，可以对庭审作如下简化：（1）公诉人可以摘要宣读起诉书；（2）公诉人、辩护人、审判人员对被告人的讯问、发问可以简化或者省略；（3）对控辩双方无异议的证据，可以仅就证据的名称及所证明的事项作出说明；对控辩双方有异议，或者法庭认为有必要调查核实的证据，应当出示，并进行质证；（4）控辩双方对与定罪量刑有关的事实、证据没有异议的，法庭审理可以直接围绕罪名确定和量刑问题进行。适用简易程序审理案件，判决宣告前应当听取被告人的最后陈述。据此，简易程序只是对法庭调查程序进行了简化，而非不需要调查证据。因此，C 项错误。

D项：根据规定，适用简易程序审理案件，一般应当当庭宣判。据此，适用简易程序审理，特殊情况下可以不当庭宣判，但如无特殊情况，应当庭宣判。因此，D 项正确。
综上所述，本题答案为 D 项。

【多选】

㉞ 1801117
答案：A,B,C,D
解析：本题考查的是简易程序的适用范围与审理特点。

A项：根据规定，被告人对指控的犯罪事实没有异议并同意适用简易程序的，可以决定适用简易程序，并在开庭前通知人民检察院和辩护人。据此，简易程序的适用条件之一"认罪"要求认的是犯罪事实，而不是要求认罪名，因此，只要承认指控的犯罪事实，即使不认罪名，都可认定为认罪，同时符合简易程序其他适用条件的，可以适用简易程序。A 项错误，当选。

B项：根据规定，适用简易程序审理案件，可以对庭审作如下简化：对控辩双方无异议的证据，可以仅就证据的名称及所证明的事项做出说明；对控辩双方有异议或者法庭认为有必要调查核实的证据，应当出示，并进行质证；据此，适用简易程序审理案件，可以对庭审进行简化，但是在有必要调查核实相关证据时，应当进行举证、质

证，被告人当然有权申请法庭通知证人出庭。因此，B 项错误，当选。

C 项：根据规定，对人民检察院建议或者被告人及其辩护人申请适用简易程序审理的案件，依照相关规定处理；不符合简易程序适用条件的，应当通知人民检察院或者被告人及其辩护人。据此，即使检察院建议法院适用简易程序，法院也要对适用简易程序的条件进行审查。因此，C 项错误，当选。

D 项：根据规定，适用简易程序审理案件，不受关于送达期限、讯问被告人、询问证人、鉴定人、出示证据、法庭辩论程序规定的限制。但在判决宣告前应当听取被告人的最后陈述意见。据此，适用简易程序只是不受传统送达期限的限制，并没有说不要求在送达回证上签字。据此，方某仍需要在送达回证上签字，D 项错误，当选。

综上所述，本题为选非题，答案为 ABCD 项。

【不定项】

㉟ 1801098

答案：A,B

解析：本题考查的是简易程序的审理特点。

AB 项：根据规定，适用简易程序审理案件，对可能判处 3 年有期徒刑以下刑罚的，可以组成合议庭进行审判，也可以由审判员一人独任审判；对可能判处的有期徒刑超过三年的，应当组成合议庭进行审判。适用简易程序审理公诉案件，人民检察院应当派员出席法庭。因此，AB 项正确。

C 项：根据规定：被告人对指控的犯罪事实没有异议并同意适用简易程序的，可以决定适用简易程序，并在开庭前通知人民检察院和辩护人。据此，简易程序的适用条件之一"认罪"要求认的是犯罪事实，而不是要求认罪名，因此，只要承认指控的犯罪事实，即使不认罪名，都可认定为认罪，同时符合简易程序其他适用条件的，可以适用简易程序。因此，C 项错误。

D 项：根据规定，适用简易程序审理案件，人民法院应当在受理后 20 日以内审结；对可能判处的有期徒刑超过 3 年的，可以延长至一个半月。D 项中，甲被判处有期徒刑 5 年，符合延长至一个

半月的情形，并没有超期。因此，D 项错误。

综上所述，本题答案为 AB 项。

（八）速裁程序

【多选】

㊱ 2101049

答案：C,D

解析：本题考查的是速裁程序。

A 项：目前，我国立法对自诉案件是否适用速裁程序并未作出明确规定。对于该问题，最高人民法院于 2021 年修改《刑诉解释》时，曾对此问题有所回应。立法起草小组指出，因自诉案件由自诉人自行提起，没有经过侦查、审查起诉的程序，检察院很难判断证据是否确实、充分，且自诉案件自诉人与被告人往往存在较大争议等，故自诉案件不适合用速裁程序审理。因此，A 项错误。

B 项：本案中的诽谤行为涉及重大公共利益，自诉转为公诉案件，就不存在一并审理的情形。因此 B 项错误。

C 项：根据规定，基层人民法院管辖的可能判处三年有期徒刑以下刑罚的案件，案件事实清楚，证据确实、充分，被告人认罪认罚并同意适用速裁程序的，可以适用速裁程序，由审判员一人独任审判。本项中诽谤可能判处三年有期徒刑以下刑罚，且被告人认罪认罚并同意适用速裁程序的，可以适用速裁程序。因此，C 项正确。

D 项：根据自诉案件的审理特点，三类自诉案件均可以和解。公诉案件符合一定的条件（见第二十章第二节当事人和解的公诉案件诉讼程序）也可以进行和解。因此，D 项正确。

综上所述，本题答案为 CD 项。

㊲ 1901134

答案：C,D

解析：本题考查的是速裁程序的适用范围与审理特点。

A 项：根据规定，A 项中审理认定罪名与指控罪名不一致的情形并不包含在不适用速裁程序的情形内。同时，某县法院经过审理认定陈某构成抢劫罪，虽然抢劫罪的最低法定刑为三年以上，但

是刑法中的"以上"、"以下"包括本数，故对陈某判处的刑罚可能是三年，符合适用速裁程序的"可能判处三年有期徒刑以下刑罚"的规定，即也存在适用速裁程序审理的可能。因此，A项错误。

B项：根据规定，适用速裁程序审理案件，应当当庭宣判。据此，法院定期宣判的行为错误。因此，B项错误。

C项：根据规定，被告人、自诉人和他们的法定代理人，不服地方各级人民法院第一审的判决、裁定，有权用书状或者口头向上一级人民法院上诉。被告人的辩护人和近亲属，经被告人同意，可以提出上诉。对被告人的上诉权，不得以任何借口加以剥夺。据此，即使本案中陈某已经认罪认罚，但陈某同样拥有上诉权，不可被剥夺。因此，C项正确。

D项：被告人不服第一审判决，可以上诉。检察院不服第一审判决，也可以抗诉。上诉与抗诉可以同时存在。因此，D项正确。

综上所述，本题答案为CD项。

38 `1901131`

答案：A，B，C

解析：本题考查的是速裁程序的审理特点。

A项：根据规定，适用速裁程序审理案件，应当当庭宣判。据此，A项错误，当选。

B项：根据规定，犯罪嫌疑人、被告人没有委托辩护人，法律援助机构没有指派律师为其提供辩护的，由值班律师为犯罪嫌疑人、被告人提供法律咨询、程序选择建议、申请变更强制措施、对案件处理提出意见等法律帮助。据此，值班律师提供的只是法律帮助，而不是辩护，据此，B项错误，当选。

C项：根据规定，适用速裁程序审理案件，在法庭审理过程中，具有下列情形之一的，应当转为普通程序或者简易程序审理。据此，具有不宜适用速裁程序的情形的，应当转为普通程序或者简易程序审理，而不是改为合议庭继续审理。因此，C项错误，当选。

D项：根据规定，适用速裁程序审理案件，人民法院应当在受理后10日以内审结；对可能判处

的有期徒刑超过1年的，可以延长至15日。根据《刑法》第133条之一的规定："在道路上醉酒驾驶机动车的，处拘役，并处罚金。"可知，对张三不可能判处一年有期徒刑以上刑罚，故而对张三适用速裁程序进行审理的审限只能是10日，不能延长至15日。因此，D项正确，不当选。

综上所述，本题为选非题，答案为ABC项。

39 `1901132`

答案：A，C

解析：本体综合考查法庭审判和速裁程序等知识点。

A项：根据规定，适用速裁程序审理案件，人民法院应当在受理后十日以内审结；对可能判处的有期徒刑超过一年的，可以延长至十五日。本案中，法院对被告人判处拘役六个月，审限为10日，不得延长至15日。因此，A项错误，当选。

B项：根据规定，人民法院【讯问】被告人、宣告判决、审理减刑、假释案件等，可以根据情况采取【视频】方式。因此，B项正确，不当选。

C项：根据规定，犯罪嫌疑人认罪认罚，有下列情形之一的，不需要签署认罪认罚具结书：（一）犯罪嫌疑人是盲、聋、哑人，或者是尚未完全丧失辨认或者控制自己行为能力的精神病人的；（二）未成年犯罪嫌疑人的法定代理人、辩护人对未成年人认罪认罚有异议的；（三）其他不需要签署认罪认罚具结书的情形。可知，犯罪嫌疑人因危险驾驶致半身瘫痪，不属于上述无需签署认罪认罚具结书的法定情形。因此，C项错误，当选。

D项：根据规定，有下列情形之一的，不适用速裁程序：（五）被告人与被害人或者其法定代理人没有就附带民事诉讼赔偿等事项达成调解或者和解协议的；可知，若乙对甲提起附带民事诉讼且拒绝调解，法院不得适用速裁程序。因此，D项正确，不当选。

综上所述，本题为选非题，答案为AC项。

【不定项】

40 `2401066`

答案：C

解析：本题考查的是速裁程序。

A项：根据规定，速裁程序转化为简易程序要以【符合】简易程序的适用条件为前提，被告人【认罪】但经审查认为可能【不构成犯罪】的不能适用简易程序，因此，本案不能转换为简易程序审理。故A项错误。

B项：根据规定，人民法院适用速裁程序审理的案件，人民检察院应当派员出庭。故B项错误。

C项：根据规定，适用速裁程序审理的案件，【一般不进行】法庭调查、法庭辩论。故C项正确。

D项：根据规定，第二审人民法院对不服第一审判决的上诉、抗诉案件，经过审理后，认为原判决认定事实没有错误，但适用法律有错误，或者量刑不当的，【应当依法改判】，而不是裁定撤销原判发回重审。故D项错误。

综上所述，本题答案为C项。

（九）判决、裁定与决定

【单选】

41 `1302040`

答案：D

解析：本题考查的是裁定的适用。

ABCD项：根据规定，原判决、裁定认定被告人姓名等身份信息有误，但认定事实和适用法律正确、量刑适当的，作出生效判决、裁定的人民法院可以通过裁定对有关信息予以更正。据此，本案中，钱某的身份信息错误，但是案件认定事实和适用法律正确，故法院对此可以通过裁定对有关信息进行予以更正。因此，ABC项错误，D项正确。

综上所述，本题答案为D项。

【多选】

42 `2203060`

答案：A,B,C

解析：本题考查的是公诉案件的庭前审查。

A项，根据规定，有《刑事诉讼法》第16条第2-6项规定情形的，法院应当退回检察院，A项正确。

B项，根据规定，基层人民法院对可能判处无期

徒刑、死刑的第一审刑事案件，应当移送中级人民法院审判。故B项正确。

C项，根据规定，对于没有列明住址和通讯处等需要补送材料的，应当通知人民检察院在3日以内补送。C项正确。

D项，根据规定，法院受理须同时符合两个条件：一是因为证据不足宣告的无罪；二是有新事实、新证据重新起诉的。D项不属于证据不足宣告的无罪，D项错误。

综上所述，本题答案为ABC。

43 `2203062`

答案：A

解析：本题考查的是法庭审判中证人出庭作证规则。

A项：根据规定，公诉人、当事人或者辩护人、诉讼代理人对证人证言有异议，且该证人证言对案件定罪量刑有重大影响，人民法院认为证人有必要出庭作证的，证人应当出庭作证。【人民警察】就其执行职务时目击的犯罪情况作为证人出庭作证，【适用前款规定】。可知，需要出庭作证的警察就其执行职务时目击的犯罪情况出庭作证，适用证人作证的规定。因此，A项正确。

B项：根据规定，证人因履行作证义务而支出的交通、住宿、就餐等费用，应当给予补助。证人作证的补助列入司法机关业务经费，由同级政府财政予以保障。可知，证人的误工费不补偿。因此，B项错误。

C项：根据规定，经人民法院通知，证人没有正当理由不出庭作证的，人民法院可以强制其到庭，但是被告人的配偶、父母、子女除外。"可知，并非所有了解案情的人都可以强制其到庭，被告人的配偶、父母、子女就不能强制到庭。因此，C项错误。

D项：根据规定，证人没有正当理由拒绝出庭或者出庭后拒绝作证的，予以训诫，情节严重的，经院长批准，处以十日以下的拘留。被处罚人对拘留决定不服的，可以向上一级人民法院申请复议。复议期间不停止执行。可知，对证人的惩罚没有罚款，只有司法拘留10日以下。因此，D项错误。

综上所述，本题答案为 A 项。

44 `2203064`

答案：B

解析：本题考查的是法庭审判。

ABCD 项：根据不告不理原则，法院审判的范围仅限于检察院起诉的事实范围，也就是说，法院是针对检察院起诉的"事实"裁判，而不是针对罪名裁判，故在检察院起诉的事实范围内，只要法院没有增加事实，可以按照自己审理认定的罪名定罪。因此，B 项正确，ACD 项错误。

需要指出的是，虽然法院在不增加事实的情况下可以变更罪名认定有罪，但如果法院审理认定的罪名属于亲告罪（侮辱、诽谤、暴力干涉婚姻自由、虐待、侵占案），由于属于亲告罪，所以不能按照认定的罪名定罪。此种情况下，根据《刑诉解释》的规定，法院应当裁定终止审理，并把材料退回检察院，并告知被害人有权向法院提起自诉。

综上所述，本题答案为 B 项。

45 `2203065`

答案：A,C,D

解析：本题考查的是自诉案件以及刑事诉讼简易程序。

A 项：根据规定，自诉人经两次依法传唤，无正当理由拒不到庭的，或者未经法庭准许中途退庭的，按撤诉处理。因此，A 项正确。

B 项：根据规定，告诉才处理和被害人有证据证明的轻微刑事案件的被告人或者其法定代理人在诉讼过程中，可以对自诉人提起反诉。由于本案属于公诉转为自诉的自诉案件，因此不能提起反诉。因此，B 项错误。

C 项：根据规定，自诉案件当事人因客观原因不能取得的证据，申请人民法院调取的，应当说明理由，并提供相关线索或者材料。人民法院认为有必要的，应当及时调取。因此，C 项正确。

D 项：根据规定，自诉案件符合简易程序适用条件的，可以适用简易程序审理。三类自诉案件都可以适用简易程序。因此，D 项正确。

综上所述，本题答案为 ACD 项。

46 `2203066`

答案：D

解析：本题考查的是刑事诉讼简易程序。

A 项：根据规定，简易程序有三种启动途径，分别是（1）法院自己决定适用;（2）检察院提起公诉时建议适用;（3）被告人及其辩护人申请适用。因此，A 项错误。

B 项：根据规定，适用简易程序审理案件，对可能判处三年有期徒刑以下刑罚的，可以组成合议庭进行审判，也可以由审判员一人独任审判；对可能判处的有期徒刑超过三年的，应当组成合议庭进行审判。可知，本案可能判处有期徒刑 2 年，法院既可以由法官独任审判，也可以组成合议庭审判。因此，B 项错误。

C 项：根据规定，适用简易程序审理公诉案件，人民检察院应当派员出席法庭。可知，适用简易程序的案件检察院必须派员出庭。因此，C 项错误。

D 项：根据规定，适用简易程序审理案件，一般应当当庭宣判。"一般应当"可以理解为没有特殊情况就应当当庭宣判。因此，D 项正确。

综上所述，本题答案为 D 项。

47 `2203067`

答案：A

解析：本题考查的是速裁程序。

A 项：根据规定可知，速裁程序的适用不以检察院建议为前提，只要判 3 年有期徒刑以下刑罚，且符合速裁程序其他条件的，可以适用速裁程序。因此，A 项正确。

B 项：为境外非法提供国家秘密案最低管辖法院在中级法院，而速裁程序只适用于基层法院判 3 年有期徒刑以下刑罚的案件。因此，B 项错误。

CD 项：根据规定，被告人是未成年人的、被告人与被害人或者其法定代理人没有就附带民事诉讼赔偿等事项达成调解或者和解协议的不适用速裁程序，因此，CD 项错误。

综上所述，本题答案为 A 项。

第十六章
二审程序

参考答案

[1] ABC	[2] D	[3] C	[4] C	[5] D
[6] B	[7] AD	[8] A	[9] AD	[10] BC
[11] BD	[12] B	[13] B	[14] ABC	[15] ABCD
[16] AC	[17] ABD	[18] ACD	[19] B	[20] C

一、历年真题

（一）二审程序提起的形式与途径

【多选】

1 `1901135`

答案：A,B,C

解析：本题考查的是二审的审理方式与程序。

A项：补充抗诉的前提是有抗诉才能补充，本案中，检察院没有抗诉，也就无所谓补充抗诉了。其实，从诉讼原理上看，我国实行两审终审制，若检察院在二审程序中补充、追加抗诉新的事实或者新的被告人，一旦二审法院作出终审裁判，就会剥夺被告人上诉权。因此，A项错误，当选。

B项：根据规定，检察院对同级法院第一审判决、裁定的抗诉，应当制作抗诉书，通过原审法院向【上一级】法院提出，并将抗诉书副本连同案卷材料报送上一级检察院。据此，市检察院应当向某省高级法院提出抗诉。因此，B项错误，当选。

C项：根据规定，开庭审理上诉、抗诉的公诉案件，应当通知同级人民检察院派员出庭。可知，某【省检察院】应当派员出庭，某市检察院无权派员出庭。因此，C项错误，当选。

D项：在我国，上下级检察院是领导与被领导的关系。根据规定，上级检察院可以依法统一调用辖区的检察人员办理案件，调用的决定应当以书面形式作出。被调用的检察官可以代表办理案件的人民检察院履行出庭支持公诉等各项检察职责。据此，最高人民检察院当然可以调用本院的检察官办理其辖区内，即全国各地的刑事案件，可以派员出席某市检察院抗诉的二审审理程序。因此，

D项正确，不当选。

综上所述，本题为选非题，答案为ABC项。

（二）二审程序提起的期限与效力

【单选】

2 `1702029`

答案：D

解析：本题综合考查上诉期、期间的一般计算。

ABCD项：根据规定，不服一审判决，上诉的期限为10日。首先，日的一般计算，开始的日不计算在内，从次日起算。本案中，被告人是9月21日收到一审判决书，因此从9月22日开始算上诉的10天期限。

其次，10月1日处于"十一"黄金周放假时间，根据规定，期间的最后一日为节假日的，以节假日后的第一日为期满日期，亦即顺延至节后第一个工作日为最后一日。因为10月8日为节后的第一个工作日，因此被告人最晚可以在10月8日这一天上诉，即被告人在10月8日这一天仍然有权上诉。

再次，监管人员恰好是在10月8日这一天寄出被告人卢某的上诉书的，虽然上诉书是10月10日寄到法院，但是根据"法定期间不包括路途上的时间"，亦即从10月8日至10月10日这段路途时间不计算在内，据此，被告人卢某在本案中真正上诉的时间为10月8日，是在上诉期内提出的上诉，因此能够成功引起二审程序，导致一审判决不能生效。因此，ABC项错误，D项正确。

综上所述，本题答案为D项。

（三）二审审判的原则

【单选】

3 `1602038`

答案：C

解析：本题综合考查了上诉不加刑原则、二审的审理方式（应当开庭审理的情形）。

A项：根据规定，下列案件，二审法院审理【应当开庭】审理：（1）被告人、自诉人及其法定代理人对第一审认定的事实、证据提出异议，可能影响定罪量刑的上诉案件；（2）被告人被判处死

刑（包括死刑立即执行、死缓）的上诉案件；（3）检察院抗诉的案件；（4）应当开庭审理的其他案件。本案中，龚某没有被判死刑，也不是针对事实证据有异议的上诉，检察院也没有抗诉，故不属于必须开庭审理的案件，可以不开庭。因此，A项错误。

B项：由于本案检察院没有抗诉，因此适用上诉不加刑原则。根据上诉不加刑原则的要求，原判没有宣告职业禁止、禁止令的，不得增加宣告；原判宣告职业禁止、禁止令的，不得增加内容、延长期限。据此，原判职业禁止的期限只是3年，二审法院不得变更为4年，B项错误。

C项：根据上诉不加刑原则的要求，原判认定的罪名不当的，可以改变罪名，但不得加重刑罚或者对刑罚执行产生不利影响。据此，如果认为原判认定罪名不当，二审法院可以在维持原判刑罚不变的情况下改判为生产有害食品罪。C项正确。

D项：根据规定，被告人或者其法定代理人、辩护人、近亲属提出上诉，检察院未提出抗诉的案件，第二审人民法院发回重新审判后，除有【新的犯罪事实】且检察院【补充起诉】的以外，原审人民法院【不得加重】被告人的刑罚。据此，对于发回重审案件，原审法院一般也不能加重被告人的刑罚，除非必须同时符合两个条件才能加重：一是有新的犯罪事实，二是人民检察院补充起诉。本案中，检察院仅是变更起诉罪名为生产有害食品罪，并没有新的犯罪事实，因此一审法院仍然不可加重龚某的刑罚。D项错误。

综上所述，本题答案为C项。

【不定项】

④ `2201039`

答案：C

解析：本题考查的是上诉不加刑原则的适用。

ABC项：根据规定，被告人或者其法定代理人、辩护人、近亲属提出上诉，检察院未提出抗诉的案件，第二审人民法院发回重新审判后，除有新的犯罪事实且检察院补充起诉的以外，原审人民法院不得加重被告人的刑罚。对上述规定的案件，原审人民法院对上诉发回重新审判的案件依法作出判决后，人民检察院抗诉的，第二审人民法院【不得

改判为重于】原审法院第一次判处的刑罚。据此，如果只有被告人一方上诉的案件，二审法院发回重审的，原审法院重新作出一审判决后检察院才抗诉到二审法院的，二审法院不得改判为重于原审人民法院第一次判处的刑罚。本案中，原一审法院B区法院第一次判处总的刑罚是有期徒刑8年，只有被告人一方上诉，二审法院发回重审后，B区法院改判为6年有期徒刑，此时，检察院抗诉至二审法院。二审法院就不能判处重于B区法院第一次判处的8年有期徒刑。因此，AB项错误，C项正确。

D项：根据规定，二审法院以事实不清、证据不足发回重审的次数只有一次。本案中，二审法院以事实不清、证据不足为由发回过重审过一次了，重审后检察院抗诉至二审法院后，二审法院就不能再以此为由发回重审了。如果二审法院发现仍然事实不清、证据不足的，只能在查清的基础上改判。因此，D项错误。

综上所述，本题答案为C项。

⑤ `1702094`

答案：D

解析：本题综合考查上诉不加刑原则、二审审理方式与程序。

A项：根据规定，二审法院在以下三种情形下应当开庭审理：一是针对事实证据有异议的上诉；二是案件有死刑（包括死刑立即执行、死缓）；三是检察院抗诉的。其余的情形都是可以不开庭审理的。此外，根据规定，检察院提出抗诉的案件或者第二审法院开庭审理的公诉案件，同级检察院都应当派员出席法庭。第二审法院应当在【决定开庭审理后】及时通知检察院查阅案卷。据此，通知同级检察院查阅卷宗的前提是"开庭审理的"。本案中，由于没有应当开庭审理的情形之一，因此可以不开庭。不开庭审理，则不存在通知同级检察院查阅案卷的要求了。A项错误。

B项：根据规定，二审遵循全面审查原则，法院既要审查上诉或者抗诉的部分，又要审查没有上诉或者抗诉的部分。但是，【只是全面审查，而不能全面认定】，根据两审终审制的要求，二审期间不能认定一审法院未予认定的事实，如果认定就

侵犯了被告人的上诉权。因此，对于该事实，二审法院可以审理，但不可以认定。因此，B 项错误。

C 项：根据上诉不加刑原则的要求，由于本案检察院没有抗诉，因此原判判处的刑罚不当、应当适用附加刑而没有适用的，不得直接加重刑罚、适用附加刑。原判判处的刑罚畸轻，必须依法改判的，应当在第二审判决、裁定生效后，依照审判监督程序重新审判。据此，二审法院审理后认为乙符合适用缓刑的条件，将乙原来的 1 年改判为有期徒刑 2 年，缓刑 2 年，属于直接加重刑罚、适用附加刑，违反上诉不加刑原则。因此，C 项错误。

【有考生可能会疑惑，有期徒刑 1 年与有期徒刑 2 年缓刑 2 年哪个更重一些？从刑罚的角度来看，缓刑 2 年只是执行的方式而已，实际上判的有期徒刑 2 年。因此，判处有期徒刑 2 年缓刑 2 年要比有期徒刑 1 年要重】

D 项：根据规定，第二审期间，被告人除自行辩护外，还可以继续委托第一审辩护人或者另行委托辩护人辩护，D 项正确。

综上所述，本题答案为 D 项。

（四）二审审理的方式与程序

【单选】

6 `1402036`

答案：B

解析：本题考查的是刑事审判的特征。

亲历性，即亲身经历性，指的是案件的审判者必须自始至终亲自参与办案，审查所有证据，对案件作出判决须以充分听取控辩双方的意见为前提。

A 项：证人因路途遥远无法出庭，采用远途作证方式，法官仍然可以亲自询问证人，保障证人接受各方的询问，符合亲历性要求。因此，A 项正确，不当选。

B 项：首次开庭并对出庭证人的证言质证后，某合议庭成员因病无法参与审理，此时应当换人，由另一人民陪审员担任合议庭成员。但由于该人民陪审员并没有亲自审查之前的事实与证据，根据亲历性的要求，庭审需要重新开始。B 项中说

"继续审理"意味着不符合亲历性的要求，B 项错误，当选。

C 项：虽然法官是庭外调查，但却是在公诉人和辩护人共同参与下进行的，法官可以直接接触控辩双方，听取双方意见，符合亲历性要求。因此，C 项正确，不当选。

D 项：虽然法官不开庭审理，但法官仍然讯问被告人，听取被害人、辩护人和诉讼代理人的意见，符合亲历性的要求。因此，D 项正确，不当选。

综上所述，本题为选非题，答案为 B 项。

【多选】

7 `1801079`

答案：A,D

解析：本题考查的是二审程序的启动、二审的审理方式、原则、审理结果等。

A 项：根据规定，被告人、自诉人和他们的法定代理人，不服地方各级法院第一审的判决、裁定，有权用书状或者口头向上一级法院上诉。被告人的辩护人和近亲属，经被告人同意，可以提出上诉。据此，被告人上诉既可以书面形式，也可以口头形式。A 项正确。

B 项：根据规定，二审法院在以下三种情形下应当开庭审理：一是针对事实证据有异议的上诉；二是案件有死刑（包括死刑立即执行、死缓）；三是检察院抗诉的。其余的情形都是可以不开庭审理的。本案是由检察院抗诉而启动二审程序的，属于应当开庭审理的情形。B 项错误。

C 项：二审法院要遵循全面审查原则，亦即，第二审人民法院应当就第一审判决认定的事实和适用法律进行全面审查，不受上诉或者抗诉范围的限制。据此，二审法院不仅要针对量刑进行审查，而且要对事实部分等进行审查。C 项错误。

D 项：根据二审审理结果的总结：①没错——维持。②事实不清，证据不足——可以发回重审，也可以查清的基础上改判（只能发回一次）。③程序错误——应当发回重审。④法律错误、量刑错误——应当改判（受制于上诉不加刑原则的则只能维持原判）。据此，二审认为原判事实不清、证据不足，可以撤销原判，发回重审，D 项正确。

综上所述，本题答案为 AD 项。

【不定项】

8 `1502095`

答案：A

解析： 本题综合考查二审的审理方式与程序、上诉不加刑原则的适用、二审审理结果。

A项：根据规定，二审法院在以下三种情形下应当开庭审理：一是针对事实证据有异议的上诉；二是案件有死刑（包括死刑立即执行、死缓）；三是检察院抗诉的。其余的情形都是可以不开庭审理的。本案有死刑立即执行，也有死缓，因此应当开庭审理，A项正确。

B项：人民检察院提出抗诉的案件或者第二审人民法院【开庭审理】的公诉案件，同级人民检察院都应当派员出席法庭。换言之，只要二审法院开庭审理的，同级检察院都必须派员出庭，B项错误。

CD项：根据二审审理结果的总结：（1）没错——维持。（2）事实不清，证据不足——可以发回重审，也可以查清的基础上改判（只能发回一次）。（3）程序错误——应当发回重审。（4）法律错误、量刑错误——应当改判（有可能改判为重的，也有可能改判为轻的）。但如果只有被告人一方上诉，即受制于上诉不加刑原则，而又想加重刑罚的，只能维持原判。

由此可见，如果二审法院发现量刑错误，要么改判，要么维持。本案中，只是量刑错误，因此是不可能发回重审的，C项错误。由于本案只有被告人一方上诉，因此受制于上诉不加刑原则，既不能加重提出上诉的被告人的刑罚，也不能加重其他被告人的刑罚。因此，高级法院可维持对鲁某的判决，但也【不能】将关某原来的死缓【加重】为死刑缓期二年执行同时限制减刑，而只能维持对关某的判决，D项错误。

综上所述，本题答案为A项。

（五）二审的审理结果

【多选】

9 `2401059`

答案：A，D

解析： 本题综合考查抗诉的撤回、二审审理程序、上诉不加刑原则的适用、二审审理结果。

A项：根据规定，法院在抗诉期满后要求撤回抗诉的，二审法院【可以裁定准许】，但是认为原判存在将无罪判为有罪、轻罪重判等情形的，应当不予准许，继续审理。本案中不存在上述情形，法院可以裁定准许撤回。故A项正确。

B项：根据规定，二审法院以原判决事实不清或者证据不足发回重审的次数【只限一次】。故B项错误。

C项：根据规定，被告人或者其法定代理人、辩护人、近亲属提出上诉，检察院未提出抗诉的案件，二审法院发回重审后，除有新的犯罪事实且检察院补充起诉的以外，原审法院【不得加重】被告人的刑罚。对前款规定的案件，原审法院对上诉发回重审的案件依法作出判决后，检察院抗诉的，二审法院不得改判为重于原审法院【第一次判处的刑罚】。本案检察院在第一次审判后未抗诉，应遵循上诉不加刑原则，发回重审后也不存在有新的犯罪事实且检察院补充起诉的情形，二审法院不得改判为重于原审法院第一次判决（有期徒刑12年）的刑罚。故C项错误。

D项：根据规定，抗诉案件，检察院接到开庭通知后不派员出庭，且未说明原因的，法院可以裁定按检察院【撤回抗诉】处理，并通知一审法院和当事人。故D项正确。

综上所述，本题答案为AD项。

10 `1901093`

答案：B，C

解析： 本题综合考查二审的程序、审理结果等。

A项：根据二审审理结果的总结：（1）没错——维持。（2）事实不清，证据不足——可以发回重审，也可以查清的基础上改判（只能发回一次）。（3）程序错误——应当发回重审。（4）法律错误、量刑错误——应当改判（受制于上诉不加刑原则的则只能维持原判）。据此，二审法院发现事实不清、证据不足，是"可以"发回重审，而不是"应当"发回重审，A项错误。

B项：根据规定，第二审期间，检察院或者被告人及其辩护人提交新证据的，法院应当及时通知对方查阅、摘抄或者复制。据此，B项正确。

C 项：一审法院在全面审查证据之后，认定案件的证据不能排除合理怀疑，亦即达不到认定有罪的证明标准，因此宣告马某无罪，这本身就是贯彻证据裁判规则的体现，C 项正确。

D 项：根据规定，法院判决被告人无罪、免予刑事处罚、判处管制、宣告缓刑、单处罚金或者剥夺政治权利，被告人被羁押的，人民检察院应当监督被告人是否被立即释放。发现被告人没有被立即释放的，应当立即向人民法院或者看守所提出纠正意见。据此，一审宣判后应当立即释放马某，检察机关不可以对其另行适用取保候审。因此，D 项错误。

综上所述，本题答案为 BC 项。

11 `1602073`

答案：B，D

解析：本题综合考查简易程序的审理特点与二审的审理结果。

根据规定，第二审人民法院发现第一审人民法院的审理有下列违反法律规定的诉讼程序的情形之一的，应当裁定撤销原判，发回原审人民法院重新审判：（1）违反《刑事诉讼法》有关公开审判的规定的；（2）违反回避制度的；（3）剥夺或者限制了当事人的法定诉讼权利，可能影响公正审判的；（4）审判组织的组成不合法的；（5）其他违反法律规定的诉讼程序，可能影响公正审判的。

A 项：根据规定，适用简易程序审理案件，不受关于送达期限、讯问被告人、询问证人、鉴定人、出示证据、法庭辩论程序规定的限制。但在判决宣告前应当听取被告人的最后陈述意见。由于本案一审是按简易程序审理，因此，未在开庭 10 日前向郭某送达起诉书副本，并没有程序违法。因此，A 项错误。

B 项：根据规定，适用简易程序审理的案件，可能判处【3 年有期徒刑以下】刑罚的可以独任审判，可以合议庭。但是可能判处【超过 3 年】有期徒刑刑罚的【必须合议庭】。本案判处郭某有期徒刑 4 年，因此是不能适用独任庭审理的。本案由一名审判员独任审理，审判组织违法，二审法院应以程序违法为由，撤销原判发回重审。B 项

正确。

C 项：根据规定，适用简易程序审理案件，可以对庭审作如下简化：公诉人、辩护人、审判人员对被告人的讯问、发问可以简化或者省略。据此，公诉人没有对被告人进行发问并没有程序违法。据此，C 项错误。

D 项：郭某涉嫌敲诈勒索案，并没有涉及国家秘密、个人隐私，郭某也不是未成年人，因此本案的审理应当公开审理，本案一审应当公开审理但未公开审理，属于程序违法应撤销原判发回重审的情形，D 项正确。

综上所述，本题答案为 BD 项。

【不定项】

12 `2001069`

答案：B

解析：本题综合考查二审程序的提起、二审的审理方式、审理结果。

A 项：根据规定，被告人、自诉人和他们的法定代理人，不服地方各级人民法院第一审的判决、裁定，有权书面或者口头向上一级人民法院上诉。据此，被告人针对一审裁定不服，也有权上诉。本案中，B 区法院裁定准许 B 区检察院撤诉，唐某对该裁定不服的，有权向 A 市中级法院上诉，唐某上诉的，二审法院应当受理。因此，A 项错误。

B 项：根据二审审理结果的总结：（1）没错——维持。（2）事实不清，证据不足——可以发回重审，也可以查清的基础上改判（只能发回一次）。（3）程序错误——应当发回重审。（4）法律错误、量刑错误——应当改判（受制于上诉不加刑原则的则只能维持原判）。B 项中，如果一审裁定没有错误，审理后二审法院应当裁定予以维持，B 项正确。

C 项：根据规定，二审法院在以下三种情形下应当开庭审理：一是针对事实证据有异议的上诉；二是案件有死刑（包括死刑立即执行、死缓）；三是检察院抗诉的。其余的情形都是可以不开庭审理的。本案并没有上述应当开庭审理的情形，因此本案可以不开庭审理，C 项错误。

D 项：根据规定，二审法院裁定撤销原裁判，只

能是发回原审法院"重新审判",而没有发回原审法院"继续审判"的做法。D 项错误。

综上所述,本题答案为 B 项。

(六)特殊案件的二审程序

【单选】

⑬ 1402038

答案:B

解析:本题考查的是二审程序的审理方式、程序、审理结果。

A 项:根据规定,二审法院在以下三种情形下【应当开庭】审理:一是针对事实证据有异议的上诉;二是案件有死刑(包括死刑立即执行、死缓);三是检察院抗诉的。其余的情形都是可以不开庭审理的。本案中有死刑立即执行,因此二审应当开庭审理,A 项错误。

B 项:根据规定,开庭审理上诉、抗诉案件,可以重点围绕对第一审判决、裁定有争议的问题或者有疑问的部分进行。对同案审理案件中【未上诉】的被告人,未被申请出庭或者人民法院认为没有必要到庭的,可以不再传唤到庭。本题中,甲未提起上诉,若无必要,甲可不再到庭。因此,B 项正确。

C 项:根据规定,二审期间,被告人除自行辩护外,还可以继续委托第一审辩护人或者另行委托辩护人辩护。共同犯罪案件,只有部分被告人提出上诉,或者自诉人只对部分被告人的判决提出上诉,或者人民检察院只对部分被告人的判决提出抗诉的,【其他同案被告人也可以委托辩护人】辩护。据此,乙虽然没有上诉,检察院也没有抗诉,但乙还是可以委托辩护人。因此,C 项错误。

D 项:由于本案中检察院没有抗诉,因此适用上诉不加刑原则。根据上诉不加刑原则的要求,只有被告人一方上诉的案件,二审法院发回重审的,原审法院也【不得加重】被告人的刑罚;除非同时符合以下两个条件,原审法院作为例外才能加重:一是有新的犯罪事实;二是检察院补充起诉的。本案中,并没有例外可以加重的情形,因此原审法院也不能加重丙的刑罚。D 项错误。

综上所述,本题答案为 B 项。

【多选】

⑭ 2101051

答案:A,B,C

解析:本题考查的是二审的审理方式与审理原则。

A 项:二审法院要遵循全面审查原则,亦即,第二审人民法院应当就第一审判决认定的事实和适用法律进行全面审查,不受上诉或者抗诉范围的限制。共同犯罪的案件只有部分被告人上诉的,应当对全案进行审查,一并处理。据此,不管不服刑事部分还是附带民事诉讼部分,只要上诉了,二审法院就应当将刑事部分与附带民事部分一并审查。A 项正确。

B 项:根据规定,应当送监执行的第一审刑事被告人是第二审附带民事诉讼被告人的,在第二审附带民事诉讼案件审结前,可以暂缓送监执行。据此,在二审附带民事诉讼案件审结前,可以暂缓送监执行。因此,B 项正确。

C 项:根据规定,第二审期间,第一审附带民事诉讼原告人增加独立的诉讼请求或者第一审附带民事诉讼被告人提出反诉的,第二审人民法院可以根据自愿、合法的原则进行调解;调解不成的,告知当事人另行起诉。据此,C 项正确。

D 项:因为附带民事诉讼原告人王某也对附带民事部分提起了上诉,所以二审法院可以增加左某的赔偿数额,并不违反上诉不加刑原则的要求。因此,D 项错误。

综上所述,本题答案为 ABC 项。

⑮ 1901136

答案:A,B,C,D

解析:本题综合考查自诉案件的程序要求,自诉案件的二审。

A 项:根据规定,对已经立案,经审查缺乏罪证的自诉案件,自诉人提不出补充证据的,人民法院应当说服其撤回起诉或者裁定驳回起诉。据此,若李某缺乏罪证,法院不仅可以说服李某撤回起诉,还可以裁定驳回起诉,并不是只能说服撤诉。因此,A 项错误,当选。

B 项:根据规定,判决宣告前,自诉案件的当事人可以自行和解，自诉人可以撤回自诉。人民法院经审查，认为和解、撤回自诉确属自愿的，应当裁定准许；认为系被强迫、威吓等，并非自愿的，不予准许。据此，法院一旦受理自诉案件，案件的主动权就系属到法院手上，即使是自诉案件，自诉人要撤诉，也需要经过法院审查。对自诉案件撤诉的，法院审查的标准是是否自愿，如果自诉人撤诉是自愿的，应当准许；是不自愿的，不予准许。B 项没有区分是否自愿一律准许，太过于绝对，B 项错误，当选。

C 项：根据规定，第二审期间，自诉案件的当事人提出反诉的，应当告知其另行起诉。据此，李某对刑事部分提出反诉，法院不能调解，而应当直接告知其另诉。因此，C 项错误，当选。

D 项：根据规定，刑事部分与附带民事部分是分开生效的。若只针对刑事部分上诉，第一审民事部分的判决，在上诉期满后即发生法律效力。同样的，若只针对附带民事部分上诉，第一审刑事判决，在上诉期满后即发生法律效力。据此，D 项错误，当选。

综上所述，本题为选非题，答案为 ABCD 项。

16 1801078

答案：A，C

解析：本题考查的是对涉案财物的处理。

A 项：根据规定，公检法对查封、扣押、冻结的犯罪嫌疑人、被告人的财物及其孳息，应当妥善保管，以供核查，并制作清单，随案移送。任何单位和个人不得挪用或者自行处理。对被害人的【合法财产】，应当及时返还。对违禁品或者不宜长期保存的物品，应当依照国家有关规定处理。据此，电视机属于被害人陈某的合法财产，公安机关应当及时返还。因此，A 项正确。

B 项：根据规定，对实物未随案移送的，应当根据情况，分别审查以下内容：枪支弹药、剧毒物品、易燃易爆物品以及其他违禁品、危险物品，查封、扣押机关根据有关规定处理后，是否随案移送【原物照片和清单】等。据此，毒品属于违禁品，可以不移送实物。据此，B 项错误。

C 项：根据规定，法院作出的判决生效以后，有关机关应当根据判决对查封、扣押、冻结的财物

及其孳息进行处理。对查封、扣押、冻结的赃款赃物及其孳息，除依法返还被害人的以外，一律上缴国库。据此，受贿所得金条属于应追缴的违法所得，有关机关应上缴国库。因此，C 项正确。

D 项：根据规定，对于犯罪嫌疑人、被告人死亡，依照刑法规定应当追缴其违法所得及其他涉案财产的，适用《刑事诉讼法》第五编第四章（违法所得没收程序）规定的程序，由检察院向法院提出没收违法所得的申请。可知，检察机关不能直接通知上缴，须通过启动违法所得没收程序予以没收。因此，D 项错误。

综上所述，本题答案为 AC 项。

二、模拟训练

17 2203068

答案：A，B，D

解析：本题考查的是二审的审理程序。

A 项：二审法院在以下三种情形下应当开庭审理：一是针对事实证据有异议的上诉；二是案件有死刑（包括死刑立即执行、死缓）；三是检察院抗诉的。其余的情形都是可以不开庭审理的。本案有死缓，故二审必须开庭审理。因此，A 项正确。

B 项：根据规定，第二审人民法院应当在决定开庭审理后及时通知人民检察院查阅案卷。人民检察院应当在一个月以内查阅完毕。人民检察院查阅案卷的时间不计入审理期限。因此，B 项正确。

C 项：根据二审的审理结果：没错——维持；事实不清，证据不足——可发回可改判（只能发回一次）；程序错误——应当发回重审；量刑错误——应当改判，有可能改判加重的，但如果受制于上诉不加刑原则，又想加重，则只能维持原判。可知，二审法院认为原判量刑错误的，要么改判，要么维持，是不可能发回重审的。因此，C 项错误。

D 项：根据规定，审理被告人或者其法定代理人、辩护人、近亲属提出上诉的案件，不得对被告人的刑罚作出实质不利的改判，并应当执行下列规定：…（七）原判判处的刑罚不当、应当适用附加刑而没有适用的，【不得直接加重】刑罚、适用

附加刑。原判判处的刑罚畸轻，必须依法改判的，应当在第二审判决、裁定生效后，依照审判监督程序重新审判。本案只有被告人上诉，因此二审法院受上诉不加刑原则的限制，只能【维持】原判。因此，D 项正确。

综上所述，本题答案为 ABD 项。

18 2203069

答案：A,C,D

解析：本题考查的是二审的审理程序。

A 项：二审法院在以下三种情形下应当开庭审理：一是针对事实证据有异议的上诉；二是案件有死刑（包括死刑立即执行、死缓）；三是检察院抗诉的。其余的情形都是可以不开庭审理的。本案中，王某以一审法院认定的事实、证据不正确，可能影响定罪量刑为由上诉，属于上述第 1 种情形。因此，A 项正确。

B 项：根据二审的审理结果：没错——维持；事实不清，证据不足——可发回可改判（只能发回一次）；程序错误——应当发回重审；量刑错误——应当改判，有可能改判加重的，但如果受制于上诉不加刑原则，又想加重，则只能维持原判。据此，二审法院认为原判量刑错误的，要么改判，要么维持，是不可能发回重审的。因此，B 项错误。

C 项：根据规定，审理被告人或者其法定代理人、辩护人、近亲属提出上诉的案件，不得对被告人的刑罚作出实质不利的改判，并应当执行下列规定：（二）原判认定的罪名不当的，可以改变罪名，但不得加重刑罚或者对刑罚执行产生不利影响。因此，C 项正确。

D 项：根据上诉不加刑原则的要求，只有被告人一方上诉的案件，二审法院发回重审的，原审法院也【不得加重】被告人的刑罚；除非同时符合以下两个条件，原审法院作为例外才能加重：一是有【新的犯罪事实】；二是检察院【补充起诉】的。可知，检察院发现王某有新的犯罪事实即"向他人出售毒品"，检察院可变更起诉罪名为贩卖毒品罪，原审法院可改判并加重王某的刑罚。因此，D 项正确。

综上所述，本题答案为 ACD 项。

19 2103063

答案：B

解析：本题考查的是二审的审理结果。

A 项：根据规定，有多名被告人的案件，部分被告人的犯罪事实不清、证据不足或者有新的犯罪事实需要追诉，且有关犯罪与其他同案被告人没有关联的，第二审人民法院根据案件情况，【可以】对该部分被告人分案处理，将该部分被告人发回原审人民法院重新审判……可知，此处是"可以"而非"应当"。因此，A 项错误。

B 项：根据规定，原审法院重新作出判决后，被告人上诉或者检察院抗诉，其他被告人的案件尚未作出第二审判决、裁定的，第二审法院可以并案审理。可知，二审法院裁定将甲相关部分的案件发回重审，在原审法院依法作出判决后，检察院提出抗诉的，乙相关部分的案件未审结的情形下，二审法院可以并案审理。因此，B 项正确。

C 项：根据规定，第二审法院审理对附带民事部分提出上诉，刑事部分已经发生法律效力的案件，应当对全案进行审查，并按照下列情形分别处理：（一）第一审判决的刑事部分并无不当的，只需就附带民事部分作出处理；（二）第一审判决的【刑事部分确有错误】的，依照审判监督程序对刑事部分进行再审，并将附带民事部分与刑事部分【一并审理】。可知，被害人丙对民事部分提出上诉，二审法院经审理发现刑事部分有错，应当依照审判监督程序对刑事部分进行再审，并将附带民事部分与刑事部分一并审理，而非将全案发回重审。因此，C 项错误。

D 项：根据规定，检察院在抗诉期满后要求撤回抗诉的，第二审法院【可以裁定准许】，但是认为原判存在将无罪判为有罪、轻罪重判等情形的，应当不予准许，继续审理。可知，此处应该是"可以"而非"应当"。因此，D 项错误。

综上所述，本题答案为 B 项。

20 2103107

答案：C

解析：本题综合考查二审的审理原则与二审的审理程序。

本题考查的是二审程序中的全面审查原则、上诉被告人死亡的处理及上诉不加刑原则。

A项：二审审判要遵循全面审查原则，二审法院应当就第一审判决、裁定认定的事实和适用法律进行全面审查，不受上诉、抗诉范围的限制。可知，Y市中院应对本案进行全面审查，而不仅仅是审查上诉人刘某的部分。因此，A项错误。

B项：根据规定，共同犯罪案件，上诉的被告人死亡，其他被告人未上诉的：（1）二审法院应当对死亡的被告人终止审理；但有证据证明被告人无罪，经缺席审理确认无罪的，应当判决宣告被告人无罪。（2）二审法院应对全案进行审查，对其他同案被告人作出判决、裁定。可知，上诉人刘某死亡，Y市中院应当对刘某终止审理，但是有证据证明其无罪的，应判决宣告其无罪。另外由于存在另一被告人曾某，Y市中院仍应对全案进行审理，而不应直接终止审理本案。因此，B项错误。

C项：二审应当开庭的情形包括：1.对一审事实、证据提出异议，可能影响定罪量刑的；2.被告人被判处死刑上诉的；3.检察院抗诉的；4.其他应当开庭的。刘某仅以量刑过重提起上诉，不属于应当开庭的案件范畴，故中院可以不开庭审理。因此，C项正确。

D项：受上诉不加刑原则的限制，仅被告人一方（包含被告人及其法定代理人、辩护人、近亲属）提出上诉，检察院未抗诉，二审法院发回重新审判后，除【有新的犯罪事实】且检察院【补充起诉】的以外，原审法院不得加重被告人的刑罚。可知，发回重审，只有发现新的犯罪事实【且】检察院补充起诉时，原审法院才能加重被告人的刑罚，本案中检察院并未补充起诉，故S县法院不能加重被告人的刑罚。因此，D项错误。

综上所述，本题答案为C项。

第十七章
死刑复核程序

参考答案

[1] D　　[2] B　　[3] D　　[4] D　　[5] B
[6] ABC　[7] AD　[8] D　　[9] ABD　[10] B
[11] A　　[12] BCD

一、历年真题

（一）死刑立即执行的核准

【单选】

1 2001065

答案：D

解析：本题考查的是回避的法定理由、二审发回重审后的程序要求。

根据回避的法定理由，在一个审判程序中参与过本案审判工作的合议庭组成人员或者独任审判员，不得再参与本案其他程序的审判。但是，发回重新审判的案件，在第一审法院作出裁判后又进入第二审程序的，【原第二审】程序中的合议庭组成人员【可以不回避】。思路示图如下：

1. 一般案件二审发回重审的情况：

AD项：根据程序一次性原则，二审法院某省高级法院发回重审，某市中级法院应当另行组成合议庭审理，甲不能继续作为合议庭成员审理本案，A项错误。同时，某市中级法院重新作出一审判决，张三又上诉到某省高级法院的，此时某省高级法院原来审理过本案的乙、丙、丁三名法官可以不回避，D项正确。

B项：根据规定，法院有且唯一的一种情形下可以建议检察院补充侦查：被告人主动提出新的立功线索的。而且，即便是被告人主动提出新的立功线索，也只是"建议"，是否补充侦查，决定权还在检察院，而不是直接将案件退回补充侦查。B

项并不涉及被告人主动提出新的立功线索的情形，因此，某市中级法院发现事实不清、证据不足，是不能将案件退回补充侦查的。需要指出的是，由于发回重审后，某市中级法院是按一审程序审理，根据规定，一审法院审理后，认为事实不清，证据不足的，法院应当作出事实不清，证据不足的无罪判决。B 项错误。

C 项：根据审判管辖中级别管辖的原则"上可以审下"，检察院认为可能判处无期徒刑、死刑，向中级法院提起公诉的案件，中级法院【受理后】，认为不需要判处无期徒刑、死刑的，应当依法审判，【不再交基层】法院审判。据此，中级法院应当继续审理，而不是直接将案件指令下级法院审理。因此，C 项错误。

综上所述，本题答案为 D 项。

2 `1801038`

答案：B

解析：本题考查的是死刑立即执行复核程序的报请程序、发回重审的程序要求。

A 项：中级法院一审判处死刑立即执行案件的后续程序流程图如下：

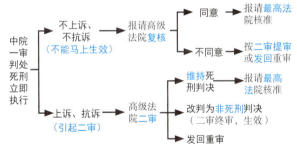

据此，案件由中院一审判处死刑立即执行后、报请最高人民法院复核前，判断经过的是何种程序，关键看该案是否上诉或抗诉。①如果有上诉或抗诉，引起的是二审程序，经过高级法院二审维持死刑立即执行的，应在 10 天内报请最高法院复核，无须经过高级法院的复核（因为二审结果已经是高级法院的观点）。②如果没有上诉也没有抗诉，则应当先经过高级法院的复核，高级法院同意判处死刑立即执行的，继续报请给最高法院复核。本案中，由于没有上诉也没有抗诉，因此应当先报请 H 省高级法院复核后再报请最高法院核准。A 项正确，不当选。

B 项：根据规定，最高法院裁定不予核准死刑，发回重新审判的案件，原审法院应当另行组成合议庭审理。但是，以下两种情形无需另组：（1）复核期间出现新的影响定罪量刑的事实、证据，发回重新审判的（出现新事实、证据）。（2）原判认定事实正确、证据充分，但依法不应当判处死刑的，应当裁定不予核准，并撤销原判，发回重新审判的（量刑错误）。在本案中，由于是以量刑过重为由发回重审，因此属于不需要另行组成合议庭的两种例外之一。B 项错误，当选。

C 项：根据规定，最高法院裁定不予核准死刑的，根据案件情况，可以发回二审法院或者一审法院重新审判。对最高人民法院发回二审法院重新审判的案件，二审法院一般不得发回一审法院重新审判。【一审法院】重新审判的，【应当开庭】审理。本案中，S 市中级法院是本案一审法院，由其重审应当按照【一审程序】重新审判，故应当开庭审理。因此，C 项正确，不当选。

D 项：由于 S 市中级法院是本案一审法院，最高法院发回 S 市中级法院重新审判，作出的判决是一审判决，甲如果对该判决不服的，可以提出上诉。因此，D 项正确，不当选。

综上所述，本题为选非题，答案为 B 项。

3 `1702036`

答案：D

解析：本题考查的是最高人民法院复核死刑后发回重审的程序要求。

关于死刑复核程序往上（最高法院）报请与往下（下级法院）发回重审，图示如下：

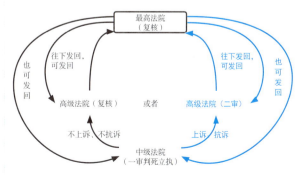

死刑复核程序的题目破解的关键是"拨开云雾"，找出题干信息，看有没有上诉或抗诉，以此来定位清楚省高级法院究竟是二审法院还是复核法院。

本案中，由于市中级法院一审判处死刑立即执行后，段某上诉，因此省高级法院是二审法院。省高级法院二审维持一审判决后，应当在 10 日内继续往最高法院报请。

A 项：根据规定，最高法院裁定不予核准死刑，发回重新审判的案件，原审法院应当另行组成合议庭审理。但是，以下两种情形发回重审的除外：（1）复核期间出现新的影响定罪量刑的事实、证据，发回重新审判的（出现新事实、证据）。（2）原判认定事实正确、证据充分，但依法不应当判处死刑的，应当裁定不予核准，并撤销原判，发回重新审判的（量刑错误）。在本案中，由于是以【量刑过重】为由发回重审，因此属于不需要另行组成合议庭的两种例外之一，A 项错误。

B 项：本案中，省高级法院是二审法院，因此，最高法院不予核准发回省高院重新审判的，省高院一般不得发回一审法院，而是自己按二审程序审理。根据规定，二审法院由审判员 3 人或者 5 人组成合议庭进行审理。因此，省高级法院按二审程序重新审判，不管是否开庭审理，是由审判员 3 人或 5 人组成合议庭，而并非都是 5 人，B 项错误。

CD 项：本案中，如上所述，省高级法院是二审法院，第二审人民法院重新审判的，可以直接改判；必须通过开庭查清事实、核实证据或者纠正原审程序违法的，应当开庭审理。本案只是量刑错误，不涉及应当开庭审理的情形，因此，二审法院可以直接改判，C 项错误。二审法院如果直接改判为死刑缓期 2 年执行，因为不再是死刑立即执行，无须再报请最高法院复核。而且，虽然死缓由高级法院复核，但高级法院已经按二审程序审理，二审结果已经是省高级法院的观点，省高级法院也不需要进行复核，因此，省高级法院改判为死刑缓期 2 年执行，该判决就是终审判决。D 项正确。

综上所述，本题答案为 D 项。

【延伸拓展】关于死刑立即执行案件复核后的结果，记忆技巧是：没错就核准（瑕疵不是错，纠正后核准），有错就发回重审（量刑错误原则也是发回重审，必要时可改判）。

4　1602039

答案：D

解析：本题考查的是死刑复核程序的报请程序与复核结果。

A 项：根据规定，第二审判决、裁定是终审的判决、裁定的，自宣告之日起发生法律效力。本案中，乙未被判死刑立即执行（只是判了无期徒刑），乙上诉后，高级法院裁定维持原判的，对乙的判决应当是自宣告之日起发生法律效力，但乙不能马上交付执行，须在最高法院复核讯问甲后交付执行，据此，A 项错误。

B 项：中级法院一审判处死刑立即执行后，如果有上诉或抗诉，引起的是二审程序，经过高级法院二审维持死刑立即执行的，在 10 天内报请最高法院复核，无须经过高级法院的复核（因为二审结果已经是高级法院的观点）。本案中，因为有上诉，所以高级法院是二审法院，高级法院维持原判后，10 天内报请最高法院核准即可，高级法院无须复核，B 项错误。

C 项：根据规定，最高法院复核死刑案件应当遵循全面审查原则，应当对原审裁判的事实认定、法律适用和诉讼程序进行全面审查。据此，最高法院复核甲的判决时，也应当审查乙的部分。此外，根据 A 项的内容，由于乙未被判处死刑立即执行，因此乙的判决与甲的判决是分开生效的，也就是说，最高法院在复核甲的判决并进行全面审查（也一并审查乙的判决）时，乙的判决已经生效，此时，最高法院全面审查时发现已经生效的乙的判决有错，不能直接改判，而只能启动审判监督程序予以纠正。C 项错误。

D 项：根据死刑复核的结果的总结："没错就核准，有错就发回（量刑错有例外，必要时也可改判）"，D 项中表明是事实错，因此没有例外，唯一的做法是发回重审，发回重审属于死刑复核程序中的程序处理，用的文书是"裁定"，D 项正确。

综上所述，本题答案为 D 项。

5　1402039

答案：B

解析：本题考查的是最高法院复核后的结果。

这道题是 2014 年的真题，实际上考查的是 2021

年《刑诉解释》修改前（修改前是 2012 年版本的《刑诉解释》）关于死刑复核程序的复核结果的重要内容，但是由于 2021 年《刑诉解释》关于死刑复核程序的复核后的结果有重大变化，这道题所考查的内容已经发生重大变化，考生做错本题不用太在意，只要掌握变化后的知识点内容即可，因为变化后的知识点仍然是死刑复核程序的重中之重。

关于最高法院复核后的结果，考生只要掌握以下总结即可："没错就核准，有错就发回（量刑错有例外，必要时也可改判）"。也就是说，一看到复核后发现有问题的，第一反应应当是发回重审，这其中包括量刑错误，原则上也是发回重审，只不过量刑错误有例外，允许必要时可以改判，但是其他的错误就没有例外，必须发回重审。至于量刑错误，什么叫"必要时"，司法解释没有进一步的解释，因此由最高法院自由裁量。

A 项：根据 2012 年版本的《刑诉解释》第 352 条规定："对有两名以上被告人被判处死刑的案件，最高人民法院复核后，认为其中部分被告人的死刑判决、裁定事实不清、证据不足的，应当对全案裁定不予核准，并撤销原判，发回重新审判；认为其中部分被告人的死刑判决、裁定认定事实正确，但依法不应当判处死刑的，可以改判，并对其他应当判处死刑的被告人作出核准死刑的判决。"据此，在当年，甲和乙共同犯罪均被判处死刑立即执行，最高法院复核认为甲的判决正确，乙的判决事实清楚，但不一定判处死刑立即执行的，可以对乙改判为死缓，用的文书是"判决"，并对甲作出核准死刑的判决，据此，核准甲的死刑用的文书也是"判决"，据此，当年 A 项错在"裁定"二字。A 项错误。2021 年《刑诉解释》对上述该条内容删除了，考生只作了解即可。

BCD 项：根据总结："没错就核准，有错就发回（量刑错有例外，必要时也可改判）"。本题中涉及乙的判决的错误是量刑错误，因此必要时，可以对乙依法改判，而无须发回重审，B 项正确，CD 项错误。

综上所述，本题答案为 B 项。

【多选】

6 `2301042`

答案：A,B,C

解析：本题考查的是死刑复核程序。

A 项：根据规定，报请复核死刑、死刑缓期执行的报告，应当写明案由、简要案情、审理过程和判决结果。案件综合报告应当包括以下内容：（六）需要说明的问题。包括共同犯罪案件中另案处理的【同案犯】的处理情况，案件有无重大社会影响，以及当事人的反应等情况。故 A 项正确。

B 项：最高法经过核准，认为量刑有错的，原则上应发回重审；但根据案件情况，必要时也可依法改判。故 B 项正确。

C 项：根据规定，辩护律师提交委托手续、法律援助手续及辩护意见、证据等书面材料的，可以经高级法院同意后代收并随案移送，也可以【寄送至最高人民法院承办案件的审判庭】或者在当面反映意见时提交；对尚未立案的案件，辩护律师可以寄送至最高人民法院立案庭，由立案庭在立案后随案移送。故 C 正确。

D 项：根据规定，最高检在死刑复核期间提出意见的，最高法院【应当审查】并【反馈最高检】。法律只规定了【辩护律师】要求【当面】反映意见的，最高人民法院应当在办公场所听取辩护律师的意见。但并无法律规定最高检提出意见，最高法一定要当面听取。故 D 项错误。

综上所述，本题答案为 ABC 选项。

7 `1801119`

答案：A,D

解析：本题综合考查二审程序的结果、死刑复核的结果以及刑期折抵的计算。

A 项：根据二审审理结果的总结：①没错——维持。②事实不清，证据不足——可以发回重审，也可以查清的基础上改判（只能发回一次）。③程序错误——应当发回重审。④法律错误、量刑错误——应当改判（有可能改判为重的，也有可能改判为轻的）。但如果只有被告人一方上诉，即受制于上诉不加刑原则，而又想加重刑罚的，只能维持原判。据此，二审审理发现事实不清，证据不足，是可以撤销原判，发回重审的，也可以查清基础上改判，A 项正确。

B 项：根据"没错就核准，有错就发回（量刑错有例外，必要时也可以改判）"。量刑错误有例外，允许必要时可以改判，什么叫"必要时"，司法解释没有进一步的解释，因此由最高法院自由裁量。据此，B 项是量刑错误，因此做法是可以发回重审，必要时，也可以改判。据此，B 项中，"只能"二字就错了。B 项错误。

C 项：根据规定，第一审人民法院重新审判的，应当开庭审理。第二审人民法院重新审判的，可以直接改判；必须通过开庭查清事实、核实证据或者纠正原审程序违法的，应当开庭审理。本案中，某市中级法院即为一审法院，应当开庭审理。因此，C 项错误。

D 项：根据《监察法》第 44 条第 3 款规定，被留置人员涉嫌犯罪移送司法机关后，被依法判处管制、拘役和有期徒刑的，留置一日折抵管制二日，折抵拘役、有期徒刑一日。因此，D 项正确。

综上所述，本题答案为 AD 项。

【不定项】

⑧ 2001070

答案：D

解析：本题考查的是死刑复核程序的程序要求。

A 项：目前，我国立法对最高法院复核死刑案件没有明确规定开庭审理。根据规定，最高人民法院复核死刑案件，应当讯问被告人。审查核实案卷材料。辩护律师提出要求的，应当听取辩护律师的意见。最高人民检察院可以向最高院提出意见。据此，最高法院复核死刑案件不是书面审理，而是调查讯问式审理。据此，A 项错误。

B 项：看到选项中有关键词"听取律师/辩护人/辩护律师意见"，考生就要反应过来考点在于"应当"听取是否正确。根据规定，最高人民法院复核死刑案件，应当讯问被告人，辩护律师提出要求的，应当听取辩护律师的意见。据此，若辩护律师没有提出要求，最高人民法院不是"应当"听取辩护律师的意见。因此，B 项错误。

C 项：根据规定，同案审理的案件中，部分被告人被判处死刑，对未被判处死刑的同案被告人需要羁押执行刑罚的，应当根据前条规定及时交付

执行。但是，该同案被告人参与实施有关死刑之罪的，应当在复核讯问被判处死刑的被告人后交付执行。本案中，虽然乙未被判处死刑立即执行，其判决已经生效，但由于乙参与了甲被判处死刑立即执行的故意杀人罪，因此乙只能在最高法院复核讯问甲后交付执行。据此，C 项错误。

D 项：根据规定，第一审人民法院在执行死刑前，应当告知罪犯有权会见其近亲属。本案中，甲的妻子是甲的近亲属，故甲有权申请会见。因此，D 项正确。

综上所述，本题答案为 D 项。

（二）死缓的复核

【不定项】

⑨ 1502096

答案：A,B,D

解析：本题综合考查死刑立即执行的复核程序与死缓的复核程序。

A 项：根据规定，中级法院一审判处死缓之后，如果有上诉或抗诉的，引起的是二审程序，此时，案件到高级法院处。高级法院是按照二审程序审理，高级法院二审审理后维持死缓的，高级法院不再另行复核（因为二审结果已经是高级法院的观点了，高级法院只会走一套程序）。本案中，由于关某上诉，因此高级法院是二审法院，据此，A 项正确。

B 项：根据规定，最高人民法院复核死刑案件，高级人民法院复核死刑缓期执行的案件，应当由审判员三人组成合议庭进行。据此，最高法院复核鲁某的死刑立即执行判决，应由审判员三人组成合议庭进行。因此，B 项正确。

C 项：根据规定，最高人民法院复核死刑案件，应当讯问被告人，辩护律师提出要求的，应当听取辩护律师的意见。据此，若辩护律师没有提出要求，最高人民法院不是"应当"听取辩护律师的意见。本题中，律师没有提出要求，因此，不是"应当"听取。C 项错误。

D 项：根据规定，最高人民法院裁定不予核准死刑的，根据案件情况，可以发回第二审人民法院或者第一审人民法院重新审判。据此，A 市中级

法院是本案的第一审法院，B省高级法院是本案的第二审法院，若最高法院裁定不予核准，则可以发回A市中院或B省高院重新审判。因此，D项正确。

综上所述，本题答案为ABD项。

二、模拟训练

⑩ 2203071

答案：B

解析：本题考查的是死刑立即执行的复核程序与复核结果。

A项：中级法院一审判死刑立即执行后，有上诉或抗诉的，引起二审程序，高级法院按二审程序，高级法院二审裁定维持原判的，应当在作出裁定后10日以内报请最高院核准，无须高级法院复核。A项错误。【需要指出的是，如果中级法院一审判死刑立即执行，没有上诉或抗诉的，则应当先经过高级法院的复核再报请最高院核准。换言之，判断是否应当先经过高级法院复核，破解的关键是找出关键信息，看有没有上诉、抗诉】

B项：最高法院复核本案的死刑立即执行判决，应当由审判员三人组成合议庭进行。B项正确。

C项：最高法院复核案件后，没错就核准，有错就发回（包括事实不清、新事实新证据、程序错误、量刑错误），只不过量刑错误必要时可以改判。据此，事实不清、证据不足的，一律只能发回重审，C项错误。

D项：最高法院复核死刑案件，辩护律师提出要求的，应当听取辩护律师的意见。可见，辩护律师未提出要求的，最高法院不需要听取律师意见。D项错误。

综上所述，本题答案为B项。

⑪ 2103018

答案：A

解析：本题考查的是死缓的复核程序。

A项：中级人民法院判处死刑缓期执行的第一审案件，被告人未上诉、人民检察院未抗诉的，应当报请高级人民法院核准。高级人民法院复核死刑缓期执行案件，应当讯问被告人。因此，A项正确。

B项：最高人民法院复核死刑案件，高级人民法院复核死刑缓期执行的案件，应当由审判员三人组成合议庭进行。可知，高院复核死缓案件，只能由审判员组成合议庭进行，人民陪审员不能参与死刑复核案件。因此，B项错误。

C项：根据规定，复核死刑缓期执行案件，不得加重被告人的刑罚。本案中甲省高院直接改判死缓并限制减刑，实质上加重了被告人的刑罚，不符合规定。因此，C项错误。

D项：死刑缓期执行复核期间出现新的影响定罪量刑的事实、证据的，高院【可以】发回，也【可以】审理后依法改判；并非【应当】发回重审。因此，D项错误。

综上所述，本题答案为A项。

⑫ 2103109

答案：B,C,D

解析：本题考查的是上诉不加刑原则及死刑复核程序。

A项：仅有被告人一方上诉的案件才应遵循上诉不加刑原则。检察院抗诉或者自诉人上诉的案件，不受此原则限制。由于本案中检察院提出抗诉，故可以对被告人的刑罚作出实质不利的改判，并未违背上诉不加刑原则。因此，A项错误。

B项：根据规定，最高人民法院复核死刑案件，原判认定事实正确、证据充分，但依法不应当判处死刑的，应当裁定不予核准，并撤销原判，发回重新审判；根据案件情况，必要时，也可以依法改判。可知，最高院认为依法不应判处死刑的，可直接改判。因此，B项正确。

C项：根据规定，对死刑案件的申诉，可以由原核准的人民法院直接审查处理，也可以交由原审人民法院审查。原审人民法院应当制作审查报告，提出处理意见，层报原核准的人民法院审查处理。因此，苟某妻子提出申诉，可以交由原审法院即Y省高院审查，C项正确。

D项：根据规定，共同犯罪案件，只有部分被告人提出上诉，或者自诉人只对部分被告人的判决提出上诉，或者人民检察院只对部分被告人的判决提出抗诉的，其他同案被告人也可以委托辩护人辩护。因此，检察院虽只对苟某部分的判决提出抗诉，但黄某也可以委托辩护人辩护，D 项正确。

综上所述，本题答案为 BCD 项。

第十八章
审判监督程序

[1]D	[2]B	[3]D	[4]BD	[5]BD
[6]ABD	[7]BCD	[8]AD	[9]AB	[10]A
[11]ABCD	[12]A			

一、历年真题

（一）再审的申诉

【单选】

1 1502039

答案：D

解析：本题考查的是再审申诉程序及两级申诉制的例外。

A 项：根据规定，申诉由终审法院审查处理。但是，第二审法院裁定准许撤回上诉的案件，申诉人对第一审判决提出申诉的，【可以】由第一审法院审查处理。可知，对于二审法院裁定准许撤回上诉的案件，申诉人对一审判决提出的申诉，是【可以】交由一审法院审查处理，并非应当。因此，A 项错误。

B 项：根据规定，上一级法院对未经终审法院审查处理的申诉，可以告知申诉人向终审人民法院提出申诉，或者直接交终审人民法院审查处理，并告知申诉人；案件疑难、复杂、重大的，也可以直接审查处理。可知，上一级法院对未经终审法院审理的申诉，当案件疑难、复杂、重大时，可以直接审查处理，并非【应直接审理】。因此，B 项错误。

C 项：根据规定，上级人民法院对经终审法院的上一级人民法院依照审判监督程序审理后维持原判或者经两级人民法院依照审判监督程序复查【均驳回】的申请再审或申诉案件，【一般不予受

理】。但再审申请人或申诉人提出【新的理由】，且符合规定条件，以及【可能被宣告无罪】的除外。由此可知，C 项具有例外情形，说法太绝对。因此，C 项错误。

D 项：根据规定，对死刑案件的申诉，可以由原核准的人民法院直接审查处理，也可以交由原审人民法院审查。原审人民法院应当制作审查报告，提出处理意见，层报原核准的人民法院审查处理。由此可知，D 项正确。

综上所述，本题答案为 D 项。

【延伸拓展】（1）申诉主体向人民法院或人民检察院提出申诉没有先后顺序上的要求。也就是说，申诉主体既可以先向人民法院申诉，人民法院都驳回的，再向人民检察院申诉；也可以先向人民检察院申诉，人民检察院都驳回的，再向人民法院申诉。

（2）（再审）申诉与上诉的区别

不同点	申诉	上诉
1.对象不同	已经发生法律效力的判决、裁定	尚未发生法律效力的一审判决、裁定
2.提起主体不同	当事人及其法定代理人、近亲属	被告人、自诉人、附民诉讼当事人及其法定代理人、经被告人同意的被告人的辩护人及其近亲属
3.受理机关不同	原审法院及对应的同级检察院	是原审法院及其上一级法院
4.提起期限不同	一般在刑罚执行完毕后 2 年内	判决 10 日；裁定的 5 日
5.后果不同	不停止生效判决、裁定的执行；不能必然引起审判监督程序	上诉必然导致一审判决、裁定不能生效；上诉必然会引起第二审程序

（二）有权提起审判监督程序的主体

【单选】

② 1901111

答案：B

解析：本题考查的是存疑不起诉。

ABCD项：根据规定，法院对提起公诉的案件审查后，若发现存在证据不足的无罪判决规定宣告被告人无罪后，人民检察院根据新的事实、证据【重新起诉】的情况，应当依法受理。可知，本案中，因证据不足，某县法院判决甲无罪，判决生效后，某县检察院收集到了新的证据，可以直接向某县法院重新起诉。因此，ACD项错误，B项正确。

综上所述，本题答案为B项。

③ 1901110

答案：D

解析：本题考查的是重新起诉的特殊情形及再审程序的启动。

ABCD项：一般情况下，如果宣告无罪后，有新事实、证据证明原生效裁判有错误的，应当启动审判监督程序予以纠正。但是我国立法规定了一个例外，即宣告无罪后，有新事实、证据，可以由检察院再次按普通程序重新起诉，法院应当依法受理。这是因为如果宣告无罪时是因为依据当时的证据就只能作出无罪判决，当时判决无罪并没有错，要纠正这个错误，允许检察院按普通程序重新起诉，而且法院受理后作出新的判决的，原来所作出的证据不足的无罪判决也不撤销。

检察院重新起诉，法院应当依法受理必须同时符合两个条件：一是当初宣告无罪的原因只能是证据不足，亦即并不是所有的宣告无罪都能根据新事实、证据重新起诉；二是有新的事实、证据。在本案中，某县法院是因为证据不足宣告的无罪，且检察院发现新的证据，因此，某县检察院向某县法院重新起诉，某县法院应当受理。

综上所述，本题答案为D项。

【多选】

④ 1702075

答案：B，D

解析：本题综合考查死刑复核法院、有权启动再审的主体。

ABCD项：本题所涉及的是对死缓案件的审判监督程序的提起，而死缓案件的审判程序不同于非死刑案件。其特殊性在于，虽然经过一审程序没有发生上诉或抗诉，或者虽然已经过二审程序，已作出的裁判也不能生效，必须依法定程序经依法经过省高院核准后裁判才能生效。故本案终审法院是甲省高级法院。根据规定，【有权提起审判监督程序的法院包括：终审法院（由院长提交审判委员会讨论决定）以及终审法院的所有上级法院】。有权提起审判监督程序的检察院是终审法院的所有上级检察院或者最高人民检察院。

本案中，生效裁判是甲省高级法院作出的核准死刑缓期二年执行的裁定，因此有权提起审判监督程序的机关只能是甲省高级人民法院以及最高人民检察院。因此，AC项错误，BD项正确。

综上所述，本题答案为BD项。

【延伸拓展】再审抗诉与二审抗诉的区别

不同点	二审抗诉	再审抗诉
1. 对象不同	地方各级法院尚未发生法律效力的一审裁判	已经发生法律效力的判决和裁定
2. 有权抗诉机关不同	原审法院同级检察院	生效法院的上级检察院或最高检
3. 接受抗诉机关不同	接受二审抗诉的是提出抗诉检察院的上一级法院	接受再审抗诉的是提出抗诉的检察院的同级人民法院
4. 提起期限不同	二审抗诉有法定的期限	法律没有对再审抗诉的期限作规定
5. 效力不同	必然导致第一审裁判不发生法律效力	再审抗诉不会停止原判决、裁定的执行

（三）再审的程序

【多选】

⑤ 2101054

答案：B，D

解析：本题考查的是再审的审理原则、效力和审理程序。

A项：根据规定，除检察院抗诉的以外，再审一般不得加重原审被告人的刑罚。再审决定书或者抗诉书只针对部分原审被告人的，不得加重其他同案原审被告人的刑罚。本案中法院启动再审仅针对甲和丙，故不得加重其他人乙的刑罚。因此，A项错误。

B项：根据规定，再审期间【不停止】原判决、裁定的执行，但被告人可能经再审【改判无罪】，或者可能经再审减轻原判刑罚而致【刑期届满】的，【可以决定中止】原判决、裁定的执行。本案中甲是替丙顶罪，那么甲可能经再审改判无罪，法院可以决定中止执行甲的刑罚。因此，B项正确。

C项：根据规定，法院决定再审的案件，需要对被告人采取强制措施的，由人民法院依法决定；人民检察院提出抗诉的再审案件，需要对被告人采取强制措施的，由人民检察院依法决定。换言之，【谁启动再审，谁决定强制措施】。可知，本案是由法院决定再审的案件，故应当由法院决定是否对丙采取强制措施。因此，C项错误。

D项：根据程序一次原则，参与过本案第一审、第二审、复核程序审判的合议庭组成人员，不得参与本案的再审程序的审判。可知，再审法院应当另行组成合议庭进行审理。因此，D项正确。

综上所述，本题的答案为BD项。

6　1602074

答案：A,B,D

解析：本题考查的是再审不加刑原则、上诉不加刑原则。

A项：我国刑事诉讼法规定的再审程序，其目的是为了维护当事人的利益，保障当事人的诉讼权利，体现了刑事诉讼保障人权的基本理念。同时又规定，【除检察院抗诉的以外，再审一般不得加重原审被告人的刑罚】，在体现保障人权的基本理念的同时，规定了一种可以加重原审被告人刑罚的例外情况，又体现了刑事诉讼惩罚犯罪的基本理念，故该法条体现了刑事诉讼惩罚犯罪和保障人权基本理念的平衡。因此，A项正确。

B项：除检察院抗诉的以外，再审一般不得加重原审被告人的刑罚。换言之"再审不加刑原则"有一种例外情况，体现了刑事诉讼具有追求实体真实与维护正当程序两方面的目的。因此，B项正确。

C项：根据规定，除检察院抗诉的以外，再审【一般】不得加重原审被告人的刑罚。从法条表述用词"一般"可以推知，如果的确存在原判有误需要加重刑罚才能实现司法公正的情况，还是可以加重的，所以【"再审不加刑有例外"】是正确的。但是，【上诉不加刑是没有例外的】，因为上诉不加刑原则的定义本身就是针对仅有被告人一方上诉的案件。因此，C项错误。

D项：审判监督程序是指人民法院、人民检察院对已经发生法律效力的判决和裁定，发现在认定事实或适用法律上确有错误，依法提起并对案件进行重新审判的程序。该程序存在的目的本身就是为了纠错，故再审不加刑的例外是再审程序纠错功能的体现。因此，D项正确。

综上所述，本题答案为ABD项。

7　1402075

答案：B,C,D

解析：本题考查的是再审申诉的主体、再审的审理程序。

A项：根据规定，当事人及其法定代理人、近亲属对已经发生法律效力的判决、裁定提出申诉的，人民法院应当审查处理。【案外人】认为已经发生法律效力的判决、裁定侵害其合法权益，提出申诉的，人民法院应当审查处理。因此，除了当事人、法定代理人及近亲属以外，案外人也能就已经发生法律效力的裁判提出申诉。因此，A项错误。

B项：根据规定，原审人民法院审理依照审判监督程序重新审判的案件，应当另行组成合议庭。因此，B项正确。

C项：根据规定，再审期间【不停止】原判决、裁定的执行，但被告人可能经再审【改判无罪】，或者可能经再审减轻原判刑罚而致【刑期届满】的，【可以决定中止】原判决、裁定的执行，必要时，可以对被告人采取取保候审、监视居住措施。

因此，C 项正确。

D 项：根据规定，上级人民法院指令下级人民法院再审的，一般应当指令原审人民法院以外的下级人民法院审理；由原审人民法院审理更有利于查明案件事实、纠正裁判错误的，可以指令原审人民法院审理。因此，D 项正确。

综上所述，本题答案为 BCD 项。

二、模拟训练

8 `2203072`

答案：A,D

解析：本题考查的是再审申诉的程序。

A 项：根据规定，案外人认为已经发生法律效力的判决、裁定侵害其合法权益，提出申诉的，法院应当审查处理。可知，案外人在特定情况下也是申诉主体。因此，A 项正确。

B 项：申诉由终审人民法院审查处理。但是，第二审人民法院裁定准许撤回上诉的案件，申诉人对第一审判决提出申诉的，【可以】由第一审人民法院审查处理，而不是应当由一审法院处理。因此，B 项错误。

C 项：根据规定，上一级法院对未经终审法院审查处理的申诉，【可以】告知申诉人向终审人民法院提出申诉，或者直接交终审人民法院审查处理，并告知申诉人；案件疑难、复杂、重大的，也【可以】直接审查处理。可知，是"可以"，不是应当。因此，C 项错误。

D 项：根据规定，对未经终审人民法院及其上一级人民法院审查处理，直接向上级人民法院申诉的，上级人民法院【应当】告知申诉人向下级人民法院提出。因此，D 项正确。

综上所述，本题答案为 AD 项。

9 `2203073`

答案：A,B

解析：本题考查的是申诉的主体、指令再审、再审期间的效力及强制措施的决定主体。

A 项：根据规定，当事人及其法定代理人、近亲属认为法院已经发生法律效力的判决、裁定有错误，可以向人民法院或者人民检察院提出申诉。因此，A 项正确。

B 项：根据规定，上级人民法院指令下级人民法院再审的，应当指令原审人民法院以外的下级人民法院审理；由原审人民法院审理更为适宜的，也可以指令原审人民法院审理。因此，B 项正确。

C 项：根据规定，再审期间不停止原判决、裁定的执行，但被告人可能经再审改判无罪，或者可能经再审减轻原判刑罚而致刑期届满的，可以决定中止原判决、裁定的执行。可知，是可以【决定】中止原判决、裁定的执行，而非【裁定】中止原判决、裁定的执行。因此，C 项错误。

D 项：【谁启动再审，谁决定强制措施】。因此，对于检察院提出抗诉的再审案件，需要采取强制措施的，由检察院决定，而不是均由法院决定，D 项错误。

综上所述，本题答案为 AB 项。

10 `2103127`

答案：A

解析：本题考查的是再审的启动程序、指令再审以及适用审级。

A 项：根据规定，各级人民法院院长对本院已经发生法律效力的判决和裁定，如果发现在认定事实上或者在适用法律上确有错误，【应当】提交审判委员会处理。本案中 B 县法院院长应当将该案提交审委会讨论，而不是将该案移送 A 市中级人民法院审理。因此，A 项错误，当选。

B 项：根据规定，最高人民法院对各级人民法院已经发生法律效力的判决和裁定，【上级】人民法院对【下级】人民法院已经发生法律效力的判决和裁定，如果发现确有错误，有权【提审】或者【指令】下级人民法院再审。可知，发现该案系乙所为，证明一审判决错误，此时上级法院 A 市中级人民法院有权指令下级法院 B 县人民法院再审。因此，B 项正确，不当选。

C 项：根据规定，上级人民法院指令下级人民法院再审的，一般应当指令原审人民法院以外的下级人民法院审理；由原审人民法院审理更有利于查明案件事实、纠正裁判错误的，可以指令原审人民法院审理。可知，上级法院一般应当指令原审法院以外，即 B 县人民法院以外的下级人民法院审理。因此，C 项正确，不当选。

D 项：按照审判监督程序重新审判的案件【原一按一，原二按二，提审按二】本案中，甲被 A 市 B 县人民法院判处有期徒刑三年，未上诉、抗诉，属于原来是第一审案件，再审应当依照第一审程序进行审判。因此，D 项正确，不当选。

综上所述，本题为选非题，答案为 A 项。

11 `2003159`

答案：A,B,C,D

解析：本题考查的是再审的效力、申诉的效力、适用审级以及向检察院申诉的程序。

A 项：根据规定，再审期间不停止原判决、裁定的执行，但被告人可能经再审【改判无罪】，或者可能经再审减轻原判刑罚而致【刑期届满】的，【可以决定中止】原判决、裁定的执行，必要时，可以对被告人采取取保候审、监视居住措施。于某经再审可能改判为无罪，法院可以决定中止原判决、裁定的执行。因此，A 项正确。

B 项：根据规定，当事人及其法定代理人、近亲属，对已经发生法律效力的判决、裁定，可以向人民法院或者人民检察院提出申诉，但是不能停止判决、裁定的执行。因此，B 项正确。

C 项：根据规定，按照审判监督程序重新审判的案件【原一按一，原二按二，提审按二】。本案为经过二审生效的案件，应当依照第二审程序进行再审。因此，C 项正确。

D 项：根据规定，当事人及其法定代理人、近亲属认为人民法院已经发生法律效力的判决、裁定确有错误，向人民检察院申诉的，由作出生效判决、裁定的人民法院的同级人民检察院依法办理。当事人及其法定代理人、近亲属直接向上级人民检察院申诉的，上级人民检察院【可以】交由作出【生效】判决、裁定的人民法院的【同级】人民检察院受理；案情重大、疑难、复杂的，上级人民检察院可以直接受理。可知，最高人民检察院可以交由作出生效判决的山南省高院同级的检察院即山南省检察院受理。因此，D 项正确。

综上所述，本题答案为 ABCD 项。

12 `1803009`

答案：A

解析：本题考查的是申诉的审查处理。

A 项：根据规定，上一级人民法院对未经终审人民法院审查处理的申诉，可以告知申诉人向终审人民法院提出申诉，或者直接交终审人民法院审查处理，并告知申诉人。因此，A 项正确。

B 项：根据规定，申诉人对驳回申诉不服的，可以向上一级人民法院申诉。上一级人民法院经审查认为申诉不符合规定的，应当说服申诉人撤回申诉；对仍然坚持申诉的，应当驳回或者通知不予重新审判。因此，王某向乙市中级法院申诉并被驳回后，可以向甲省高级法院申诉，甲省高级法院要审查而非不受理，B 项错误。

C 项：《最高人民法院关于规范人民法院再审立案的若干意见（试行）》第 15 条规定："上级人民法院对经终审法院的上一级人民法院依照审判监督程序审理后维持原判或者经两级人民法院依照审判监督程序复查均驳回的申请再审或申诉案件，一般不予受理。但再审申请人或申诉人提出新的理由，且符合《中华人民共和国刑事诉讼法》第 204 条（现第 253 条）规定条件的，以及刑事案件的原审被告人可能被宣告无罪的除外。"简言之此种情况下是一般不予受理，但是存在例外情形，而 C 项说法过于绝对。因此，C 项错误。

D 项：《最高检规则》第 594 条规定："对不服人民法院已经发生法律效力的判决、裁定的申诉，经两级人民检察院办理且省级人民检察院已经复查的，如果没有新的证据，人民检察院不再复查，但原审被告人可能被宣告无罪或者判决、裁定有其他重大错误可能的除外。"也即此种情况下也是一般不再立案复查，而非一概不再复查。因此，D 项错误。

综上所述，本题答案为 A。

第十九章
执行程序

参考答案

[1] D	[2] B	[3] B	[4] A	[5] AB
[6] D	[7] A	[8] A	[9] ABD	[10] A
[11] C	[12] C	[13] D	[14] B	[15] D
[16] BD	[17] ABC	[18] CD	[19] AC	[20] ABC
[21] B	[22] BC	[23] ACD	[24] ABC	[25] BCD

一、历年真题

（一）执行的主体

【单选】

1 `2401054`

答案：D

解析：本题考查的是执行的主体。

A项：根据规定，【法院】负责死刑立即执行、罚金和没收财产的判决以及无罪或者免除刑罚的判决的执行，不负责执行驱逐出境。因此，A项错误。

B项：根据规定，【监狱】负责死刑缓期二年执行、无期徒刑、有期徒刑（余刑3个月以上）的判决的执行，不负责执行驱逐出境。因此，B项错误。

C项：根据规定【外交事务政府部门】不属于我国刑罚执行机关，不负责执行驱逐出境。因此，C项错误。

D项：根据规定，【公安机关】负责余刑3个月以下有期徒刑（看守所代为执行）、拘役（看守所执行）、剥夺政治权利、驱逐出境等刑罚。因此，D项正确。

综上所述，本题答案为D项。

2 `1602040`

答案：B

解析：本题考查的是执行的主体。

AB项：根据规定，对被判处管制、宣告缓刑、假释或者暂予监外执行的罪犯，依法实行社区矫正，由社区矫正机构负责执行。甲被判处管制1年，

乙被宣告缓刑2年，依法都应由社区矫正机构负责执行。因此，A项错误，B项正确。

C项：根据规定，对被判处死刑缓期二年执行、无期徒刑、有期徒刑的罪犯，由公安机关依法将该罪犯送交【监狱】执行刑罚。对被判处有期徒刑的罪犯，在被交付执行刑罚前，剩余刑期在【三个月以下】的，由【看守所代为执行】。丙在被交付执行前，剩余刑期5个月，超过了3个月，应由公安机关依法将丙送交监狱执行刑罚，而非由看守所代为执行。因此，C项错误。

D项：根据规定，没收财产的判决，无论附加适用或者独立适用，都由人民法院执行；在必要的时候，才可以会同公安机关执行。因此，D项错误。

综上所述，本题答案为B项。

（二）死刑立即执行判决的执行

【单选】

3 `1302024`

答案：B

解析：本题考查的是死刑立即执行的执行机关。

ABCD项：根据规定，在死刑缓期执行期间故意犯罪，最高人民法院核准执行死刑的，由罪犯【服刑地的中级人民法院】执行。本案中，赵某是在死刑缓期执行期间故意犯罪，被最高法院核准执行死刑，此时执行机关为服刑地的中级法院，赵某的服刑地为B市，故应当由B市中级法院负责执行死刑。因此，ACD项错误，B项正确。

综上所述，本题答案为B项。

（三）社区矫正

【单选】

4 `2001066`

答案：A

解析：解析：本题考查的是假释的撤销、审理程序以及社区矫正。

A项：根据规定，罪犯在缓刑、假释考验期限内犯新罪或者被发现在判决宣告前还有其他罪没有判决，应当撤销缓刑、假释的，由【审判新罪】的人民法院撤销原判决、裁定宣告的缓刑、假释，

并书面通知原审人民法院和执行机关。可知，本案中，武某在假释考验期内被发现还有漏罪，应当由审理该漏罪的法院即审理招摇撞骗案的某县法院裁定撤销某市中级法院作出的假释裁定。因此，A项正确。

B项：根据规定，被提请减刑、假释罪犯系职务犯罪罪犯，组织、领导、参加、包庇、纵容黑社会性质组织罪犯，破坏金融管理秩序罪犯或者金融诈骗罪犯的案件【应当开庭】审理。可知，本案中，武某涉嫌贷款诈骗罪，属于金融诈骗犯罪，某市中级法院应当开庭审理武某假释案件，不可以进行书面审理。因此，B项错误。

C项：根据规定，因社区矫正对象迁居等原因需要变更执行地的，【社区矫正机构】应当按照有关规定【作出变更决定】。社区矫正机构作出变更决定后，应当通知社区矫正决定机关和变更后的社区矫正机构，并将有关法律文书抄送变更后的社区矫正机构。可知，本案中，武某需要变更社区矫正执行地，应当由社区矫正机构决定。因此，C项错误。

D项：根据规定，社区矫正对象被裁定撤销缓刑、假释，被决定收监执行，或者社区矫正对象死亡的，社区矫正终止。可知，本案中，武某的假释裁定被撤销，需要收监执行，应当【终止】对武某的社区矫正，而非解除。因此，D项错误。

综上所述，本题答案为A项。

【多选】

5　2001087

答案：A，B

解析：本题考查的是社区矫正的执行、撤销假释的程序。

A项：根据规定，人民法院判处管制、宣告缓刑、裁定假释的社区矫正对象，应当自判决、裁定生效之日起十日内到执行地社区矫正机构报到。可知，C市高级法院对张某裁定假释，张某只需自行去B县社区矫正机构报到。因此，A项正确。

B项：根据规定，社区矫正对象违反监督管理规定，被给予治安管理处罚的，可以使用电子定位装置。可知，本案中，张某在社区矫正期间多次违反治安管理法规被给予治安管理处罚，社区矫

正机构可以对其使用电子定位装置。因此，B项正确。

C项：根据规定，除了因犯新罪或漏罪是由审理该罪的法院撤销，其他情况下应由社区矫正机构向【原审法院】或者【执行地法院】提出撤销建议。因此，张某因违反监督管理规定需要撤销假释，社区矫正机构应当向【原审法院】或者【执行地法院】提出撤销假释建议。本题中，原审法院为A市中级法院，执行地法院为B县法院。因此，C项错误。

D项：根据规定，被提请撤销缓刑、假释的社区矫正对象可能逃跑或者可能发生社会危险的，社区矫正机构可以在提出撤销缓刑、假释建议的同时，提请法院决定对其予以逮捕。本题中社区矫正机构张某有逃跑的可能，可以提请法院对其予以逮捕，而不是检察院，因此，D项错误。

综上所述，本题答案为AB项。

（四）刑事裁判涉财产部分和附带民事裁判的执行

【单选】

6　2401058

答案：D

解析：本题考查的是附带民事诉讼制度与涉案财物的处理。

A项：根据规定，被告人非法占有、处置被害人财产的（赃物、赃款），应当依法予以追缴或者责令退赔，无需提起附带民事诉讼。本案中定金属于【赃款】，不适用附带民事诉讼。因此，A项错误。

B项：根据规定，若第三人【善意】取得涉案财物的，执行程序中不予追缴，不能追回已归还至债权人的3万元欠款，B项没有区分第三人是否善意，说法过于绝对。因此，B项错误。

C项：法院在案件审理中，不得自行处分被告人财产，应等判决作出并【生效】后再执行判决。因此，C项错误。

D项：根据规定，对赃款赃物及其【收益】，法院应当一并追缴。被执行人将赃款赃物投资或者置业，对因此形成的财产及其收益，人民法院应予追缴。行为人将违法所得投资股票所获得的收益

也应作为犯罪所得收益予以没收。因此，D 项正确。

综上所述，本题答案为 D 项。

7 `1702037`

答案：A

解析：本题考查的是刑事裁判涉财产部分的执行顺序。

ABCD 项：根据规定，被执行人在执行中同时承担刑事责任、民事责任，其财产不足以支付的，按照下列顺序执行：人身损害赔偿中的医疗费用 ＞ 优先受偿权 ＞ 退赔被害人的损失 ＞ 其他民事债务 ＞ 罚金 ＞ 没收财产。

本题中，拍卖汽车所得的 8 万元不足以支付全部费用，应当按照上述规定的顺序执行。其中银行对于该被拍卖的汽车具有抵押权，属于优先受偿权，人民法院应当支持，因此，应当在第 1 项医疗费用之后执行银行贷款。丙的财产损失属于被害人的损失，应在银行贷款后执行。罚金则位列最后。故本题答案应为医疗费 – 银行贷款 – 财产损失 – 罚金。因此，A 项正确，BCD 项错误。

综上所述，本题答案为 A 项。

8 `1502040`

答案：A

解析：本题考查的是刑事裁判涉财产部分的执行。

A 项：根据规定，对侦查机关查封、扣押、冻结的财产，人民法院执行中可以直接裁定处置，无需侦查机关出具解除手续，但裁定中应当指明侦查机关查封、扣押、冻结的事实。所以法院可以直接裁定处理，无需侦查机关出具解除手续，A 项正确。

B 项：根据规定，刑事审判或者执行中，对于侦查机关已经采取的查封、扣押、冻结，人民法院应当在期限届满前及时续行查封、扣押、冻结。人民法院续行查封、扣押、冻结的顺位与侦查机关查封、扣押、冻结的顺位相同。所以法院续行查封、冻结、扣押的顺位应与侦查机关的顺位相同，B 项错误。

C 项：根据规定，刑事裁判涉财产部分的裁判内容，应当明确、具体。涉案财物或者被害人人数较多，【不宜】在判决主文中详细列明的，【可以

概括叙明并另附清单】。可知，涉案财产和被害人并不是均应在判决书主文中详细列明，所以 C 项错误。

D 项：根据规定，刑事裁判涉财产部分，由第一审人民法院执行。第一审人民法院【可以】委托财产所在地的同级人民法院执行。所以，刑事裁判涉财产部分，是【可以】，不是【应当】与一审法院同级的财产所在地的法院执行。D 项错误。

综上所述，本题答案为 A 项。

【不定项】

9 `1801097`

答案：A,B,D

解析：本题考查的是赃款赃物的追缴（恶意和善意转让的处理）。

ABCD 项：根据规定，被执行人将刑事裁判认定为赃款赃物的涉案财物用于清偿债务、转让或者设置其他权利负担，具有下列情形之一的，人民法院应予追缴：（1）第三人明知是涉案财物而接受的；（2）第三人无偿或者以明显低于市场的价格取得涉案财物的；（3）第三人通过非法债务清偿或者违法犯罪活动取得涉案财物的；（4）第三人通过其他恶意方式取得涉案财物的。第三人善意取得涉案财物的，执行程序中不予追缴。作为原所有人的被害人对该涉案财物主张权利的，人民法院应当告知其通过诉讼程序处理。

A 属明显低于市场价格取得的，B 属于无偿取得的，D 项属于通过非法债务清偿取得的，应当予以追缴；C 项属于第三人善意取得涉案财物的情形，不予追缴。因此，ABD 项正确，C 项错误。

综上所述，本题答案为 ABD 项。

(五)执行的变更

【单选】

10 `1901112`

答案：A

解析：本题考查的是死刑立即执行停止后的审查处理结果。

ABCD 项：根据规定，最高人民法院对停止执行死刑的案件，应当按照下列情形分别处理：（一）

确认罪犯怀孕的，应当改判；（二）确认罪犯有其他犯罪，依法应当追诉的，应当裁定不予核准死刑，撤销原判，发回重新审判；（三）确认原判决、裁定有错误或者罪犯有重大立功表现，需要改判的，应当裁定不予核准死刑，撤销原判，发回重新审判；（四）确认原判决、裁定没有错误，罪犯没有重大立功表现，或者重大立功表现不影响原判决、裁定执行的，应当裁定继续执行死刑，并由院长重新签发执行死刑的命令。

A 项中罪犯的重大立功表现不影响原判决、裁定执行的，应当裁定继续执行死刑，因此 A 项正确，当选。

B 项中确认罪犯怀孕的，应当改判，而不是发回重审，因此 B 项错误。

C 项中罪犯有重大立功表现，需要改判的，应发回重新审判，因此 C 项错误。

D 项中确认罪犯另有犯罪需要追诉的，也应当发回重新审判，因此 D 项错误。

综上所述，本题答案为 A 项。

11 `1801037`

答案：C

解析：本题考查的是减刑案件的审理程序。

A 项：根据规定，人民法院审理减刑、假释案件中应当开庭审理的案件包括被报请减刑、假释罪犯系职务犯罪罪犯，组织（领导、参加、包庇、纵容）黑社会性质组织犯罪罪犯，破坏金融管理秩序和金融诈骗犯罪罪犯及其他在社会上有重大影响或社会关注度高的。本案中，甲所犯的贷款诈骗罪属于金融诈骗犯罪，应当开庭审理，所以 A 项错误。

B 项：根据规定，人民法院审理减刑、假释案件，应当依法由审判员或者由审判员和人民陪审员组成【合议庭】进行。据此，法院审理减刑案件不能独任审判，只能组成合议庭进行，所以 B 项错误。

C 项：根据规定，庭审过程中，【被报请减刑、假释罪犯】对报请理由有疑问的，在经审判长许可后，【可以】出示证据，【申请证人到庭】，向证人提问并发表意见。据此，经审判长许可后，甲也可以申请证人到庭，所以 C 项正确。

D 项：根据规定，人民法院受理减刑、假释案件，应当审查【执行机关】移送的材料是否包括下列内容：（1）减刑、假释建议书；（2）原审法院的裁判文书、执行通知书、历次减刑裁定书的复制件；（3）证明罪犯确有【悔改、立功或者重大立功表现】具体事实的【书面材料】……据此，不是由"罪犯"甲提供证明材料，而是由执行机关监狱提供证明材料，所以 D 项错误。

综上所述，本题答案为 C 项。

12 `1702038`

答案：C

解析：本题考查的是暂予监外执行与收监。

ABD 项：根据规定，在交付执行前，暂予监外执行由交付执行的人民法院决定；在交付执行后，暂予监外执行由监狱或者看守所提出书面意见，报省级以上监狱管理机关或者设区的市一级以上公安机关批准。可知，张某在送交执行后在监狱执行期间采取监外执行的，理应由监狱管理机关决定，如违反规定收监也应由监狱管理机关决定，而不是由人民法院作出。因此，ABD 项错误。

C 项：根据规定，对被判处管制、宣告缓刑、假释或者暂予监外执行的罪犯，依法实行社区矫正，由居住地社区矫正机构负责执行。可知，本案中张某居住在 A 区，故应由 A 区司法行政机关实行社区矫正。因此，C 项正确。

综上所述，本题答案为 C 项。

13 `1602023`

答案：D

解析：本题考查的是监狱的职权与暂予监外执行的程序

A 项：监狱负责对罪犯在监狱内的犯罪的侦查工作。监狱要侦查案件，须同时符合两个条件：第一，犯罪主体须为【罪犯】；第二，须是罪犯在【监狱内】的犯罪。本题中，被监管人是受监狱监管人员指使，也就是被监管人以监管人员的名义实施的犯罪，故实际上犯罪主体为"监管人员"。由此可见，主体不符，因此不属于监狱侦查的案件范围。【需要进一步指出的是，监管人员指使被监管人实施虐待其他被监管人的犯罪，而监管人员属于司法工作人员（司法工作人员包括侦查、检察、审判、监管职责的工作人员），因此本案属于司法工作人员利用职权实施的侵犯公民权利、损害司法公正的犯罪，可以由人民检察院立案侦查。】因此，A项错误。

B项：监狱仅负责罪犯在监狱内的犯罪的侦查工作。而罪犯在监狱内发现判决时所没有发现的罪行（即漏罪）是其在判决前（进入监狱前）发生的犯罪，并不应该由监狱进行侦查。因此，B项错误。

C项：在交付执行前，暂予监外执行由交付执行的人民法院决定；在交付执行后，暂予监外执行由监狱或者看守所提出书面意见，报省级以上监狱管理机关或者设区的市一级以上公安机关批准。据此，并非所有的有期徒刑的暂予监外执行均应由监狱提出书面意见，而是（1）区分【交付执行前】发现还是【交付执行后】发现有所不同。而且即使是交付执行后发现有暂予监外执行情形的，（2）也要区分该罪犯是在【监狱】执行中发现有暂予监外执行情形，还是在【看守所】代为执行（有期徒刑余刑3个月以下在看守所代为执行）时发现有所不同。如果是在看守所代为执行时发现的，则由看守所提出书面意见，报设区的市一级以上公安机关批准。据此，C项错误。

D项：根据规定，对被判处有期徒刑和被减为有期徒刑的罪犯的减刑、假释，由罪犯服刑地的中级人民法院在收到【执行机关提出的减刑、假释建议书】后一个月以内作出裁定，案情复杂或者情况特殊的，可以延长一个月。而且，有期徒刑的执行机关主要为监狱，据此，对罪犯在执行期间具备法定的减刑、假释条件的，监狱有权提出减刑、假释建议，报法院审核裁定。因此，D项正确。

综上所述，本题答案为D项。

14 1502041

答案：B

解析：本题考查的是减刑、假释案件的审理程序。

A项：根据规定，对被判处有期徒刑和被减为有期徒刑的罪犯的减刑、假释，由罪犯【服刑地】的【中级人民法院】在收到执行机关提出的减刑、假释建议书后一个月内作出裁定，案情复杂或者

情况特殊的，可以延长一个月。可知，对甲的减刑，应由其服刑地中级法院作出裁定，而不是高级法院。A项错误。

B项：根据规定，法院开庭审理减刑、假释案件，应当通知人民检察院、执行机关及【被报请减刑、假释罪犯】参加庭审。乙是被报请减刑的罪犯，所以B项正确。

C项：根据规定，法院审理减刑、假释案件，可以采取开庭审理或者书面审理的方式。但被报请减刑、假释罪犯系职务犯罪罪犯，组织（领导、参加、包庇、纵容）黑社会性质组织犯罪罪犯，破坏金融管理秩序和金融诈骗犯罪罪犯及其他在社会上有重大影响或社会关注度高的，应当开庭审理。丙属于职务犯罪，对丙的假释，应当开庭审理。所以C项错误。

D项：根据规定，法院审理减刑、假释案件，可以采取开庭审理或者书面审理的方式。以下6种情况【应当开庭】审理：（1）因罪犯有重大立功表现报请减刑的；（2）报请减刑的起始时间、间隔时间或者减刑幅度不符合司法解释一般规定的；（3）公示期间收到不同意见的；（4）人民检察院有异议的；（5）被报请减刑、假释罪犯系职务犯罪罪犯，组织（领导、参加、包庇、纵容）黑社会性质组织犯罪罪犯，破坏金融管理秩序和金融诈骗犯罪罪犯及其他在社会上有重大影响或社会关注度高的；（6）人民法院认为其他应当开庭审理的。而律师是否可以到庭发表意见，取决于法院是否开庭审理，而D项中并没有任何描述表明属于上述6种应当开庭的情形，所以不一定需要律师到庭。所以D项错误。

综上所述，本题答案为B项。

15 1402026

答案：D

解析：本题考查的是暂予监外执行。

A项：根据规定，决定或者批准暂予监外执行的机关应当将暂予监外执行决定抄送人民检察院。所以，A项正确，不当选。

B项：根据规定，对被判处管制、宣告缓刑、假释或者暂予监外执行的罪犯，依法实行社区矫正，由社区矫正机构负责执行。所以钱某监外执行期

间，应对其实行社区矫正，B 项正确，不当选。

C 项：根据规定，人民法院收到社区矫正机构的收监执行建议书后，经审查，确认暂予监外执行的罪犯具有下列情形之一的，应当作出收监执行的决定：（二）未经批准离开所居住的市、县，经警告拒不改正，或者拒不报告行踪，脱离监管的。所以钱某不报告行踪，脱离监管，应予收监，C 项正确，不当选。

D 项：现行法律没有规定法院作出收监决定后，被执行人不服的救济方式。【收监决定一经做出，立即生效】，没有复议复核的救济方式。所以，钱某不服，无法进行复议，D 项错误，当选。

综上所述，本题为选非题，答案为 D 项。

【多选】

⑯ 1901137

答案：B,D

解析：本题考查的是减刑、假释的审理程序。

A 项：根据规定，审理减刑、假释案件，应当组成合议庭。可知，法院审理假释程序不可以由一名法官独任审理。因此，A 项错误。

B 项：根据规定，书面审理假释案件，应当提讯被报请假释罪犯。可知，法院书面审理假释案件时，应当讯问罪犯。因此，B 项正确。

C 项：根据规定，被判处管制、拘役、有期徒刑或者无期徒刑的罪犯，在执行期间确有悔改或者立功表现，应当依法予以减刑、假释的时候，由【执行机关】提出建议书，报请人民法院审核裁定，并将建议书副本抄送人民检察院。人民检察院可以向人民法院提出书面意见。可知，在审理假释的案件中，检察院可以提出书面意见，律师无权向法院提出书面意见。因此，C 项错误。

D 项：根据规定，人民检察院认为人民法院减刑、假释的裁定不当，应当在收到裁定书副本后二十日以内，向人民法院提出书面纠正意见。因此同级检察院在收到假释裁定书副本 20 日内未提出书面纠正意见的，假释裁定书生效。因此，D 项正确。

【注意】书面审理时，"减"（减刑）"可"（提讯罪犯），"假"（假释）应"提"（提讯罪犯）。

综上所述，本题答案为 BD 项。

⑰ 1901138

答案：A,B,C

解析：本题考查的是假释案件的审理程序。

A 项：辩护权是被告人最重要的一项诉讼权利，如果法院已经决定开庭审理，那么为保障被告人的基本权益，可以聘请律师出庭发表意见。因此，A 项正确。

B 项：根据规定，法院审理减刑、假释案件，应当组成合议庭。因此，B 项正确。

C 项：根据规定，书面审理减刑案件，可以提讯被报请减刑罪犯；书面审理假释案件，应当提讯被报请假释罪犯【总结：减"可"提，假"应"提】。因此，C 项正确。

D 项：根据规定，人民法院根据需要，可以通知证明罪犯确有悔改表现或者立功、重大立功表现的证人，公示期间提出不同意见的人，以及鉴定人、翻译人员等其他人员参加庭审。可知，证人、鉴定人是可以出庭，并非应当出庭。因此，D 项错误。

综上所述，本题答案为 ABC 项。

【不定项】

⑱ 2001095

答案：C,D

解析：本题综合考查死刑执行的变更、暂予监外执行的条件。

A 项：根据规定，被判处死刑缓期执行的罪犯，在死刑缓期执行期间犯罪的，应当由罪犯服刑地的【中级】人民法院依法审判，所作的判决可以上诉、抗诉。可知，A 项周某在死刑缓刑期间又故意犯罪，应当由服刑地的中级法院审判，不是高院。因此，A 项错误。

B 项：根据规定，下级人民法院在接到执行死刑命令后、执行前，发现罪犯可能有其他犯罪的，应当暂停执行，并立即将请求停止执行死刑的报告和相关材料【层报】最高人民法院。可知，L 市中级法院发现王某可能还有其他犯罪的，应该【层报】最高法，而不是直接报最高法。因此，B 项错误。

C 项：只有被判处【拘役、有期徒刑、无期徒刑】的罪犯才有可能被暂予监外执行。本案中，周某被判处的是死刑缓期2年执行，不可以对其暂予监外执行。因此，C项正确。

D项：根据规定，复核终结后，受委托进行宣判的人民法院应当在宣判后五个工作日内将最高人民法院裁判文书送达辩护律师。可知，辩护律师有权获得核准死刑的裁判文书。因此，D项正确。

综上所述，本题答案为CD项。

二、模拟训练

19 2203076

答案：A,C

解析：本题考查的是暂予监外执行的条件。

ABCD项：根据规定，对被判处有期徒刑或者拘役的罪犯，有下列情形之一的，可以暂予监外执行：（一）有严重疾病需要保外就医的；（二）怀孕或者正在哺乳自己婴儿的妇女；（三）生活不能自理，适用暂予监外执行不致危害社会的。对被判处【无期徒刑】的罪犯，有前款【第二项】规定情形的，可以暂予监外执行。对适用保外就医可能【有社会危险性】的罪犯，或者【自伤自残】的罪犯，不得保外就医。

A项中张某被判处无期徒刑，但怀有身孕，符合暂予监外执行的条件。C项中李某被判有期徒刑，但患有严重疾病，符合暂予监外执行条件。因此，AC项正确。

B项中王某因自杀导致生活不能自理，可能在其保外就医后有自伤自残的行为，故不得保外就医。

D项中赵某被判处无期徒刑，虽生活不能自理，且适用暂予监外执行不致危害社会，但由于其未怀孕或正哺乳自己婴儿，故不符合暂予监外执行条件。因此，BD项错误。

【注意】可能有社会危险性的罪犯或者自伤自残的罪犯不得保外就医。

综上所述，本题答案为AC项。

20 2203075

答案：A,B,C

解析：本题考查的是刑事裁判涉财产部分的执行。

A项：根据规定，刑事裁判涉财产部分和附带民事裁判应当由人民法院执行的，由第一审人民法院负责裁判执行的机构执行。因此，A项正确。

B项：根据规定，执行财产刑，应当参照被扶养人住所地政府公布的上年度当地居民最低生活费标准，保留被执行人及其所扶养人的生活必需费用。因此，B项正确。

C项：根据规定，被判处财产刑，同时又承担附带民事赔偿责任的被执行人，应当先履行民事赔偿责任。因此，C项正确。

D项：根据规定，判处财产刑之前被执行人所负正当债务，应当偿还的，经债权人请求，先行予以偿还。因此，并非所有债务都能优先偿还，能优先偿还的仅限于【正当债务】，D项错误。

【注意】法院负责执行的为"生（无罪、免除刑罚）、死（死刑立即执行）、钱（罚金与没收财产）"。

综上所述，本题答案为ABC项。

21 2203074

答案：B

解析：本题考查的是执行的主体。

ABD项：根据规定，对被判处管制、宣告缓刑、假释或者暂予监外执行的罪犯，依法实行社区矫正，由社区矫正机构负责执行。因此，AD项错误，B项正确。

C项：根据规定，没收财产的判决，无论附加适用或者独立适用，都由人民法院执行；在必要的时候，可以会同公安机关执行。因此，没收财产部分由法院执行，C项错误。

综上所述，本题答案为B项。

22 2103069

答案：B,C

解析：本题考查的是死刑执行的临刑会见权。

A项：根据规定，第一审人民法院在执行死刑前，应当告知罪犯有权会见其近亲属。罪犯申请会见并提供具体联系方式的，人民法院应当通知其近亲属。确实无法与罪犯近亲属取得联系，或者其近亲属拒绝会见的，应当告知罪犯。罪犯申请通过录音录像等方式留下遗言的，人民法院可以准许。因此，A项正确，不当选。

B项：根据规定，罪犯近亲属申请会见的，人民法院应当准许并及时安排，但罪犯拒绝会见的除外。罪犯拒绝会见的，应当记录在案并及时告知其近亲属；【必要时】，应当录音录像。可知，【必要时】法院才应当进行录音录像，并不是只要罪犯拒绝就要录音录像。因此，B 项错误，当选。

C 项：根据规定，罪犯申请会见近亲属【以外】的亲友，经人民法院审查，确有正当理由的，在确保安全的情况下【可以】准许。据此，C 项中人民法院经审查认为朋友甲有正当理由的才可以准许，而不是应当准许。因此，C 项错误，当选。

D 项：根据规定，罪犯申请会见【未成年子女】的，应当经未成年子女的【监护人】同意；会见可能影响未成年人身心健康的，人民法院可以通过视频方式安排会见，会见时监护人应当在场。因此，D 项正确，不当选。

综上所述，本题为选非题，答案为 BC 项。

23 `2003180`

答案：A,C,D

解析：本题考查的是社区矫正。

A 项：根据规定，社区矫正对象被裁定撤销缓刑、假释，被决定收监执行，或者社区矫正对象【死亡】的，社区矫正终止。因此，A 项正确。

B 项：根据规定，被裁定撤销缓刑、假释和被决定收监执行的社区矫正对象逃跑的，由公安机关追捕，社区矫正机构、有关单位和个人予以协助。可知，应当由公安机关追捕，而非社区矫正机构。因此，B 项错误。

C 项：根据规定，社区矫正对象无正当理由，未经批准离开所居住的市、县的，经【县级司法行政部门负责人】批准，可以使用电子定位装置，加强监督管理。由此可知，未经批准离开居住的市、县，经批准后可以对其使用电子定位。因此，C 项正确。

D 项：根据规定，社区矫正机构发现社区矫正对象正在实施违反监督管理规定的行为或者违反人民法院禁止令等违法行为的，【应当立即制止】；制止无效的，【应当立即通知公安机关到场处置】。因此，D 项正确。

综上所述，本题答案为 ACD 项。

24 `1903127`

答案：A,B,C

解析：本题考查的是减刑案件的审理程序。

A 项：根据规定，对被判处有期徒刑和被减为有期徒刑的罪犯的减刑、假释，由罪犯服刑地的中级人民法院，在收到执行机关提出的减刑、假释建议书后【一个月内】作出裁定，案情复杂或者情况特殊的，可以【延长一个月】。因此，A 项正确。

B 项：根据规定，审理减刑、假释案件，应当在立案后五日以内对罪犯的【姓名、年龄】等个人基本情况予以公示。因此，B 项正确。

C 项：根据规定，审理减刑、假释案件，应当组成合议庭，【可以】采用【书面审理】的方式，但下列案件应当开庭审理：（一）因罪犯有重大立功表现提请减刑的；（二）提请减刑的起始时间、间隔时间或者减刑幅度不符合一般规定的；（三）被提请减刑、假释罪犯系职务犯罪罪犯，组织、领导、参加、包庇、纵容黑社会性质组织罪犯，破坏金融管理秩序罪犯或者金融诈骗罪犯的；（四）社会影响重大或者社会关注度高的；（五）公示期间收到不同意见的；（六）人民检察院提出异议的；（七）有必要开庭审理的其他案件。郑某的案件不属于上述应当开庭审理的情形，故而可采用书面审理的方式。因此，C 选项正确。

D 项：根据规定，减刑、假释裁定作出前，执行机关书面提请撤回减刑、假释建议的，是否准许，由【人民法院决定】，而不是应当准许。因此，D 项错误。

综上所述，本题答案为 ABC 项。

25 `1903213`

答案：B,C,D

解析：本题考查的是刑事裁判涉财产部分和附带民事裁判的执行和执行顺序。

ABCD 项：最高人民法院《关于刑事裁判涉财产部分执行的若干规定》第 13 条规定，被执行人在执行中同时承担刑事责任、民事责任，其财产不足以支付的，按照下列顺序执行：（1）人身损害赔偿中的医疗费用；（2）退赔被害人的损失；（3）其他民事债务；（4）罚金；（5）没收财产。债权人对执行标的依法享有优先受偿权的，其主张优先受偿的，人民法院应当在前款第（1）项规定的医疗费用受偿后，予以支持。因此，A 项正确，BCD

项错误。

综上所述，本题为选非题，故答案为 BCD 项。

特别程序
与涉外程序

第二十章
特别程序

参考答案

[1] A	[2] A	[3] B	[4] D	[5] ABCD
[6] BCD	[7] ABC	[8] ABD	[9] ABCD	[10] BCD
[11] BC	[12] ABCD	[13] ABC	[14] AC	[15] ABD
[16] ABC	[17] AD	[18] BCD	[19] BC	[20] B
[21] A	[22] C	[23] C	[24] C	[25] CD
[26] ABCD	[27] BCD	[28] AC	[29] AC	[30] A
[31] C	[32] B	[33] C	[34] BCD	[35] ABD
[36] B	[37] B	[38] B	[39] C	[40] B
[41] B	[42] BCD	[43] AC	[44] B	[45] ABC
[46] B	[47] D	[48] ABD	[49] AC	

一、历年真题

（一）未成年人刑事案件诉讼程序

【单选】

1 2401056

答案：A

解析：本题考查的是未成年人询问与讯问的特别规定。

A 项：根据规定，审理未成年人遭受性侵害或者暴力伤害案件，在询问未成年被害人、证人时，应当采取同步录音录像等措施，尽量【一次】完成，减少询问未成年被害人、证人的次数。因此，A 项正确。

B 项：根据规定，询问聋、哑被害人，【应当】有通晓聋、哑手势的人士进行翻译，并将该情况记入笔录。所以只要是通晓聋哑手势的人即可，不

一定非得是聋哑学校的老师。因此，B 项错误。

C 项：根据规定，未成年犯罪嫌疑人签署认罪认罚具结书时，其法定代理人【应当到场】并签字确认。法定代理人无法到场的，合适成年人应当到场签字确认。因此，C 项错误。

D 项：根据规定，讯问未成年人，其法定代理人或者合适成年人不在现场的，该供述【不得】作为定案的根据。因此，D 项错误。

综上所述，本题答案为 A 项。

2 1702025

答案：A

解析：本题综合考查未成年人刑事案件一般规定、辩护人的范围与权利。

A 项：根据规定，犯罪嫌疑人、被告人及其法定代理人、近亲属或者辩护人有权申请变更强制措施。在本案中，钱乙并非律师，所以侦查阶段不能担任钱甲的辩护人，但可以作为近亲属为钱甲申请取保候审。因此，A 项正确。

B 项：根据规定，由于侦查阶段只能委托【律师】担任辩护人，钱乙并非律师，不能在【侦查阶段】担任钱甲的辩护人，故公安机关无需将移送审查起诉的情况告知钱乙。因此，B 项错误。

C 项：根据规定，对于未成年人刑事案件，在讯问和审判的时候，应当通知未成年犯罪嫌疑人、被告人的法定代理人到场。无法通知、法定代理人不能到场或者法定代理人是共犯的，也可以通知未成年犯罪嫌疑人、被告人的其他成年亲属，所在学校、单位、居住地基层组织或者未成年人保护组织的代表到场，并将有关情况记录在案。故讯问未成年犯罪嫌疑人、被告人时，需要在场的并不包括担任辩护人的律师，且我国刑事诉讼法并没有赋予辩护律师在侦查人员讯问时的在场权。因此，C 项错误。

D 项：根据规定，对分案起诉至同一人民法院的未成年人与成年人共同犯罪案件，可以由同一个审判组织审理；不宜由同一个审判组织审理的，可以分别审理。若检察院对钱甲和小沈分案起诉，可以由同一审判组织审理，但不能并案审理。因此，D 项错误。

综上所述，本题答案为 A 项。

3 1702039

答案：B

解析：本题考查的是附条件不起诉制度。

A项：根据规定，未成年犯罪嫌疑人在押的，作出附条件不起诉决定后，人民检察院应当作出释放或者变更强制措施的决定。而本题中小周已被取保候审，没有被羁押，不是在押状态，所以不涉及释放小周的问题。因此，A项错误。

B项：根据规定，作出附条件不起诉决定的案件，审查起诉期限自人民检察院【作出附条件不起诉决定之日】起中止计算。因此，B项正确。

C项：根据规定，未成年犯罪嫌疑人经批准离开所居住的市、县或者迁居，【作出附条件不起诉决定的检察院】可以要求迁入地的检察院【协助】进行考察，并将考察结果函告作出附条件不起诉决定的检察院。据此，B县检察院可以协助进行考察，但监督考察仍由A县检察院负责。因此，C项错误。

D项：根据规定，人民检察院决定附条件不起诉的，应当确定考验期。考验期为【六个月以上一年以下】，从人民检察院作出附条件不起诉的决定之日起计算。考验期的长短可以在【法定期限范围】内适当缩短或者延长。据此，考验期可以缩短延长，不能少于6个月也不能长于1年，D选项将考验期缩短为5个月，少于最低考验期6个月。因此，D项错误。

综上所述，本题答案为B项。

4 1402025

答案：D

解析：本题考查的是被害人的诉讼权利（结合强制医疗程序）。

A项：根据规定，公诉案件的被害人及其法定代理人或者近亲属，附带民事诉讼的当事人及其法定代理人，自案件【移送审查起诉之日】起，有权委托诉讼代理人。自诉案件中有权【随时】委托诉讼代理人。所以A项错误。

B项：根据规定，证人因履行作证义务而支出的交通、住宿、就餐等费用，应当给予补助。可知，获得补助是证人的权利，但不适用于被害人。所以B项错误。

C项：根据规定，被决定强制医疗的人、被害人及其法定代理人、近亲属对强制医疗决定不服的，可以向上一级人民法院申请复议。可知，应该是向【上一级法院】申请复议，而不是向【作出决定的法院】申请复议。所以C项错误。

D项：根据规定，人民检察院办理未成年人刑事案件，被害人对附条件不起诉决定和不起诉决定不服的，可以向上一级人民检察院申诉，但不能向人民法院提起自诉。所以D项正确。

综上所述，本题答案为D项。

【多选】

5 2301044

答案：A,B,C,D

解析：本题考查的是未成年人犯罪记录封存制度。

A项：根据规定，涉案未成年人应当封存的信息被不当公开，造成未成年人在就学、就业、生活保障等方面未受到同等待遇的，未成年人及其法定代理人可以向相关机关、单位提出封存申请，或者向人民检察院申请监督。但A选项媒体是隐匿王某个人信息后报道，不会对王某造成不当影响，故可以报道。故A项正确。

B项：根据规定，被封存犯罪记录的未成年人，成年后又故意犯罪的，人民法院应当在裁判文书中载明其之前的犯罪记录。本题中，王某在成年后又故意犯罪，人民法院应当在裁判文书中载明其之前的犯罪记录，即可认定为王某之前的犯罪记录封存得以解除。故B项正确。

C项：根据《刑法》规定，判决宣告以后，刑罚执行完毕以前，被判刑的犯罪分子又犯罪的，应当对新犯的罪作出判决，把前罪没有执行的刑罚和后罪所判处的刑罚，依照数罪并罚的一般规定，决定执行的刑罚。"前罪没有执行的刑罚"即指"先减"，故本题中王某在服刑期内又犯新罪的，应当先减后并。故C项正确。

D项：依据规定，对司法机关为办理案件、开展重新犯罪预防工作需要申请查询的，封存机关可以依法允许其查阅、摘抄、复制相关案卷材料和电子信息。故本题中王某再次犯罪接受调查时，公安机关可以查询其犯罪记录。D项正确。

综上所述，本题答案为ABCD。

6 `2201177`

答案：B,C,D

本题考查的是未成年人刑事案件诉讼程序。

A项：王某17岁可以适用附条件不起诉，但不能适用酌定不起诉。酌定不起诉的一个关键条件是"依照刑法规定不需要判处刑罚或者免除刑罚"，而A项说王某可能判处一年有期徒刑不符合酌定不起诉条件，A项错误。

B项：在未成年人刑事案件中，司法机关需要双向保护，既要保障未成年犯罪嫌疑人、被告人的合法权益，也要保障未成年被害人、证人的合法权益。法院可以对未成年被害人进行心理疏导，也可以委托专门机构、专业人员进行，B项正确。

C项：小赵系未成年人，被送至KTV强迫卖淫，小赵属于遭受性侵害的被害人。为了充分保障未成年被害人的个人隐私与合法权益，询问女性未成年证人、被害人，应当安排女性工作人员进行，C项正确。

D项，为了保障未成年人合法权益，公安司法机关在讯问未成年犯罪嫌疑人、被告人，询问未成年证人、被害人时，均应通知其法定代理人到场。本题中，小孙是未成年被害人，法院询问小孙时应当通知其父母到场，D项正确。

综上所述，本题答案为BCD项。

7 `2101057`

答案：A,B,C

解析：本题考查的是未成年人刑事案件的审判程序。

A项：根据规定，对被逮捕且没有完成义务教育的未成年被告人，人民法院应当与教育行政部门互相配合，保证其接受义务教育。因此，A项正确。

B项：根据规定，对于危害国家安全犯罪、恐怖活动犯罪、黑社会性质的组织犯罪、【毒品犯罪】等案件，证人、鉴定人、被害人因在诉讼中作证，本人或者其近亲属的人身安全面临危险的，法院、检察院和公安机关应当采取以下一项或者多项保护措施，其中包括采取不暴露外貌、真实声音等出庭作证措施。可知，孙某可以在通过技术手段处理了外貌、声音的情况下出庭作证。因此，B

项正确。

C项：根据规定，审理未成年人遭受性侵害或者暴力伤害案件，在询问未成年被害人、证人时，应当采取同步录音录像等措施，尽量一次完成；未成年被害人、证人是女性的，应当由女性工作人员进行。因此，C项正确。

D项：根据规定，除了犯罪时不满十八周岁、法院立案时不满二十周岁的案件是【应当】由未成年人案件审判组织审理。人民法院立案时不满二十二周岁的在校学生犯罪案件【可以】由未成年人案件审判组织审理。可知，本项中的张某在法院立案时是不满22周岁在校学生，故可以由未成年人案件审判组织审理。因此，D项错误。

综上所述，本题的答案为ABC项。

8 `2101052`

答案：A,B,D

解析：本题考查的是未成年人刑事案件程序与认罪认罚从宽制度。

A项：根据规定，未成年犯罪嫌疑人认罪认罚的，应当在法定代理人、辩护人在场的情况下签署认罪认罚具结书。法定代理人、辩护人对认罪认罚有异议的，不需要签署具结书，不影响从宽处理。且人民检察院应当对未成年人认罪认罚情况，法定代理人、辩护人的异议情况如实记录。可知，未成年犯罪嫌疑人的法定代理人、辩护人对认罪认罚有异议的，是不需要签具结书的，也不会影响对未成年人的从宽处理，但是检察院需要如实记录该异议情况。因此，A项正确。

B项：根据规定，对未成年被告人情况的调查报告，以及辩护人提交的有关未成年被告人情况的书面材料，法庭应当审查并听取控辩双方意见。上述报告和材料可以作为办理案件和教育未成年人的参考。人民法院【可以通知】作出调查报告的人员【出庭】说明情况，接受控辩双方和法庭的询问。可知，作出调查报告的人员可以出庭说明情况，因此，B项正确。

C项：根据规定，询问未成年人，其法定代理人或者合适成年人不在场的，经补正或者作出合理解释的，可以采用；只有不能补正或合理解释的才不得作为定案依据。因此，C项错误。

D 项：认罪认罚从宽制度贯穿刑事诉讼全过程，适用于侦查、起诉、审判各个阶段。所以小马在审查起诉阶段未认罪认罚，在审判阶段认罪认罚，符合条件，其仍然可以适用认罪认罚从宽制度。因此，D 项正确。

综上所述，本题答案为 ABD 项。

9 `2001089`

答案：A,B,C,D

解析：本题综合考查速裁程序、未成年人刑事案件程序、羁押必要性审查、鉴定意见。

A 项：根据规定，盲聋哑、半疯傻、【未成年】、影响大、有异议、辩无罪、附民未调和都不适用速裁程序。可知，本案中，何某 17 岁系未成年人，即便其认罪认罚，法院也不得适用速裁程序审理。因此，A 项错误，当选。

B 项：根据规定，经羁押必要性审查，发现犯罪嫌疑人、被告人具有下列情形之一的，应当向办案机关提出释放或者变更强制措施的建议：（一）案件证据发生重大变化，没有证据证明有犯罪事实或者犯罪行为系犯罪嫌疑人、被告人所为的；（二）案件事实或者情节发生变化，犯罪嫌疑人、被告人可能被判处拘役、管制、独立适用附加刑、免予刑事处罚或者判决无罪的；（三）继续羁押犯罪嫌疑人、被告人，羁押期限将超过依法可能判处的刑期的；（四）案件事实基本查清，证据已经收集固定，符合取保候审或者监视居住条件的。可知，本案中检察院以何某系未成年人为由，建议法院对其取保候审不符合上述情形。因此，B 项错误，当选。

C 项：根据规定，共同犯罪案件有未成年被告人的或者其他涉及未成年人的刑事案件，是否由未成年人案件审判组织审理，由院长根据实际情况决定。可知，本案中，赵某系成年人，何某系未成年人，法院一般应将本案分案审理。对全案是否适用未成年人案件审判组织审理，由院长视情况决定。因此，C 项错误，当选。

D 项：根据规定，鉴定意见具有下列情形之一的，不得作为定案的根据：（一）鉴定机构不具备法定资质，或者鉴定事项超出该鉴定机构业务范围、技术条件的；（二）鉴定人不具备法定资质，不具

有相关专业技术或者职称，或者违反回避规定的；（三）送检材料、样本来源不明，或者因污染不具备鉴定条件的；（四）鉴定对象与送检材料、样本不一致的；（五）鉴定程序违反规定的；（六）鉴定过程和方法不符合相关专业的规范要求的；（七）鉴定文书缺少签名、盖章的；（八）鉴定意见与案件事实没有关联的；（九）违反有关规定的其他情形。可知，本案中，鉴定人张某在开庭前死亡不属于上述不得作为定案根据情形之一。因此，D 项错误，当选。

综上所述，本题为选非题，答案为 ABCD 项。

10 `2001088`

答案：B,C,D

解析：本题综合考查速裁程序、未成年人刑事案件程序。

A 项：根据规定，被告人实施被指控的犯罪时不满十八周岁、人民法院立案时不满二十周岁的案件，由未成年人案件审判组织审理。可知，本案中，王某审判时才 17 岁，符合由未成年人案件审判组织审理的情形。因此，A 项正确，不当选。

B 项：根据规定，盲聋哑、半疯傻、【未成年】、影响大、有异议、辩无罪、附民未调和都不适用速裁程序。可知，本案中，王某 17 岁系未成年人，即便王某认罪认罚，法院也不得对王某适用速裁程序审理。因此，B 项错误，当选。

C 项：根据规定，被告人在一个审判程序中更换辩护人一般不得超过两次。由此可见，【被告人】有权要求更换辩护人，公诉人与辩护人系对抗关系，公诉人无权要求法院更换辩护人。因此，C 项错误，当选。

D 项：根据规定，未成年被告人最后陈述后，法庭应当询问其【法定代理人】是否补充陈述。由此可见，被告人作最后陈述后，其法定代理人可以进行补充陈述，但辩护人无权进行补充陈述。因此，D 项错误，当选。

综上所述，本题为选非题，答案为 BCD 项。

11 `1901092`

答案：B,C

解析：本题综合考查审查批捕程序、附条件不起诉制度。

A项：根据规定，人民检察院办理审查逮捕案件，具有下列情形之一的，【应当讯问】犯罪嫌疑人：（一）对是否符合逮捕条件有疑问的；（二）犯罪嫌疑人要求向检察人员当面陈述的；（三）侦查活动可能有重大违法行为的；（四）案情重大、疑难、复杂的；（五）犯罪嫌疑人认罪认罚的；（六）犯罪嫌疑人系【未成年人】的；（七）犯罪嫌疑人是盲、聋、哑人或者是尚未完全丧失辨认或者控制自己行为能力的精神病人的。可知，小蔡是未成年人，符合上述情形（六），对于小蔡是应当讯问。但对于蔡某不存在审查批捕时应当讯问的情形。因此，A项中对于蔡某审查批捕时必须讯问错误。因此，A项错误。

BC项：根据规定，人民检察院在作出附条件不起诉的决定以前，应当听取公安机关、被害人的意见。因此，C项正确。另根据规定，人民检察院可以要求被附条件不起诉的未成年犯罪嫌疑人接受矫治和教育，包括不得进入特定场所，与特定的人员会见或者通信，从事特定的活动。因此，BC项正确。

D项：根据规定，对分案起诉至同一人民法院的未成年人与成年人共同犯罪案件，可以由【同一个审判组织】审理；不宜由同一个审判组织审理的，可以分别审理。D项说法过于绝对。（注意：对于检察院分案起诉的案件，法院应当分案审理。只不过既可以由同一个审判组织审理，也可以由不同审判组织审理）因此，D项错误。

综上所述，本题答案为BC项。

答案：A,B,C,D

解析：本题考查的是未成年人刑事案件的审理原则、审判组织、犯罪记录封存以及附条件不起诉的适用情形。

A项：根据规定，对于未成年人涉嫌刑法分则第四章、第五章、第六章（人身、财产、妨碍社会管理）规定的犯罪，可能判处一年有期徒刑以下刑罚，符合起诉条件，但有悔罪表现的，人民检察院可以作出附条件不起诉的决定。可知，本案中，陈某在犯罪时未满18周岁，涉嫌盗窃罪，可能判处1年有期徒刑以下刑罚，可以对其决定附

条件不起诉。因此，A项正确。

B项：根据规定，开庭审理时被告人不满十八周岁的案件，一律不公开审理。可知，本案中，审判时陈某已经满18周岁，且陈某涉嫌的犯罪也不涉及国家秘密、商业秘密、个人隐私等其他不公开审理的情形，故法庭应当公开审理。因此，B项正确。

C项：根据规定，被告人实施被指控的犯罪时不满十八周岁、人民法院立案时不满二十周岁的案件，由未成年人案件审判组织审理。本案中，陈某犯罪时不满18周岁，进入法院审理时不满20周岁，故由少年法庭（未成年案件审判组织）审理该案合法。因此，C项正确。

D项：根据规定，犯罪时不满十八周岁，被判处五年有期徒刑以下刑罚以及免予刑事处罚的未成年人的犯罪记录，应当封存。本案中，陈某犯罪时17周岁，被判处3年有期徒刑，故应当封存陈某的犯罪记录。因此，D项正确。

综上所述，本题的答案为ABCD项。

答案：A,B,C

解析：本题考查的是附条件不起诉的考验内容。

ABCD项：根据规定被附条件不起诉的未成年犯罪嫌疑人，应当遵守下列规定：（一）遵守法律法规，服从监督；（二）按照考察机关的规定报告自己的活动情况；（三）离开所居住的市、县或者迁居，应当报经考察机关批准；（四）按照考察机关的要求接受矫治和教育。检察院可以要求被附条件不起诉的未成年犯罪嫌疑人接受下列矫治和教育：（一）完成戒瘾治疗、心理辅导或者其他适当的处遇措施；（二）向社区或者公益团体提供公益劳动；（三）不得进入特定场所，与特定的人员会见或者通信，从事特定的活动；（四）向被害人赔偿损失、赔礼道歉等；（五）接受相关教育；（六）遵守其他保护被害人安全以及预防再犯的禁止性规定。

根据上述规定，A项心理辅导的矫正和教育措施，B项属向社区或者公益团体提供公益劳动，C项按照考察机关的规定报告自己的活动情况。D项不属于上述规定中的内容，并没有规定不得离开

所居住的县。只要报经考察机关批准，就可以离开所居住的市、县或者迁居。因此，ABC 项正确，D 项错误。

综上所述，本题答案为 ABC 项。

14 1502074

答案：A,C

解析：本题考查的是未成年人的特殊讯问、询问规则。

A 项：根据规定，未成年犯罪嫌疑人明确拒绝法定代理人以外的合适成年人到场，人民检察院可以准许，但应另行通知其他合适成年人到场。所以 A 项正确。

B 项：根据规定，法定代理人无法到场的，合适成年人可以代为行使到场权、知情权、异议权等。法定代理人未到场的原因以及听取合适成年人意见等情况应当记录在案。可知，其伯父可以行使到场权、知情权和异议权，但是并不能代为控告，所以 B 项错误。

C 项：询问未成年被害人、证人，与讯问未成年犯罪嫌疑人的规定基本相同（法代、合适成年人也应当到场）。可知，询问被害人丙时也应该通知其法定代理人，所以 C 项正确。

D 项：对于未成年人刑事案件，在讯问和审判的时候，应当通知未成年犯罪嫌疑人、被告人的法定代理人到场。无法通知、法定代理人不能到场或者法定代理人是共犯的，也可以通知未成年犯罪嫌疑人、被告人的其他成年亲属，所在学校、单位、居住地基层组织或者未成年人保护组织的代表到场，并将有关情况记录在案。因此，即使是在适用简易程序审理的案件中，在法定代理人不能到场的情况下也应该有其他合适成年人在场，所以 D 项错误。

综上所述，本题答案为 AC 项。

15 1502073

答案：A,B,D

解析：本题考查的是未成年人刑事案件的社会调查制度、审理程序。

A 项：根据规定，对人民检察院移送的关于未成年被告人性格特点、家庭情况、社会交往、成长经历、犯罪原因、犯罪前后的表现、监护教育等

情况的调查报告，以及【辩护人提交】的反映未成年被告人上述情况的书面材料，法庭应当接受。据此可知，邹某作为辩护人可以调查陈某的成长经历、犯罪原因、监护教育等情况，并提交给法院。所以 A 项正确。

B 项：根据规定，对未成年人刑事案件，人民法院决定适用简易程序审理的，应当征求未成年被告人及其法定代理人、辩护人的意见，上述人员提出异议的，不适用简易程序。所以 B 项正确。

C 项：根据规定，审判未成年人刑事案件，未成年被告人最后陈述后，其法定代理人可以进行补充陈述。可知，享有补充陈述权利的是其法定代理人，不是辩护人。所以 C 项错误。

D 项：根据规定，到场的法定代理人或者其他人员，除依法行使（提出意见、阅读讯问笔录）规定的权利外，经法庭同意，可以参与对未成年被告人的法庭教育等工作。辩护律师作为到场人员，可以经法庭同意参与对未成年被告人的法庭教育等工作。所以 D 项正确。

综上所述，本题答案为 ABD 项。

16 1502071

答案：A,B,C

解析：本题考查的是对附条件不起诉决定的救济途径。

A 项：检察院办理未成年人刑事案件，在作出附条件不起诉决定以及考验期满作出不起诉决定前，应听取被害人的意见，增加了听取被害人陈述意见的机会，因此，A 项正确。

B 项：所谓转向处置，就是指在常规的处以刑罚之外，转向用其他更轻缓化的方式来处置未成年人，比如设立一定考验期的附条件不起诉。被害人对检察院作出的附条件不起诉的决定不服，可向上一级检察院申诉，但不能向法院提起自诉。该规定本身就是对未成年犯罪嫌疑人的倾斜性保护。因此，B 项正确。

C 项：附条件不起诉制度的设立目的，本身就是对未成年犯罪嫌疑人的特殊保护。因此，C 项正确。

D 项：公诉独占主义是指对所有的犯罪进行起诉都由检察机关承担，并且由代表国家的检察官具

体行使公诉权。本题中并未体现刑事公诉独占主义，因此，D项错误。

综上所述，本题答案为ABC项。

17 1801099

答案：A，D

解析：本题考查的是未成年人刑事案件的审理程序、附条件不起诉。

A项：开庭审理时被告人不满十八周岁的案件，一律不公开审理。对依法公开审理，但【可能需要封存犯罪记录】的案件，【不得组织人员旁听】；有旁听人员的，应当告知其不得传播案件信息。本案中，甲在移送审查起诉两日后已满18周岁，不符合不公开审理的情况，本案依法应当公开审判。另外，犯罪的时候不满十八周岁，被判处五年有期徒刑以下刑罚的，应当对相关犯罪记录予以封存。本案中，由于甲犯罪时不满18周岁，可能需要封存犯罪记录，因此，公开审理时，不得组织人员旁听。故A项正确。

B项：对未成年人刑事案件，人民法院决定适用简易程序审理的，应当征求未成年被告人及其法定代理人、辩护人的意见。上述人员提出异议的，不适用简易程序。刑事诉讼法中的未成年人一般指的是诉讼过程中未满18周岁的人。在法院立案时甲已经成年，因此不适用简易程序中对未成年人的特别规定，所以不需要经过法定代理人及辩护人的同意，只需要经过甲的同意即可。故B项错误。

C项：根据规定，对于未成年人涉嫌刑法分则第四章、第五章、第六章（人身、财产、妨碍社会管理）规定的犯罪，可能判处一年有期徒刑以下刑罚，符合起诉条件，但有悔罪表现的，人民检察院可以作出附条件不起诉的决定。本案中，甲在犯罪时未满18周岁，涉嫌故意伤害罪（轻伤），可能判处1年有期徒刑以下刑罚，可以对其决定附条件不起诉。故C项错误。

D项：被告人实施被指控的犯罪时不满十八周岁、法院立案时不满二十周岁的案件，由未成年人案件审判组织审理。在本案中，尽管甲在犯新的盗窃罪时已经满了18周岁，但其在实施故意伤害罪

时未满18周岁，且法院立案时未满20周岁，本案是针对甲故意伤害罪撤销附条件不起诉决定而提起公诉的，符合未成年人审判组织审理的条件，由未成年人审判组织审理，故D项正确。

综上所述，本题答案为AD项。

18 1402094

答案：B，C，D

解析：本题考查的是未成年人刑事案件的规定。

A项：根据规定，公安机关、人民检察院、人民法院办理未成年人刑事案件，根据情况【可以】对未成年犯罪嫌疑人、被告人的成长经历、犯罪原因、监护教育等情况进行调查。因此，社会调查是依据情况"可以"进行，不是应当。所以，A项错误。

B项：对于未成年人刑事案件，在讯问和审判的时候，应当通知未成年犯罪嫌疑人、被告人的法定代理人到场。询问未成年被害人、证人，也适用前款规定。所以，在讯问黄某、吴某和询问赵某时，应当分别通知他们的法定代理人到场。所以，B项正确。

C项：根据规定，审查起诉未成年犯罪嫌疑人，应当听取其父母或者其他法定代理人、【辩护人】、被害人及其法定代理人的意见。可知，在对黄某、吴某的案件进行审查起诉时，应当分别听取其辩护人的意见。所以，C项正确。

D项：根据规定，人民检察院在作出附条件不起诉的决定以前，应当听取公安机关、被害人、未成年犯罪嫌疑人的法定代理人、辩护人的意见，并制作笔录附卷。【被害人是未成年人】的，还应当听取【被害人】的法定代理人、诉讼代理人的意见。所以，对黄某作出附条件不起诉决定，应当听取赵某及其法定代理人与诉讼代理人的意见，D项正确。

综上所述，本题答案为BCD项。

19 1402095

答案：B，C

解析：本题考查的是附条件不起诉的考验期。

ABC项：人民检察院决定附条件不起诉的，应当确定考验期。考验期为六个月以上一年以下，从人民检察院【作出】附条件不起诉的决定之日起

计算。考验期【不计入】案件审查起诉期限。考验期的长短应当与未成年犯罪嫌疑人所犯罪行的轻重、主观恶性的大小和人身危险性的大小、一贯表现及帮教条件等相适应，根据未成年犯罪嫌疑人在考验期的表现，可以在【法定期限范围】内适当缩短或者延长。所以，考验期应从检察院"作出"之日起计算，不是"宣告"之日。因此，A 项错误，BC 项正确。

D 项：在考验期内，黄某并未被剥夺人身自由，则对黄某提起公诉时，已经过的考验期不应折抵刑期。因此，D 项错误。

综上所述，本题答案为 BC 项。

⑳ 1402096

答案：B

解析：本题考查的是附条件不起诉制度、犯罪记录封存。

A 项：对于犯罪时已满十四周岁不满十八周岁的未成年人，同时符合下列条件的，检察院可以作出附条件不起诉决定：（一）涉嫌刑法分则第四章、第五章、第六章（人身、财产、妨碍社会管理）规定的犯罪；（二）根据具体犯罪事实、情节，可能被判处一年有期徒刑以下刑罚；（三）犯罪事实清楚，证据确实、充分，符合起诉条件；（四）具有悔罪表现。可知，对黄某作出不起诉决定时，不需要达成和解。另根据规定，犯罪嫌疑人没有犯罪事实，或者有【显时特告死】的情形之一的，人民检察院应当作出不起诉决定。对于犯罪情节轻微，依照刑法规定不需要判处刑罚或者免除刑罚的，检察院可以作出不起诉决定。可知，吴某未满 16 周岁，不需要判处刑罚，作出不起诉决定时，也不需要达成和解。因此，A 项错误。

B 项：根据规定，对于未成年人实施的轻伤害案件、初次犯罪、过失犯罪、犯罪未遂的案件以及被诱骗或者被教唆实施的犯罪案件等，可以根据案件的不同情况，予以训诫或者责令【具结悔过、赔礼道歉、赔偿损失】，或者由主管部门予以行政处罚。可知，B 项符合上述规定的情形，因此，B 项正确。

C 项：根据规定，在附条件不起诉的考验期内，【检察院】应当对被附条件不起诉的未成年犯罪嫌疑人进行【监督考察】。本题中，对黄某的监督应由检察院进行，不能移交其他机构，因此，C 项错误。

D 项：检察院对未成年犯罪嫌疑人作出不起诉决定后，应当对相关记录予以封存。可知，检察院只需要对作出正式不起诉决定的吴某，应当对相关记录予以封存。但对黄某只是"附条件不起诉"，需要等考验期满后视情况而定，如果作出不起诉决定的，方可封存记录。因此，D 项错误。

综上所述，本题答案为 B 项。

（二）当事人和解的公诉案件诉讼程序

【单选】

㉑ 1801040

答案：A

解析：本题综合考查当事人和解的公诉案件诉讼程序、诉讼参与人以及量刑情节。

A 项：根据规定，对达成和解协议的案件，人民法院应当对被告人从轻处罚。共同犯罪案件，部分被告人与被害人达成和解协议的，可以依法对该部分被告人从宽处罚，但应当注意全案的量刑平衡。据此，只要被告人与被害人达成和解协议，不管是与部分被害人还是全部被害人达成和解协议，法院均应当对被告人从轻处罚，A 项正确。

B 项：根据规定，公诉案件的被害人及其法定代理人或者近亲属，附带民事诉讼的当事人及其法定代理人，自案件移送审查起诉之日起，有权委托诉讼代理人。自诉案件的自诉人及其法定代理人，附带民事诉讼的当事人及其法定代理人，有权随时委托诉讼代理人。本案为公诉案件，B 作为被害人，自案件【移送审查起诉之日】起，即有权委托诉讼代理人。故 B 项错误。

C 项：根据规定，被害人或者其法定代理人、近亲属提起附带民事诉讼后，双方愿意和解，但被告人不能即时履行全部赔偿义务的，人民法院应当制作附带民事调解书。此种情形下，人民法院应当制作【调解书】而非和解书，故 C 项错误。

D 项：根据规定，在对被告人作出有罪认定后，人民法院认定被告人的量刑事实，除审查法定情节外，还应审查被告人的近亲属是否协助抓获被告人等影响量刑的情节。据此，张某哥哥协助抓获张某属于酌定量刑情节，法院应当予以审理，故 D 项错误。

综上所述，本题答案为 A 项。

【延伸拓展】法院可以主持和解，检察院也可以建议和解，这些做法只是促成和解，而不是参与双方的具体和解中。也就是说，公安机关、检察院、人民法院均不是和解的主体。

㉒ 1702040

答案：C

解析：本题考查的是附带民事诉讼的原告、和解协议的内容以及未成年人附条件不起诉的程序。

A 项：根据规定，人民检察院提起附带民事诉讼的，应当列为附带民事诉讼原告人。因此 A 选项将大风公司列为附带民事诉讼原告人的做法是错误的。因此，A 项错误。

BC 项：根据规定，和解协议书应当包括以下内容：（1）被告人承认自己所犯罪行，对犯罪事实没有异议，并真诚悔罪；（2）被告人通过向被害人赔礼道歉、赔偿损失等方式获得被害人谅解；涉及赔偿损失的，应当写明赔偿的数额、方式等；提起附带民事诉讼的，由附带民事诉讼原告人撤回附带民事诉讼；（3）被害人自愿和解，请求或者同意对被告人依法从宽处罚。对于达成和解协议的案件，公安机关可以向人民检察院提出从宽处理的建议。人民检察院可以向人民法院提出从宽处罚的建议；对于犯罪情节轻微，不需要判处刑罚的，可以作出不起诉的决定。人民法院可以依法对被告人从宽处罚。据此可知，B 项被告人与被害人只能就民事部分的赔偿达成和解，被害人可以表示谅解并同意或者建议对被告人从宽处理，而不是就刑事案件如何处理达成和解。C 项双方可就赔偿的方式进行和解，约定在 1 年内补栽树苗属于双方就赔偿方式的约定。因此，B 项错误，C 项正确。

D 项：根据规定，对于未成年人涉嫌刑法分则第四章、第五章、第六章规定的犯罪，可能判处一年有期徒刑以下刑罚，符合起诉条件，但有悔罪表现的，人民检察院可以作出附条件不起诉的决定。人民检察院在作出附条件不起诉的决定以前，

应当听取公安机关、被害人的意见。据此可知，作出附条件不起诉的决定应当是在审查起诉期间，本题已经向法院起诉了就不能再作出不起诉决定。另外，宣告判决前，检察院要求撤回起诉并得到法院裁定准许撤诉的案件，没有新的事实、证据，重新起诉的，法院应当退回检察院。因此，D 项错误。

综上所述，本题答案为 C 项。

㉓ 1602041

答案：C

解析：本题考查的是当事人和解的公诉案件诉讼程序的适用案件范围。

A 项：根据规定，犯罪嫌疑人、被告人在 5 年以内曾经故意犯罪的，不适用当事人和解的公诉案件诉讼程序。甲因侵占罪被免除处罚 2 年后，又涉嫌故意伤害致人轻伤，属于在 5 年以内曾经故意犯罪，因此，甲不可以适用当事人和解的公诉案件诉讼程序。这里需要注意的是，甲虽然被免除处罚，但法院依法判定其犯侵占罪，属于定罪免刑，其 2 年后又涉嫌故意伤害致人轻伤，仍属于 5 年以内曾经故意犯罪的情况。因此，A 项错误。

B 项：有下列情形之一的，不属于因民间纠纷引起的犯罪案件：①雇凶伤害他人的；②涉及黑社会性质组织犯罪的；③涉及寻衅滋事的；④涉及聚众斗殴的；⑤多次故意伤害他人身体的；⑥其他不宜和解的。乙涉嫌寻衅滋事，不属于因民间纠纷引起的犯罪案件，不适用刑事和解程序。因此，B 项错误。

C 项：根据规定，被害人系无行为能力或者限制行为能力人的，其法定代理人、近亲属可以代为和解。本案中，被害人系限制行为能力人，被害人的父亲作为近亲属，可以代为和解。因此，C 项正确。

D 项：破坏计算机信息系统罪是《刑法》第 286 条规定的犯罪，属于《刑法》第六章第一节规定的犯罪，不属于因民间纠纷引起，涉嫌刑法分则第四章、第五章规定的犯罪案件，所以，即使被害人表示愿意和解，D 项也无法适用当事人和解的公诉案件诉讼程序。因此，D 项错误。

综上所述，本题答案为 C 项。

㉔ `1402040`

答案：C

解析：本题考查的是当事人和解的公诉案件诉讼程序的和解主体。

A 项：根据规定，被告人的近亲属经被告人同意，可以代为和解。若甲在押，其近亲属需【经甲同意】才可与被害方进行和解，而不能自行和解。所以 A 项错误。

B 项：被害人死亡的，其法定代理人、近亲属可以与犯罪嫌疑人、被告人和解。本题中，乙已死亡，其近亲属是【以自己名义】参与和解，而不是代为。所以 B 项错误。

C 项：根据规定，人民法院可以邀请人民调解员、【辩护人】、诉讼代理人、当事人亲友等参与促成双方当事人和解。此外，被害人死亡的，其近亲属可以与被告人和解。因此，甲的辩护人可参与和解协商，乙已死亡，其近亲属可以与被告人和解，则近亲属当然可以邀请诉讼代理人参与和解协商。所以 C 项正确。

D 项：根据规定，被告人的法定代理人、近亲属依法代为和解的，和解协议约定的赔礼道歉等事项，应当由【被告人本人履行】。本题中，和解协议中的赔礼道歉不能由甲的近亲属代为履行。所以 D 项错误。

综上所述，本题答案为 C 项。

【多选】

㉕ `2101055`

答案：C,D

解析：本题综合考查速裁程序的适用条件、刑事和解的案件范围、羁押必要性审查以及量刑建议的提出。

A 项：根据规定，被告人是未成年人的，检察院不得建议法院适用速裁程序。本案被告人薛某 15 岁，属于未成年人，检察院不得建议法院适用速裁程序进行审理。因此，A 项错误。

B 项：下列公诉案件，双方当事人可以和解：（1）因民间纠纷引起，涉嫌刑法分则第 4 章、第 5 章规定（指人身、财产犯罪）的犯罪案件，可能判

处 3 年有期徒刑以下刑罚的；（2）除渎职犯罪以外的可能判处 7 年有期徒刑以下刑罚的过失犯罪案件。此外，有下列情形之一的，不属于因民间纠纷引起的犯罪案件：①雇凶伤害他人的；②涉及黑社会性质组织犯罪的；③涉及寻衅滋事的；④涉及聚众斗殴的；⑤多次故意伤害他人身体的；⑥其他不宜和解的。可知，薛某涉嫌的寻衅滋事一案并不属于可以适用刑事和解程序的案件，检察院不可促成当事人之间的和解。因此，B 项错误。

C 项：根据规定，犯罪嫌疑人、被告人被逮捕后，人民检察院负责捕诉的部门应当对羁押的必要性进行审查。可知，本案中，检察院决定对薛某适用逮捕措施，在逮捕后应及时对其进行羁押必要性审查。因此，C 项正确。

D 项：根据规定，检察院根据情况可以对未成年犯罪嫌疑人的成长经历、犯罪原因、监护教育等情况进行调查，并制作社会调查报告，作为办案和教育的参考。此外，审查起诉阶段的社会调查。犯罪嫌疑人认罪认罚，检察院拟提出缓刑或者管制量刑建议的，可以及时委托犯罪嫌疑人居住地的社区矫正机构进行调查评估，也【可以自行调查评估】。因此，D 项正确。

综上所述，本题答案为 CD 项。

㉖ `1801111`

答案：A,B,C,D

解析：本题综合考查侦查措施、证据的审查判断、控告以及当事人和解的公诉案件诉讼程序。

A 项：根据规定，为了查明案情，在必要的时候，侦查人员可以让被害人、证人或者犯罪嫌疑人对与犯罪有关的物品、文件、尸体、场所或者犯罪嫌疑人进行辨认。立法对于辨认人的年龄大小并没有予以限制，而被害人可以是辨认的主体。因此，A 项错误，当选。

B 项：证人是指诉讼外了解案件情况的当事人以外的人。生理上、精神上有缺陷或年幼，【并且】不能正确表达，不能明辨是非的人不能作证人。本案中，虽然朵朵才 3 岁，但只要其能够辨别是非，正确表达，其陈述（即证人证言）可以作为证据使用。因此，B 项错误，当选。

C 项：根据规定，被害人对侵犯其人身、财产权

利的犯罪事实或者犯罪嫌疑人，有权向公安机关、检察院或者法院报案或者控告。可知只有【被害人】才可以控告，本案中朵朵爸爸并不是被害人。因此，C项错误，当选。

D项：根据规定，被害人系无行为能力或者限制行为能力人的，其法定代理人、近亲属可以代为和解。可知，本案中，花花的妈妈作为被害人花花的法定代理人，可以【代为和解】，而不能以自己的名义和解。因此，D项错误，当选。

综上所述，本题为选非题，答案为ABCD项。

27 `1801110`

答案：B,C,D

解析：本题考查的是当事人和解的公诉案件诉讼程序的案件适用范围以及达成和解协议的处理。

AB项：下列公诉案件，双方当事人可以和解：（1）因民间纠纷引起，涉嫌刑法分则第4章、第5章规定（指人身、财产犯罪）的犯罪案件，可能判处3年有期徒刑以下刑罚的；（2）除渎职犯罪以外的可能判处7年有期徒刑以下刑罚的过失犯罪案件。本案中甲积极与丙达成和解，且甲所犯交通肇事罪可能被判处3年以下有期徒刑，故对甲和丙可以适用当事人和解的公诉程序。因此，A项错误，B项正确。

CD项：根据规定，共同犯罪案件，部分被告人与被害人达成和解协议的，可以依法对该部分被告人从宽处罚，但应当注意全案的量刑平衡。可知，本案中，甲与丙达成和解协议，但乙未与丙达成和解协议，故可以对甲从轻处罚，但不应当对乙从轻处罚。因此，CD项正确。

综上所述，本题的答案为BCD项。

（三）刑事缺席审判程序

【多选】

28 `2001090`

答案：A,C

解析：本题综合考查缺席审判的适用范围、通缉主体、监察机关的立案管辖以及对查封、扣押、冻结在案财物的处理。

A项：根据规定，对于贪污贿赂犯罪案件，犯罪嫌疑人、被告人在境外，监察机关、公安机关移

送起诉，人民检察院认为犯罪事实已经查清，证据确实、充分，依法应当追究刑事责任的，可以向人民法院提起公诉。人民法院进行审查后，对于起诉书中有明确的指控犯罪事实，符合缺席审判程序适用条件的，应当决定开庭审判。可知，本案中，丁涉嫌贪污犯罪并逃往境外，某市监察委员会调查终结后，若移送检察院审查起诉，对丁还是有可能适用缺席审判程序的。因此，A项错误，当选。

B项：根据规定，依法应当留置的被调查人如果在逃，监察机关可以决定在本行政区域内通缉，由公安机关发布通缉令，追捕归案。通缉范围【超出本行政区域】的，应当报请有权决定的上级监察机关决定。可知，本案中，丁逃往境外，通缉范围超出本行政区域，需要由国家监察委员会决定。因此，B项正确，不当选。

C项：根据规定，地方各级监察委员会负责本行政区域内的监察工作。监察机关认为所管辖的监察事项重大、复杂，需要由上级监察机关管辖的，可以报请上级监察机关管辖。可知，某市监察委员会有权对丁立案调查。若某市监察委员会认为丁的案件重大、复杂，可以请求移送上级监察委员会管辖。但某市监察委员会对丁立案调查，无需报请上级监察委员会同意。因此，C项错误，当选。

D项：根据规定，监察机关经调查，对违法取得的财物，依法予以没收、追缴或者责令退赔；对涉嫌犯罪取得的财物，应当在移送人民检察院依法提起公诉时随案移送。可知，本题中，某市监察委员会将案件调查终结移送某市检察院审查起诉时，应当将丁的涉案财产移送某市检察院。因此，D项正确，不当选。

综上所述，本题为选非题，答案为AC项。

【不定项】

29 `2401069`

答案：A,C

解析：本题考查的是缺席审判程序。

A项：根据规定，外逃型缺席审判程序中，法院送达的对象不仅包括被告人，还包括其【近亲属】。法院立案后，应当将传票和起诉书副本送达

被告人，将起诉书副本送达被告人的近亲属。因此，法院应当向甲的妻子送达起诉状副本。故 A 项正确。

B 项：根据规定，近亲属可以出示证据、参加辩论、发表意见、申请证人鉴定人出庭，但【不能】作最后陈述，最后陈述只能由被告人发表。因此，甲的妻子不可以代替甲进行最后陈述。故 B 项错误。

C 项：根据规定，适用缺席审判程序审理案件，可以对违法所得及其他涉案财产【一并】作出处理。故 C 项正确。

D 项：根据规定，对在境外的犯罪嫌疑人、被告人的缺席审判，由犯罪地、被告人离境前居住地或者最高人民法院指定的【中院】组成合议庭进行审理。因此，不能指定 A 省 D 县法院（基层法院）审理。故 D 项错误。

综上所述，本题答案为 AC 项。

30 **1901091**

答案：A

解析：本题考查的是刑事缺席审判的程序特定以及刑事审判的特征。

A 项：缺席审判程序允许在被告人不到庭的情况下进行定罪量刑，符合刑事诉讼效率原则。因此，A 项正确。

B 项：控审分离，是指控诉职能和审判职能必须分别由专门的诉讼主体来承担，如果没有法定的控诉主体提起诉讼，承担审判职能的法院就不能主动审判任何案件。这也是刑事诉讼中不告不理原则的由来。缺席审判程序是指被告人不到庭，与之无关。因此，B 项错误。

C 项：刑事审判的亲历性，是指案件的审判者必须自始至终参与审理，审查所有证据，对案件作出判决须以充分听取控辩双方的意见为前提。此外，根据规定，人民法院缺席审判案件，被告人有权委托辩护人，被告人的近亲属可以代为委托辩护人。被告人及其近亲属没有委托辩护人的，人民法院应当通知法律援助机构指派律师为其提供辩护。这赋予了被告人充分的辩论权，该程序没有违反刑事审判的亲历性。因此，C 项错误。

D 项：刑事审判的终局性，是指法院的生效裁判

对于案件的解决具有最终决定意义。判决一旦生效，诉讼的任何一方原则上不能要求法院再次审判该案件，其他任何机关也不得对该案重新处理，有关各方都有履行裁判或不妨害裁判执行的义务。这是由审判是现代法治国家解决社会纠纷和争端的最后一道机制的性质决定的。根据规定，罪犯在判决、裁定发生法律效力后到案的，人民法院应当将罪犯交付执行刑罚。可知，缺席审判程序并未违反刑事审判的终局性。因此，D 项错误。

综上所述，本题答案为 A 项。

31 **1901144**

答案：C

解析：本题考察的是缺席审判程序的适用范围、审查起诉以及违法所得没收程序的案件范围和申请程序。

A 项：根据规定，犯罪嫌疑人在境外的，可以缺席审判的案件范围为贪污贿赂犯罪案件，以及需要及时进行审判，经最高人民检察院核准的严重危害国家安全犯罪、恐怖活动犯罪案件。本案中，甲涉嫌受贿与滥用职权两个犯罪，受贿罪可以适用缺席审判程序，而滥用职权罪不适用缺席审判程序。因此，A 项错误。

B 项：根据规定，人民检察院直接受理侦查的共同犯罪案件，如果同案犯罪嫌疑人在逃，但在案犯罪嫌疑人犯罪事实清楚，证据确实、充分的，对在案犯罪嫌疑人应当依法分别移送起诉或者移送不起诉。对于受贿罪而言，若检察院认为犯罪事实已经查清，证据确实、充分，依法应当追究刑事责任的，可以向法院提起公诉。因此，B 项错误。

CD 项：根据规定，对于贪污贿赂犯罪、恐怖活动犯罪等重大犯罪案件，犯罪嫌疑人、被告人逃匿，在通缉一年后不能到案，或者犯罪嫌疑人、被告人死亡，依照刑法规定应当追缴其违法所得及其他涉案财产的，人民检察院可以向人民法院提出没收违法所得的申请。C 项中，若确认甲已经死亡，依法应当追缴其违法所得及其他涉案财产的，某市检察院可以向某市中级法院提出没收违法所得的申请，启动违法所得没收程序；D 项中甲逃往境外不足一年，且不知道对甲是否已经通缉，此

时检察院还不能向法院提出没收违法所得的申请。因此，C 项正确，D 项错误。

综上所述，本题答案为 C 项。

（四）犯罪嫌疑人、被告人逃匿、死亡案件违法所得的没收程序

【单选】

32 `1402041`

答案：B

解析：本题考查的是违法所得没收程序的申请和审理程序。

A 项：根据规定，被告人死亡的，应当裁定终止审理；但有证据证明被告人无罪，经缺席审理确认无罪的，应当判决宣告被告人无罪。本案中，B 市中院才受理案件，马某即身亡，并未说明有证据证明其无罪，故应该终止审理。犯罪嫌疑人、被告人死亡，依照规定应当追缴违法所得及其他涉案财产的，人民检察院可以向人民法院提出没收违法所得的申请。所以 A 项正确，不当选。

B 项：根据规定，没收违法所得的申请，由【犯罪地】或者犯罪嫌疑人、被告人【居住地】的中级人民法院组成合议庭进行审理。本题中，B 市法院既非犯罪地也非居住地，因此，不能审理没收违法所得事项。所以 B 项错误，当选。

CD 项：根据规定，对没收违法所得或者驳回申请的裁定，犯罪嫌疑人、被告人的近亲属和其他利害关系人或者人民检察院可以在 5 日以内提出上诉、抗诉。C 项中马某的妻子若不服裁定，可以在 5 日以内提出上诉。所以 CD 项正确，不当选。

综上所述，本题为选非题，答案为 B 项。

33 `1402042`

答案：C

解析：本题考查的是违法所得及其他涉案财产的范围。

违法所得及其他涉案财产的范围：（1）违法所得：因实施犯罪活动而取得的全部财物，包括金钱或物品。①犯罪嫌疑人、被告人通过实施犯罪直接或者间接产生、获得的任何财产；②违法所得已经部分或者全部转变、转化为其他财产的，转变、转化后的财产；③来自违法所得转变、转化后的

财产收益，或者来自已经与违法所得相混合财产中违法所得相应部分的收益。（2）其他涉案财产：犯罪嫌疑人、被告人非法持有的违禁品、供犯罪所用的本人财物。

A 项：属于供犯罪所用的本人财物。所以 A 项正确，不当选。

B 项：属于实施犯罪行为所取得的财物的孳息。所以 B 项正确，不当选。

C 项：王某恐怖活动犯罪案件中制造爆炸装置使用的所在单位的仪器和设备，并非本人所有而是其所在单位所有，不是"违法所得及其他涉案财产。"所以 C 项错误，当选。

D 项：属于实施犯罪行为所取得的财物。所以 D 项正确，不当选。

综上所述，本题为选非题，答案为 C 项。

【多选】

34 `2201178`

答案：B,C,D

解析：本题考查的是违法所得没收程序。

A 项：毛某作为本案一审时唯一申请参加诉讼的利害关系人，接到法院通知后无正当理由拒不到庭，法院可视为无利害关系人主张权利可以不开庭审理，A 项正确，不当选。

B 项：由于苏某不在案，为维护苏某或利害关系人的合法权益，苏某的近亲属毛某有权提出上诉，这与毛某是否出庭无关，B 项错误，当选。

C 项：魏某因客观原因没有参加一审，二审期间申请参加诉讼的，某省高级人民法院应当准许并撤销原裁定，将案件发回某市中级人民法院重审。C 项错误，当选。

D 项：苏某回国投案自首，即不再处于"逃匿死亡"状态，对苏某不能再适用违法所得的没收程序，某省高级人民法院应当裁定终止审理。对苏某可由有管辖权的检察院向对应的法院提起公诉。D 项错误，当选。

综上所述，本题为选非题，答案为 BCD 项。

【不定项】

35 1502093

答案：A,B,D

解析：本题考查的是中止审理、违法所得没收程序的申请和受理程序以及被告人到案的处理。

A 项：在审判阶段，法院可以裁定中止审理的情形有：①被告人患有严重疾病，无法出庭；②被告人脱逃的；③自诉人患有严重疾病，无法出庭，未委托诉讼代理人出庭的；④由于不能抗拒的原因。本题是在法院受理后李某脱逃的，也就是案件进入审理阶段了，属于第②种情形，因此法院可中止审理，所以 A 项正确。

B 项：根据规定，对于贪污贿赂犯罪，犯罪嫌疑人、被告人逃匿，在通缉一年后不能到案，依照刑法规定应当追缴其违法所得及其他涉案财产的，人民检察院可以向人民法院提出没收违法所得的申请。此外，没收违法所得的申请，由犯罪地或者犯罪嫌疑人、被告人居住地的中级人民法院组成合议庭进行审理。本题中，在通缉李某一年后不到案的，甲市检察院可向甲市中级法院提出没收李某违法所得的申请，所以 B 项正确。

C 项：本题中李某脱逃，下落不明，李某脱逃后的程序，是没收违法所得程序。对此，法院应当发出公告，公告期间为 6 个月。犯罪嫌疑人、被告人的近亲属和其他利害关系人申请参加诉讼的，应当在公告期间内提出。利害关系人在公告期满后申请参加诉讼，能够合理说明理由的，人民法院应当准许。C 项说法过于绝对，所以 C 项错误。

D 项：根据规定，在审理申请没收违法所得的案件过程中，在逃的犯罪嫌疑人、被告人到案的，人民法院应当终止审理。人民检察院向原受理申请的人民法院提起公诉的，可以由同一审判组织审理。所以 D 项正确。

综上所述，本题答案为 ABD 项。

（五）依法不负刑事责任的精神病人的强制医疗程序

【单选】

36 2301045

答案：A

解析：本题考查的是强制医疗程序、附带民事诉讼。

A 项：根据规定，开庭审理适用强制医疗程序的案件，应当先由合议庭组成人员【宣读】对被告人的【法医精神病鉴定意见】，说明被告人可能符合强制医疗的条件，后依次由公诉人和被告人的法定代理人、诉讼代理人发表意见。故 A 项正确。

B 项：根据规定，被告人符合强制医疗条件的，应当判决宣告被告人不负刑事责任，【同时】作出对被告人强制医疗的决定。因此是【同时作出】，不是"决定前"作出。故 B 项错误。

C 项：有权启动强制医疗程序的主体是检察院和法院。检察院启动的强制医疗程序中的精神病人称为被申请人，对于法院启动的强制医疗程序中的精神病人称为被告人。因此，身份只是因启动主体不同而称呼不同，并不会因程序的流转而发生变化。故 C 项错误。

D 项：首先，附带民事诉讼中，若被告人被认定为无罪，那么附民部分【可以】与刑事部分一定判决，也【可以】告知被害人另行提起民事诉讼。其次，被决定强制医疗的人，虽被鉴定为无刑事责任能力人，不负法律责任，但是其危害行为给被害人及社会造成的损害是客观存在的，依然有权要求民事赔偿。因此法院【可以】告知被害人另行提起民事诉讼，而不是"应当"，说法过于绝对。故 D 项错误。

综上所述，本题答案为 A 项。

37 2201169

答案：B

解析：本题考查的是强制医疗程序的启动、审理程序。

A 项：精神病强制医疗程序中的被申请人或者被告人可以委托或者被法援机构指派诉讼代理人。因此，A 项中为叶某指派辩护人错误。

B 项：叶某是依法不负刑事责任的精神病人，无须承担刑事责任，属于其他法律规定免予追究刑事责任的情形，公安机关应当对叶某撤销案件，B 项正确。

C 项：基层法院即可审理强制医疗程序，某县人民检察院可以向某县人民法院申请强制医疗，无须移送某市人民检察院，C 项错误。

D 项：对实施暴力行为的精神病人，公安机关可以对其采取临时保护性约束措施，检察院和法院无权采取，D 项错误。

综上所述，本题答案为 B 项。

㊳ 2101058

答案：B

解析：本题考查的是二审程序发现被告人符合强制医疗条件的处理。

ABCD 项：二审人民法院在审理刑事案件过程中，发现被告人可能符合强制医疗条件的，有两种处理方式：一是可以裁定发回原审人民法院重新审判。此时发回重审的理由不能是适用法律错误，因为法律适用有误的，二审法院应当直接改判，而非发回重审。二是可以依照强制医疗程序对案件作出处理。此时法院不能按照强制医疗程序直接作出裁判，因为此时的二审程序属于普通程序，法院应当先作出判决，终结普通程序后，再启动特别程序即强制医疗程序。故法院应当先判决宣告被告人不负刑事责任，再适用强制医疗程序。因此，B 项正确，ACD 项错误。

综上所述，本题答案为 B 项。

【延伸拓展】（1）有权启动强制医疗程序的主体是人民检察院和人民法院，公安机关没有启动权。人民法院启动强制医疗程序不以人民检察院的申请为前提，但须以起诉为前提，因为没有起诉就没有审判，而人民法院只有在审理案件的过程中才有权启动强制医疗程序。

（2）对于检察院启动的强制医疗程序中的精神病人称为被申请人，对于法院启动的强制医疗程序中的精神病人称为被告人。

㊴ 1801039

答案：C

解析：本题考查的是强制医疗程序的审理程序。

A 项：根据规定，对实施暴力行为的精神病人，在人民法院决定强制医疗前，公安机关可以采取临时的保护性约束措施。据此，有权采取临时保护性约束措施的是"公安机关"，而不是"检察院"，所以 A 项错误。

B 项：根据规定，人民法院受理强制医疗的申请

后，应当组成合议庭进行审理。据此，法院审理强制医疗案件不能独任审判，所以 B 项错误。

C 项：根据规定，审理强制医疗案件，应当会见被申请人，听取被害人及其法定代理人的意见。所以甲县法院审理该案，应当会见孙某，C 项正确。

D 项：根据规定，审理检察院申请而启动的强制医疗案件，法院审理后，发现被申请人具有完全或者部分刑事责任能力，依法应当追究刑事责任的，应当作出驳回强制医疗申请的决定，并退回人民检察院依法处理。因此，法院若认为应当追究孙某刑事责任的，应当作出驳回强制医疗申请的决定，并退回检察院依法处理。由于法院要遵循不告不理原则，甲县法院能否判孙某故意杀人罪，要取决于甲县检察院是否向其提起公诉，所以 D 项错误。

综上所述，本题答案为 C 项。

㊵ 1702041

答案：B

解析：本题考查的是强制医疗程序的医疗与解除。

A 项：根据规定，被决定强制医疗的人、被害人及其法定代理人、近亲属对强制医疗决定不服的，可以自收到决定书第二日起 5 日以内向上一级法院申请复议。复议期间【不停止】执行强制医疗的决定。故复议期间可暂缓执行强制医疗决定的说法错误。因此，A 项错误。

B 项：根据规定，人民法院决定强制医疗的，应当在作出决定后 5 日以内，向公安机关送达强制医疗决定书和执行通知书，由公安机关将被决定强制医疗的人送交强制医疗。因此，B 项正确。

C 项：根据规定，被强制医疗的人及其近亲属提出的解除强制医疗申请被人民法院驳回，6 个月后再次提出申请的，人民法院应当受理。可知，C 选项中强制医疗 6 个月后，甲父才能申请解除强制医疗的说法，不符合法条原意。因此，C 项错误。

D 项：根据规定，被强制医疗的人及其近亲属申请解除强制医疗的，应当向【决定强制医疗】的人民法院提出。本题强制医疗的决定是县法院作出的，故应当向县法院提出解除的申请。因此，D

项错误。

综上所述，本题答案为 B 项。

41 `1602042`

答案：A

解析：本题考查的是强制医疗程序的审理程序。

A 项：根据规定，审理强制医疗案件，应当会见被申请人，听取被害人及其法定代理人的意见。所以法院在审理时，应当会见被申请人。因此，A 项正确。

B 项：根据规定，审理强制医疗案件，被申请人或者被告人没有委托诉讼代理人的，应当自受理强制医疗申请或者发现被告人符合强制医疗条件之日起三日以内，通知法律援助机构指派律师担任其诉讼代理人，为其提供法律帮助。因甲没有委托诉讼代理人，法院【应当】通知法律援助机构指派律师担任其诉讼代理人，而非"可以"通知。因此，B 项错误。

C 项：根据规定，被申请人要求出庭，人民法院经审查其身体和精神状态，认为可以出庭的，应当准许。出庭的被申请人，在法庭调查、辩论阶段，可以发表意见。甲出庭，其在法庭调查、辩论阶段均可以自己发表意见，而非应由法定代理人或诉讼代理人代为发表意见。因此，C 项错误。

D 项：根据规定，审理人民检察院申请而启动的强制医疗案件，人民法院审理后，发现被申请人具有完全或者部分刑事责任能力，依法应当追究刑事责任的，应当作出驳回强制医疗申请的决定，并退回人民检察院依法处理。所以，法院应当作出驳回强制医疗申请的决定，并退回人民检察院依法处理，而非转为普通程序继续审理。因此，D 项错误。

综上所述，本题答案为 A 项。

【多选】

42 `1801112`

答案：B，C，D

解析：本题考查的是强制医疗程序的审理程序。

A 项：根据规定，对犯罪嫌疑人作精神病鉴定的期间【不计入】办案期限。因此，A 项正确，不当选。

B 项：根据规定，对实施暴力行为的精神病人，在人民法院决定强制医疗前，公安机关可以采取临时的保护性约束措施。据此，有权采取临时保护性约束措施的是【公安机关】，而不是检察院。因此，B 项错误，当选。

C 项：根据规定，法院受理强制医疗的申请后，应当组成【合议庭】进行审理。可知，法院不能独任审理此类案件。因此，C 项错误，当选。

D 项：根据规定，审理检察院申请而启动的强制医疗案件，法院审理后，发现被申请人具有完全或者部分刑事责任能力，依法应当追究刑事责任的，应当作出驳回强制医疗申请的决定，并退回检察院依法处理。可知，法院应当驳回并退回某县检察院依法处理，而不是直接判决。因此，D 项错误，当选。

综上所述，本题为选非题，答案为 BCD 项。

【不定项】

43 `2401068`

答案：A，C

解析：本题考查的是强制医疗程序。

A 项：根据规定，审理强制医疗案件，应当通知被申请人或者被告人的【法定代理人】到场；被申请人或者被告人的法定代理人经通知未到场的，可以通知被申请人或者被告人的其他近亲属到场。因此，法院通知甲的妻子到场的做法正确。故 A 项正确。

B 项：根据规定，在法院决定强制医疗前，公安机关可以采取【临时的保护性约束措施】；法院审理后决定强制医疗的，应当由公安机关将被决定强制医疗的人（甲）送交强制医疗，即送到指定医院进行治疗。换言之，不论是作出决定前还是决定后，都并不会立即释放甲。故 B 项错误。

C 项：根据规定，二审法院审理公诉案件中发现被告人符合强制医疗条件的，既可以按照强制医疗程序处理，也可以发回重审。故 C 项正确。

D 项：根据规定，审理强制医疗案件，应当组成合议庭，开庭审理。但是，被申请人、被告人的法定代理人请求不开庭审理，并经人民法院审查同意的除外。因此，二审法院并非应当同意，而是应该【先审查】，是否同意由法院决定。故 D 项错误。

综上所述，本题答案为 AC 项。

二、模拟训练

44 `2203077`

答案：B

解析：本题考查的是附条件不起诉的考验期限和制约。

A 项：附条件不起诉的考验期为 6 个月以上 1 年以下，从检察院作出附条件不起诉的决定之日起计算。考验期不计入案件审查起诉期限，即审查起诉期限自作出附条件不起诉决定之日起【中止计算】。注意是【中止】，而非【终止】。因此，A 项错误。

B 项：根据规定，未成年犯罪嫌疑人经批准离开所居住的市、县或者迁居，【作出附条件不起诉决定的人民检察院】可以要求迁入地的人民检察院协助进行考察，并将考察结果函告作出附条件不起诉决定的人民检察院。可知，李某经批准迁居 B 县，A 县检察院可以要求 B 县检察院协助考察，但仍应当以 A 县检察院为主进行监督考察。因此，B 项正确。

C 项：根据规定，附条件不起诉的考验期为 6 个月以上 1 年以下，从人民检察院作出附条件不起诉的决定之日起计算。考验期可以根据表现浮动，但不管怎么浮动，都得在 6 个月以上 1 年以下。因此，C 项错误。

D 项：由于犯罪嫌疑人处于附条件不起诉状态时仍然处于公诉案件的【审查起诉阶段】，即审查起诉阶段尚未结束，因此不符合公诉转自诉的条件，故被害人针对附条件不起诉只能向上一级检察院申诉，而不能向法院起诉。因此，D 项错误。

综上所述，本题答案为 B 项。

45 `2203078`

答案：A,B,C

解析：本题考查的是附条件不起诉的程序特点。

A 项：认罪认罚从宽原则贯穿全过程，前面阶段不认，后面阶段认罪认罚的，也能适用，只不过得到的从宽幅度有所不同。因此，A 项正确。

B 项：根据规定，未成年嫌疑人（审查起诉时未满 18 周岁）及其法定代理人对检察院决定附条件不起诉有异议的，检察院应当作出起诉的决定。因此，B 项正确。

C 项：根据规定，对未成年嫌疑人、被告人应当严格限制适用逮捕措施。人民检察院审查批准逮捕和人民法院决定逮捕，【应当讯问】未成年犯罪嫌疑人、被告人，【听取】辩护律师的意见。可知，检察院决定对未成年犯罪嫌疑人小李（审查起诉时未满 18 周岁）适用逮捕措施，应当听取辩护律师的意见。因此，C 项正确。

D 项：公、检、法办理未成年人刑事案件，根据情况【可以】对未成年犯罪嫌疑人、被告人的成长经历、犯罪原因、监护教育等情况进行调查，并制作社会调查报告，作为办案和教育的参考。据此，是【可以】进行社会调查，而不是应当。因此，D 项错误。

综上所述，本题答案为 ABC 项。

46 `2203079`

答案：B

解析：本题考查的是附条件不起诉的程序特点。

A 项：根据总结，在"疑、面、违、难、认、幼、聋、傻"这 8 种情形下检察院审查批捕时应当讯问嫌疑人。其中第 6 点的"幼"就是指犯罪嫌疑人系未成年人的。小甲是未成年人，应当讯问；但乙是成年人，不属于应当讯问的情形。因此，A 项错误。

B 项：对未成年人小甲，可以作出附条件不起诉决定，并要求其接受矫治与教育。其中，矫治与教育的内容包括不得进入特定场所，不得与特定的人员会见或者通信，不得从事特定的活动。因此，B 项正确。

C 项：根据规定，对分案起诉至同一人民法院的未成年人与成年人共同犯罪案件，可以由同一个审判组织审理；不宜由同一个审判组织审理的，可以分别审理。可知，本案中即使存在【不宜由同一个审判组织审理】的情形，也是【可以】分别审理，而非应当分别审理。因此，C 项错误。

D 项：检察院在作出附条件不起诉的决定以前，【应当听取】公安机关、被害人的意见，并制作笔录附卷，但听取意见不等于要求征得被害人同意。

觉晓法考 KEEP AWAKE

第二十章 特别程序

155

因此，D项错误。

综上所述，本题答案为B项。

47　2203081

答案：D

解析：本题考查的是当事人和解的公诉案件程序。

A项：被害人系无行为能力或者限制行为能力人的，其法定代理人、近亲属可以代为和解。本案王某是未成年人，其父亲只能"代为"和解，而不能直接和解。因此，A项错误。

B项：双方当事人可以就赔偿损失、赔礼道歉等民事责任事项进行和解，并且可以就被害人及其法定代理人或者近亲属是否要求或者同意公安机关、人民检察院、人民法院对犯罪嫌疑人依法从宽处理进行协商，但不得对案件的事实认定、证据采信、法律适用和定罪量刑等依法属于公安机关、人民检察院、人民法院职权范围的事宜进行协商。因此，对李某是否构成犯罪这一事项不能进行协商，B项错误。

C项：审查起诉阶段，人民检察院可以向人民法院提出从宽处罚的量刑建议；对于犯罪情节轻微，不需要判处刑罚的，可以作出不起诉的决定，即酌定不起诉。因此，C项错误。

D项：和解协议约定的赔礼道歉等事项具有人身性质，应当由被告人本人履行。因此，D项正确。

综上，本题答案为D。

48　2203082

答案：A,B,D

解析：本题考查的是违法所得没收程序的申请、受理以及违法所得及其他涉案财产的范围。

A项：违法所得没收程序的启动主体只有一个，即检察院，没收违法所得的申请只能由【检察院】向法院提出，公安机关认为有需要没收情形的，应当写出没收违法所得意见书，移送人民检察院，而不是向法院提交申请。因此，A项错误，当选。

B项：没收违法所得的案件，由犯罪地或者犯罪嫌疑人、被告人居住地的【中级】人民法院组成合议庭审理，而非"基层"人民法院。因此，B项错误，当选。

C项：在审理过程中，在逃的犯罪嫌疑人、被告人自动投案或者被抓获的，人民法院应当【裁定

终止】审理。因此，C项正确，不当选。

D项：申请没收的财产具有【高度可能】属于违法所得及其他涉案财产的，应当认定为"属于违法所得及其他涉案财产"。可知，是"高度可能"，而不是"可能"。因此，D项错误，当选。

综上所述，本题为选非题，答案为ABD项。

49　2203084

答案：A,C

解析：本题考查的是强制医疗程序的审理，强制医疗程序的救济和解除。

A项：根据规定，审理强制医疗案件，应当会见【被申请人】，听取被害人及其法定代理人的意见。因此，A项正确。

B项：根据规定，强制医疗程序中被申请人或者被告人没有委托诉讼代理人的，人民法院【应当通知】法律援助机构指派律师为其提供法律帮助，而不是"可以"通知。因此，B项错误。

C项：根据规定，强制医疗机构应当定期对被强制医疗的人进行诊断评估，对于已不具有人身危险性，不需要继续强制医疗的，应当及时提出解除意见，报【决定强制医疗的人民法院】批准。因此，C项正确。

D项：根据规定，对于检察院申请启动强制医疗的，法院审理后认为被申请人具有完全或者部分刑事责任能力，依法应当追究刑事责任的，应当作出【驳回强制医疗申请】的决定，并退回人民检察院依法处理。在法院启动的情形下，应当依照普通程序继续审理。本案是由检察院申请启动的，为遵循不告不理原则，在没有检察院起诉的情况下，法院不能直接依照普通程序继续审理。因此，D项错误。

综上，本题答案为AC项。

第二十一章
涉外刑事诉讼程序与司法协助

参考答案

[1] D   [2] D   [3] ABD   [4] AC   [5] ABCD
[6] D

一、历年真题

【单选】

① 2001068

答案：D

解析：本题考查的是涉外刑事案件中对外国刑事判决的消极承认。

ABCD项：我国刑法理论通说认为，我国作为一个独立自主的主权国家理应不受外国刑事审判效力的约束，从维护本国刑事管辖主权出发，应在法律上【不承认】外国刑事判决的既判力。对于外国刑事判决书中认定的事实，我国不予承认，不得直接作为证据使用，相关事实是否存在需要侦查机关在国内或者通过国际刑事司法协助方式调取证据进行证明。因此，ABC项错误，D项正确。

综上所述，本题答案为D项。

② 1702042

答案：D

解析：本题考查的是涉外刑事案件的审理程序。

A项：根据规定，外国籍被告人委托律师辩护，或者外国籍附带民事诉讼原告人、自诉人委托律师代理诉讼的，应当委托具有【中国律师】资格并依法取得执业证书的律师。约翰可以通过W国驻华使馆委托具有中华人民共和国律师资格并依法取得执业证书的律师，但不能委托W国律师辩护。因此，A项错误。

B项：根据规定，中级人民法院管辖下列第一审刑事案件：（一）危害国家安全、恐怖活动案件；（二）可能判处无期徒刑、死刑的案件。本案涉嫌从事间谍活动，危害国家安全，应当由中院管辖，不应由A区法院一审。因此，B项错误。

CD项：根据规定，人民法院审判涉外刑事案件，使用中华人民共和国通用的语言、文字，应当为外国籍当事人提供翻译。翻译人员应当在翻译文件上签名。人民法院的诉讼文书为中文本。外国籍当事人不通晓中文的，应当附有外文译本，译本不加盖人民法院印章，以中文本为准。外国籍当事人通晓中国语言、文字，拒绝他人翻译，或者不需要诉讼文书外文译本的，应当由其本人出具书面声明。拒绝出具书面声明的，应当记录在案；必要时，应当录音录像。C项仅称"约翰精通汉语"，没有附加"拒绝他人翻译，或者不需要诉讼文书外文译本的，且由本人出具书面声明"的条件，所以法院仍"应当"为其提供翻译。因此，C项错误，D项正确。

综上所述，本题答案为D项。

【多选】

③ 1901139

答案：A,B,D

解析：本题考查的是涉外刑事诉讼程序。

A项：根据规定，外国籍当事人委托其监护人、近亲属担任辩护人、诉讼代理人的，被委托人应当提供与当事人关系的有效证明。经审查，符合刑事诉讼法、有关司法解释规定的，人民法院应当准许。可知，汤姆委托其父亲担任辩护人的，应当提供相关证明，法院是否准许，需要先进行审查，所以此处"可以准许"的说法是正确的。因此，A项正确。

B项：根据规定，人民法院决定限制外国人和中国公民出境的，应当书面通知被限制出境的人在案件审理终结前不得离境，并可以采取扣留护照或者其他出入境证件的办法限制其出境；扣留证件的，应当履行必要手续，并发给本人扣留证件的证明。可知，A县法院可以限制汤姆离境并扣押其护照。因此，B项正确。

C项：根据规定，涉外刑事案件审判期间，外国籍被告人在押，其监护人、近亲属申请会见的，可以向受理案件的人民法院所在地的【高级人民法院】提出。本案由A县法院管辖，若汤姆的哥哥申请会见汤姆，应当向管辖A县法院的省高级法院提出申请。因此，C项错误。

D 项：人民法院审判涉外刑事案件，应当为外国籍当事人提供翻译。根据证据制度相关规定，应当提供翻译而没有提供翻译的，所取得的供述要排除。因此，D 项正确。

综上所述，本题答案为 ABD 项。

二、模拟训练

4 `2003170`

答案：A，C

解析：本题考查的是涉外刑事诉讼程序审理中的特殊问题。

AD 项：根据规定，人民法院审判涉外刑事案件，使用中华人民共和国通用的语言、文字，【应当】为外国籍当事人提供翻译。外国被告人当然允许使用本国语言进行诉讼，法院应为其提供翻译；但是【翻译费用由法院承担】，而非由当事人承担。因此，A 项正确，D 项错误。

B 项：外国籍被告人若是委托辩护律师应当委托中国律师进行辩护，但若委托的是非律师辩护人，外国人也有可能成为辩护人。因此，B 项错误。

C 项：根据规定，法院的诉讼文书为中文本。外国籍当事人不通晓中文的，应当附有外文译本，译本不加盖人民法院印章，以中文本为准。因此，给顾某然、库迪送达的法院判决书应为中文文本，C 项正确。

综上所述，本题答案为 AC 项。

5 `1803135`

答案：A，B，C，D

解析：本题考查的是涉外刑事诉讼程序审理中的特殊问题。

A 项：根据规定，对外国籍被告人执行死刑的，死刑裁决下达后执行前，应当通知其国籍国驻华使、领馆。因此，A 项正确。

B 项：根据规定，涉外刑事案件审判期间，外国籍被告人在押，其国籍国驻华使领馆官员要求探视的，可以向受理案件的人民法院所在地的【高级人民法院】提出。因此，B 项正确。

C 项：根据规定，人民法院的诉讼文书为中文本。外国籍当事人不通晓中文的，应当附有外文译本，译本不加盖人民法院印章，以中文本为准。因此，C 项正确。

D 项：根据规定，外国籍被告人没有委托辩护人的，人民法院可以通知法律援助机构为其指派律师提供辩护。但本案中，汉斯【可能判处死刑】，属于提供法律援助情形的，法院应当通知法律援助机构为其指派律师辩护。因此，D 项正确。

综上所述，本题答案为 ABCD 项。

6 `1903264`

答案：D

解析：本题考查的是涉外刑事诉讼程序审理中的特殊问题。

ABCD 项：根据规定，人民法院请求外国提供司法协助的，应当【层报】最高人民法院，经最高人民法院审核同意后交由有关对外联系机关及时向外国提出请求。本题属于我国人民法院请求外国提供司法协助，应由经 A 省高级人民法院审查后报最高人民法院审核同意，再交由有关对外联系机关及时向外国提出请求。因此，D 项正确，ABC 项错误。

综上所述，本题答案为 D 项。